K-컬처와 블록체인이 연결한 문화경제의 생태계

원지영

publishing and culture
피앤씨미디어

머리말

지금 이 순간에도 전 세계 어딘 가에서 누군가는 K-Pop 음원을 스트리밍하고, 한국 웹툰을 읽으며, 한국 드라마에 열광하고 있다. 한류는 더 이상 일시적인 유행이 아니라 글로벌 문화 지형을 재편하는 강력한 흐름이 되었다.

K-컬처는 특정 국가의 문화 현상이 아니라 전 세계의 감정과 취향, 소비와 참여를 연결하는 글로벌 플랫폼이 되었다. 동시에 블록체인은 단순한 암호화폐 기술을 넘어, 신뢰를 코드로 설계하고 가치의 흐름을 다시 쓰는 인프라로 자리 잡고 있다. 이 두 흐름이 만나는 지점에서, 지금까지 존재하지 않았던 문화경제의 질서가 탄생하고 있다.

우리는 지금, 상상력 하나로 전 세계를 매료시킨 K-컬처의 황금기에 살고 있다. 서울의 작은 작업실에서 만든 비트가 뉴욕의 타임스퀘어를 울리고, 한국의 웹툰이 전 세계 스마트폰 화면을 점령한다. 그러나 우리는 여기서 멈추지 않고 더 거대하고 환상적인 질문을 던지고자 한다.

만약 우리가 사랑하는 가수의 노래에 직접 투자하여 그 성공을 함께 나눌 수 있다면 어떨까? 내가 소장한 디지털 그림이 위조 불가능한 원본임을 전 세계가 보증해 준다면? 그리고 게임 속에서 획득한 아이템이 현실의 자산이 되어 나의 지갑을 채워준다면? 이 모든 상상을 현실로 만드는 마법 같은 기술, 그것이 바로 블록체인이다.

그러나 화려한 K-컬처 성공의 이면에는 불합리한 수익 배분 구조, 불투명한 저작권 관리, 플랫폼의 과도한 중개 수수료, 그리고 창작자와 팬 사이의 단절이라는 구조적 모순이 존재한다.

바로 이 지점에서 블록체인이라는 혁명적 기술이 등장한다. 블록체인은 단순한 암호화폐 기반 기술이 아니라, 인터넷 이후 가장 혁신적인 신뢰 시스템이다. 분산원장, 스마트 계약, 토큰 이코노미라는 핵심 메커니즘을 통해 블록체인은 중개자 없는 직접 거래를 가능하게 하고, 창작자에게 정당한 보상을 보장하며, 팬을 단순한 소비자에서 경제 주체로 전환시킨다.

많은 이들이 블록체인을 어렵고 차가운 기술 혹은 투기의 대상으로만 오해한다. 그러나 이 책에서 만나는 블록체인은 창작자의 땀방울을 지켜주는 든든한 방패이자, 팬들의 열정을 정당한 보상으로 돌려주는 따뜻한 플랫폼이다. 이 책은 복잡한 암호학 수식 대신 흥미진진한 '가상사례'를 통해 독자들을 이 혁명의 한가운데로 안내하고자 한다.

이 책은 바로 이 두 세계의 만남을 다룬다. K-컬처와 블록체인의 결합은 단순한 기술 적용을 넘어, 문화경제 생태계 전체를 재구성하는 패러다임의 전환이다. 아이돌의 음원이 NFT로 발행되어 팬이 직접 소유하고, 웹툰 독자가 스토리 개발에 참여하며 수익을 공유하고, 영화 투자자가 블록체인 기반 크라우드펀딩으로 흥행 성과를 투명하게 배분 받는 미래는 이미 시작되었다.

독자들은 이 책을 통해 블록체인의 기술적 원리와 K-컬처 산업 전반에 걸친 실질적 적용 사례를 체계적으로 이해할 수 있을 것이다. 10

분 만에 이해하는 블록체인의 핵심 개념부터 분산원장의 작동 메커니즘, 합의 알고리즘, 스마트 계약까지, 복잡한 기술을 알기쉽게 풀어낸다. 또한 K-Pop, K-아트, 웹툰, 영화, 게임, 스포츠 등 각 산업 분야별로 블록체인이 어떻게 창작자 경제를 혁신하고 팬덤 경제를 활성화하는지 구체적인 가상 사례와 함께 제시한다.

일반 독자에게 어렵게만 느껴지던 블록체인을 K-컬처라는 친숙한 렌즈를 통해 쉽고 재미있게 접근할 수 있다. "내가 좋아하는 아이돌의 포토카드가 NFT가 된다면?", "내가 투자한 웹툰이 드라마 화되어 수익을 나눠 받는다면?", "짝퉁 명품 대신 블록체인 인증서가 보장하는 정품을 산다면?" 같은 질문들은 더 이상 상상이 아니라 현실이 되고 있다.

이 책은 총 2부 15장으로 구성되어 있다. 제1부에서는 블록체인 기술의 핵심 원리와 K-컬처와의 결합 필연성을 다룬다. 왜 지금 블록체인과 K-컬처가 만나야 하는지, 블록체인이 K-컬처의 무엇을 어떻게 바꾸는지, 창작자 경제와 팬덤 경제가 어떻게 혁신되는지를 논증한다. 여기서는 블록체인이 왜 지금 K-컬처와 만나야만 하는지, 그 필연적인 이유를 밝힌다. 인터넷이 정보의 바다를 열었다면, 블록체인은 그 바다 위에 신뢰라는 닻을 내리는 기술임을 증명할 것이다. 독자들은 분산원장과 스마트 계약이라는 낯선 용어가 어떻게 우리의 문화를 투명하고 공정하게 바꾸는지, 마치 SF 소설을 읽듯 흥미롭게 이해하게 될 것이다.

제2부에서는 K-Pop, K-아트, 웹툰, 영화, 패션, 게임, 스포츠 등 각 산업 분야별로 블록체인 결합 전략과 구체적인 활용 방안을 제시한다. 방탄소년단(BTS)을 잇는 차세대 아이돌이 팬들의 투표로 탄생하고(DAO), 무명 작가의 웹소설이 토큰 이코노미를 통해 글로벌 베스트셀러가 되며, 위작 논란 없는 투명한 미술 시장이 열리는 모습을 생생하게 목격하게 된다. 이것은 먼 미래의 공상이 아니라, 이미 우리 곁에서 시작된 현재진행형의 혁명이다.

특히 이 책은 이론에 그치지 않는다. 각 절마다 제시되는 가상 사례들은 독자가 블록체인과 K-컬처의 융합을 생생하게 체감할 수 있도록 설계되었다. 블록체인 기반 팬덤 커뮤니티(DAO)가 기획사의 의사결정에 참여하는 모습, NFT로 인증된 한정판 굿즈가 거래되는 과정, 스마트 계약으로 자동화된 저작권료 분배 시스템 등은 단순한 개념 설명을 넘어 독자에게 실질적인 통찰을 제공한다.

블록체인은 투명성, 탈중앙화, 그리고 신뢰라는 가치를 통해 K-컬처 산업의 구조적 문제들을 해결한다. 플랫폼 독점 시대의 종말, 창작자의 권한 확장, 정당한 수익 보장, 팬의 경제 주체화는 더 이상 먼 미래의 이야기가 아니다. 지금 이 순간에도 전 세계에서 수많은 창작자와 팬들이 블록체인 기반 플랫폼을 통해 새로운 문화경제 생태계를 만들어가고 있다.

특히 이 책은 팬덤 경제가 단순한 '응원'을 넘어 하나의 경제 주체로 진화하는 순간에 주목한다.

팬 토큰과 DAO, NFT 멤버십과 참여형 의사결정 구조는 K-컬처 산업에서 권력과 수익, 책임의 분배 방식을 근본적으로 변화시키고 있다.

이는 곧 중앙화된 플랫폼 중심 산업에서 탈중앙화된 창작자 경제로의 패러다임 전환을 의미한다.

또한 본서는 K-Pop, K-아트, 웹툰·웹소설, 영화·드라마, 패션·뷰티, 게임, 스포츠에 이르기까지 K-콘텐츠 산업 전반을 아우르며 블록체인 결합 전략을 체계적으로 제시한다. 각 산업별 장에서는 기술 설명보다 먼저 "어떤 문제가 존재하는가"를 묻고, 블록체인이 그 문제를 어떻게 구조적으로 해결할 수 있는지를 가상사례 중심으로 서술한다. 이를 통해 독자는 블록체인을 '유행 기술'이 아니라 '문제 해결의 도구'로 인식하게 된다.

K-컬처는 세계를 매료시키는 콘텐츠의 힘을 증명했고, 블록체인은 그 힘을 더욱 공정하고 지속 가능하게 만드는 기술적 기반을 제공한다. 이 두 가지가 만나는 지점에서 새로운 문화경제 생태계가 탄생하고 있다. 이제 그 여정에 독자 여러분을 초대한다. 이 책이 K-컬처와 블록체인의 환상적인 결합을 이해하고, 나아가 그 변화의 주체가 되는 첫걸음이 되기를 기대한다.

차 례

제1부

왜 지금, 블록체인과 K-컬처의 결합인가?

제3장 블록체인은 K-컬처의 무엇을 어떻게 바꾸는가?

제4장 창작자 경제와 탈중앙화 플랫폼

제5장 팬덤 경제와 토큰화된 참여 방식

제6장 블록체인 기반 K-컬처 저작권(IP, Intellectual Property) 관리의 혁신

제2부

K-콘텐츠 산업 별 블록체인과 결합 전략

제10장 미술계를 흔든 NFT 아트: K-아트와 디지털 캔버스

제11장 웹툰·웹소설의 블록체인 전환

제12장 K-무비와 드라마에 대한 블록체인 투자 모델

제1부

왜 지금, 블록체인과 K-컬처의 결합인가?

제1장

블록체인의 가치는 인터넷에 견줄만한 혁명적 기술

1

'10분 만에 이해하는 블록체인의 핵심 개념: 장부, 분산, 합의'와 가상사례

원장은 거래내역의 집합(장부)이며, 블록체인은 원장을 저장하는 데이터베이스 유형 중에 하나이다. 블록체인은 네트워크 내 모든 노드들이 새로운 블록에 대한 효율성을 검증하고 난 후에 블록을 체인에 추가할 있다.

[Blockchain] 분산원장기술 이란?/중앙집중원장 정의/분산원장 뜻 [https://blog.naver.com]

1.1. 기술을 구성하는 세 가지 기둥, 즉 '장부(Ledger)', '분산(Distribution)', '합의(Consensus)'를 반드시 이해해야 한다.

'블록체인(Blockchain)'이라는 용어는 종종 복잡한 암호학과 투기적 자산의 이미지와 결부되어, 그 본질적인 가치를 흐리곤 한다. 그러나 이 기술의 핵심은 놀라울 정도로 단순하며, K-컬처 분야의 투명성을 갈망하는 우리에게 명쾌한 해답을 제시한다.

1.1.1. 블록체인, '공공의 거래 장부'로 정의된다

블록체인을 이해하기 위해 가장 먼저 떠올려야 할 단어는 '코인'이 아니라 '장부(Ledger)'이다.

우리가 은행을 이용할 때, 내 통장의 잔고는 은행의 중앙 서버에 있는 거대한 장부 어딘 가에 기록된다. 그러나 블록체인은 이 장부를 은행 금고가 아닌, 네트워크에 참여한 모든 사람의 컴퓨터에 똑같이 복사하여 저장한다.

블록(Block)은 일정 시간 동안 발생한 거래 내역이 적힌 '페이지'이고, 체인(Chain)은 이 페이지들이 순서대로 엮인 '책'이라고 보면 된다. 즉, 블록체인은 '누구나 열람할 수 있지만, 누구도 찢어버리거나 고칠 수 없는 디지털 장부'이다.

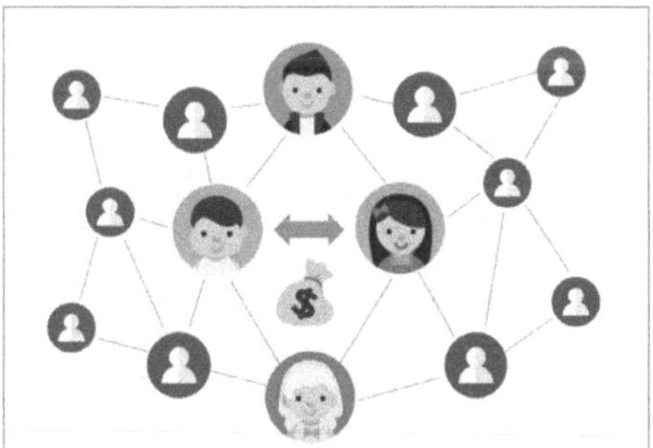

블록체인 소개 - 분산 장부 [https://snowdeer.github.io]

'블록체인 기술경제'라는 미래로 나아가기 위해, 우리는 이 기술을 구성하는 세 가지 기둥, 즉 '장부(Ledger)', '분산(Distribution)', '합의(Consensus)'를 반드시 이해해야 한다.

이 세 가지 요소가 어떻게 유기적으로 결합하여 '신뢰할 수 없는 중개자'를 제거하고 '수학적 신뢰'를 구축하는지 탐구하는 것은, 이 책의 가장 중요한 첫걸음이 될 것이다.

우리가 은행을 이용할 때, 내 통장의 잔고는 은행의 중앙 서버에 있는 거대한 장부 어딘 가에 기록된다. 그러나 블록체인은 이 장부를 은행 금고가 아닌, 네트워크에 참여한 모든 사람의 컴퓨터에 똑같이 복사하여 저장한다.

블록(Block)은 일정 시간 동안 발생한 거래 내역이 적힌 '페이지'이고, 체인(Chain)은 이 페이지들이 순서대로 엮인 '책'이라고 보면 된다. 즉, 블록체인은 '누구나 열람할 수 있지만, 누구도 찢어버리거나 고칠 수 없는 디지털 장부'이다.

'블록체인 기술경제'라는 미래로 나아가기 위해, 우리는 이 기술을 구성하는 세 가지 기둥, 즉 '장부(Ledger)', '분산(Distribution)', '합의(Consensus)'를 반드시 이해해야 한다.

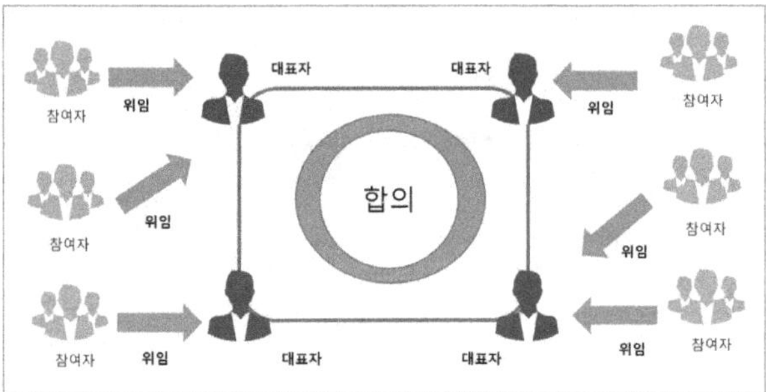

블록체인 합의 알고리즘의 발전 - 투이컨설팅 [https://www.2e.co.kr]

이 세 가지 요소가 어떻게 유기적으로 결합하여 '신뢰할 수 없는 중개자'를 제거하고 '수학적 신뢰'를 구축하는지 탐구하는 것은, 이 책의 가장 중요한 첫걸음이 될 것이다.

용어설명

'장부(Ledger)', '분산(Distribution)', '합의(Consensus)'

1. 장부 (Ledger)
    - 의미: 본래 장부는 회계 거래를 기록하는 책이나 시스템을 의미합니다. 모든 금융 거래 내역이 순서대로, 변경 불가능하게 기록됩니다.
    - 블록체인에서의 역할: 블록체인에서 '장부'는 모든 참가자 간에 공유되는 거래 기록의 데이터베이스입니다. 이는 중앙 관리 기관 없이도 신뢰할 수 있는 거래 기록을 유지하는 핵심 요소입니다. 각 '블록(Block)'에는 거래 기록이 담겨 있으며, 이 블록들이 체인(Chain) 형태로 연결되어 하나의 거대한 장부를 이룹니다.
2. 분산 (Distribution)
    - 의미: 데이터나 시스템의 통제권이 중앙 집중식 주체가 아닌, 네트워크에 참여하는 여러 노드(참여자)에 걸쳐 나누어져 있음을 의미합니다.
    - 블록체인에서의 역할: 블록체인은 '분산 원장(Distributed Ledger)' 기술입니다. 기존 중앙 집중식 시스템(예: 은행 서버)과 달리, 거래 기록이 네트워크 참여자들에게 복제 및 저장됩니다. 특정 노드가 해킹되거나 작동을 멈춰도 다른 노드들에 동일한 기록이 남아있으므로 시스템이 안전하고 투명하게 유지됩니다. 이는 검열 저항성 및 보안성 강화에 기여합니다.
3. 합의 (Consensus)
    - 의미: 네트워크 참여자들이 공통의 규칙과 절차에 따라 어떤 거래가 유효한지, 그리고 다음 블록에 어떤 기록이 추가되어야 하는지에 대해 동의하고 인정하는 과정입니다.
    - 블록체인에서의 역할: 분산된 환경에서는 중앙 관리자의 승인 없이 거래의 유효성을 검증해야 합니다. '합의 메커니즘(Consensus Mechanism)'은 이를 가능하게 하는 규칙 집합입니다.

- 작업 증명(PoW, Proof of Work): 비트코인에서 사용되는 방식으로, 복잡한 수학 문제를 가장 먼저 해결한 참여자(채굴자)가 새로운 블록을 생성할 권리를 얻습니다.
- 지분 증명(PoS, Proof of Stake): 이더리움 2.0 등에서 사용되는 방식으로, 네트워크에 대한 기여도(보유 코인의 양 등)에 따라 검증자(Validator)를 선정하여 합의에 이릅니다.

이 세 가지 개념은 서로 유기적으로 결합하여 블록체인 네트워크의 투명성, 보안성, 탈중앙화라는 핵심 가치를 구현합니다[https://www.google.com]

1.1.2. 분산(Decentralization): 중앙의 권력을 나누다

기존 시스템(Web 2.0)에서는 네이버나 티켓링크 같은 중앙 플랫폼이 데이터의 주인행세를 했다. 만약 중앙 서버가 해킹 당하거나 운영자가 데이터를 조작하면 사용자는 속수무책이다.

반면, 블록체인의 핵심은 '분산'에 있다. 똑같은 장부를 전 세계 수만 개의 컴퓨터(노드)가 나누어 갖는다. 해커가 데이터를 조작하려면 전 세계에 흩어진 장부의 51%를 동시에 해킹해야 하는데, 이는 사실상 불가능하다. K-컬처에 대입하자면, 기획사 사장님 혼자만 알고 있던 오디션 투표 결과를 전 국민이 각자의 노트에 똑같이 적어두는 것과 같다. 따라서 분산은 시스템의 '투명성'과 '보안성'을 담보하는 핵심 기제가 된다.

1.1.3. 합의(Consensus): 관리자 없이 진실을 증명하는 법

중앙 관리자가 없다면, 누가 거래의 정당성을 보증하는가? 여기서 '합의 알고리즘'이 등장한다. 이는 네트워크 참여자들이 다수결 원칙에 따라 무엇이 진짜 장부인지 합의하는 과정이다.

예를 들어, 누군가 "A가 B에게 티켓을 줬다"라고 외치면, 참여자들은 각자의 장부를 대조해 A에게 진짜 티켓이 있었는지 확인한다. 과반수 이상이 "맞다"고 인정(합의)해야만 그 내용은 블록에 기록되어 영구적인 사

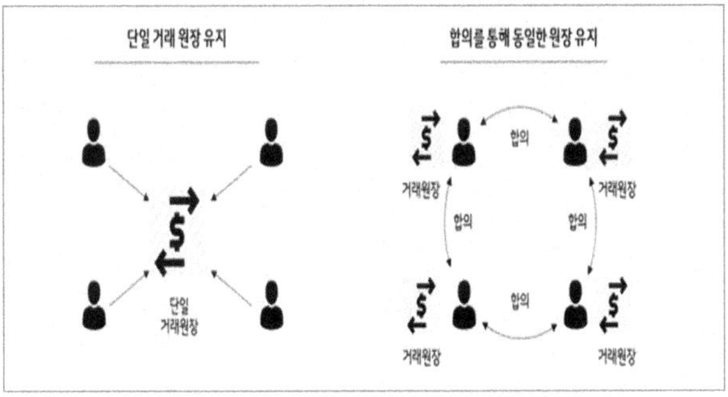

실이 된다. 이 과정 덕분에 블록체인은 '신뢰할 수 없는 사람들끼리 모여서 신뢰를 만들어내는 기술'로 정의된다.

▣ 합의 알고리즘(consensus algorithm)이란 다수의 참여자들이 통일된 의사결정을 하기 위해 사용하는 알고리즘을 말한다. 블록체인 시스템의 경우 네트워크에 참여하는 모든 참여자들이 동일한 데이터를 복사하여 분산 저장하기 때문에 원본과 사본의 구별이 없으며, 통일된 의사결정을 내릴 수 있는 권위 있는 중앙이 존재하지 않는다. 이런 상황에서 합리적이고 효율적인 의사결정을 내릴 수 있는 다양한 알고리즘이 개발되었다. [https://medium.com]

1.1.4. 중앙 집중형 시스템 vs 블록체인 시스템 비교

이해를 돕기 위해 기존의 중앙 집중형 시스템과 블록체인 시스템의 차이를 정리하면 다음과 같다.

구분	중앙 집중형 시스템(기존)	블록체인 시스템(혁신)
장부 관리	중앙 서버(은행, 기획사 등) 단독 관리	네트워크 참여자 전원이 분산 관리
보안성	중앙 서버 해킹 시 전체 마비 위험	일부가 해킹 당해도 전체 데이터 안전
데이터 신뢰	관리자의 도덕성에 의존(조작 가능성)	시스템의 알고리즘에 의존(조작 불가)
거래 속도	중개 기관을 거치므로 절차가 복잡함	P2P(개인 간) 직거래로 신속함
비유	선생님 혼자 점수표를 관리하는 교실	모든 학생이 서로의 점수를 칠판에 적는 교실

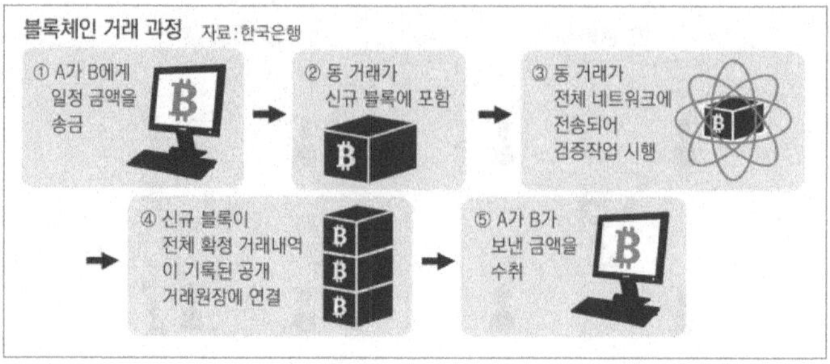

블록체인 기술, 은행 간 자금이체에 테스트해 보니… - 경향신문[https://www.khan.co.kr]

1.2. 장부(Ledger), 분산(Distribution), 합의(Consensus)

1.2.1. 제1기둥: 장부(Ledger) - "무엇을 기록하는가?"

블록체인의 가장 기본적인 정체성은 '디지털 원장(Digital Ledger)', 즉 '거래 장부'이다.

전통적인 도시는 수많은 중앙 화된 장부에 의존한다. 시청 서버의 '토지대장', 은행 서버의 '금융 장부', 병원 서버의 '의료기록부'가 그것이다. 이 장부들은 강력한 통제 하에 있지만, 동시에 치명적인 약점을 갖는다. 만약 이 중앙 서버가 해킹 당하거나, 화재로 소실되거나, 내부 관리자에 의해 악의적으로 위 변조된다면, 그 장부에 기록된 모든 '가치'와 '사실'은 회복 불가능하게 훼손될 수 있다.

블록체인은 이 '장부'를 다르게 설계했다.

(1) **블록(Block)의 생성:** 일정 시간 동안 발생한 모든 거래(예: A가 B에게 소유권 이전, C가 D에게 세금 납부)는 '블록'이라는 하나의 페이지에 기록된다.

(2) **체인(Chain)의 연결:** 이 '블록'은 장부에 추가될 때, 단순한 '복사-붙여넣기'가 아닌, 직전 블록의 고유한 암호학적 '지문(해시 값)'을 포

함하여 연결된다. 마치 강력한 밀랍 인장으로 봉인하듯 연결되는 것이다.

이 '체인' 구조로 인해, 만약 누군가 과거의 거래(예: 100번째 블록)를 단 하나라도 수정하려 한다면, 100번째 블록의 지문이 바뀌게 된다. 그 결과, 101번째, 102번째... 그리고 현재까지 이어진 모든 블록의 연결고리가 연쇄적으로 끊어지게 된다.

결과적으로, 블록체인의 장부는 '수정이 불가능한(Immutable)' 특성을 갖게 된다. 이는 도시의 역사, 소유권의 내역, 행정의 기록이 그 누구도 부정할 수 없는 '영구적인 사실'로 기록됨을 의미한다.

1.2.2. 제2기둥: 분산(Distribution) - "어디에 보관하는가?"

첫 번째 기둥이 '무엇(장부)'에 대한 것이었다면, 두 번째 기둥은 '어디에(위치)'에 대한 답이다.

전통적인 장부는 시청 전산실, 은행 IDC 센터 등 '중앙 서버'라는 단 하나의 물리적 위치에 '원본'으로 존재한다. 이 '단일 원본'의 존재는 효율적일 수 있으나, 모든 권력과 위험이 그 한 지점에 집중됨을 의미한다.

블록체인은 이 '원본'의 개념을 파괴한다. 블록체인은 '분산원장기술(DLT)'의 핵심 사례로서, 이 장부를 네트워크에 참여하는 모든 참여자(노드, Node)에게 '복제(Replicate)'하여 나누어 준다.

(1) '원본'은 존재하지 않는다. '모두가 가진 사본'이 곧 '원본'이다.

(2) 시청, 은행, 법원, 건설사, 심지어 시민 대표까지 이 장부의 동일한 사본을 실시간으로 공유하고 업데이트한다.

(3) 만약 해커가 시청 서버를 해킹하여 토지대장을 조작하려 해도, 다른 모든 참여자(은행, 법원...)가 가진 수천 개의 '진짜 장부'와 내용

이 다르기 때문에, 그 조작된 장부는 즉시 '거짓'으로 판명되어 네트워크에서 거부된다.

이 '분산' 구조는 회사경영, 비즈니스, 정부행정시스템 등에 '극단적인 투명성'과 '회복탄력성'을 부여한다. 특정 기관이 데이터를 독점하거나 은폐할 수 없으며, 지진이나 전쟁으로 특정 노드(서버)가 파괴되어도 장부 자체는 네트워크에 영원히 살아남게 되는 것이다.

1.2.3. 제3기둥: 합의(Consensus) - "누가, 어떻게 기록하는가?"

이제 가장 지적인 질문이 남는다. 중앙 관리자(은행장, 시장)가 없다면, 도대체 '누가' 새로운 거래(블록)가 '진짜'라고 승인하며, '어떤 규칙'으로 장부에 추가할 수 있는가?

모두가 장부를 가졌지만, A가 B에게 1억을 보낸 거래와 A가 C에게(동일한) 1억을 보낸 '이중 지불' 거래가 동시에 발생했을 때, 네트워크는 둘 중 무엇을 진짜로 인정해야 하는가?

암호화폐 채굴 방식, 어떻게 다른가

구분	PoW	PoS	DPoS
채굴 방법	복잡한 수학 문제 연산	지갑에 예치	투표로 뽑은 대표자에게 증명 위임
보상 기준	작업량	보유 지분에 비례	대표자 수익 배분
장점	보안성	친환경	빠른 처리 속도
단점	막대한 전기 소모	코인 쏠림 현상	네트워크 공격 취약
주요 코인	비트코인(BTC)	에이다(ADA)	트론(TRX)
	이더리움(ETH)	알고랜드(ALGO)	이오스(EOS)
	라이트코인(LTC)	테조스(XTZ)	루나(LUNA)
	모네로(XMR)	셀로(CELO)	리스크(LSK)

수학 문제 푸는 PoW, 지분 따라 돈 주는 PoS, 코린이를 위한 암호화폐 설명서 [https://www.mk.co.kr]

이때 필요한 것이 바로 '중재자 없는 동의 규칙', 즉 '합의 알고리즘(Consensus Algorithm)'이다.

합의 알고리즘은 "이 분산된 네트워크가 어떤 블록을 '참(True)'으로 인정하고 다음 체인에 연결할 것인지에 대한 민주적이고 자동화된 규칙"이다.

(1) **작업증명**(PoW): 비트 코인처럼, 막대한 연산(작업)을 수행하여 암호 퍼즐을 푼 참여자에게 장부 기록 권한을 주는 방식.(비용 기반 신뢰)

(2) **지분증명**(PoS): 이더리움처럼, 많은 지분(코인)을 '담보'로 맡긴 참여자들 중 무작위로 선택하여 기록 권한을 주는 방식.(담보 기반 신뢰)

이 '합의' 메커니즘이 있기에, 우리는 특정 은행이나 정부를 신뢰할 필요 없이, '수학적이고 경제적인 규칙 그 자체'를 신뢰하며 P2P(개인 간) 거래를 확정할 수 있는 것이다.

용어설명

권한증명 알고리즘(PoA: Proof-of-Authority)

권한증명(PoA)방식은 이더리움의 공동창업자 Gavin Wood에 의해 만들어진 알고리즘으로 주로 프라이빗 블록체인에 적용되어, 확실한 신원에 기반한 합의를 통해 즉각적인 거래를 제공하는 방식이다.

불특정 다수가 아닌 확실한 신원이 보장된 조직들이 참여하며, 승인된 계정(권한이 부여된 계정)이 블록에 대한 유효성 검사 및 전송 등 블록체인이 정상적으로 유지되도록 관리한다.

권한증명 방식은 프라이빗 블록체인에 많이 적용하는 방식이며, 일반적으로 네트워크의 효율성과 관리 가능한 보안을 보장하기 위해 참가자를 소규모(25이하)로 유지하려는 특징이 있다. [https://www.2e.co.kr]

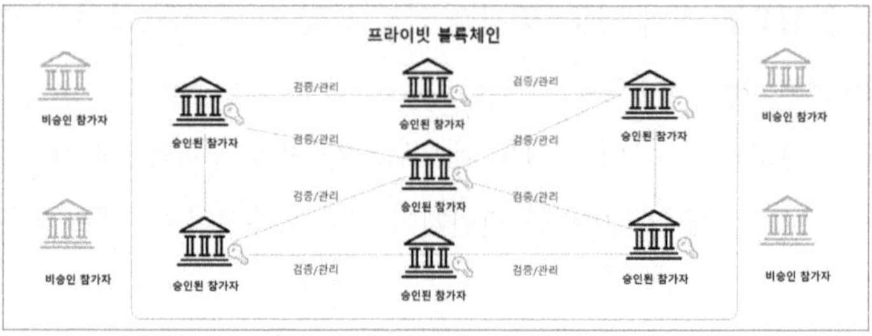

권한증명(PoA) 방식[https://www.2e.co.kr]

1.3. 블록체인(BC)의 핵심 개념 가상 사례

가상 사례 1 암표 없는 세상: BTS(Blockchain Ticket System) 프로젝트

1) **배경:** 203X년, 전 세계적으로 인기를 끄는 K-팝 그룹 'K-가디언즈'의 월드 투어가 발표된다. 그러나 매번 되풀이되는 매크로(자동 구매 프로그램)를 이용한 암표상들의 싹쓸이 구매와, 정가의 10배에 달하는 리셀(Resell) 가격 때문에 순수한 팬들은 좌절에 빠진다. 이에 기획사는 블록체인 스타트 업과 협력하여 'BTS(Blockchain Ticket System)' 프로젝트를 가동한다.

2) **작동 메커니즘과 해결 과정:**

(1) **장부(Ledger)의 기록:** 모든 티켓은 종이나 단순 QR코드가 아닌 NFT(대체 불가능 토큰) 형태로 발행된다. 티켓이 발행되는 순간부터 최초 구매자가 누구인지, 가격은 얼마인지가 블록체인 장부에 기록된다. 이 장부는 기획사뿐만 아니라 팬 커뮤니티의 노드(참여자)들에게도 공유된다. 즉, 암표상이 몰래 티켓 100장을 빼돌리려 해도 장부에 기록이 남기 때문에 원천 봉쇄된다.

(2) **분산(Decentralization)을 통한 검증:** 티켓 예매가 시작되자 수만 명의 접속자가 몰린다. 기존 서버라면 다운되었겠 지만, 분산된

네트워크가 트래픽을 감당한다. 암표상 'A'가 매크로를 돌려 티켓을 구매하려 시도한다. 하지만 블록체인 네트워크는 A의 구매 패턴이 정상적인 팬의 속도와 다름을 감지한다. 중앙 서버 관리자가 눈감아주는 일은 불가능하다. 분산된 수만 개의 눈(노드)이 A의 비정상적인 접근을 감시하고 있기 때문이다.

(3) **합의(Consensus)와 스마트 거래:** 암표상 A가 어렵게 구한 티켓을 팬 B에게 50만 원(정가 10만 원)에 팔려고 한다. 하지만 이 거래는 성사되지 않는다. 스마트 컨트랙트(자동 이행 계약)에 "티켓의 재판매 가격은 정가를 넘을 수 없다"라는 규칙이 코딩되어 있기 때문이다. A가 웃돈을 받고 전송 버튼을 눌러도, 네트워크의 합의 알고리즘은 이 거래를 '유효하지 않은 거래'로 간주하여 승인하지 않는다. 결국 A는 티켓을 정가에만 양도하거나, 취소할 수밖에 없게 된다.

3) **결과 및 시사점:** 'K-가디언즈'의 콘서트장은 진정한 팬들로 가득 찬다. 입장 시에도 복잡한 신분증 검사 없이, 팬의 전자지갑에 있는 NFT 티켓이 블록체인상의 소유권과 일치하는지만 1초 만에 확인하고 통과한다. 이 사례는 블록체인의 장부, 분산, 합의 기술이 어떻게 K-컬처의 고질적인 병폐인 암표 문제를 해결하고 공정한 문화를 만드는지 보여주는 명확한 증거가 된다.

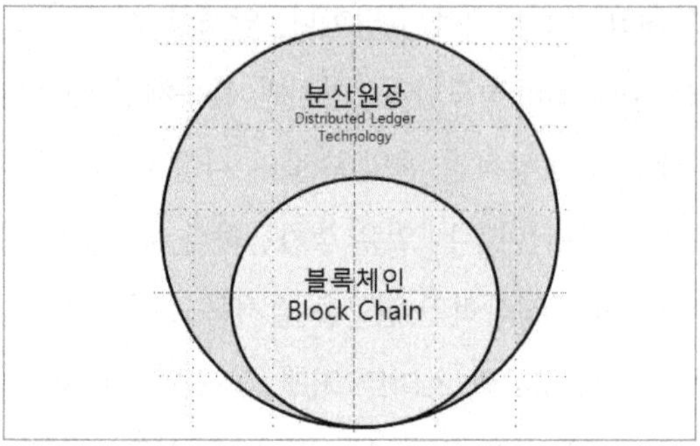

분산원장과 블록체인 개념 정확하게 구분하기: 네이버 블로그 [https://blog.naver.com]

가상 사례 2 독자가 키운 웹툰: '장부'와 '분산'의 혁명

1) **배경:** 무명의 웹툰 작가 J는 뛰어난 스토리텔링 능력을 갖췄으나, 대형 플랫폼의 높은 연재 수수료와 불투명한 정산 시스템 때문에 데뷔에 어려움을 겪고 있다. J는 중앙 플랫폼 대신 블록체인 기반의 웹툰 플랫폼 'K-툰 체인(K-Toon Chain)'에 자신의 작품 기획안을 올린다.

2) 작동 메커니즘:

(1) **지분 증명 장부**(Ledger of Ownership): J의 작품을 알아본 대학생 독자 1,000명이 각각 1만 원 상당의 '초기 후원 토큰'을 구매한다. 이 후원 내역은 기획사의 엑셀 파일이 아닌, 블록체인상의 '공공 장부'에 영구적으로 기록된다. 이 장부에는 "독자 A가 작가 J의 작품 지분 0.01%를 소유함"이라는 사실이 명시된다. 이것은 단순한 후원이 아니라 투자의 기록이다.

(2) **분산된 데이터 저장**(Decentralization): 웹툰의 원고와 저작권 데이터는 네이버나 카카오 같은 단일 회사의 서버가 아니라, IPFS(분산형 파일 시스템)라는 기술을 통해 전 세계 수만 개의 노

드(컴퓨터)에 조각나서 분산 저장된다. 특정 국가에서 검열을 시도하거나 서버를 차단하려 해도, 전 세계에 흩어진 데이터 조각들이 살아있으므로 작품은 삭제되지 않고 계속 연재된다.

(3) **수익의 자동 분배:** 웹툰이 대박이 나서 넷플릭스 드라마 판권이 팔린다. 판권 수익이 입금되는 즉시, 블록체인 장부에 기록된 지분율에 따라 1,000명의 독자 지갑으로 수익금이 자동 분배된다.

3) **결과 및 시사점:** 독자들은 단순한 소비자를 넘어 작품의 주인이 되었다. 블록체인의 '장부' 기능은 복잡한 계약서 없이도 수천 명의 소액 투자자 권리를 완벽하게 증명했으며, '분산' 저장은 거대 플랫폼의 갑질이나 검열로부터 창작자의 자유를 지켜냈다.

가상 사례 3 조작 없는 시상식: '합의' 알고리즘의 승리

1) **배경:** 매년 연말 열리는 '글로벌 K-팝 어워즈'는 투표 조작 논란에 시달려왔다. 주최 측이 유료 투표 데이터를 독점 관리했기 때문에 팬들은 결과에 승복하지 못했다. 신뢰 회복을 위해 주최 측은 블록체인 투표 시스템 '트루 픽(True-Pick)'을 도입한다.

2) **작동 메커니즘:**

(1) **1인 1표의 검증:** 팬이 투표 버튼을 누르는 순간, 그 행위는 하나의 트랜잭션(거래)이 된다. 이때 전 세계에 흩어진 블록체인 노드(참여자들의 컴퓨터)들은 이 투표가 유효한지 검사한다. "이 계정이 1분 전에 이미 투표하지 않았는가?", "매크로 프로그램이 아닌 실제 사람인가?"를 확인한다.

(2) **네트워크의 합의(Consensus):** 노드들은 서로의 검증 결과를 대조한다. 만약 해커가 특정 가수의 득표수를 1만 표 부풀려 가짜

데이터를 보내더라도, 나머지 과반수의 노드가 가진 장부와 다르기 때문에 이 데이터는 '합의'에 도달하지 못하고 즉시 폐기된다. 오직 51% 이상의 노드가 "정상적인 투표"라고 인정한 데이터만이 블록에 기록되어 점수에 반영된다.

(3) **실시간 투명 공개:** 집계 과정은 블랙박스 속에 있지 않다. 팬들은 웹사이트를 통해 블록이 생성되고 합의가 이루어지는 과정을 실시간으로 지켜본다. 주최 측 PD조차 이미 기록된 투표수를 수정할 권한이 없다.

3) **결과 및 시사점:** 시상식 당일, 1위가 호명되자 모든 팬덤이 결과에 박수를 보낸다. 블록체인의 '합의' 알고리즘이 중앙 관리자의 개입 가능성을 원천 차단하고, 오직 팬들의 정직한 표심만이 결과에 반영되었음을 수학적으로 보증했기 때문이다.

4) 블록체인 도입 전후 K-컬처 산업 비교

위 가상 사례를 통해 기존 시스템과 블록체인 시스템의 차이를 정리하면 다음과 같다.

구분	기존 K-컬처 시스템(Web 2.0)	블록체인 융합 시스템(Web 3.0)
데이터 관리	중앙 장부: 플랫폼 기업이 독점 관리 (수정 용이)	분산 장부: 참여자 전원이 공유 (수정 불가)
의사 결정	수직적: 기업 임원 및 소수가 결정	수평적 합의: 네트워크 참여자의 다수결 합의
저작권/수익	계약서에 의존, 정산 과정 불투명	'코드(장부)'에 의존, 실시간 자동 정산
투표/평가	서버 관리자의 데이터 조작 위험 존재	합의 알고리즘에 의한 위변조 원천 봉쇄
핵심 가치	효율성과 플랫폼의 이익 극대화	투명성과 생태계 참여자의 공정성 확보

2

'블록체인의 핵심 구조: 분산원장의 메커니즘'과 가상사례

2.1. 블록(Block), 체인(Chain), 분산원장(Distributed Ledger)

2.1.1. 블록(Block): 데이터를 담는 투명한 유리 상자

블록체인에서 '블록'은 데이터를 저장하는 기본 단위이다. 이를 K-컬처에 비유하자면, 팬들이 작성한 응원 메시지나 투표 내역을 담는 '투명한 유리 상자'와 같다.

하나의 블록에는 일정 시간 동안 발생한 수많은 거래 내역(Data)이 담긴다. 흥미로운 점은 이 상자 안에 '해시(Hash)'라는 고유한 디지털 지문이 함께 찍힌다는 것이다. 해시는 데이터가 토씨 하나라도 바뀌면 완전히 다른 모양으로 변하는 특성을 가진다.

즉, 누군가 몰래 상자 안의 투표수를 조작하려 하면, 그 즉시 디지털 지문이 변형되어 위조 사실이 전 네트워크에 발각된다.

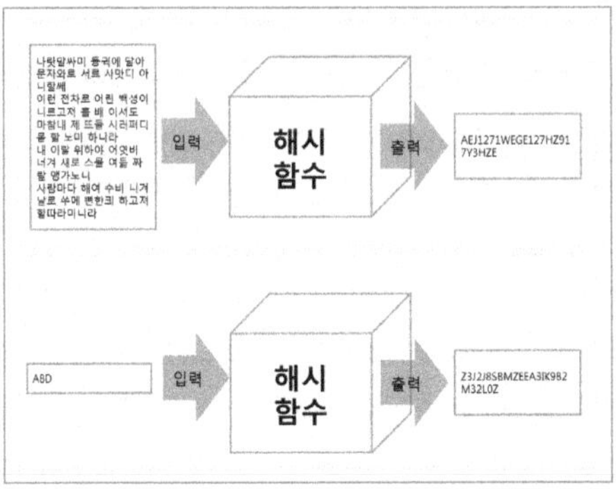

[BEB] Section3: 암호화 기술/블록체인 [https://velog.io]

2.1.2. 체인(Chain): 과거와 현재를 잇는 불멸의 사슬

분산원장의 가장 큰 특징은 블록들이 서로 꼬리에 꼬리를 물고 연결되어 있다는 점이다. 100번째 블록은 99번째 블록의 해시 값(지문)을 포함하고, 99번째는 98번째의 해시 값을 포함한다. 이것이 바로 '체인(Chain)' 구조이다.

만약 해커가 1년 전의 기록인 10번째 블록을 조작하려면, 그 이후 생성된 11번째부터 현재의 블록까지 모든 연결고리를 다시 계산하여 수정해야 한다. 이는 사실상 물리적으로 불가능한 작업이다. 따라서 한번 사슬에 묶인 데이터는 영구히 보존되며, 수정 삭제가 불가능한 '역사'가 된다.

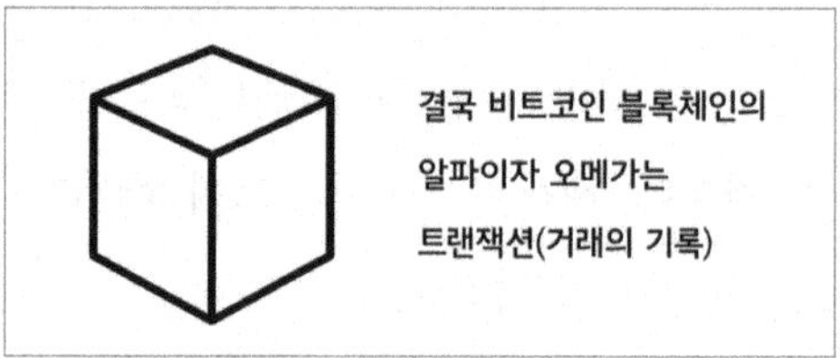

[Bitcoin] 비트코인 구조 이해하기 [https://loosie.tistory.com]

▣ 트랜잭션(transaction): 원래 트랜잭션(transaction)은 금융 거래, 업무 처리 단위를 뜻한다. 비트 코인에서의 트랜잭션은 비트 코인의 이동, 즉 영수증과 같은 거래를 나타내는 데이터이다. 하나의 블록은 1MB까지 트랜잭션을 담을 수 있는데 하나의 트랜잭션이 약 0.3kb이므로, 한 블록에 3천개의 거래를 담을 수 있다.
비트 코인은 기본적으로 블록에 뭔가를 기록하려면 어마어마한 자원(연산 력)을 쓰도록 하는 작업증명 방식을 택하고 있다.
자원의 관점에서 바라보면 굉장히 비효율적인 방식이며, 이 작업증명(Proof-of-work, PoW)중에서도 해시 퍼즐을 사용하고 있다. 비트 코인이 사용하는 해시함수는 SHA-256(Secure Hash Algorithm)으로 입력 값을 256bit로 변경해주는 함수이다. 해시함수는 임의의 데이터를 고정된 길이의 데이터로 바꾸어 주는 함수이다.
Blockchain Explorer 사이트를 이용하면, 최근에 만들어진 블록에 몇 개의 데이터가 담겼는지 확인할 수 있다. SHA-256은 우리가 입력하는 데이터를 16진수, 64자리로 바꿔준다. 그리고 어떤 값을 입력하든지 간에 항상 256비트의 고정된 출력 값을 내놓기 때문에 SHA-256이라 이름 붙여진 것이다. 예를 들어, '비트 코인'을 SHA-256 함수를 이용해 해시 값을 생성해보면 64자리의 16진수로 변환되어 나온다. "41A50AAA9061C4C79D945 0C470B149578A943D40A65E174AB1DA276E22D932E6" [https://loosie.tistory.com]

2.1.3. 분산원장(Distributed Ledger): 모두가 공유하는 진실의 거울

기존의 중앙화된 서버는 '원본' 하나를 관리자가 독점하는 형태였다. 그러나 분산원장은 이 연결된 블록들의 사슬 전체를 네트워크 참여자(노드) 전원이 각자의 컴퓨터에 똑같이 복사하여 보관한다.

K-드라마의 대본이 작가 한 명의 PC에만 있는 것이 아니라, 전 세계 시청자 모두가 실시간으로 업데이트되는 대본을 가지고 있는 것과 같다. 누군가 자신의 장부를 위조해도 나머지 다수의 장부와 대조했을 때 내용이 다르므로 즉시 폐기된다. 이러한 '동기화(Synchronization)' 과정을 통해 블록체인 시스템은 중앙의 개입 없이도 완벽한 무결성을 유지한다.

2.1.4. 데이터 관리 방식의 구조적 비교

분산원장의 메커니즘이 기존 데이터베이스와 어떻게 다른지 구조적으로 비교하면 다음과 같다.

비교 항목	중앙 집중식 데이터베이스(기존)	블록체인 분산원장(혁신)
데이터 형태	관리자가 수정 가능한 엑셀 파일 형태	수정 불가능한 블록의 사슬(Chain) 형태
저장 위치	중앙 서버(단일 실패 지점 존재)	전 세계 노드에 분산 저장(복원력 우수)
보안 메커니즘	방화벽(Firewall)으로 외부 침입 차단	해시(Hash) 암호화로 내부 데이터 무결성 증명
데이터 권한	플랫폼 관리자에게 권한 집중(독점)	네트워크 참여자 모두에게 권한 분산(공유)
신뢰의 원천	기관의 브랜드 및 신용도	수학적 알고리즘과 검증 메커니즘

2.2. 블록체인 기반 K-컬처'의 투명성을 이해하기 위해서 이 기술의 심장부, 즉 '분산원장(Distributed Ledger)'의 작동 원리를 탐구해야 한다.

블록체인 기반 K-컬처 '의 투명성을 이해하기 위한 여정에서, 우리는 이 기술의 가장 근본적인 심장부, 즉 '분산원장(Distributed Ledger)'의 작동 원리를 반드시 탐구해야 한다. 전통적인 도시 행정과 부동산 거래가 불투명하고 비효율적이었던 이유는, 모든 정보와 권한이 '중앙화된 원장(Centralized Ledger)'에 독점되어 있었기 때문이다.

은행의 거래 장부, 정부의 토지 대장, 기업의 고객 데이터베이스는 모두 이 '중앙 서버'라는 단 하나의 '원본'에 의존한다. 만약 이 원본이 해킹당하거나, 위조되거나, 재난으로 소실된다면, 그 장부에 기록된 모든 가치와 신뢰는 한순간에 무너진다.

블록체인은 이 '신뢰의 중앙 독점' 문제를 정면으로 돌파하는 혁명적 아이디어이다.

2.2.1. '모두가 가진 장부': 분산원장(DLT)이란 무엇인가?

분산원장 기술(Distributed Ledger Technology, DLT)의 핵심은 간단하다. "단 하나의 원본 장부를 두는 대신, 네트워크에 참여하는 모든 구성원이 '완전히 동일한 사본'을 나누어 갖고, 이를 함께 관리한다"는 것이다.

이는 마치, 과거 마을의 모든 거래를 촌장(중앙 서버)의 비밀 금고 속 장부에만 기록하던 방식에서 벗어나, 마을 광장에 거대한 석판을 세우고 모든 거래 내역을 모든 주민이 보는 앞에서 공개적으로 기록하는 것과 같다.

한번 석판에 기록된 내용은 지울 수 없으며, 만약 누군가 몰래 석판의 내용을 고치려 해도(위조), 다른 모든 주민이 가진 '기억(자신들의 장부 사본)'과 다르기 때문에 즉시 거짓말이 탄로 나게 되는 것이다.

블록체인은 이 분산원장을 구현하는 가장 성공적이고 유명한 방식이다.

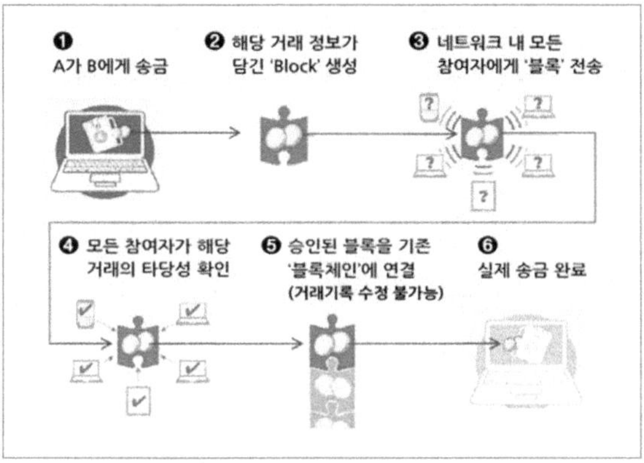

보안뉴스 [https://www.boannews.com]

2.2.2. 메커니즘: '블록(Block)'과 '체인(Chain)'의 결합

그렇다면 이 '공동 장부'는 구체적으로 어떻게 기록되고 유지되는가? 핵심은 '블록'과 '체인'이라는 두 가지 개념의 절묘한 공학적 설계에 있다.

(1) 블록(Block) - "기록 용지"

- 일정 시간(예: 비트코인의 경우 약 10분) 동안 발생한 모든 거래(Transaction) 데이터는 '블록'이라는 하나의 '페이지' 또는 '묶음'에 수집된다.
- 여기에는 "A가 B에게 1코인을 보냈다", "C가 D에게 부동산 소유권을 이전했다" 등의 모든 유효한 기록이 타임스탬프와 함께 담긴다.

(2) 체인(Chain) - "불가역성의 봉인"

- 이것이 분산원장의 천재성이다. 새로 생성된 블록(예: 101번 블록)은 장부에 추가될 때, "직전의 블록(100번 블록)이 가진 고유한 '지문(암호학적 해시값)"을 포함하여 연결된다.
- 즉, 101번 블록은 자신의 내용물과 100번 블록의 지문을 결합하여 자신만의 고유한 지문을 생성한다. 그리고 102번 블록은 다시

101번 블록의 지문을 포함하여 연결된다.

• 이러한 '지문의 꼬리 물기'는 모든 블록이 시간순으로 강력하게 연결된 '사슬(Chain)'을 만든다.

만약 해커가 과거의 기록(예: 90번 블록)을 "A가 B가 아닌, 해커 Z에게 돈을 보냈다"라고 단 하나의 글자라도 수정하려 한다면, 90번 블록의 '지문(해시 값)'이 완전히 바뀌게 된다.

그 결과, 91번 블록이 포함하고 있던 '90번 블록의 원래 지문'과 더 이상 일치하지 않게 된다. 이 불일치는 92번, 93번... 그리고 현재의 마지막 블록까지 연쇄적으로 발생한다.

결국, 단 하나의 과거 기록을 조작하기 위해서는 그 이후에 연결된 모든 블록을 전부 다시 계산하고 재작성해야 하며, 이 작업을 "네트워크 참여자 과반수(51%)"의 컴퓨터보다 더 빨리 해내야만 한다. 이는 현실적으로 불가능에 가까운 것이다.

이것이 블록체인이 '불변성(Immutability)'을 획득하는 원리이다.

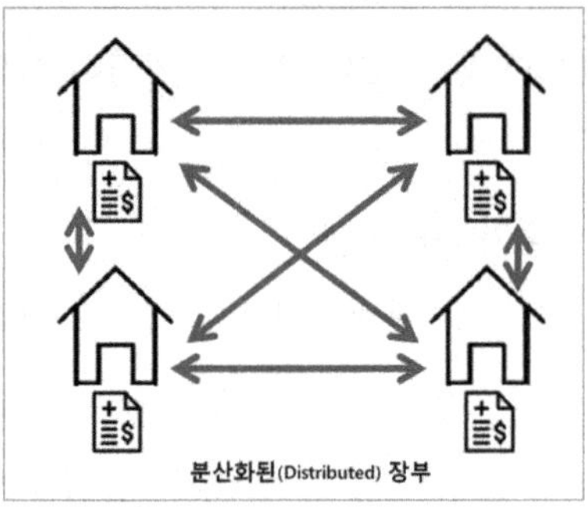

한은 "디지털통화·블록체인 대응 강화한다" [https://www.inews24.com]

2.2.3. 중앙화 원장과 분산 원장의 핵심 비교

비교 항목	중앙화 원장(Traditional Database)	분산 원장(Blockchain)
통제 주체	단일 주체 (정부, 은행, 기업)	다수의 참여자 (Nodes)
데이터 저장	중앙 서버 (단일 원본)	네트워크에 분산된 사본
투명성	불투명 (관리자만 원본 접근 가능)	완전 투명 (참여자는 모든 기록 열람 가능)
위변조 가능성	가능 (관리자 또는 해커가 원본 수정)	사실상 불가능 (체인 구조와 합의 메커니즘)
단일 실패 지점	존재함 (서버 다운 시 전체 시스템 마비)	없음 (일부 노드가 다운되어도 네트워크 유지)

2.3. 블록체인 기반 K-컬처 가상사례

가상 사례 1 조작 없는 오디션: '국민 프로듀서'의 부활

1) **배경:** K-팝 아이돌 선발 프로그램은 전 세계적인 인기를 끌었으나, 과거 문자 투표 조작 사태로 인해 대중의 신뢰를 잃은 상태이다. 방송사는 신뢰 회복을 위해 시즌 5부터 '트루-보트(True-Vote)'라는 블록체인 분산원장 시스템을 도입한다.

BTS 파워? K팝 스타 될래 12만명 몰렸다 | 한국경제 [https://www.hankyung.com]

2) 작동 메커니즘:

(1) **투표의 블록화:** 시청자가 앱을 통해 특정 연습생에게 투표를 행사하는 순간, 그 데이터는 암호화되어 하나의 '트랜잭션(거래)'으로 생성된다. 전 세계에서 10분 동안 모인 투표 내역은 하나의 '블록'에 담긴다.

(2) **해시를 통한 검증:** 생성된 투표 블록에는 고유한 해시 값(디지털 지문)이 부여된다. 방송사 PD가 특정 연습생의 순위를 올리기 위해 데이터를 수정하려 시도하면, 해당 블록의 해시 값이 변경되고, 이는 다음 블록과의 연결을 끊어버린다.

(3) **실시간 분산 검증:** 이 투표 장부는 방송사 서버 뿐만 아니라, 시민 감시단으로 선정된 1만 명의 팬들의 PC(노드)에도 실시간으로 저장된다. 방송 화면 하단에는 현재 생성된 블록의 해시 값이 실시간으로 표시되어, 시청자는 내 투표가 장부에 제대로 기록되었는지 즉시 확인할 수 있다.

3) **결과 및 시사점:** 최종 우승자가 발표되는 순간, 누구도 결과에 의문을 제기하지 않는다. 방송사가 데이터를 독점하지 않고 분산원장에 투명하게 공개했기 때문이다. 이로써 K-팝 오디션은 '짜고 치는 고스톱'이라는 오명을 벗고, 전 세계 팬들이 직접 참여하고 검증하는 진정한 의미의 민주적 축제로 거듭난다.

가상 사례 2 위조 불가한 명품: K-패션 '디지털 보증서'

1) **배경:** 한국의 신진 디자이너 브랜드가 세계적인 인기를 얻자, 중국과 동남아 시장에 정교한 가품(짝퉁)이 넘쳐나기 시작했다. 브랜드 가치 하락을 우려한 디자이너들은 연합하여 'K-패션 오리진 체인'을 구축한다.

2) **작동 메커니즘:**

   (1) **제네시스 블록(최초의 기록):** 디자이너가 옷을 제작하는 시점에 해당 제품의 고유 정보(제작일, 소재, 디자이너 서명)가 담긴 NFT가 발행된다. 이것이 이 옷의 '디지털 출생증명서'이자 블록체인의 첫 번째 기록이 된다.

   (2) **유통 과정의 체인 연결:** 옷이 공장에서 물류 센터로, 다시 백화점으로 이동할 때마다 그 과정이 블록체인에 순차적으로 기록된다. 소비자는 옷에 부착된 QR코드를 스캔하여 이 옷이 어떤 경로를 거쳐 왔는지 투명하게 볼 수 있다.

   (3) **소유권 이전과 진품 증명:** 소비자가 옷을 구매하면, 디지털 보증서(NFT)의 소유권이 소비자의 전자 지갑으로 이전된다. 이후 이 옷을 중고 거래할 때, 구매자는 판매자에게 디지털 보증서 전송을 요구한다. 가품 판매자는 옷은 흉내 낼 수 있어도, 블록체인상에 기록된 '디지털 보증서'는 위조할 수 없다.

3) **결과 및 시사점:** 소비자들은 스마트폰 하나로 진품 여부를 100% 확신하고 구매할 수 있게 된다. 짝퉁 시장은 자연스럽게 도태되며, K-패션 브랜드는 '기술로 보증된 프리미엄'이라는 새로운 가치를 얻게 된다. 분산원장이 단순한 기록을 넘어, 제품의 가치를 지키는 디지털 방패가 된 것이다.

비싼 명품 샀는데 정품 맞아?"…디지털 보증서·200% 환불로 '정품' 보장

3

'K-컬처 분야에서 합의 알고리즘: 작업증명에서 지분증명까지'와 가상사례

3.1. 무질서의 문제를 해결하고, 분산된 네트워크에 신뢰와 질서를 부여하는 핵심 엔진이 '합의 알고리즘(Consensus Algorithm)'이다

중앙 관리자가 없는 블록체인 세상에서 "누가 새로운 블록(데이터)을 생성할 자격을 갖는가?"라는 질문은 시스템의 생존을 결정짓는 핵심이다. 이 자격을 결정하는 규칙을 '합의 알고리즘'이라 한다.

이를 K-컬처에 비유하자면, 아이돌 그룹의 센터를 뽑는 방식과 유사하다. '누구에게 센터 자리를 줄 것인가?'에 대한 규칙이 공정해야 팬덤(네트워크 참여자)이 결과를 승복하고 시스템이 유지된다. 대표적인 합의 방식으로는 작업증명(PoW)과 지분증명(PoS)이 존재한다.

우리는 '분산원장'이 중앙의 통제 없이 '모두가 동일한 장부'를 갖는 시스템임을 확인했다. 그러나 여기서 K-컬처 와 예술문화 전문가 그리고

<블록체인 합의 알고리즘>

구분	작업증명	지분증명
내용	채굴, 작업연산량에 따라 보상	지분 보유 여부에 따라 보상
비용	채굴 컴퓨터 구입 및 유지비용	지분 취득 및 스테이킹 기회비용
위협	51% 이상의 컴퓨팅 파워 확보	51% 이상의 지분 확보
장점	높은 시장 가치	빠른 처리속도
단점	높은 전력소모, 느린 처리속도	이해당사자 시스템 제어가능
대표	비트코인, 이더리움, 라이트코인	솔라나, 퀀텀, 네오, 테조스

[가상자산과 세금] ① 새로운 화폐 비트코인[https://webzine.kacta.or.kr]

일반 독자들은 가장 근본적인 질문에 봉착하게 된다. "중앙 관리자가 없다면, 대체 '누가' 이 장부에 새로운 내용을 기록할 자격을 가지며, '무엇을' 기준으로 그 기록이 '진짜'라고 모두가 동의(합의)하게 되는가?"

만약 이 합의의 규칙이 없다면, 네트워크는 즉시 무질서에 빠질 것이다. A가 B에게 1억 원을 보낸 후, 동시에 A가 C에게도 동일한 1억 원을 보냈다는 '이중 지불(Double-Spending)' 사기를 시도할 때, 네트워크는 둘 중 어떤 거래가 '진짜'인지 결정할 수 없게 된다.

이 무질서의 문제를 해결하고, 분산된 네트워크에 신뢰와 질서를 부여하는 핵심 엔진이 바로 '합의 알고리즘(Consensus Algorithm)'이다. 이는 '블록체인 도시'의 헌법이자 운영 규칙이다.

3.1.1. 작업증명(Proof-of-Work, PoW): "디지털 노동"의 증명

'작업증명(Proof of Work)'은 말 그대로 "일을 했다는 것을 증명"하는 방식이다. 컴퓨터가 복잡한 수학 문제를 풀기 위해 막대한 연산 능력과 전기를 소모해야만 블록 생성 권한을 얻는다. 이는 K-팝의 초기 '연습생 시스템'과 유사하다. 수년 간의 피나는 육체적 노력(Work)과 시간 투자를 통해 데뷔라는 결과물을 얻는 과정이다.

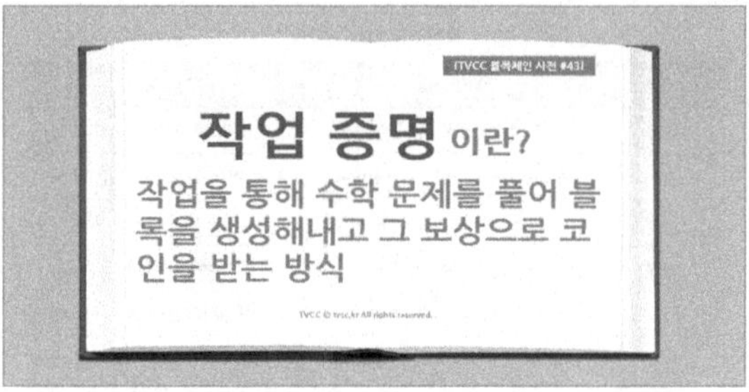

[TVCC 블록체인 사전] #43 작업 증명(PoW)이란? [https://tvcc.kr]

PoW는 보안성이 매우 뛰어나다는 장점이 있으나, 처리 속도가 느리고 에너지 소모가 심하다는 치명적인 단점이 있다. 따라서 빠르고 빈번한 거래가 필요한 티켓팅이나 굿즈 판매보다는, 절대 변하지 않아야 할 '디지털 문화유산'의 원본 저장 등에 제한적으로 적합한 방식이다.

최초의 합의 알고리즘이자 비트 코인(Bitcoin)을 작동시키는 심장부이다. PoW는 '신뢰할 수 없는(Trustless)' 네트워크에서 신뢰를 구축하기 위해, 의도적으로 '막대한 비용(Cost)'을 지불하도록 설계한 방식이다.

1) 작동 원리:

네트워크는 새로운 블록(거래 장부 페이지)을 생성할 자격을 얻기 위한, 극도로 어려운 암호학적 '퍼즐'을 제시한다.

(1) 전 세계의 참여자들, 즉 '채굴자(Miners)'들은 이 퍼즐을 풀기 위해 자신의 컴퓨터(주로 고성능 ASIC)를 동원하여 막대한 양의 '전기 에너지'와 '연산 작업(Work)'을 쏟아붓는다.

(2) 가장 먼저 이 퍼즐을 푼(작업을 증명한) 채굴자가 승자가 되어, 새로운 블록을 생성할 권한을 얻고, 그 보상으로 새로운 코인(예: 비트 코인)을 받는다.

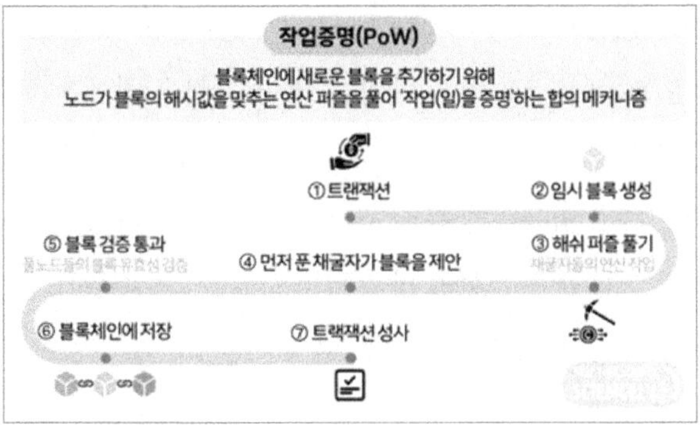

[https://pickyourscience.tistory.com]

2) PoW의 철학은 "보안은 비용에서 나온다"이다.

해커가 과거의 거래(예: 100번째 블록)를 위조하려면, 그 이후에 연결된 101, 102...번째 블록을 생성하기 위해 투입된 전 세계 채굴자들의 모든 '작업량(에너지)'을 혼자서 더 빨리 능가해야 한다. 이는 사실상 불가능하며, 차라리 그 에너지를 정직하게 채굴에 사용하는 것이 경제적으로 훨씬 이득이다.

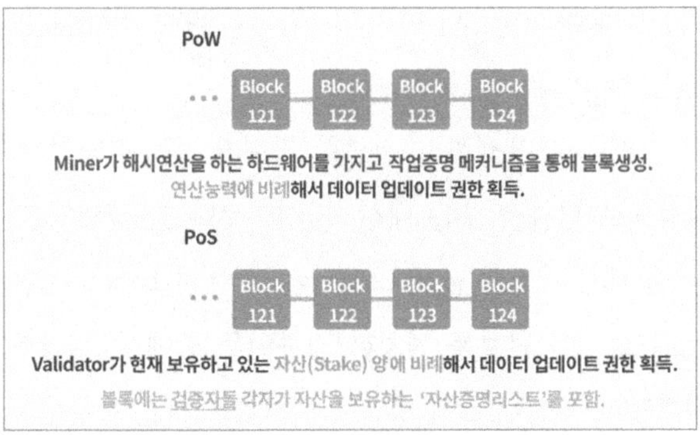

[https://www.banksalad.com]

3.1.2. 지분증명(Proof-of-Stake, PoS): "디지털 담보"의 증명

지분증명(Proof of Stake)은 "지분을 많이 가진 사람에게 권한을 주는" 방식이다. 고성능 컴퓨터가 없어도, 해당 네트워크의 코인(지분)을 많이 예치(Staking)하고 있을수록 블록 생성자로 선택될 확률이 높아진다.

이는 성숙한 K-팬덤 문화와 닮아 있다. 기획사의 주주이거나 팬클럽의 운영진처럼, 해당 생태계에 대한 기여도(지분)가 높은 사람에게 의사결정 권한을 부여하는 것이다. PoS는 전기를 거의 쓰지 않아 친환경적이며 (ESG 경영 부합), 데이터 처리 속도가 비약적으로 빠르다. 따라서 수만 건의 트랜잭션이 동시다발적으로 발생하는 K-콘텐츠 플랫폼이나 투표 시스템은 대부분 이 방식으로 진화하고 있다.

PoW가 제공하는 강력한 보안에도 불구하고, 이는 '지구 온난화의 주범'이라는 비판을 받을 정도로 막대한 에너지를 소비한다는 치명적인 한계를 갖는다. '블록체인 도시'의 지속가능성을 논하는 우리가 도시 운영을 위해 거대한 발전소를 추가로 지을 수는 없는 노릇이다.

이 에너지 문제를 해결하기 위해 등장한 것이 바로 '지분증명(PoS)'이며, 이더리움(Ethereum)이 '더 머지(The Merge)'라는 역사적 업그레이드를 통해 채택한 방식이다.

(1) 새로운 블록을 생성하고 검증할 참여자, 즉 '검증인(Validators)'은 경쟁적으로 퍼즐을 푸는 대신, 자신이 보유한 코인의 일정량(지분, Stake)을 네트워크에 '담보(Collateral)'로 예치(Lock-up)한다.

(2) 네트워크는 이 담보를 예치한 검증인들 중에서,(일반적으로 지분량에 비례하여) 무작위로 한 명을 선택하여 새로운 블록을 생성할 권한을 준다.

PoS의 철학은 "보안은 경제적 인센티브에서 나온다"이다.

검증인은 블록을 정직하게 생성하고 검증하는 대가로 이자(보상)를 받는다. 하지만 만약 검증인이 사기 거래를 포함시키거나 네트워크를 공격하려 시도한다면, 네트워크는 그가 담보로 맡긴 막대한 '지분'을 자동으로 몰수(Slashing)해버린다.

이는 해킹을 시도하는 것이, 막대한 에너지를 낭비하는 것(PoW)에서, 자신의 전 재산을 불태우는 행위(PoS)로 바뀌었음을 의미한다. PoS는 PoW 대비 99.9% 이상의 에너지를 절감하며, 도시 인프라가 감당할 수 있는 수준의 '효율적인 보안'을 제공한다.

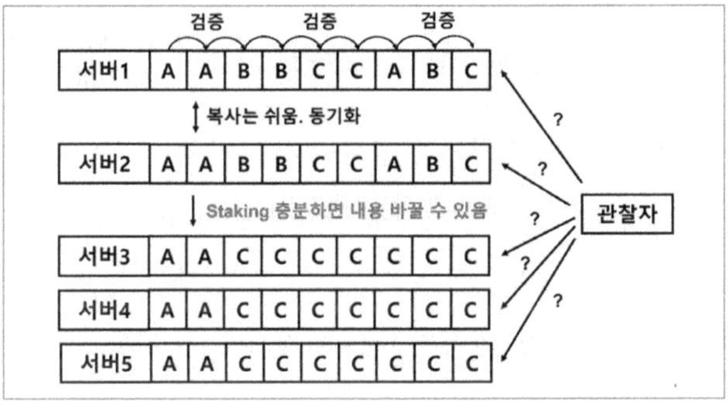

[ET단상]이더리움의 'PoS' 기술적 퇴보 - 전자신문 [https://www.etnews.com]

▣지분증명(Proof of Stake)은 지분이 많은 사람을 중심으로 검증만 한다. 과거에 지분이 많던 사람은 그 시점부터 언제든지 새로운 내용을 만들어 낼 수가 있다. 만약 다수의 지분을 보유한 이가 과거 내용을 다같이 변조하면 제3자는 어떤 데이터가 진실인지 알 방법이 없어진다는 문제가 있다. 서로 불일치하는 두 데이터 모두 충분한 지분을 가진 사람이 만든 내용이기 때문이다. 따라서 PoS는 원천적으로 블록체인 합의 알고리즘으로 이용할 수 없다. 그럼에도 많은 블록체인이 PoS를 이용하는 이유는 스테이킹(Staking)이라는 명분으로 생태계와 비즈니스 모델을 만들기 쉽기 때문이다. 이더리움도 이런 비판은 피해 갈 수 없다.(자료: 이정우, 이더리움의 'PoS'기술적 퇴보) [https://www.etnews.com)

3.1.3. 작업증명(PoW)과 지분증명(PoS)의 비교

K-컬처 산업의 관점에서 두 합의 알고리즘의 특성을 비교하면 다음과 같다.

구분	작업증명(PoW)	지분증명(PoS)
핵심 원리	컴퓨팅 파워(연산력) 경쟁	코인 보유량(지분) 경쟁
K-컬처 비유	연습생의 노력: 피나는 땀으로 데뷔 자격 획득	주주의 권리: 기여도와 지분에 따른 의사결정 참여
장점	강력한 보안성(해킹이 극도로 어려움)	빠른 처리 속도, 낮은 유지 비용
단점	느린 속도, 과도한 에너지 소비 (환경 오염)	지분 독점에 따른 중앙화 우려 (빈익빈 부익부)
적합 분야	고가 미술품 NFT, 디지털 국보 저장	콘서트 티켓팅, 팬 투표, 실시간 아이템 거래

결국, 블록체인과 K-컬처의 융합은 초기 '기술적 보안(PoW)'을 중시하던 단계에서, 대중적 확산과 친환경 가치를 중시하는 '효율적 참여(PoS)'의 단계로 이행하고 있다. 이는 K-컬처가 지속 가능한 글로벌 표준으로 자리 잡기 위한 필수적인 기술적 진화 과정이다.

3.2. 작업증명(PoW)과 지분증명(PoS) 가상사례

가상 사례 1 PoW 적용 사례: 디지털 훈민정음 보존 프로젝트 '불멸의 기록'

1) **배경:** 대한민국 문화재청은 국보 70호 '훈민정음 해례본'의 영구 보존을 위해 디지털 트윈(Digital Twin) 작업을 기획한다. 단순한 서버 저장은 데이터 소실이나 해킹의 위험이 있어, 가장 강력한 보안이 필요한 상황이다. 이에 속도는 느리지만 보안성이 최상위인 비트코인 기반의 작업증명(PoW) 방식을 채택한다.

훈민정음 해례본 '복간본'…15세기의 숨결 '그대로[https://www.popcornnews.net]

2) 진행 과정:

(1) **초고해상도 데이터 해싱**: 훈민정음의 모든 페이지를 초고해상도로 스캔한 뒤, 그 데이터를 암호화하여 블록체인에 기록한다.

(2) **전 세계 채굴자의 검증**: 전 세계 수백만 대의 채굴 컴퓨터가 막대한 연산력을 동원해 이 기록이 담긴 블록을 봉인(Mining)한다. 이 과정에서 소모된 에너지는 이 기록을 위변조하는 데 드는 비용을 천문학적으로 높여, 사실상 해킹을 불가능하게 만든다.

(3) **디지털 국보의 탄생**: 이렇게 PoW 방식으로 블록체인에 박제된 '디지털 훈민정음'은 지구가 멸망하거나 인터넷이 사라지지 않는 한 영원히 원본 그대로 존재하게 된다.

3) **결과 및 시사점**: 이 프로젝트는 K-컬처의 뿌리인 문화유산을 기술적

	작업증명 (PoW)	지분증명 (PoS)
장점	• 채굴 기술력 발전 기여 • 신재생 에너지 활용 • 보안	• 에너지 효율성 • 트랜잭션 처리량 증가 • 검열로 부터 독립 • 낮은 진입 장벽
단점	• 에너지 사용량 • 전자 폐기물 발생 • 추적성	• 완성도 미비 • 코인 통합 • 보안성

[코인애플 칼럼] ①PoW(작업증명)와 PoS(지분증명)는 무엇인가? [https://www.ittimes.com]

으로 영생(永生)하게 했다. PoW의 단점인 느린 속도와 에너지 비용은 '영구적 보존'이라는 압도적 가치 앞에서 정당화되며, 이는 블록체인이 '디지털 금고'로서 어떻게 활용될 수 있는지 보여준다.

가상 사례 2 PoS 적용 사례: 친환경 K-팝 플랫폼 '그린 비트(Green Beat)'

1) **배경:** 글로벌 K-팝 팬덤 사이에서 '기후 위기'가 중요한 의제로 떠오른다. 팬들은 탄소를 배출하는 앨범 제작과 에너지 소모가 심한 기존 블록체인 서비스에 반감을 표한다. 이에 대형 기획사들은 연합하여 '지분증명(PoS)' 기반의 친환경 팬덤 플랫폼 '그린 비트'를 런칭한다.

2) **진행 과정:**

(1) **친환경 검증:** '그린 비트'는 고성능 채굴기 없이, 팬들이 보유한 토큰(지분)만으로 네트워크를 유지한다. 전력 소모량은 기존 대비 99.9% 절감된다.

(2) **팬들의 노드 참여:** 팬들은 굿즈를 사거나 스트리밍을 통해 획득한 토큰을 플랫폼에 예치(Staking)한다. 토큰을 많이 예치한 팬클럽은 '검증자(Validator)' 자격을 얻어 플랫폼 운영 수익의 일부를 배당받는다.

2026 년 주목할만한 친환경 코인 | 그린코인(ESG, Green Crypto) [https://99bitcoins.com]

(3) **초고속 티켓팅:** 월드 투어 티켓팅이 열리자 초당 10만 건의 트랜잭션이 몰린다. PoS 알고리즘은 복잡한 연산 없이 지분 확인만으로 거래를 승인하므로, 단 1초의 지연도 없이 매끄럽게 결제와 NFT 티켓 발권이 완료된다.

3) **결과 및 시사점:** '그린 비트'는 "지구를 지키는 덕질"이라는 슬로건 아래 글로벌 팬덤의 폭발적인 지지를 얻는다. PoS 기술은 K-컬처가 단순히 즐기는 문화를 넘어, 환경적 책임을 다하는 선진적인 문화 산업임을 증명하는 도구가 된다.

4

'블록체인 기반 스마트 계약: 자동 실행되는 디지털 약속'과 가상사례

4.1. 스마트 계약: 중개자가 필요 없는 '디지털 자판기'

"스마트 계약(Smart Contract)"은 이러한 인간의 개입과 중재의 필요성을 '코드(Code)'로 대체하는 혁명적인 개념이다. 이는 특정 조건이 충족되었을 때, 미리 프로그래밍 된 계약 내용이 '자동으로' 그리고 '강제적으로' 실행되도록 설계된 '디지털 약속'이다.

블록체인 기술의 꽃은 단연 '스마트 계약(Smart Contract)'이다. 이를 가장 쉽게 이해하는 방법은 '자판기'를 떠올리는 것이다. 우리가 자판기에 돈을 넣고 버튼을 누르면, 주인이 없어도 음료수가 나온다. 기계 안에

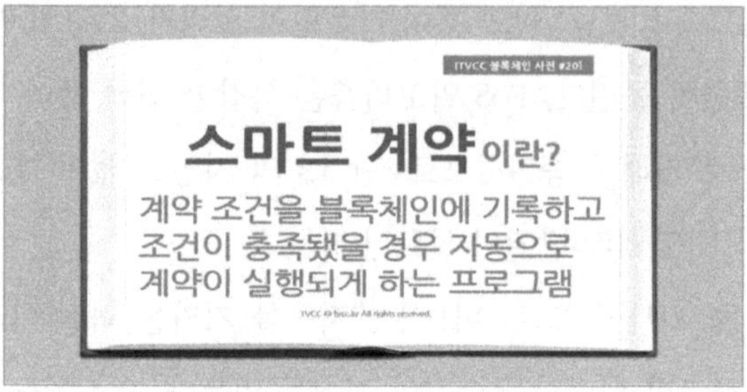

[TVCC 블록체인 사전] #20 스마트 계약이란? - TVCC [https://tvcc.kr]

"돈이 들어오고 버튼이 눌리면(조건), 음료수를 내보낸다(결과)"라는 규칙이 미리 프로그래밍 되어 있기 때문이다.

스마트 계약은 이 원리를 비즈니스에 적용한 것이다. 블록체인 위에 "A라는 조건이 충족되면, B라는 행동을 자동으로 실행하라"는 코드를 심어둔다. 이 코드는 한 번 저장되면 누구도 수정할 수 없으며, 조건이 만족되는 즉시 기계적으로 실행된다. 즉, 신뢰할 수 없는 상대방과도 믿고 거래할 수 있게 해주는 '강제 이행 장치'이다.

4.2. K-컬처의 불투명성을 해결하는 'If-Then'의 마법

이 디지털 약속의 원형은 놀랍게도 우리에게 매우 친숙한 '자동판매기(Vending Machine)'에서 찾을 수 있다.

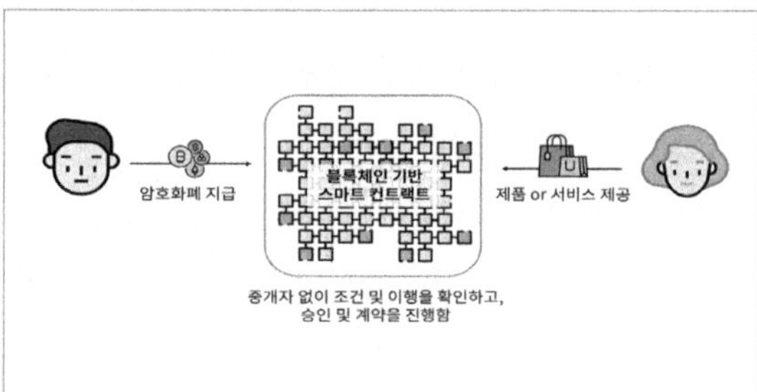

스마트 컨트랙트란 무엇인가? - 업비트 투자자보호센터[https://m.upbitcare.com]

1. If(만약): 사용자가 1,000원을 투입하고(조건 1), '음료수 A' 버튼을 누르면(조건 2),
2. Then(실행): 자판기는 자동으로 '음료수 A'를 반환한다(결과).

이 과정에는 판매원의 신뢰나 제3자의 개입이 필요 없다. 계약(돈과 물건의 교환)의 조건과 실행이 기계의 논리(코드)에 완벽하게 내장되어 있기 때문이다. 스마트 계약은 이 자동판매기의 논리를 이더리움(Ethereum)과 같은 블록체인 플랫폼 위로 확장시킨 것이다.

'블록체인 도시'에서 스마트 계약은 투명성을 위한 가장 강력한 엔진이다. 한번 블록체인에 배포된 스마트 계약의 규칙은 절대 위조되거나 변경될 수 없으며(Immutability), 24시간 내내 정해진 조건에 따라 기계적으로 작동한다. 이는 '인간의 재량'이나 '부패'가 개입할 수 있는 회색지대 자체를 제거하는 것이다.

K-컬처 산업, 특히 엔터테인먼트 분야는 정산 문제로 인한 분쟁이 끊이지 않는다. 계약서는 복잡하고, 정산은 불투명하며, 지급은 늦어진다. 스마트 계약은 이 문제를 'If-Then(만약 ~라면, ~한다)' 논리로 깔끔하게 해결한다.

예를 들어, "음원이 스트리밍되면(If), 즉시 수익의 10%를 작곡가의 전자 지갑으로 보낸다(Then)"라고 설정한다. 이 과정에 기획사의 회계팀이나 은행은 필요 없다. 오직 코드만이 존재하며, 새벽 3시든 공휴일이든 상관없이 전 세계 어디서나 실시간으로 계약이 이행된다. 이것은 단순한 자동이체를 넘어, 계약의 이행을 기술이 보증하는 혁명적인 변화이다.

4.3. 전통적 계약 vs 스마트 계약 비교

종이로 된 전통적 계약과 코드로 된 스마트 계약이 K-컬처 산업에서 어떻게 다른 효율성을 보이는지 비교하면 다음과 같다.

구분	전통적 계약(Analog Contract)	스마트 계약(Smart Contract)
형태	종이 문서, 변호사 공증 필요	블록체인상의 컴퓨터 코드
신뢰 주체	법원, 변호사, 공증 기관(제3자)	암호화 알고리즘, 네트워크(기술)
실행 방식	사람이 수동으로 이행(지연 가능)	조건 충족 시 시스템이 자동 실행(즉시)
비용	중개 수수료 및 법률 비용 발생	중개자 제거로 수수료 최소화
K-컬처 적용	복잡한 해외 저작권료 징수 및 정산 지연	글로벌 실시간 정산 및 투명한 배분

4.4. 스마트 계약 가상사례

가상 사례 1 작곡가의 눈물 없는 세상: 음원 정산 플랫폼 '멜로디 체인'

1) **배경:** 무명 작곡가 K 씨는 히트곡을 썼지만, 해외 저작권 협회와 유통사를 거치느라 1년이 지나서야 정산금을 받았다. 그 마저도 40% 이상이 각종 수수료로 떼였다. 이에 K씨는 스마트 계약 기반의 음원 플랫폼 '멜로디 체인'에 다음 곡을 등록한다.

2) **스마트 계약 설정(If-Then):**

   (1) **조건(If):** 사용자가 음원을 1회 재생(스트리밍) 한다.

   (2) **실행(Then):** 이용료 10원 중 7원이 즉시 분배된다.(작곡가 4원, 가수 3원, 플랫폼 0.5원 등 사전 합의된 비율대로 쪼개져 실시간 송금)

3) **진행 및 결과:** 브라질의 한 팬이 K 씨의 노래를 듣는 순간, 0.1초 만에 스마트 계약이 작동한다. 중간 유통사나 은행을 거치지 않으므로 수수료는 거의 '0'에 수렴한다. K 씨는 스마트폰 알림으로 "브라질에서 4원이 입금되었습니다"라는 메시지를 실시간으로 받는다.

이 시스템 하에서는 정산 누락이나 횡령이 원천적으로 불가능하다. K 씨는 정산 걱정 없이 오직 창작에만 몰두하게 된다.

가상 사례 2 먹튀 없는 드라마 투자: 'K-드라마 제작 펀드'

1) **배경**: 신인 작가의 대본으로 드라마를 제작하려는 제작사 A는 자금난을 겪고 있다. 투자자들은 "드라마가 엎어지면 돈을 날린다"는 불안감에 투자를 꺼린다. 제작사 A는 신뢰 확보를 위해 '에스크로(Escrow) 스마트 계약'을 활용한 공모 펀딩을 개설한다.

2) **스마트 계약 설정**(If-Then):

(1) **투자금 보관**: 투자자들이 보낸 자금은 제작사 통장이 아닌, 블록체인상의 '스마트 계약 금고'에 묶인다.

(2) **단계별 지급**(Milestone):

- 주연 배우 캐스팅 계약서가 블록체인에 등록되면(If)
  → 제작비의 30%가 제작사에 지급된다(Then).
- 촬영이 50% 진행되었다는 것이 현장 데이터를 통해 검증되면(If)
  → 추가 40%가 지급된다(Then).
- 방송 편성이 확정되지 않거나 제작이 중단되면(If)
  → 남은 금액은 자동으로 투자자들의 지갑으로 환불된다(Then).

1조원대 K-콘텐츠 펀드 조성…제작비 최대 30%까지 세액공제[https://www.yna.co.kr]

3) 결과 및 시사점: 투자자들은 제작사가 돈을 들고 잠적할 위험(먹튀)이 없다는 것을 알고 안심하고 투자한다. 드라마는 성공적으로 제작되어 넷플릭스 순위권에 오르고, 발생한 수익 역시 스마트 계약에 의해 투자자들의 지분만큼 자동으로 배당된다. 이처럼 스마트 계약은 불신 비용을 제거하여 K-콘텐츠의 자금 조달 생태계를 활성화시킨다.

5

'K-컬처 산업에서 암호학적 보안: 공개키 및 개인키의 작동원리와 활용 범위'와 가상사례

5.1. '블록체인 기반 K-컬처 '라는 구조물을 지탱하는 근본적인 기둥이 바로 '암호학(Cryptography)'이다.

'블록체인 K-컬처'라는 투명성의 구조물을 지탱하는 가장 근본적인 기둥을 하나 꼽으라면, 그것은 바로 '암호학(Cryptography)'이다. 우리의 모든 자산과 데이터, 그리고 시민의 신원이 중앙의 통제탑(중앙 서버) 없이 어떻게 안전하게 유지될 수 있는가? 그 해답은 '신뢰'가 아닌 '수학'에 있으며, 그 핵심에 '공개키 암호 방식(Public Key Cryptography)'이 존재한다.

이는 '블록체인 K-컬처 '의 디지털 신원증명이자, 위조 불가능한 인감 도장이다. 이 메커니즘을 이해하는 것은, 곧 탈중앙화된 세계의 소유권과 주권이 어떻게 작동하는지 이해하는 첫걸음이 될 것이다.

공개키&개인키 방식의 암호화 [https://jumbopop.tistory.com]

5.1.1. 디지털 자산의 수문장: 두 개의 열쇠 이야기

블록체인 세계에서 나의 자산(NFT, 코인, 티켓 등)을 지키는 것은 은행도, 기획사도 아닌 두 개의 수학적 열쇠, 바로 '공개키'와 '개인키'이다. 이 두 키의 관계를 이해하는 것이야말로 디지털 K-컬처의 진정한 주인이 되는 첫걸음이다.

1) 공개키(Public Key)는 우체통의 '주소'이자 '계좌번호'이다.

가장 쉬운 비유로 '투명한 유리 우체통'을 생각하면 된다. 공개키(Public Key)는 우체통의 '주소'이자 '계좌번호'이다. 이는 누구에게나 공개해도 된다. 팬들은 이 주소를 통해 나에게 편지나 선물(토큰)을 보낼 수 있다.

2) '개인키(Private Key)'는 그 우체통을 열 수 있는 유일한 '열쇠'이자 '도장'이다

반면, '개인키(Private Key)'는 그 우체통을 열 수 있는 유일한 '열쇠'이자 '도장'이다. 이 키는 절대 남에게 보여줘선 안 된다. 오직 개인키를 가진 사람만이 우체통을 열어 내용물을 꺼내거나, 다른 사람에게 보낼 수 있다.

전통적인 보안 방식, 예를 들어 우리가 흔히 쓰는 웹사이트의 ID와 비밀번호는 '대칭키' 방식에 가깝다. '잠그는 열쇠(ID/PW)'와 '여는 열쇠(Server's PW)'가 사실상 같거나(혹은 서버가 정답을 알고 있거나) 하여, 이 정보가 저장된 중앙 서버가 해킹당하면 모든 것이 뚫리게 된다.

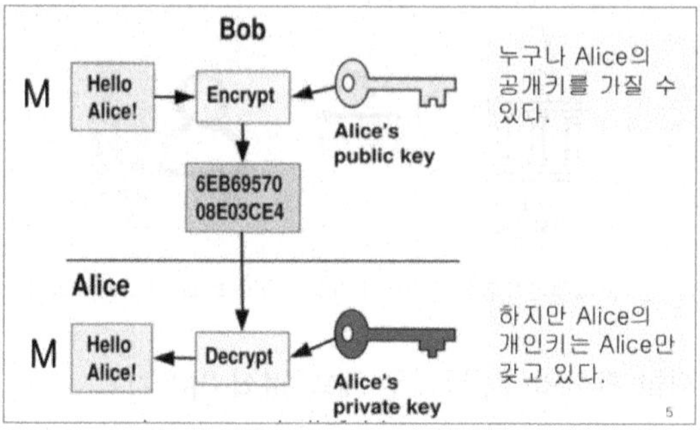

기초 암호학(3) - 공개키 암호(RSA, Diffie-Helmman) [https://developer-mac.tistory.com]

하지만 '공개키 암호 방식'은 '비대칭키(Asymmetric Key)'를 사용한다. 이는 처음부터 수학적으로 연결된, 그러나 절대 서로를 유추할 수는 없는 두 개의 키(Key)가 한 쌍으로 생성되는 방식이다.

3) 개인키(Private Key): "나의 디지털 서명"

(1) 본질: 오직 나만이 소유하고, 절대 외부에 노출되어서는 안 되는 극도로 복잡한 '비밀번호'이자 '디지털 인감'이다.

(2) 기능:

- 디지털 서명(Signing): "이 거래(혹은 문서)는 내가 승인한 것이 맞다"는 것을 증명하기 위해 '서명'을 생성한다.
- 잠금 해제(Decrypting): 나에게 온 암호화된 메시지를 '해독(복호화)'하는 유일한 열쇠이다.

(3) 비유: 나만이 가진 '실제 인감도장' 또는 나만이 아는 '금고 비밀번호'이다.

4) 공개키(Public Key): "나의 디지털 주소"

(1) 본질: 개인키로부터 파생되지만, 개인키를 역으로 추적할 수 없는 '공개 정보'이다.

(2) 기능:

- 서명 검증(Verifying): 저 사람이 보낸 서명이 '진짜'인지(개인키의 소유자가 서명했는지) '검증'한다.
- 잠금(Encrypting): 특정인(개인키 소유자)에게 비밀 메시지를 보낼 때 '암호화'하는 데 사용된다.

(3) 비유: 전 세계 누구나 알 수 있는 나의 '은행 계좌번호' 또는 나의 '우편함 주소'이다.

블록체인 세계의 근본적인 원칙은 "당신의 개인키가 당신의 자산을 통제하는 유일한 수단"이라는 것이다.(Not your Keys, not your Coins).

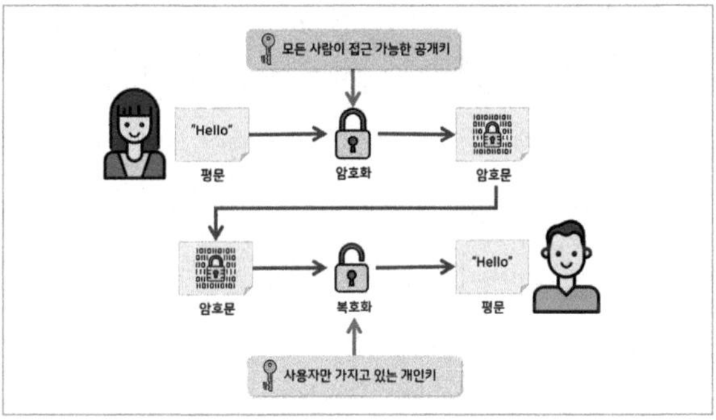

RAON CTF - WEB Essential [https://raonctf.com]

5.1.2. 키(Key)의 상호작용: 서명과 검증의 메커니즘

이 두 개의 키는 어떻게 상호작용하여 '신뢰할 수 없는' 네트워크에서 '신뢰'를 생성하는가? 핵심 기능은 '디지털 서명'과 '암호화' 두 가지로 나뉜다.

기능 (Function)	개인키(Private Key) (소유자만 보유)	공개키(Public Key) (누구나 보유 가능)	핵심 목적 (Purpose)
디지털 서명 (Digital Signature)	거래(데이터)에 대해 고유한 '서명'을 생성한다.(잠근다)	해당 '서명'이 개인키 소유자의 것인지 '검증'한다.(맞는지 확인한다)	인증(Authentication) "이것은 내가 승인한 것이 맞다."
데이터 암호화 (Data Encryption)	공개키로 암호화된 데이터를 '해독(복호화)'한다.(연다)	특정 개인키 소유자에게 보낼 데이터를 '암호화'한다.(잠근다)	기밀성(Confidentiality) "이것은 오직 당신만 볼 수 있다."

'블록체인 도시'의 부동산 거래나 행정 처리는 주로 1번, 즉 '디지털 서명' 기능에 절대적으로 의존한다.

5.2. 전자 서명(Digital Signature): "이것은 진짜 내가 보낸 거야"

K-컬처에서 '개인키'가 중요한 또 하나의 이유는 바로 '전자 서명' 기능 때문이다. 유명 아이돌이 팬에게 메시지를 보냈다고 가정해보자. 해커가 아이돌을 사칭한 것일 수도 있다. 이때 아이돌은 자신의 개인키로 메시지에 '암호화된 서명'을 남긴다.

팬들은 이미 공개된 아이돌의 공개키를 이용해 이 서명을 검증한다. 수학적으로 개인키와 공개키는 한 쌍으로 연결되어 있기 때문에, 공개키로 서명이 풀린다면 그것은 오직 그 개인키를 가진 아이돌 본인이 작성했다는 것이 100% 증명된다. 즉, 개인키는 디지털 세상에서 위조 불가능한 '인감도장' 역할을 수행한다.

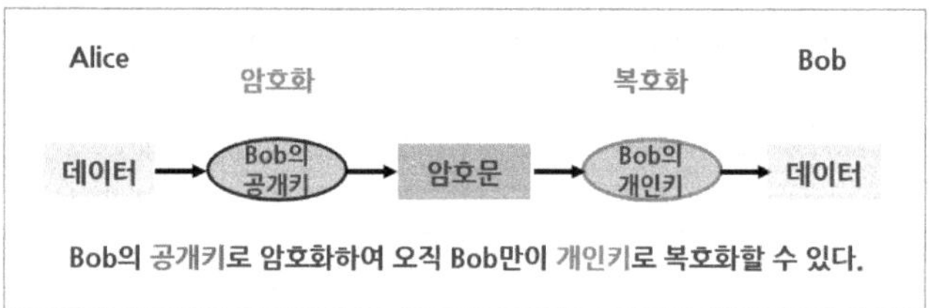

공개키 암호와 해시를 이용한 인증 원리 [https://taesam.tistory.com]

5.3. 기존 보안 방식(ID/PW)과 블록체인 키 방식의 비교

우리가 흔히 쓰는 아이디/비밀번호 방식과 블록체인의 키 방식이 K-컬처 서비스를 이용할 때 어떤 차이를 만드는지 비교하면 다음과 같다.

구분	중앙 집중 식 보안 (ID/Password)	블록체인 암호 키 보안 (Public/Private Key)
접근 방식	서버에 저장된 비밀번호와 대조하여 로그인	개인키를 통한 전자 서명으로 본인 인증
보관 주체	서비스 제공자(네이버, 멜론 등) 서버	사용자 본인의 전자 지갑 (Self-Sovereign)
해킹 위험	서버가 털리면 내 정보도 함께 유출됨	내 개인키만 잘 지키면 서버 해킹과 무관함
소유권	계정 정지 시 자산 접근 불가 (빌려 쓰는 것)	서비스가 망해도 내 자산은 지갑에 남음(내 것)
활용 예시	팬 카페 로그인, 음원 사이트 접속	NFT 전송, 고액 티켓 양도, 거버넌스 투표

5.4. 'K-컬처 산업에서 암호학적 보안' 가상사례

가상 사례 1 세상에 단 하나 뿐인 약속: 아이돌의 '디지털 친필 사인'

1) 배경: 글로벌 슈퍼스타 K는 팬미팅에 오지 못한 해외 팬들을 위해 특별한 이벤트를 준비한다. 종이 사인은 배송 중 분실 위험이 있고 복사해서 가짜를 만들기 쉽다. 이에 K는 블록체인 기술을 활용한 '크립토 오토그래프(Crypto Autograph)'를 발행하기로 한다.

2) 작동 메커니즘:

(1) 메시지 작성: K는 "To. 아르헨티나의 마리아, 항상 응원해줘서 고마워요"라는 메시지와 자신의 셀카 사진을 디지털 파일로 만든다.

(2) **개인키 서명(Signing):** K는 자신의 개인키를 사용해 이 파일을 암호화하여 서명한다. 이 행위는 "이 파일은 K가 직접 생성하고 승인했음"을 수학적으로 봉인하는 과정이다.

(3) **NFT 발행 및 전송:** 서명된 파일은 NFT로 발행되어 마리아의 지갑 주소(공개키)로 전송된다.

3) **결과 및 시사점:** 마리아는 자신의 지갑에 들어온 사인을 확인한다. 의심 많은 친구가 "이거 합성 아니야?"라고 묻자, 마리아는 K의 공개키를 이용해 사인을 검증(Verifying)해 보인다. "Verification Success(검증 성공)"라는 녹색 불이 들어온다. 이 디지털 사인은 캡처해서 복사할 수는 있어도, 원본에 담긴 K의 전자 서명 값은 전 우주에 유일하므로 마리아는 '디지털 원본'을 영구히 소유하게 된다.

가상 사례 2 해킹 불가능한 VIP 티켓: '소울 키(Soul Key)' 입장 시스템'

1) **배경:** 매년 열리는 'K-컬처 어워즈'의 VIP석 티켓은 수백만 원을 호가한다. 해커들은 티켓 예매 사이트의 서버를 해킹하여 티켓 정보를 가로채거나, 남의 계정을 도용해 티켓을 훔쳐가는 일이 빈번했다. 주최 측은 이를 막기 위해 '소울 키(Soul Key)'라는 암호화 입장 시스템을 도입한다.

2) **작동 메커니즘:**

(1) **티켓과 키의 결합:** VIP 티켓을 구매하면, 그 티켓은 구매자의 스마트폰 내 보안 구역에 생성된 개인키와 수학적으로 결합된다. 이제 이 티켓은 구매자의 스마트폰(개인키) 없이는 절대 열리지 않는 디지털 금고가 된다.

지류티켓과 스마트티켓 사이 [https://www.civicnews.com]

(2) **QR코드가 아닌 서명 인증:** 입장 게이트에는 스캐너 대신 근거리 통신(NFC) 리더기가 있다. 관객이 스마트폰을 태그하면, 리더기는 "당신이 이 티켓의 주인입니까?"라는 암호화된 질문(Challenge)을 보낸다.

(3) **자동 응답(Response):** 스마트폰 내부의 개인키가 자동으로 질문에 대한 답을 서명해서 보낸다. 서버에 비밀번호를 전송하는 것이 아니므로, 중간에 해커가 신호를 가로채도 개인키 자체는 유출되지 않는다.

3) **결과 및 시사점:** 해커가 서버의 DB를 털어도 소용이 없다. 입장 권한은 서버가 아닌 관객 각각의 스마트폰 속 개인키에 있기 때문이다. 티켓을 훔치려면 관객의 스마트폰을 물리적으로 훔쳐서 생체인증까지 뚫어야 한다. 결과적으로 티켓 도난 및 위조 사고 발생률이 0%가 되며, 관객들은 자신의 자산을 완벽하게 통제하게 된다.

제2장 블록체인은 왜 K-컬러와 만나는가?

1

'블록체인과 K-Pop이 융합하면 글로벌 예술투자 네트워크가 형성된다'와 가상사례

1.1. 예술, 소유에서 공유로의 패러다임 전환

블록체인 기술이 예술 및 K-Pop과 융합할 때 발생하는 파급력은 기존의 산업 구조를 근본적으로 변화시킬 잠재력을 지니고 있다

전통적으로 예술과 음악 저작권 같은 지적재산권(IP)은 특정 개인이나 거대 자본, 혹은 전문화된 기관의 전유물로 여겨져 왔다. K-Pop 아티스트의 성공에 열광하는 글로벌 팬덤은 수동적인 '소비자'에 머물렀으며, 고가의 미술품 투자는 극소수 자산가 에게만 허락된 영역이었다.

이는 예술 산업에 전례 없는 '투자의 대중화'와 '투명성'을 가져오는 혁신이다.

그러나 블록체인 기술은 이 견고한 성벽을 허무는 '게임 체인저'이다. 블록체인은 자산의 '소유권'을 디지털화하고, 이를 마치 주식처럼 잘게 쪼개어(Fractionalization) 누구나 실시간으로 거래할 수 있게 만든다. 이는 예술 산업에 전례 없는 '투자의 민주화'와 '투명성'을 가져오는 혁신이다.

[카드뉴스] SM과 YG, 'K팝 아이돌+블록체인' 새로운 결합에 나선다 [https://www.techm.kr]

음악 수입 공유 NFT(대체불가토큰) 실험은 이러한 변화의 서막이다. 아티스트의 음악 저작권(또는 저작인접권)에서 발생하는 미래 수익을 NFT나 STO(증권형 토큰) 형태로 '조각'내어 팬들에게 판매하는 것이다. 팬들은 더 이상 앨범을 구매하는 소비자에 그치지 않고, 해당 음악의 성공에 따라 수익을 배분받는 '투자자'이자 '파트너'가 된다.

여기에 원화 스테이블 코인이나 USD 기반 스테이블 코인이 결합되면, 국경을 초월한 자금 결제가 실시간으로 이루어진다.

여기에 원화 스테이블 코인이나 USD 기반 스테이블 코인이 결합되면, 국경을 초월한 자금 결제가 실시간으로 이루어진다. 브라질의 K-Pop 팬이 원화 스테이블 코인으로 한국 아이돌의 신곡 저작권 토큰을 0.001주 구매하고, 미국 스포티파이에서 발생한 스트리밍 수익이 스마트 컨트랙트를 통해 분기별로 자동 정산받는 '글로벌 예술 투자 네트워크'가 구축되는 것이다.

1.2. 핵심 메커니즘: 무엇이 글로벌 네트워크를 가능하게 하는가?

이러한 글로벌 네트워크는 세 가지 핵심적인 블록체인 기술 요소에 의해 작동한다.

(1) 토큰화(Tokenization): 자산의 디지털 증권화

- 가장 핵심적인 개념으로, K-Pop 음반의 미래 저작권료, 유명 화가의 미술품, 콘서트 티켓 수익 등 모든 형태의 유·무형 자산을 블록체인 상의 디지털 토큰(NFT 또는 STO)으로 변환하는 과정이다.
- 100억 원 가치의 미술품을 100만 개의 토큰으로 분할하면, 1만 원으로도 해당 미술품의 공동 소유주가 될 수 있다. 이는 자산의 "유동성(Liquidity)"을 극적으로 높이는 효과를 가져온다.

(2) 스마트 컨트랙트(Smart Contract): 투명한 자동 정산 시스템

- 스마트 컨트랙트는 '미리 설정된 조건이 충족되면 자동으로 계약을 실행하는' 블록체인 프로그램이다.
- 예술 투자에 적용하면, "음원 플랫폼에서 1억 원의 수익이 발생하면, 토큰 보유 지분에 따라 A에게 0.1%, B에게 0.05%를 즉시 이체하라"는 명령을 자동 수행한다.
- 이는 기존의 복잡하고 불투명했던 저작권료 정산 과정을 중개자 없이 투명하고 신속하게 처리하여, 아티스트와 투자자 모두의 신뢰를 확보한다.

(3) 스테이블 코인(Stable Coin): 마찰 없는 글로벌 결제

- 미국 달러나 원화 등 법정화폐에 그 가치가 연동된 스테이블 코인은 글로벌 투자의 '기축 통화' 역할을 수행한다.
- 환전 수수료나 복잡한 해외 송금 절차 없이, 전 세계 투자자들이 24시간 내내 실시간으로 예술 자산 토큰을 거래할 수 있게 만드는 핵심 인프라이다.

1.3. 글로벌 예술 투자 네트워크 사례 연구

이러한 메커니즘이 실제로 어떻게 적용되어 지적 호기심을 자극하는 새로운 시장을 창출하는지 4가지 사례를 통해 심층적으로 분석한다.

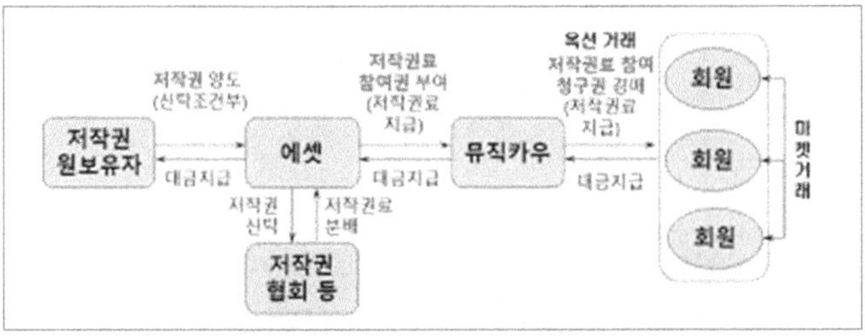

조각투자 이슈 검토[https://www.google.com]

가상 사례 1 음악 저작권료 참여 청구권(K-Pop의 새로운 팬덤 경제)

1) **개념**: K-Pop 그룹 'A'가 신규 앨범 제작비를 팬들로부터 직접 조달한다. 대신 앨범 발매 후 5년간 발생하는 저작권료 수익의 40%를 공유하는 '저작권료 참여 청구권'을 STO(증권형 토큰)로 발행한다.

2) **작동**: 글로벌 팬들은 각국의 암호화폐 거래소 또는 증권사 앱을 통해 이 STO를 구매한다. 1만 원의 소액으로도 투자가 가능하다.

3) **결과(투자 네트워크 형성)**:

(1) **아티스트**: 전통적인 기획사나 투자사의 개입 없이 대규모 자금을 조달하고, 자율적인 창작 활동을 보장받는다.

(2) **팬(투자자)**: 단순한 '응원'을 넘어, 'A' 그룹의 성공이 곧 자신의 경제적 이익이 된다. 이들은 단순 팬이 아닌, 적극적인 '홍보대사'이자 '주주'로서 활동하게 된다. 스포티파이, 유튜브 등에서 수익이 발생할 때마다 스마트 컨트랙트를 통해 스테이블 코인으로 수익을 즉각 배분 받는다. 이는 K-Pop 팬덤을 글로벌 '투자자 공동체'로 격상시킨다.

가상 사례 2 미술품 분할 소유(고액 자산의 대중화)

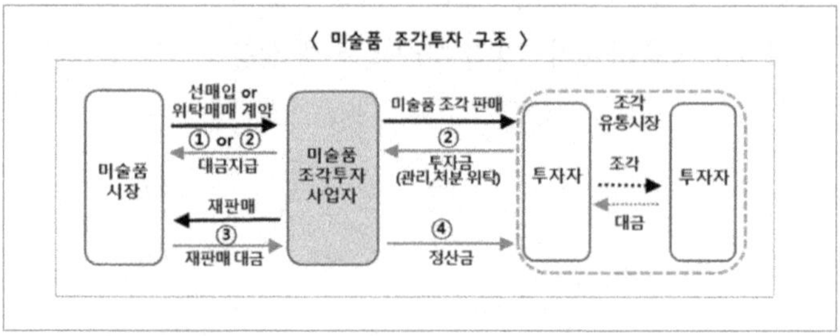

한우·미술품 등 쪼개 파는 '조각 투자' 증권 해당 [https://www.thepublic.kr]

1) **개념**: 수백억 원대의 앤디 워홀(Andy Warhol) 원작을 소유한 갤러리가 '블루칩' 미술품을 토큰 화한다.
2) **작동**: 작품의 소유권을 10만 개의 토큰으로 분할하여 글로벌 투자 플랫폼에서 판매한다. 투자자들은 이 토큰을 주식처럼 자유롭게 사고팔 수 있다.
3) 결과(투자 네트워크 형성):
   (1) **접근성**: 대학생이나 일반 직장인도 세계적인 미술품의 '공동 소유주'가 될 수 있다.
   (2) **유동성**: 기존 미술품 시장은 작품을 되팔기까지 수년이 걸릴 수 있으나, 토큰화된 미술품은 24시간 거래되는 2차 시장이 형성되어 즉각적인 현금화(유동성 공급)가 가능하다.
   (3) **투명성**: 모든 거래 기록이 블록체인에 남아 위작 논란이나 소유권 분쟁을 원천적으로 차단한다. 이는 미술 시장의 투명성을 제고하는 결정적 계기가 된다.

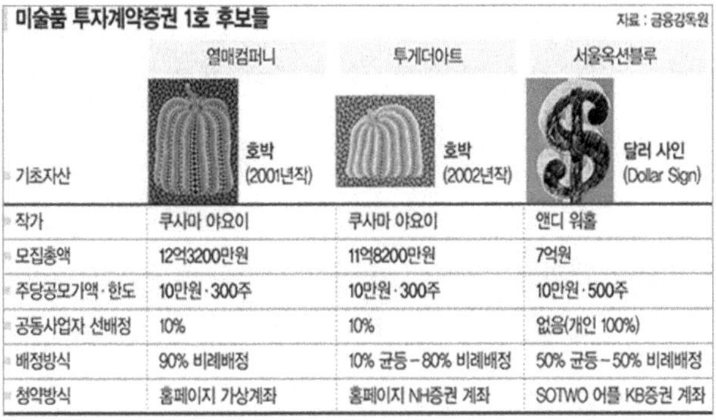

미술품 투자계약증권 1호 후보들			자료 : 금융감독원
	열매컴퍼니	투게더아트	서울옥션블루
기초자산	호박 (2001년작)	호박 (2002년작)	달러 사인 (Dollar Sign)
작가	쿠사마 야요이	쿠사마 야요이	앤디 워홀
모집총액	12억3200만원	11억8200만원	7억원
주당공모가액·한도	10만원·300주	10만원·300주	10만원·500주
공동사업자 선배정	10%	10%	없음(개인 100%)
배정방식	90% 비례배정	10% 균등-80% 비례배정	50% 균등-50% 비례배정
청약방식	홈페이지 가상계좌	홈페이지 NH증권 계좌	SOTWO 어플 KB증권 계좌

미술품 조각투자 1호, 쿠사마 야요이 vs 앤디 워홀 [https://www.fnnews.com]

가상 사례 3 PFP NFT와 커뮤니티 거버넌스(참여형 창작)

1) 개념: '지루한 원숭이 요트 클럽(BAYC)'과 같은 PFP(Profile Picture) NFT 프로젝트는 단순한 디지털 이미지가 아니다. 이는 특정 '커뮤니티'의 입장권이자 '회원권'이다.

2) 작동: 아티스트가 1만 개의 고유한 디지털 아트워크(NFT)를 발행한다. 이 NFT를 소유한 홀더(Holder)들은 독점적인 온·오프라인 혜택과 함께, 프로젝트의 향후 방향성(예: 다음 콜라보 아티스트, IP 활용 방안)에 투표할 수 있는 '거버넌스 권한'을 갖는다.

PFP(Profile Picture) NFT가 새로운 트렌드로 부상하는 이유 [https://xangle.io]

3) 결과(투자 네트워크 형성):

(1) **가치 공동 창출:** 투자자들은 단순한 감상자를 넘어 프로젝트의 '공동 운영자'가 된다. 커뮤니티가 활성화되고 IP 가치가 상승하면, 자신이 소유한 NFT의 가치도 함께 상승한다.

(2) **글로벌 멤버십:** 국적과 상관없이 동일한 NFT를 소유한 이들은 전 세계에 흩어진 강력한 '디지털 부족'을 형성하며, 이는 새로운 형태의 글로벌 예술 네트워크로 기능한다.

가상 사례 4 영화/드라마 제작 펀딩(프로젝트 파이낸싱의 혁신)

1) **개념:** 독립영화 감독이나 소규모 제작사가 차기작 제작비를 블록체인 기반 크라우드 펀딩으로 조달한다.

2) **작동:** 제작사는 영화 프로젝트의 '미래 수익'을 담보로 하는 토큰을 발행한다. 투자자들은 이 토큰을 구매하여 제작을 지원한다.

3) 결과(투자 네트워크 형성):

(1) **리스크 분산:** 투자자들은 소액으로 유망한 문화 콘텐츠에 투자할 기회를 얻는다.

(2) **수익 공유:** 영화가 성공하여 넷플릭스에 판매되거나 극장 수입이 발생하면, 스마트 컨트랙트가 자동으로 수익을 정산하여 토

나도 드라마·영화에 직접 투자해볼까"…K-콘텐츠 일반인 펀딩 활기 [https://www.yeongnam.com]

큰 홀더들에게 분배한다.

(3) **투명성:** 기존 영화 투자의 '깜깜이 정산' 문제를 해결한다. 모든 자금 흐름과 수익 배분 과정이 블록체인에 투명하게 기록되어 투자자들의 신뢰를 높인다.

1.4. 비교: 전통적 예술 투자 vs 블록체인 기반 예술 투자

비교 항목	전통적 예술 투자 (Traditional Art Investment)	블록체인 기반 예술 투자 (Blockchain-based Art Investment)
투자 주체	기관, 고액 자산가, 전문 갤러리	전 세계 누구나(소액 투자자, 팬덤, 일반 대중)
최소 투자 금액	매우 높음(수억 ~ 수백억 원)	매우 낮음(수천 원 ~ 수만 원)
자산 형태	실물 작품, 폐쇄형 펀드 지분	디지털 토큰(NFT, STO)
거래 방식	오프라인 경매, 프라이빗 세일(불투명, 비정기적)	24시간 P2P 디지털 거래 (투명, 실시간)
유동성	매우 낮음 (현금화에 수년 소요)	매우 높음 (즉각적인 2차 시장 거래 가능)
수익 정산	복잡한 중개 구조, 수동 정산 (불투명, 지연)	스마트 컨트랙트 기반 자동 정산 (투명, 신속)
소유권 증명	보증서, 계약서 (위조 및 분실 위험)	블록체인 원장 (위·변조 불가, 영구 기록)

1.5. 결론 및 시사점: 투명한 예술 생태계의 도래

블록체인과 예술의 융합은 단순한 투자 기법의 변화가 아니다. 이는 ' 창작자(아티스트)'와 '향유자(팬/투자자)' 사이의 관계를 근본적으로 재정의하는 패러다임의 전환이다.

과거에는 거대 자본과 유통 플랫폼이 독점했던 부와 권력이 창작자와 그를 지지하는 글로벌 팬덤 커뮤니티로 이동하게 된다. 팬들은 아티스트의 경제적 성공에 직접 기여하고 그 과실을 공유하는 '주주'가 되며, 아티스트는 자본의 압력에서 벗어나 더 자유로운 창작 활동을 영위할 수 있는 기반을 얻는다.

이러한 글로벌 예술 투자 네트워크는 K-Pop, K-Art, K-Culture가 국경을 넘어 확장되는 강력한 금융 인프라가 될 것이다. 무엇보다 이 모든 과정이 블록체인 위에 투명하게 기록된다는 점은, 교수님의 저서 주제인 '투명 도시(Transparent City)'의 문화·예술적 측면을 구현하는 핵심 '게임 체인저'가 될 것이다.

2

'왜 지금 블록체인과 K-컬처의 결합인가?'와 가상사례

2.1. K-Pop, K-Drama, K-Webtoon 등 한국의 콘텐츠의 성공 이면에는 플랫폼 독점에 의한 수익 불균형, 투명하지 않은 정산 시스템 등의 구조적 한계가 존재한다.

2.1.1. 디지털 르네상스와 K-컬처의 한계 극복

현재 K-컬처는 전례 없는 전성기를 맞이하고 있다. K-Pop 그룹이 빌보드를 석권하고, 한국 드라마가 글로벌 OTT 순위를 장악하는 현상은 이제 일상이 되었다. 그러나 이러한 화려한 성장의 이면에는 '수익 배분의 불투명성', '거대 플랫폼의 독과점', 그리고 '창작자의 권리 소외'라는 고질적인 병폐가 자리 잡고 있다.

산업의 규모는 커졌지만, 시스템은 여전히 아날로그 시대의 불합리한 관행에 머물러 있는 '문화적 지체 현상'이 발생하고 있는 것이다. 따라서 지금이야 말로 낡은 산업 구조를 혁신할 새로운 기술적 프레임워크, 즉 블록체인의 도입이 절실한 시점이다.

지금 전 세계는 K-Pop, K-Drama, K-Webtoon 등 한국의 콘텐츠에 열광하고 있다. 그러나 현재의 화려한 성공 이면에는 플랫폼 독점에 의한 수익 불균형, 투명하지 않은 정산 시스템, 그리고 팬덤의 열정적인 활동이 단순한 소비로만 끝나는 구조적 한계가 존재한다.

바로 이 지점에서 블록체인과 K-컬처의 결합은 선택이 아닌 필연적인 시대적 요구로 부상한다. 블록체인은 단순한 금융 기술을 넘어, 창작자와 향유자(팬)를 직접 연결하는 '신뢰 프로토콜'로서 K-컬처의 지속 가능성을 담보하는 핵심 열쇠가 된다.

2.1.2. '소비하는 팬덤'에서 '주인이 되는 팬덤'으로의 진화

과거의 팬덤은 기획사가 제공하는 콘텐츠를 수동적으로 소비하는 객체였다. 과거의 팬덤은 기획사가 제공하는 콘텐츠를 소비하는 수동적 객체에 불과했다. 그러나 2020년대의 팬덤은 아티스트를 직접 홍보하고, 지하철 광고를 걸며, 기획사의 부당한 처사에 집단행동으로 맞서는 '능동적 주체'로 진화하였다.

블록체인은 이러한 팬덤에게 실질적인 '주권'을 부여하는 도구가 된다. DAO(탈중앙화 자율 조직)를 통해 의사결정에 참여하고, 토큰을 통해 프로젝트의 지분을 소유함으로써, 팬덤 활동은 단순한 취미를 넘어 경제적 가치를 창출하는 생산 활동으로 격상된다.

그러나 지금은 팬들이 직접 지하철 광고를 걸고, 스트리밍을 조직하며 스타를 키우는 '양육형 팬덤'으로 진화하였다. 블록체인 기술, 특히 NFT(대체 불가능 토큰)와 DAO(탈중앙화 자율 조직)는 이러한 팬덤에게 '소유권'과 '의결권'을 부여한다. 팬들은 자신이 응원하는 가수의 앨범 재킷 디자인에 투표권을 행사하거나, 웹툰 작가의 초기 투자자가 되어 작품의 성공을 함께 공유할 수 있게 된다. 이는 팬덤 활동의 보상을 경제적 가치로 환환시켜 줌으로써, 더욱 강력하고 결속력 있는 커뮤니티를 형성하게 한다.

용어설명

DAO(탈중앙화 자율 조직)

DAO(탈중앙화 자율 조직)는 중앙 집중식 리더십 없이 블록체인의 스마트 계약 규칙에 따라 자율적으로 운영되는 커뮤니티 소유의 조직입니다. 구성원들은 거버넌스 토큰을 통해 조직의 의사 결정에 참여합니다.

1. 주요 특징 및 작동 방식

DAO는 전통적인 기업 구조와 달리 투명성, 자율성, 포용성을 특징으로 합니다.

- 스마트 계약 기반 운영: 조직의 규칙과 운영 방식은 컴퓨터 코드로 작성된 스마트 계약에 내장되어 블록체인 상에서 자동으로 실행됩니다. 특정 조건이 충족되면 사람의 개입 없이도 트랜잭션이 이루어집니다.
- 탈중앙화된 거버넌스: 중앙 관리 기관이나 이사회 없이, 토큰 보유자인 모든 구성원이 조직의 주요 결정(예: 자금 사용, 프로젝트 선정, 규칙 변경)에 대한 투표권을 가집니다.
- 투명성: 모든 활동 내역, 투표 결과, 자금 거래가 블록체인에 기록되며, 누구나 이를 열람하고 감사할 수 있어 높은 투명성을 보장합니다.
- 오픈 소스: 대부분의 DAO는 코드가 오픈 소스로 공개되어 있어 누구나 검토하고 잠재적인 취약점을 확인할 수 있습니다.

2. 장점 및 단점

DAO는 참여자 주권 강화 및 투명성 증대라는 장점과 함께 기술적, 법적 불확실성이라는 과제를 안고 있습니다 [https://www.google.com]

2.1.3. 디지털 자산화의 시대적 요구

물리적 앨범이나 굿즈의 시대는 저물고 있다. 스트리밍과 디지털 이미지로 소비되는 콘텐츠는 '원본'의 개념을 희석시켰다. 블록체인의 NFT(대체 불가능 토큰) 기술은 무한 복제가 가능한 디지털 세상에서 '원본성'과 '희소성'을 증명할 수 있는 유일한 기술이다. 이는 K-컬처가 가진 무형의 가치(안무, 유행어, 명 장면 등)를 자산 화하여 새로운 부가가치를 창출할 수 있게 한다. 즉, 블록체인과의 결합은 선택이 아닌 디지털 경제 시대의 생존 전략이다.

2.1.4. 초국경성(Borderless-ness): 언어와 화폐의 장벽을 넘다

K-컬처는 이미 글로벌화되었으나, 티켓 구매나 굿즈 결제, 저작권료 지급 과정에서 발생하는 환전 수수료와 복잡한 금융 절차는 여전히 진입장벽으로 작용한다. 블록체인 기반의 결제 시스템은 이러한 국경의 장벽을 허문다.

남미의 팬이 한국 인디 밴드의 공연을 메타버스에서 관람하고, 암호화폐로 즉시 후원하는 것이 가능해진다. 이는 중개자를 배제함으로써 창작자에게 더 많은 수익이 돌아가게 만들며, K-컬처의 영토를 물리적 한계 없이 무한대로 확장시키는 기폭제가 될 것이다.

2.2. 전통적 콘텐츠 산업 vs. 블록체인 기반 K-컬처 비교

블록체인 도입 전후의 K-컬처 산업 구조 변화를 비교하면 그 필요성은 더욱 명확해진다. 다음 표는 중앙화된 현재의 웹 2.0 모델과 블록체인이 결합된 웹 3.0 모델의 차이를 보여준다. 지금 왜 블록체인으로의 전환이 필요한지, 기존 시스템과의 비교를 통해 정리하면 다음과 같다.

구분	기존 K-컬처 산업(Web 2.0)	블록체인 기반 K-컬처(Web 3.0)
중심축	기획사 및 대형 플랫폼 중심	창작자 및 팬덤 커뮤니티 중심
가치 평가	중앙 기관(차트, 방송사)의 평가	네트워크 참여자의 집단지성 및 투표
수익 구조	중개 수수료 과다, 정산 지연	스마트 계약에 의한 즉시 정산, 수수료 최소화
팬의 지위	소비자(Consumer)	프로슈머(Prosumer)이자 투자자(Investor)
확장성	로컬 법규 및 환전 장벽 존재	탈중앙화 금융(DeFi)을 통한 글로벌 단일 시장

결국, 지금 블록체인과 K-컬처가 결합해야 하는 이유는 명확하다. 기술이 문화의 그릇을 넓히고, 문화가 기술에 생명력을 불어넣는 상호 보완적 관계를 통해, K-컬처가 '일시적 유행'이 아닌 '지속 가능한 글로벌 표준'으로 자리 잡아야 하기 때문이다.

2.3. 블록체인과 K-컬처의 결합 가상사례

가상 사례 1 블록체인이 만든 기적: 팬들이 데뷔시킨 아이돌 '이더-스타(Ether-Star)'

1) **배경:** 202X년, 대형 기획사의 연습생 시스템에서 탈락했지만 실력은 뛰어난 5명의 소녀들이 있었다. 이들은 기존의 방식으로는 데뷔

흩어졌다 다시 모인다…K팝 걸그룹의 '완전체' 컴백 러시 [https://mobile.newsis.com]

가 불가능했으나, 블록체인 기술을 활용한 새로운 프로젝트 '프로젝트 E-Star'를 통해 재기를 꿈꾼다.

2) 진행 과정:

(1) **DAO(탈중앙화 자율 조직) 결성 및 자금 조달:** 소녀들의 연습 영상이 공개되자, 전 세계 K-팝 팬들은 '이더-스타 DAO'라는 블록체인 커뮤니티를 결성한다. 팬들은 기획사 대신 프로젝트의 초기 자금을 지원하기 위해 멤버십 NFT인 '스타 패스(Star Pass)'를 구매한다. 이 자금은 투명하게 블록체인 지갑에 예치되며, 사용 내역은 실시간으로 모든 팬에게 공개된다.

(2) **팬들의 직접 참여(거버넌스):** '스타 패스'를 가진 팬들은 단순한 후원자가 아니다. 그들은 투표를 통해 그룹의 데뷔 곡 컨셉(청순 vs 걸크러시), 무대 의상 디자인, 그리고 심지어 공식 로고까지 결정한다. 이 투표 과정은 블록체인에 기록되어 누구도 조작할 수 없다. 팬들은 "내가 키운 아이돌"이라는 강력한 소속감을 느낀다.

(3) **수익의 자동 분배(스마트 컨트랙트):** 드디어 '이더-스타'가 데뷔하고 음원이 글로벌 차트에 진입한다. 과거라면 정산까지 수개월이 걸리고 내역도 알 수 없었겠 지만, 이번엔 다르다. 음원 수익이 발생하자마자 '스마트 컨트랙트(Smart Contract)' 기술에 의해 사전에 약속된 비율대로 작곡가, 멤버, 그리고 초기 투자자인 팬(NFT 보유자)들의 전자 지갑으로 저작권료와 배당금이 즉시 입금된다.

(4) **2차 창작과 경제 생태계:** 팬들은 자신이 소유한 멤버들의 캐릭터 NFT를 활용해 웹툰을 그리거나 굿즈를 제작하여 판매한다.

이 과정에서 발생하는 수익의 일부는 원작자인 멤버들에게 자동으로 귀속된다. 팬 활동이 곧 경제 활동이 되는 'C2E(Create to Earn)' 생태계가 완성된 것이다.

3) **결론 및 시사점:** '이더-스타'는 기획사의 자본 없이 오직 팬덤의 집단 지성과 블록체인 기술만으로 빌보드 차트에 진입하는 쾌거를 이룬다. 이 사례는 K-컬처가 블록체인을 만났을 때, 자본의 논리를 넘어 어떻게 '진정한 팬 중심의 문화'로 재편될 수 있는지를 보여주는 상징적인 사건이 된다.

가상 사례 2 **기획사 없는 아이돌: 팬들이 키운 DAO 그룹 '아고라(Agora)'**

1) **배경:** 기존 대형 기획사의 '공장형 아이돌 시스템'과 '불공정 계약' 논란이 끊이지 않는 가운데, 실력 있는 연습생들이 모여 블록체인 기반의 프로젝트 그룹 '아고라(Agora)'를 결성한다. 이들에게는 사장님도, 매니지먼트사도 없다. 오직 팬들 과의 '스마트 계약'만이 존재할 뿐이다.

2) **진행 과정:**

(1) **거버넌스 토큰 발행:** '아고라'는 데뷔 자금 마련을 위해 주식과 유사한 개념의 '거버넌스 토큰'을 발행한다. 전 세계 팬들은 이 토큰을 구매함으로써 그룹의 투자자이자 공동 운영자가 된다.

(2) **투명한 의사결정:** 다음 앨범의 컨셉(청량 vs 다크), 타이틀곡 선정, 심지어 무대 의상 디자인까지 모든 중요 결정이 토큰 보유자들의 투표로 결정된다. 투표 내역은 블록체인에 기록되어 누구도 조작할 수 없다.

(3) **수익의 실시간 분배:** 음원 수익과 공연 수익이 발생하면, 스마트 계약에 따라 50%는 멤버들에게, 30%는 다음 앨범 제작비로, 나

머지 20%는 토큰을 보유한 팬들에게 배당금으로 즉시 지급된다.

3. **결과 및 가상사례:** '아고라'는 기획사의 마케팅 없이도 팬들의 자발적인 홍보로 글로벌 차트에 진입한다. 팬들은 "내 가수는 내가 키우고, 그 성과도 함께 나눈다"는 강력한 소속감과 경제적 보상을 동시에 얻는다. 이는 기획사 중심의 수직적 구조가 팬 중심의 수평적 구조로 재편되는 결정적 사례가 된다.

가상 사례 3 넷플릭스를 넘어서: K-드라마 조각 투자 플랫폼 '스토리 펀딩'

1) **배경:** 신인 작가 K는 독창적인 SF 스릴러 드라마 대본을 집필했으나, 방송사 들로부터 "대중성이 없다"는 이유로 편성을 거절당한다. K는 자신의 대본을 믿고 글로벌 팬들에게 직접 제작비를 조달 받기로 결심하고, 블록체인 기반의 콘텐츠 투자 플랫폼 '스토리 펀딩'에 대본의 일부를 공개한다.

2) **진행 과정:**

(1) **IP(지적재산권)의 토큰화(STO):** 작가는 드라마의 지적재산권(IP)을 100만 개의 조각으로 나누어 토큰(Security Token) 형태로 발행한다. 개당 1만 원의 소액으로 투자가 가능해지자, K-드라마를 사랑하는 남미, 유럽, 동남아의 팬들이 투자에 참여한다.

(2) **글로벌 자금 유입:** 기존에는 해외 팬이 한국 드라마 제작에 투자하려면 복잡한 환전과 법적 절차가 필요했으나, 블록체인 시스템은 암호화폐를 통해 국경 없는 즉시 투자를 가능하게 한다. 단 3일 만에 목표 제작비 100억 원이 모금된다.

(3) **이익 공유:** 드라마가 제작되어 글로벌 OTT에 높은 가격으로 판매된다. 판매 수익금은 중개 수수료 없이 스마트 계약을 통해 전 세계 투자자들의 전자 지갑으로 자동 정산된다.

3. **결과 및 시사점:** 방송사의 선택을 받지 못한 '비주류' 대본이 대중(Crowd)의 선택을 받아 '글로벌 흥행작'으로 탄생한다. 이 사례는 자본을 가진 소수의 결정권자가 문화를 좌우하던 시대가 끝나고, 블록체인을 통해 전 세계 대중이 직접 원하는 콘텐츠를 제작하고 소비하는 '문화 민주주의'가 실현됨을 보여준다.

3

'블록체인 기술의 핵심 원리와 K-컬처 산업 적용 가능성'과 가상사례

3.1. 신뢰의 기술, K-컬처의 새로운 혈관이 되다

화려한 스포트라이트를 받는 K-컬처 산업의 이면에는 오랫동안 해결되지 않은 고질적인 문제들이 존재한다. 창작자에게 돌아가야 할 수익이 불투명한 유통 구조 속에서 누수되거나, 팬들의 열정적인 투표와 참여가 조작 논란에 휘말리기도 하며, 암표와 위조 굿즈(Goods)가 시장 질서를 교란한다. 이러한 문제들을 해결하고 K-컬처를 지속 가능한 글로벌 표준으로 격상시키기 위한 열쇠가 바로 '블록체인(Blockchain)'이다.

블록체인의 핵심 원리는 '탈중앙화된 분산 원장(Distributed Ledger)'과 '스마트 콘트랙트(Smart Contract)'로 요약된다. 기존의 시스템이 거대 플랫폼이나 기획사라는 중앙 서버에 모든 정보를 저장하고 관리했다면, 블록체인은 네트워크에 참여한 모든 구성원이 동일한 장부를 나눠 가짐으로써 위변조를 원천적으로 차단한다. 이는 K-컬처 산업에 '투명성'과 '신뢰'라는 강력한 인프라를 제공한다.

또한, 조건이 충족되면 자동으로 계약이 이행되는 '스마트 콘트랙트'는 창작자와 소비자의 관계를 재정립한다. 음원이 스트리밍되는 즉시 저작권료가 창작자의 지갑으로 전송되고, 티켓 판매 수익이 투명하게 정산되는 시스템은 더 이상 꿈이 아니다. 여기에 디지털 자산의 소유권을 증명하는 NFT(대체 불가능 토큰) 기술이 결합되면, 무한 복제가 가능했던 디지털 콘텐츠(음악, 영상, 웹툰 등)에 '유일성'과 '희소성'이 부여된다. 이는 단순히 콘텐츠를 소비하는 것을 넘어, 팬들이 콘텐츠를 '소유'하고 '투자'하는 새로운 팬덤 경제(Fandom Economy)를 창출한다.

결국 블록체인과 K-컬처의 결합은 단순한 기술 도입이 아니라, 산업의 주도권을 거대 중개자에서 '창작자'와 '팬(Fan)'에게로 돌려주는 패러다임의 전환이다.

3.2. 기존 K-컬처 산업과 블록체인 기반 K-컬처 산업의 구조 비교

구분	기존 K-컬처 산업 구조	블록체인 기반 K-컬처 산업 구조
중심 주체	기획사, 유통사, 플랫폼 (중앙 집중형)	창작자(아티스트), 팬, 커뮤니티 (탈중앙형)
수익 분배	복잡한 유통 단계를 거치며 수수료 과다 발생	P2P(개인 간) 전송 및 스마트 콘트랙트로 즉시 정산
의사 결정	기획사의 일방적 결정 (Top-down)	토큰 보유자(팬)의 투표에 의한 거버넌스(DAO)
데이터 관리	중앙 서버 저장 (해킹 및 조작 위험 존재)	분산 원장 저장 (위변조 불가능, 투명성 보장)
소비 형태	스트리밍, 단순 구매 (소유권 부재)	NFT를 통한 디지털 소유권 증명 및 재판매 가능
확장성	오프라인 및 제한적 온라인 활동	메타버스 및 글로벌 디지털 경제와의 무한 연동

3.3. 상상이 현실이 되는 미래: 가상 사례 연구

앞서 살펴본 기술적 원리가 실제 현장에서 어떻게 구현될 수 있는지 구체적인 가상 사례를 통해 살펴본다. 이 사례들은 현재 기술 수준으로 충분히 구현 가능하며, 가까운 미래에 우리가 마주하게 될 K-컬처의 새로운 풍경이다.

가상 사례 1 팬이 직접 키우고 수익을 공유하는 아이돌, 'DAO 프로젝트: 유니버스(Universe)'

1) **현안 과제:** 대형 기획사가 일방적으로 멤버를 선발하고 콘셉트를 정하여 데뷔시키는 기존 아이돌 육성 방식은 한계에 다다랐다. 이에 블록체인 기술을 활용한 탈중앙화 자율 조직(DAO, Decentralized Autonomous Organization) 기반의 신인 아이돌 그룹 '유니버스'가 탄생한다.
2) **프로젝트 개요:** '유니버스'는 기획사가 아닌 팬들이 결성한 DAO에 의해 운영된다. 전 세계 K-팝 팬들은 '유니버스 거버넌스 토큰'을 구매하여 프로젝트의 초기 자본을 형성한다.
3) **운영 방식:**
   (1) **오디션 및 선발:** 토큰을 보유한 팬들은 스마트 콘트랙트 투표 시스템을 통해 연습생의 오디션 영상을 평가하고 데뷔 멤버를 직

코리아넷뉴스 - 전 세계 한류 팬 2억 명 돌파···글로벌 대중문화로[https://www.korean-culture.org]

접 선발한다. 모든 투표 기록은 블록체인에 저장되어 조작이 불가능하다.

(2) **활동 방향 결정:** 타이틀곡 선정, 무대 의상 콘셉트, 월드 투어 도시 결정 등 주요 의사결정이 DAO 투표로 이루어진다.

(3) **수익 공유:** 그룹 '유니버스'가 음원 수익, 콘서트 티켓 판매, 굿즈 판매 등으로 수익을 창출하면, 이는 스마트 콘트랙트를 통해 비용을 제외하고 즉시 토큰 보유자(팬)들에게 지분만큼 배당된다.

4) **기대 효과:** 팬은 단순한 소비자가 아니라 '기획자'이자 '투자자'가 된다. "내가 키운 아이돌"이라는 강력한 유대감은 충성도 높은 글로벌 팬덤을 형성하며, 엔터테인먼트 산업의 고질적인 불공정 계약 문제를 해결하는 시발점이 된다.

가상 사례 2 K-드라마 속 그 아이템, 위변조 없는 소장품이 되다: '메타-옥션(Meta-Auction)'

1) **현안 과제:** 넷플릭스 등 OTT를 통해 전 세계적으로 흥행한 K-드라마 '경성 연대기(가제)'는 드라마 종영 후, 블록체인 기술을 활용하여 드라마 속 소품과 의상을 경매하는 '메타-옥션' 이벤트를 개최한다.

2) **프로젝트 개요:** 드라마 촬영에 실제 사용된 주인공의 한복, 장신구, 그리고 대본 원본을 실물 자산과 연동된 NFT(Phygital, Physical + Digital)로 발행하여 경매를 진행한다.

3) **운영 방식:**

(1) **디지털 트윈 생성:** 실제 한복(실물)과 동일한 3D 모델링 데이터(디지털)를 결합하여 NFT로 발행한다. NFT에는 해당 아이템이 '경성 연대기' 5화 주요 장면에서 주인공이 착용했다는 정품 인

김수현 드라마 IP, NFT 만들었더니 완판 | 한국경제[https://www.hankyung.com]

증 정보가 블록체인상에 영구히 기록된다.

(2) **투명한 경매:** 전 세계 누구나 암호화폐를 이용해 경매에 참여할 수 있다. 낙찰 정보는 즉시 공개되며, 낙찰자는 실물 한복을 배송받음과 동시에 메타버스 내에서 자신의 아바타에게 입힐 수 있는 디지털 아이템도 획득한다.

(3) **2차 거래와 로열티:** 낙찰자가 훗날 이 한복을 다른 수집가에게 되팔 경우, 거래 내역이 블록체인에 기록됨과 동시에 판매 금액의 일정 비율(예: 5%)이 드라마 제작사와 원작자에게 자동으로 지급된다.

4) **기대 효과:** K-콘텐츠의 파생 상품 시장에서 고질적인 문제였던 '짝퉁(위조품)' 논란을 종식시킨다. 또한, 1회성 판매로 끝났던 굿즈 시장을 2차, 3차 거래가 가능한 자산 시장으로 확장시켜, 창작자와 제작사에게 지속적인 수익 모델을 제공한다. 이는 K-컬처가 단순한 감상용 콘텐츠를 넘어, 소장 가치가 있는 '투자 자산'으로 진화함을 의미한다.

4

'K-컬처의 글로벌 확산과 AI 및 블록체인으로 전환의 필연성'과 가상사례

4.1. '물리적 한계'에 봉착한 K-컬처, 기술로 국경을 지우다

방탄소년단(BTS)이 빌보드를 석권하고, 〈오징어 게임〉이 넷플릭스 역대 시청 1위를 기록하며 K-컬처는 명실상부한 글로벌 주류 문화로 자리 잡았다. 그러나 역설적이게도 이러한 폭발적인 성공은 기존 아날로그 방식과 중앙 집중형 디지털 시스템의 한계를 노출시키고 있다. 언어의 장벽, 국가 간 결제 시스템의 불편함, 그리고 천문학적으로 늘어난 데이터 처리에 따른 비용 문제는 K-컬처가 '일시적 유행'을 넘어 '지속 가능한 표준'으로 나아가는 데 걸림돌이 된다.

이 지점에서 AI(인공지능)와 블록체인으로의 전환은 선택이 아닌 생존과 진화를 위한 '필연적 과제'가 된다.

첫째, AI는 K-컬처의 '언어적, 문화적 장벽'을 허무는 가속기(Accelerator) 역할을 한다. 기존의 자막 제작 방식은 속도와 뉘앙스 전달에 한계가 있었다. 그러나 생성형 AI와 딥러닝 기술은 실시간으로 K-콘텐츠를 현지 언어로 완벽하게 더빙(Dubbing)하고, 현지 문화에 맞는 문맥으로 재창조(Localization)한다. 이는 K-컬처의 소비 시장을 기존의 마니아층에서 전 세계 일반 대중으로 무한 확장시키는 결과를 낳는다.

둘째, 블록체인은 글로벌 팬덤을 하나로 묶는 '신뢰의 경제 인프라(Infrastructure)'가 된다. 전 세계 1억 명이 넘는 한류 팬들이 굿즈를 사고, 투표하고, 창작자를 후원하려 할 때마다 발생하는 환전 수수료와 복잡한 송금 절차는 팬덤 확장을 저해해 왔다. 국경 없는 화폐인 암호화폐와 NFT는 이러한 금융 장벽을 제거한다. 또한, AI가 무한히 생성해내는 콘텐츠 홍수 속에서 '원본'과 '저작권'을 증명하는 유일한 수단은 블록체인이 될 것이다.

결국, AI가 K-컬처를 전 세계 구석구석으로 '퍼 나르는' 역할을 한다면, 블록체인은 그 과정에서 발생하는 가치를 안전하게 '담아내는' 그릇이 된다. 이 두 기술의 융합은 K-컬처 산업을 단순한 콘텐츠 수출업에서 '글로벌 디지털 플랫폼 산업'으로 체질 개선하는 핵심 동력이다.

4.2. K-컬처 산업의 발전 단계와 기술 도입의 효과 비교

구분	K-컬처 2.0(현재: 플랫폼 시대)	K-컬처 3.0(미래: AI & 블록체인 융합 시대)
확산 도구	유튜브, 넷플릭스 등 중앙 플랫폼	탈중앙화 네트워크(Web 3.0) & AI 알고리즘
언어 장벽	자막(Subtitles) 의존, 번역의 지연	AI 실시간 더빙 & 립싱크(Lip-sync) 기술 적용
팬덤 활동	수동적 소비 및 제한적 소통	DAO(탈중앙화 자율 조직)를 통한 직접 참여 및 투자
수익 구조	플랫폼 수수료 과다, 정산 불투명	스마트 콘트랙트를 통한 즉시 정산 및 투명성 확보
콘텐츠 생산	인간 창작자 중심(생산량의 한계)	AI 협업 창작(생산성 증대) & 블록체인 저작권 보호
핵심 가치	콘텐츠의 재미와 감동	콘텐츠의 자산화(Assetization) 및 개인화 경험

4.3. 기술이 빚어낼 K-컬처의 미래: 가상 사례 연구

AI와 블록체인이 결합했을 때 K-컬처가 얼마나 파괴적인 혁신을 일으킬 수 있는지, 가까운 미래에 실현 가능한 구체적인 시나리오를 통해 살펴본다.

가상 사례 1 언어의 장벽을 넘는 나만의 스타:
'AI 딥-싱크(Deep-Sync) K-팝 플랫폼'

1) **현안 과제:** K-팝이 글로벌 인기를 끌고 있지만, 여전히 많은 해외 팬들은 가사의 의미를 온전히 이해하지 못하거나 한국어 발음을 따라 하는 데 어려움을 겪는다. 이를 해결하기 위해 대형 엔터테인먼트사와 AI 스타트 업이 협력하여 '딥-싱크(Deep-Sync)' 기술을 도입한다.

2) **프로젝트 개요:** 한국 가수의 목소리 톤과 감정을 유지하면서, 팬이 원하는 언어(영어, 스페인어, 아랍어 등)로 노래를 부르는 것처럼 변환해 주는 초개인화 음원 서비스이다.

3) 기술 메커니즘:

(1) **AI 음성 합성:** 생성형 AI가 가수의 보컬 데이터를 학습하여, 한국어 원곡을 스페인어 버전으로 변환한다. 이때 단순 번역이 아니라, 가수의 호흡과 바이브레이션까지 완벽하게 모사한다.

(2) **비디오 립싱크:** AI가 뮤직비디오 속 가수의 입 모양을 변환된 언어 발음에 맞춰 자연스럽게 수정한다.

(3) **블록체인 저작권료 분배:** 수많은 언어 버전으로 변환된 음원이 재생될 때마다, 스마트 콘트랙트는 자동으로 원작자, AI 기술 제공사, 그리고 번역에 참여한 팬 번역가에게 약속된 비율의 로열티를 즉시 지급한다.

4) **기대 효과:** 남미의 팬은 자신이 좋아하는 K-팝 스타가 스페인어로 자신에게 사랑을 고백하는 듯한 몰입감을 느낀다. 언어의 장벽이 사라진 K-팝은 진정한 의미의 '월드 와이드 팝'으로 진화한다.

가상 사례 2 팬들이 만드는 결말, 집단지성 드라마:
'K-드라마 DAO: 오픈 스크립트(Open Script)'

1) **현안 과제:** 드라마의 결말이 시청자의 마음에 들지 않아 논란이 되는 경우가 많다. "내가 작가라면 이렇게 썼을 텐데"라는 아쉬움을 해결하기 위해, 블록체인 기반의 참여형 드라마 제작 프로젝트가 시작된다.
2) **프로젝트 개요:** 시나리오의 초기 설정만 전문 작가가 집필하고, 이후의 전개와 결말은 토큰을 보유한 팬들(DAO 멤버)의 투표와 AI의 보조 작가 기능을 통해 완성해 나가는 인터랙티브 드라마이다.
3) 운영 방식:
   (1) **스토리 분기점 투표:** 드라마 4화가 끝난 시점, 주인공이 복수를 할지 용서를 할지 결정해야 한다. DAO 멤버들은 보유한 토큰으로 투표권을 행사한다.
   (2) **AI 시나리오 생성:** 투표 결과 '복수'가 결정되면, AI 작가는 수백만 건의 K-드라마 데이터를 분석하여 '복수' 테마에 맞는 3가지 버전의 시나리오 초안을 10분 만에 작성해 제시한다.
   (3) **NFT 아이템 활용:** 드라마 속 주인공이 위기를 탈출하는 데 필요한 도구(아이템)를 팬들이 NFT 형태로 구매하여 지원할 수 있다.

누구나 배우가 되고 드라마를 만드는 '새로운 경험' 창조한다 - 지디넷코리아 [https://zdnet.co.kr]

이 수익금은 제작비로 충당된다.

4) 기대 효과: 시청자는 단순한 관찰자가 아니라 드라마의 운명을 결정하는 '신(God)'과 같은 존재가 된다. 팬들의 참여 기록은 블록체인에 영구히 남으며, 드라마가 흥행할 경우 기여도에 따라 수익을 배분 받는 'Web 3.0 엔터테인먼트' 모델이 완성된다.

5

'팬덤 경제에서 블록체인 기반 창작자 경제로의 패러다임 전환'과 가상사례

5.1. 블록체인 기술은, '창작자 경제(Creator Economy)'의 새로운 지평을 연다. 핵심은 '중개자의 제거'와 '가치의 공유'다.

지금까지 K-컬처의 눈부신 성장을 견인한 숨은 주역은 단연코 '팬덤(Fandom)'이다. 팬들은 자신이 응원하는 아티스트를 위해 앨범을 대량 구매하고, 음원 차트 순위를 높이기 위해 밤새 스트리밍을 돌리며, 자발적으로 지하철 광고를 게재한다.

그러나 이러한 '팬덤 경제(Fandom Economy)'는 근본적인 불균형을 내포하고 있다. 팬들의 시간과 비용 투입으로 창출된 천문학적인 가치는 대부분 플랫폼과 기획사라는 중개자에게 귀속되며, 팬들에게 돌아오는 보상은 심리적 만족감이나 소속감 등 비 물질적인 것에 국한된다.

블록체인 기술은 이 불합리한 구조를 깨뜨리고, '창작자 경제(Creator Economy)'의 새로운 지평을 연다. 핵심은 '중개자의 제거'와 '가치의 공유'다.

블록체인 네트워크 위에서 창작자는 거대 기획사를 거치지 않고 직접 자신의 콘텐츠(음악, 웹툰, 영상 등)를 발행하고 유통한다.

팬들은 단순한 소비자가 아니라, 해당 콘텐츠의 지분을 구매하는 '투자자'이자 프로젝트의 방향성을 결정하는 '의결권자'가 된다. 이를 가능케 하는 것이 바로 '토큰 이코노미(Token Economy)'다.

아티스트의 성공이 곧 토큰 가치의 상승으로 이어지고, 스마트 콘트랙트(Smart Contract)를 통해 수익이 팬들의 전자 지갑으로 자동 분배되는 구조는 팬 활동을 '소비 행위'에서 '경제적 투자 행위'로 전환시킨다.

이것은 단순한 기술적 변화가 아니다. "오빠를 위해 내 지갑을 연다"는 일방적인 헌신의 시대가 저물고, "아티스트와 내가 함께 성장하고 성과를 나눈다"는 상생과 협력의 시대로 패러다임이 완전히 바뀌는 것이다. K-컬처는 이제 '보는 것'에서 '가지는 것'으로, 더 나아가 '함께 만드는 것'으로 진화한다.

용어설명

창작자 경제(Creator Economy)

창작자 경제(Creator Economy)는 유튜브, 틱톡, 인스타그램 등 다양한 온라인 플랫폼을 기반으로 개별 창작자(크리에이터)들이 자신의 콘텐츠(영상, 글, 그림 등)를 제작하고 유통하며 수익을 창출하는 사회경제 시스템으로, 웹 2.0 시대부터 성장하여 웹 3.0 기술과 결합하며 더욱 확장되고 있는 새로운 형태의 경제 생태계입니다. 창작자는 플랫폼과 팬을 직접 연결하며 광고, 구독, 굿즈 판매, NFT 등 다양한 방식으로 수익을 올리고 있으며, 이는 인터넷 진화의 중요한 부분으로 자리 잡았습니다.

1. 주요 특징 및 구성 요소

- 독립적 창작자: 소셜 미디어, 동영상 플랫폼 등에서 활동하는 개인이 주체가 됩니다.
- 다양한 수익 모델: 광고 수익, 팬 후원(구독), 제휴 마케팅, 자체 상품(굿즈) 판매, NFT 발행 등.

- 플랫폼 의존성 변화: 초기에는 플랫폼(유튜브, 인스타그램)에 의존했으나, 최근에는 팬덤을 직접 구축하고 웹 3.0 기술(블록체인, 토큰)을 활용해 창작자 주도의 비즈니스를 추구하는 경향이 강해지고 있습니다.
- 기술의 발전: 웹 3.0 환경에서는 창작물 데이터의 소유권이 창작자에게 귀속되고, 토큰을 통해 팬들과 직접적인 유대감 형성 및 가치 교환이 가능해집니다.

2. 중요성
- 새로운 직업 및 경제 활동: 수많은 사람들이 콘텐츠 제작을 통해 경제 활동을 하고, 새로운 가치를 창출합니다.
- 개인 브랜드 및 영향력 확대: 창작자 개인의 독창성과 전문성이 중요한 자산이 되며, 강력한 팬덤을 기반으로 영향력을 행사합니다.
- 인터넷 생태계의 변화: 창작자 중심의 생태계가 구축되며, 콘텐츠 생산 및 소비 방식에 근본적인 변화를 가져오고 있습니다. [https://www.google.com/]

5.2. 기존 팬덤 경제와 블록체인 기반 창작자 경제의 비교

구분	기존 팬덤 경제 (Web 2.0)	블록체인 기반 창작자 경제 (Web 3.0)
관계의 본질	아티스트(생산자) ↔ 팬(소비자)	아티스트(파트너) ↔ 팬(공동 투자자)
수익 구조	기획사 및 플랫폼이 수익의 대부분을 점유	창작자와 팬이 기여도에 따라 수익 공유(Royalty Sharing)
팬의 활동	앨범 구매, 스트리밍, 단순 투표(소모적)	토큰 구매, 거버넌스 투표, 2차 창작(생산적)
데이터 소유	플랫폼 서버에 귀속 (삭제 및 차단 가능)	블록체인상에 영구 기록 (개인 소유권 보장)
확장성	굿즈 등 물리적 상품 구매에 한정	NFT 등 디지털 자산의 상호 운용 및 메타버스 확장

5.3. 기술이 여는 기회의 땅: 가상 사례 연구

이러한 패러다임의 변화가 실제 K-컬처 산업 현장에서 어떻게 구현될 수 있는지, 구체적인 가상 시나리오를 통해 그 가능성을 타진해 본다.

가상 사례 1 무명 작곡가와 팬이 함께 쏘아 올린 기적: '멜로디 쉐어(Melody Share)' 프로젝트

1) **현안 과제:** 뛰어난 실력을 갖췄으나 거대 기획사의 문턱을 넘지 못한 싱어송라이터 'K'는 기존의 데뷔 방식 대신 블록체인 플랫폼을 선택한다.

2) **프로젝트 개요:** 아티스트 'K'는 자신의 미 발매곡 3곡에 대한 저작권료 지분 50%를 NFT(대체 불가능 토큰) 형태로 발행하여 대중에게 판매한다. 이를 '음원 조각 투자'라고 명명한다.

3) **운영 방식:**

   (1) **초기 펀딩:** K-팝의 다양성을 갈망하던 리스너 1,000명이 'K'의 음악성을 알아보고 NFT를 구매한다. 'K'는 이 자금으로 고품질의 앨범 제작과 뮤직비디오 촬영을 진행한다.

   (2) **자발적 마케팅:** NFT를 보유한 팬들은 'K'의 성공이 곧 자신의 수익(배당금)으로 연결되므로, 자발적으로 SNS 홍보대사가 되어 곡을 전파한다. 기획사의 인위적인 바이럴 마케팅보다 훨씬 강력한 진정성을 가진다.

   (3) **수익 실현:** 곡이 음원 차트 역주행에 성공하자, 발생한 저작권료는 매월 스마트 콘트랙트를 통해 NFT 보유자들에게 자동 정산된다. 팬들은 자신이 발굴한 아티스트의 성공을 금전적 보상으로 돌려받는다.

4) **시사점:** 자본이 부족한 창작자에게는 기회를, 팬들에게는 안목에 대한 보상을 제공함으로써, 기획사 없이도 자생 가능한 새로운 K-팝 생태계를 증명한다.

가상 사례 2 내가 만든 캐릭터가 웹툰의 주인공이 된다:
'오픈 월드 웹툰(Open World Webtoon)'

1) **현안 과제**: 인기 K-웹툰 작가 'L'은 차기 작을 준비하며 독자가 단순히 댓글을 다는 것을 넘어, 작품의 세계관 확장에 직접 참여하는 프로젝트를 기획한다.

2) **프로젝트 개요**: 좀비 아포칼립스 장르의 웹툰 '서울 생존기'의 엑스트라 캐릭터와 배경 아이템을 생성할 수 있는 권한을 제너러티브 아트(Generative Art) NFT로 판매한다.

3) **운영 방식**:

(1) **캐릭터 생성 및 소유**: 독자는 파츠(Parts)를 조합해 자신만의 고유한 생존자 캐릭터를 만들고 이를 NFT로 소유한다.

(2) **스토리 개입**: 작가는 매주 "제3화: 강남역 사거리 전투에 참여할 생존자 5명을 모집합니다"라고 공지한다. 독자들은 자신의 캐릭터 NFT를 걸고 지원하며, 커뮤니티 투표로 선정된 캐릭터는 실제 웹툰 컷에 등장하여 활약한다.

(3) **IP(지식재산권) 확장**: 웹툰이 인기를 끌어 게임이나 영화로 제작될 경우, 해당 작품에 등장했던 캐릭터 NFT 소유자에게도 IP 사용료가 지급된다. 내 캐릭터가 유명해지면 NFT 마켓플레이스에서 높은 가격에 거래할 수도 있다.

4) **시사점**: 웹툰이 일방향적 콘텐츠에서 독자가 참여하고 소유하는 '거대한 놀이터'로 변모한다. 이는 K-웹툰의 IP 생명력을 무한히 확장시키는 강력한 동력이 된다.

6

'블록체인이 해결하는 K-컬처 산업의 구조적 문제들'과 가상사례

6.1. 불투명한 '블랙박스' 산업을 투명한 '유리 지갑'으로

세계인의 찬사를 받는 K-컬처지만, 그 산업 구조 내부를 들여다보면 '신뢰의 위기'라는 고질병을 앓고 있다. 아티스트와 기획사 간의 정산 분쟁은 끊이지 않으며, 팬들이 구매한 티켓은 암표상(Scalper)들의 매크로 프로그램에 의해 순식간에 동나 수십 배의 가격으로 되 팔린다.

또한, 굿즈(MD) 시장에는 위조 상품이 판을 치고, 창작자의 아이디어는 교묘하게 도용 당하기 일쑤다. 이러한 문제들의 공통된 원인은 정보가 중앙에 집중되어 있고, 그 과정이 불투명한 '블랙박스(Black Box)' 안에 갇혀 있다는 점이다.

블록체인은 이 블랙박스를 누구나 들여다볼 수 있는 '투명한 유리 상자'로 바꾸는 기술적 솔루션이다.

[NFT 기상도] 티켓팅기업 NFT 활용 붐…업계 혁신의 새바람[https://www.newsdream.kr]

가장 시급한 해결 과제인 '암표 문제'를 예로 들어보자. 기존 종이 티켓이나 모바일 티켓은 소유권 이동을 통제하기 어렵다. 그러나 블록체인 기반의 NFT 티켓은 프로그래밍이 가능한 티켓이다. "이 티켓은 최초 구매자가 2차 판매를 할 때, 정가 이상의 금액으로는 거래가 승인되지 않는다"라는 규칙(코드)을 심을 수 있다. 이렇게 되면 기술적으로 암표상이 설 자리는 사라진다.

'수익 정산의 투명성' 또한 혁신적으로 개선된다. 스트리밍 횟수, 앨범 판매량, 해외 공연 수익 등이 사람이 수기로 작성하는 엑셀 파일이 아닌, 위변조가 불가능한 블록체인 원장에 실시간으로 기록된다. 이 데이터에 기반하여 스마트 콘트랙트는 기획사, 작곡가, 가수, 연주자에게 정확한 비율의 정산금을 '자동 이체'한다. "돈이 어디로 샜는지 모른다"는 불신은 사라지고, 창작자는 자신의 노력에 합당한 보상을 즉각적으로 확인하게 된다.

결국 블록체인은 K-컬처 산업의 비효율적인 중개 비용을 제거하고, 시스템 자체를 '신뢰 프로세스'로 대체함으로써 산업의 체질을 건강하게 만드는 백신(Vaccine) 역할을 수행하는 것이다.

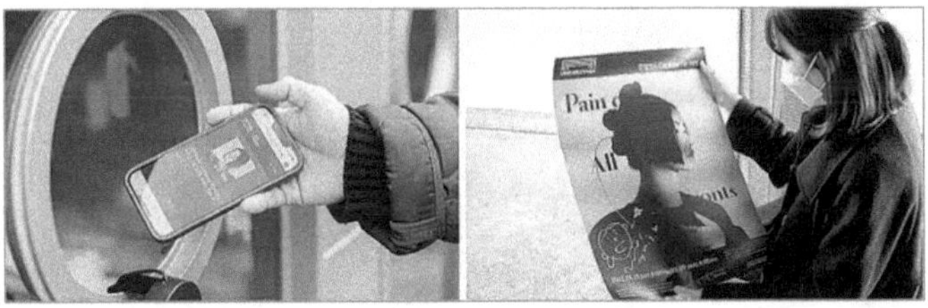

NFT로 공연 티켓 만들고 굿즈 제작… 특별한 즐거움을 느껴봐 | 동아일보 [https://www.donga.com]

6.2. K-컬처 산업의 주요 문제점과 블록체인 솔루션 비교

문제 영역	현재의 구조적 문제점 (Pain Points)	블록체인 도입 후 해결 방안 (Solutions)
티켓팅(공연)	매크로를 이용한 암표상 독점, 비정상적 가격 폭등	NFT 티켓팅: 재판매 가격 상한선 설정 및 거래 이력 추적 가능
수익 정산	복잡한 유통 경로로 인한 정산 지연 및 데이터 불투명성	스마트 콘트랙트: 실시간 데이터 기반 자동 정산 및 내역 공개
저작권 보호	불법 복제 및 아이디어 도용, 표절 시비	타임스탬프(Timestamp): 창작 시점과 원본 증명을 블록체인에 영구 기록
굿즈(MD)	정교한 짝퉁(가품) 유통으로 인한 팬/브랜드 피해	디지털 정품 인증서: 상품 내 칩과 블록체인 연동으로 진위 확인
계약 관계	기획사 우위의 불공정 계약 (노예 계약) 관행	DAO(탈중앙화 조직): 투명한 계약 조건과 커뮤니티 감시에 의한 공정 운영

6.3. 공정한 생태계를 위한 시뮬레이션: 가상 사례 연구

블록체인이 적용되었을 때, 고질적인 병폐들이 어떻게 사라지고 깨끗한 산업 생태계가 조성되는지 구체적인 사례를 통해 확인해 본다.

가상 사례 1 암표상 없는 쾌적한 피켓팅(피 튀기는 티켓팅): '클린-패스(Clean-Pass)' 솔루션

1) **현안 과제:** 매번 반복되는 대형 아이돌 콘서트의 암표 전쟁. 수백만 원을 호가하는 암표 때문에 정작 진정한 팬들은 공연장에 가지 못하는 사태를 해결하기 위해, 국내 최대 예매 사이트가 블록체인 기술을 도입한다.
2) **프로젝트 개요:** 모든 콘서트 티켓을 '클린-패스'라는 이름의 NFT로 발행한다. 이 티켓은 단순한 입장권이 아니라, 소유권 이전 규칙이 내장된 소프트웨어다.

3) 작동 메커니즘:

(1) **매크로 차단:** 티켓 구매 시, 블록체인 지갑 주소 하나당 1매만 구매 가능하도록 제한하며, 봇(Bot)이 아닌 실제 사람임을 증명하는 DID(탈중앙화 신원증명) 인증을 거쳐야 한다.

(2) **가격 상한제(Price Cap):** 부득이하게 티켓을 취소하거나 양도해야 할 경우, 시스템은 오직 '정가' 또는 '정가 이하'로만 거래되도록 스마트 콘트랙트에 강제 조항을 설정한다. 10만 원짜리 티켓을 100만 원에 올리려고 시도하면, 시스템 오류가 발생하며 거래가 거부된다.

(3) **수수료의 재분배:** 2차 거래가 발생할 경우, 소액의 수수료는 암표상이 아닌 해당 아티스트의 후원 계좌로 자동 입금되어 다음 앨범 제작비로 쓰인다.

4) **변화된 풍경:** 콘서트 당일, 팬들은 스마트폰의 QR 코드(NFT)만으로 빠르게 입장한다. 암표상이 사라지자 티켓 가격 거품이 빠지고, 더 많은 학생 팬들이 부담 없이 문화를 향유하게 된다.

가상 사례 2 숨겨진 창작자의 땀방울까지 보상하다: '히든 크레딧(Hidden Credit)' 장부

1) **현안 과제:** K-팝의 성공 뒤에는 가수뿐만 아니라 안무가, 세션 연주자, 코러스 등 수많은 조력자가 있다. 하지만 이들의 권리는 종종 무시되거나 일회성 비용 처리로 끝난다. 이를 해결하기 위해 저작권 협회가 블록체인 기반의 기여도 증명 시스템을 도입한다.

2) **프로젝트 개요:** 음원이나 뮤직비디오가 제작되는 전 과정에 참여한 모든 스태프의 이름과 기여도를 블록체인 원장에 '히든 크레딧'으로

기록하고, 수익 발생 시 영구적인 로열티를 보장한다.

3) 작동 메커니즘:

(1) **기여의 기록:** 유명 아이돌의 신곡 안무를 짠 안무가 A씨의 창작물(안무 시안)이 블록체인에 등록된다. 이 안무가 숏폼 챌린지 등으로 2차 활용될 때마다 A씨의 기여가 추적된다.

(2) **마이크로 페이먼트(Micro-payment):** 노래 한 곡이 스트리밍될 때 발생하는 7원의 수익 중, 0.1원이 안무가, 코러스, 편곡자에게 실시간으로 쪼개져 지급된다. 기존 금융 시스템으로는 수수료 때문에 불가능했던 초소액 이체가 암호화폐 시스템을 통해 가능해진다.

(3) **투명한 이력서:** 이 기록은 위변조가 불가능하므로, 스태프들에게는 그 자체로 가장 확실한 '디지털 포트폴리오'가 된다.

4) **변화된 풍경:** "열정 페이"라는 이름으로 착취당하던 서브(Sub) 창작자들이 정당한 대우를 받게 된다. 안무가나 백업 댄서도 안정적인 로열티 수익을 얻게 되면서, K-컬처 산업 전반의 인력 풀(Pool)이 두터워지고 질적으로 성장한다.

제3장 블록체인은 K-컬처의 무엇을 어떻게 바꾸는가?

1

'분산원장의 직동원리를 K-컬처 산업에 적용'과 가상사례

1.1. '나만의 비밀 장부'에서 '모두의 공개 장부'로: 신뢰의 이동

인류의 역사를 기록하는 방식은 소수가 독점하는 것에서 다수가 공유하는 것으로 진화해 왔다. 조선시대 왕조차 마음대로 고칠 수 없었던 '조선왕조실록'처럼, 블록체인의 '분산원장 기술(DLT, Distributed Ledger Technology)'은 디지털 세상에서 절대 위 변조될 수 없는 '역사서'를 쓰는 기술이다.

기존 K-컬처 산업의 데이터 관리 방식은 '중앙 집중형 원장'이었다. 기획사나 유통 플랫폼이라는 거대한 '왕'이 장부를 독점하고, 팬들의 투표수나 앨범 판매량, 정산 내역을 홀로 기록했다. 이 과정에서 숫자가 조작되거나, 기록이 유실되어도 외부의 누구도(팬이나 아티스트) 그 진위를 확인할 방법이 없었다. 이것이 수많은 의혹과 불신의 씨앗이 되었다.

분산원장은 이 장부를 네트워크에 참여한 전 세계 수백만 명의 팬과 창작자(노드, Node)들에게 똑같이 복사하여 나눠주는 원리다. 누군가 A 가수에게 투표를 하거나, 굿즈를 구매하면 그 사실은 즉시 암호화되어 네트워크 전체에 전파된다. 참여자 과반수가 "이 기록은 참이다"라고 합의(Consensus)할 때만 장부에 기록되며, 한 번 기록된 내용은 누군가 몰래 수정하려 해도 나머지 수백만 개의 장부와 대조되어 즉시 발각된다.

이 기술이 K-컬처에 적용된다는 것은 '밀실의 산업'이 '광장의 산업'으로 나오는 것을 의미한다. 오디션 프로그램의 투표 조작 논란, 음원 사재기 의혹, 한정판 굿즈의 진품 여부 등은 분산원장 시스템 위에서는 기술적으로 불가능한 일이 된다. 모든 거래와 활동 내역이 참여자 전원의 감시 하에 투명하게 기록되고 공유되기 때문이다.

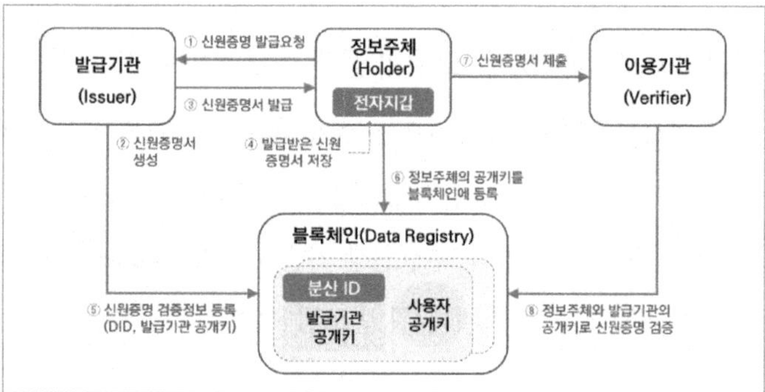

분산원장 시대 도래하나…현금없는 사회 '가시화' [https://www.techm.kr]

1.2. 중앙 집중형 원장 시스템과 분산원장 시스템(K-컬처 적용 시) 비교

비교 항목	중앙 집중형 원장(기존 시스템)	분산원장 시스템(블록체인 도입)
장부 관리자	특정 기획사, 방송사, 티켓 예매 사이트(단일 주체)	아티스트, 팬, 제작사 등 네트워크 참여자 전체(다수 주체)
데이터 보관	중앙 서버 1곳에 저장 (해킹 시 전멸 위험)	전 세계 수천/수만 개의 노드에 분산 저장(완벽한 보안)
투명성	관리자 외에는 열람 불가 (블랙박스)	누구나 거래 내역과 흐름 추적 가능 (유리 지갑)

데이터 신뢰도	관리자의 도덕성에 전적으로 의존	수학적 알고리즘과 다수의 합의에 의해 보장
적용 사례	비공개 오디션 투표, 불투명한 정산서	실시간 공개 투표, 위변조 불가능한 정품 인증

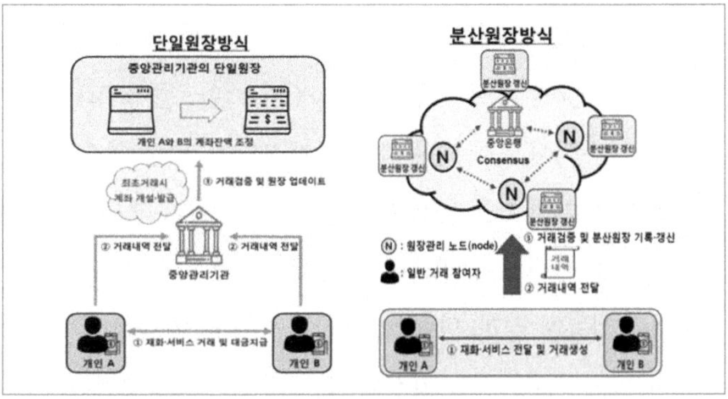

웹 3.0 환경에서의 '창작자 경제(Creator Economy)' 현황과 전망 [https://enterprise.kt.com]

1.3. 장부가 바꾸는 세상: 가상 사례 연구

분산원장 기술이 실제로 구현되었을 때, 우리가 겪었던 불신이 어떻게 해소되고 새로운 가치가 창출되는지 구체적인 시나리오를 통해 살펴본다.

가상 사례 1 조작 없는 국민 투표, 모두가 심사위원이 되다: '트루 픽(True Pick)' 오디션

1) **현안 과제:** 과거 인기 오디션 프로그램의 투표 조작 사건은 K-컬처 팬들에게 큰 상처를 남겼다. 이를 반면교사 삼아, 방송사가 아닌 블록체인 시스템이 심사하는 글로벌 오디션 프로그램 '트루 픽'이 런칭된다.
2) **프로젝트 개요:** 전 세계 시청자가 참여하는 아이돌 선발 오디션으로, 모든 투표 과정과 결과 집계가 방송사 서버가 아닌 퍼블릭 블록체인(분산원장) 위에서 이루어진다.

3) 작동 메커니즘:

(1) 1인 1표의 검증: 시청자는 자신의 디지털 지갑을 통해 투표권을 행사한다. 이 투표권(토큰)은 중복 생성이 불가능하므로, 한 사람이 수천 표를 던지는 어뷰징 행위가 원천 차단된다.

(2) 실시간 분산 기록: 시청자 A가 연습생 B에게 투표하는 순간, 그 데이터는 전 세계 시청자들의 PC와 스마트폰(노드)에 실시간으로 전송되어 기록된다. PD나 제작진이 특정 연습생의 순위를 올리기 위해 데이터를 수정하려 해도, 이미 전 세계에 퍼진 장부와 값이 다르기 때문에 시스템에서 거부된다.

(3) 검증 가능한 결과: 방송이 끝난 직후, 시청자들은 블록체인 탐색기(Explorer)를 통해 자신의 표가 정확히 반영되었는지, 전체 득표수는 맞는지 직접 눈으로 확인하고 검증한다.

4) 결과: "내 가수는 내가 지킨다"는 팬들의 열망이 기술적 신뢰와 만나, 가장 공정하고 강력한 팬덤을 가진 슈퍼스타가 탄생한다.

가상 사례 2 짝퉁 없는 명품 한류, 생산부터 배송까지 추적하다: 'K-오리진(K-Origin)' 프로젝트

1) 현안 과제: K-뷰티와 K-패션이 인기를 끌면서 중국과 동남아 시장 등에서 저가 모조품(짝퉁)이 범람해 한국 브랜드의 가치가 훼손되고 있다. 이를 막기 위해 K-컬처 상품 전용 공급망 관리 시스템 'K-오리진'이 도입된다.

2) 프로젝트 개요: 한국의 유명 패션 브랜드가 출시한 한정판 스니커즈의 생산, 유통, 판매 전 과정을 분산원장에 기록하여, 소비자가 스마트폰으로 정품 여부와 이동 경로를 즉시 확인하게 한다.

3) 작동 메커니즘:

(1) **생산 단계의 기록:** 공장에서 신발이 완성되는 순간, 제품 고유의 일련번호와 제조 날짜, 사용된 원단 정보가 담긴 '탄생 블록'이 생성되어 원장에 기록된다.

(2) **유통 과정의 투명화:** 물류 창고 입고, 세관 통과, 해외 배송 등 제품이 이동하는 모든 거점(Check Point)마다 담당자의 서명과 함께 위치 정보가 블록체인에 추가 기록된다. 이 장부는 물류사, 판매사, 소비자가 모두 공유하므로 중간에 물건이 바꿔 치기 될 수 없다.

(3) **소비자 확인:** 해외의 소비자는 제품 태그를 스마트폰으로 스캔(NFC/QR)하기만 하면, 공장에서 내 손에 오기까지의 모든 여정이 담긴 분산원장 기록을 열람할 수 있다.

4) 결과: "한국에서 온 진짜(Authentic)"라는 프리미엄 가치가 기술적으로 보증된다. 짝퉁 업자들은 이 분산원장 기록을 위조할 수 없으므로 자연스럽게 시장에서 퇴출되며, K-브랜드의 신뢰도는 급상승한다.

2

'K-컬처 산업의 거래를 자동화로 이끄는 스마트 계약'과 가상사례

2.1. 스마트 계약은 블록체인 2.0 시대를 연 핵심 기술로, '특정 조건(If)이 충족되면, 사전에 합의된 행동(Then)이 자동으로 실행되는 디지털 약속'이다.

K-컬처가 글로벌 산업으로 성장하면서 거래의 복잡성도 기하급수적으로 증가했다. 음원 수익 정산, 2차 저작권(IP) 라이선스 계약, 해외 공연 수익 배분 등 수많은 계약이 얽혀 있지만, 이를 처리하는 방식은 여전히 낡은 종이 계약서와 사람의 수작업에 의존하고 있다.

이 과정에서 계산 착오가 발생하거나, 고의적인 지급 지연, 복잡한 법적 분쟁이 끊임없이 일어난다. 이러한 비효율을 타파할 강력한 도구가 바로 '스마트 계약(Smart Contract)'이다.

스마트 계약은 블록체인 2.0 시대를 연 핵심 기술로, '특정 조건(If)이 충족되면, 사전에 합의된 행동(Then)이 자동으로 실행되는 디지털 약속'이다. 쉽게 말해, 동전을 넣고 버튼을 누르면(조건) 즉시 음료수가 나오는(행동) '자판기'의 원리를 복잡한 비즈니스 계약에 적용한 것이다.

K-컬처 산업에 스마트 계약이 도입되면 모든 계약 조건은 컴퓨터 코드로 작성되어 블록체인에 저장된다. "음원이 1회 스트리밍 되면, 즉시 7원의 수익 중 40%는 작곡가에게, 30%는 가수에게, 30%는 제작사에게 전송한다"라는 코드가 입력되는 식이다.

이 시스템 안에서는 중개인(사람)이 개입할 여지가 없다. 정산 날짜를 기다릴 필요도 없으며, 누군가 장부를 조작할 수도 없다. 조건만 맞으면 시스템이 강제적으로, 그리고 즉각적으로 계약을 이행한다.

이는 K-컬처 산업의 고질적인 병폐인 '정산 불투명성'과 '임금 체불' 문제를 기술적으로 원천 봉쇄한다. 또한, 인간의 개입이 최소화되므로 중개 수수료가 획기적으로 낮아져 창작자와 팬 모두에게 경제적 이익을 돌려주는 효율적인 생태계를 구축하게 된다.

2.2. 전통적 계약 방식과 K-컬처 스마트 계약 방식의 비교

구분	전통적 종이 계약 (Analog Contract)	블록체인 스마트 계약 (Smart Contract)
계약 형태	서면 문서(법적 효력을 위해 공증 필요)	프로그래밍 코드(블록체인에 기록)
실행 주체	사람(기획사 재무팀, 은행 등 중개자)	시스템(네트워크가 자동 실행)
신뢰 보장	계약 당사자의 신용도 및 사법 제도	수학적 알고리즘과 암호화 기술
처리 속도	정산까지 수개월 소요(분기별, 월별)	조건 충족 시 즉시(실시간)
비용	변호사 비용, 중개 수수료 등 고비용 발생	중개자 배제로 인한 저비용 고효율
투명성	당사자 외 확인 불가 (은폐 가능)	모든 참여자가 계약 이행 과정 확인 가능

2.3. 계약서 없는 계약의 시대: 가상 사례 연구

사람의 개입 없이 코드가 자동으로 돈과 권리를 분배하는 세상이 오면 K-컬처의 풍경은 어떻게 달라질까? 구체적인 가상 시나리오를 통해 미래를 조망해 본다.

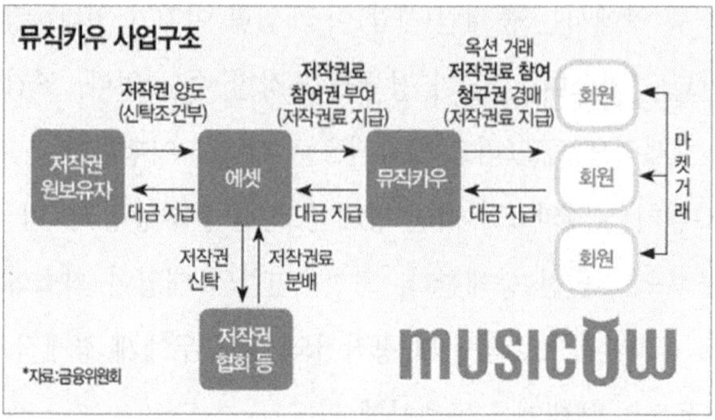

뮤직카우 음악 저작권도 증권"…NFT·미술·부동산 등 '조각 투자' [https://www.mk.co.kr]

가상 사례 1 스트리밍이 멈추면 입금 알림이 울린다:
'리얼타임 로열티(Real-time Royalty)' 시스템

1) **현안 과제:** 무명 작곡가들이 겪는 가장 큰 고통은 곡을 쓰고 나서 실제 저작권료를 받기까지 6개월 이상 걸리는 '돈맥경화' 현상이다. 이를 해결하기 위해 K-음원 협회는 스마트 계약 기반의 정산 시스템을 전격 도입한다.
2) **프로젝트 개요:** 음원 스트리밍 플랫폼과 저작권 신탁 관리 시스템을 스마트 계약으로 연동하여, 음악이 재생되는 건마다 실시간으로 수익을 분배한다.
3) **작동 프로세스:**
   (1) **계약 코딩:** 신인 아이돌 그룹의 노래가 발매된다. 스마트 계약에는 [작곡가 10%, 작사가 10%, 가수 50%, 제작사 30%]라는 수익 배분 비율이 코드로 박제된다.
   (2) **트리거(Trigger) 작동:** 브라질의 한 K-팝 팬이 이 노래를 스트리밍하여 10원의 매출이 발생했다. 플랫폼 시스템이 이를 감지하는 순간(Trigger), 스마트 계약이 작동한다.

(3) **자동 분배:** 별도의 정산 과정 없이 10원은 즉시 1원, 1원, 5원, 3원으로 쪼개져 각 당사자의 디지털 지갑으로 꽂힌다. 작곡가는 자고 일어났을 때 밤새 지구 반대편에서 내 노래가 몇 번 재생되었는지 통장에 찍힌 암호화폐 입금 내역으로 확인한다.

4) **결과:** 창작자는 현금 흐름이 개선되어 안정적인 창작 활동이 가능해진다. "정산해 줄 때까지 기다려라"라는 기획사의 갑질은 기술적으로 불가능해진다.

가상 사례 2 복잡한 IP 계약, 클릭 한 번으로 끝내다: 'K-콘텐츠 라이선스 마켓(License Market)'

1) **현안 과제:** 웹툰이 드라마가 되고, 드라마가 게임이 되는 'OSMU(One Source Multi Use)' 시대다. 하지만 원작자와 2차 창작자 간의 계약은 너무나 복잡하고 시간이 오래 걸린다. 이를 해결하기 위해 자동화된 라이선스 마켓이 열린다.

2) **프로젝트 개요:** 웹툰 작가가 자신의 작품 IP(지식재산권) 사용 조건을 스마트 계약 형태로 마켓에 올려두면, 게임 개발사나 굿즈 제작사가 조건에 맞는 비용을 지불하고 즉시 IP 사용 권한을 획득한다.

3) **작동 프로세스:**

(1) **조건 설정:** 인기 웹툰 작가 A는 스마트 계약에 다음과 같은 조건을 입력한다. [조건: 내 캐릭터를 게임에 사용할 경우, 매출의 5%를 로열티로 지급한다. 단, 도박성 게임에는 사용 불가.]

(2) **즉시 체결:** 중소 게임 개발사 B가 이 조건을 확인하고 스마트 계약에 서명(토큰 전송)한다. 변호사를 만나거나 작가와 미팅을 할 필요가 없다.

(3) **자동 통제:** 게임이 출시되고 매출이 발생하면, 스마트 계약은 매출 데이터를 불러와 5%를 자동으로 떼어 작가 A에게 보낸다. 만약 개발사 B가 계약을 어기고 도박 요소를 넣을 경우, 스마트 계약은 이를 감지하고 IP 사용 권한(디지털 키)을 즉시 회수하여 게임 접속을 차단한다.

4) **결과:** 수개월 걸리던 계약 검토 과정이 몇 분으로 단축된다. 신인 작가나 중소 제작사도 복잡한 법적 절차 없이 자유롭게 IP를 거래하고 융합하며 K-콘텐츠의 생태계를 폭발적으로 확장시킨다.

[https://esgcnews.com]

원작 IP(지식재산권)을 기반으로 굿즈나 상품을 만드는 행위는 '2차적 저작물 작성'에 해당하며, 이를 원작자의 허락없이 작성하는 행위는 원저작자의 2차적저작물 작성권을 침해하는 것이다 (저작권법 제22조)

3

'토큰화가 K-컬처 자산의 소유 방식을 변화시킴을 논증한다'와 가상사례

3.1. '문화 소비'의 시대를 넘어 '문화 소유'의 시대로

우리는 지금까지 K-컬처를 사랑하는 방식이 '소비'에 국한된 시대를 살아왔다. 좋아하는 가수의 음악을 듣기 위해 스트리밍 비용을 내고, 영화를 보기 위해 티켓 값을 지불한다. 이 돈은 한 번 나가면 돌아오지 않는 '비용(Cost)'이다.

하지만 블록체인의 '토큰화(Tokenization)' 기술은 이 일방적인 흐름을 역전시킨다. 문화 콘텐츠가 잘게 쪼개져 디지털 자산으로 변환되는 순간, 팬들은 단순한 소비자에서 '지분 소유자(Stakeholder)'로 격상된다.

토큰화란 현실 세계의 가치 있는 자산(부동산, 저작권, 예술품 등)을 블록체인상의 디지털 증표(토큰)로 변환하는 것을 말한다. 이 기술의 핵심은 '분할 소유(Fractional Ownership)'와 '유동성(Liquidity)'에 있다.

과거에는 인기 드라마의 판권이나 대형 기획사의 사옥, 유명 화가의 그림을 소유하려면 수십억 원의 자본이 필요했다. 이는 기관 투자자나 소수 자산가의 전유물이었다. 그러나 토큰화 기술은 이 거대한 자산을 수백만 개의 디지털 조각으로 나눈다.

이제 대학생도 점심값인 1만 원으로 빌보드 1위 곡의 저작권 지분을 살 수 있고, K-팝 스타가 사는 건물의 주인이 될 수 있다.

이것은 '소유의 대중화'를 의미한다. K-컬처의 성공 과실이 팬들에게 배당금 형태로 환원되는 구조가 만들어지는 것이다. 또한, 이 토큰은 24시간 열려 있는 디지털 거래소에서 주식처럼 언제든 사고팔 수 있어 환금성이 뛰어나다.

결과적으로 토큰화는 K-컬처를 단순한 엔터테인먼트가 아닌, '투자 가치가 있는 금융 상품'으로 재정의하며 자산 관리의 패러다임을 근본적으로 변화시킬 것이다.

3.2. 전통적 자산 소유 방식과 토큰 화된 K-컬처 자산 소유 방식 비교

구분	전통적 소유 방식(Old Ownership)	토큰화된 소유 방식(New Ownership)
대상 자산	건물 전체, 저작권 전체 (통매각 원칙)	자산의 지분 (1/N로 쪼개진 조각)
진입 장벽	고액의 자본 필요 (소수 부유층 전유)	소액 투자 가능 (누구나 커피 한 잔 값으로 참여)
환금성(유동성)	매매가 어렵고 시간이 오래 걸림 (부동산 등)	거래소에서 실시간 매매 가능 (주식과 유사)
소유권 증명	종이 등기 권리증, 계약서 (위변조 위험, 분실 위험)	블록체인 분산 원장 (영구 보존, 위변조 불가)
수익 실현	시세 차익(매각 시점)에 집중	시세 차익 + 보유 기간 동안의 배당 수익(로열티)

3.3. 조각 내어 가지는 거대한 가치: 가상 사례 연구

토큰화가 실제 K-컬처 자산에 적용되었을 때, 우리의 투자 생활과 덕질(팬 활동) 문화가 어떻게 융합되는지 구체적인 시나리오를 통해 살펴본다.

가상 사례 1 내 플레이리스트가 연금이 된다:
'뮤직 주주(Music Stockholder)' 플랫폼

1) 현안 과제: 지금까지 팬들은 음원을 사주기만 했지, 그 음원이 벌어들인 돈을 나눠 갖지는 못했다. 하지만 음원 저작권이 토큰 화되면

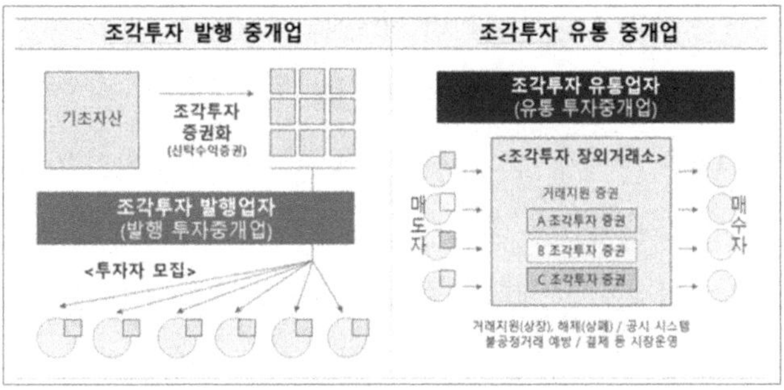

부동산·음원저작권' 토큰증권(STO) 제도화 속도낸다 [https://www.ddaily.co.kr]

서 팬 활동이 곧 노후 준비가 되는 새로운 현상이 나타난다.

2) **상황 설정:** 역주행 신화를 쓰고 있는 아이돌 그룹 '라이징'의 히트곡 〈Star〉의 저작권료 청구권이 100만 개의 토큰으로 발행되어 공모된다. 1주당 가격은 5,000원이다.

3) 소유의 변화:

(1) **소액 주주:** 대학생 A 씨는 아르바이트비 10만 원으로 〈Star〉 토큰 20주를 구매한다. 이제 A 씨는 이 노래의 공동 주인이다.

(2) **매월 들어오는 배당:** 이 노래가 노래방에서 불리거나, 방송에 나오거나, 유튜브 배경음악으로 쓰일 때마다 저작권료가 발생한다. 매월 말일, A 씨의 전자 지갑에는 보유 지분에 비례한 저작권료가 현금(또는 코인)으로 입금된다.

(3) **가치 상승:** 그룹 '라이징'이 해외에서 대박이 나자, 〈Star〉 토큰을 사고 싶어 하는 사람이 늘어난다. 처음 5,000원이었던 토큰 가격은 50,000원으로 10배 폭등하고, A 씨는 시세 차익까지 얻는다.

4) **의미:** 좋아하는 노래를 듣는 행위가 곧 내 자산의 가치를 올리는 행위와 일치하게 된다. 이는 팬덤을 가장 강력하고 충성스러운 장기 투자자로 변모 시킨다.

가상 사례 2 내가 사랑한 드라마 세트장의 건물주가 되다:
'K-랜드 리츠(K-Land REITs)' 토큰

1) **현안 과제**: 전 세계적으로 히트한 K-드라마 〈궁궐의 연인〉 촬영지는 관광 명소가 되었다. 과거에는 부동산 개발업자만 이 이익을 독점했지만, 이제는 전 세계 팬들이 이 장소를 공동 소유한다.
2) **상황 설정**: 드라마 촬영지로 쓰인 300억 원짜리 한옥 테마파크를 STO(토큰 증권) 형태로 유 동화하여 전 세계 팬들에게 판매한다.
3) **소유의 변화**:
   (1) **국경 없는 건물주**: 프랑스에 사는 K-드라마 팬 B 씨는 스마트폰 앱을 통해 해당 테마파크의 지분 토큰을 구매한다. 한국에 가본 적은 없지만, 한국 부동산의 소유자가 된 것이다.
   (2) **운영 수익 공유**: 테마파크에서 발생하는 입장료 수익, 기념품 판매 수익, 카페 임대료 수익이 토큰 보유자들에게 정기적으로 배당된다. 드라마가 넷플릭스에서 재유행할수록 배당금은 늘어난다.
   (3) **멤버십 혜택(Utility)**: 토큰을 일정량 이상 보유한 '대주주 팬'에게는 한국 방문 시 테마파크 무료입장, 드라마 주인공 팬미팅 우선 초청권 등의 특별한 혜택이 주어진다.
4) **의미**: 부동산이라는 움직일 수 없는(부동) 자산이 토큰화를 통해 전 세계 어디로든 거래될 수 있는 유동 자산으로 변한다. K-컬처의 공간적 배경까지도 소유하고 향유할 수 있는 '부동산의 민주화'가 실현된다.

4

'탈중앙화가 창작자의 권한을 확장하고 정당한 수익을 보장한다'와 가상사례

4.1. '플랫폼의 제국'을 넘어, 창작자가 주인이 되는 '프로토콜 경제'로

유튜브, 넷플릭스, 웹툰 플랫폼 등 거대 중개 플랫폼의 등장은 K-컬처를 전 세계에 알리는 고속도로 역할을 수행했다. 그러나 이 고속도로의 통행료는 지나치게 비싸다. 현재의 중앙 집중형 시스템에서 창작자는 플랫폼이 정한 수수료 정책을 따를 수밖에 없고, 자신의 콘텐츠를 누가, 얼마나 소비했는지에 대한 핵심 데이터(Data)에 접근할 권한조차 갖지 못한다. 창작의 고통은 오롯이 작가의 몫이지만, 그 열매의 상당 부분은 유통망을 쥔 플랫폼이 가져간다.

블록체인이 가져오는 '탈 중앙화(Decentralization)' 혁명은 이 기울어진 운동장을 바로잡는 강력한 대안이다. 탈 중앙화란 중앙 서버나 관리자 없이, 참여자들이 직접 연결되는 P2P(Peer to Peer) 네트워크를 의미한다. 이 환경에서 창작자는 플랫폼이라는 '중간 상인'을 거치지 않고 자신의 팬들과 직접 거래한다.

탈중앙화는 K-컬처 창작자를 단순한 콘텐츠 공급자에서 '독립적인 1인 기업'으로 격상시키는 기술적 토대이다.

탈 중앙화가 가져오는 변화는 두 가지 측면에서 혁명적이다.

첫째, '권한(Authority)의 확장'이다. 기존에는 플랫폼의 알고리즘이 노출을 결정하고, 편집자가 연재 여부를 결정했다면, 블록체인 생태계에서는 창작자가 자신의 콘텐츠 발행, 유통, 가격 정책을 스스로 결정한다. "내 콘텐츠의 주인은 나"라는 '창작 주권(Creative Sovereignty)'이 회복되는 것이다.

둘째, '수익(Revenue)의 정당한 보장'이다. 30%에서 많게는 50%에 육박하던 플랫폼 수수료가 사라지고, 블록체인 네트워크 유지에 필요한 최소한의 가스비(Gas Fee, 전송 수수료)만 발생한다. 또한, 스마트 계약을 통해 수익 정산이 '실시간'으로 이루어지므로, 창작자는 자금 유동성을 확보하고 창작에만 전념할 수 있는 환경을 보장받는다.

요컨대, 탈중앙화는 K-컬처 창작자를 단순한 콘텐츠 공급자에서 '독립적인 1인 기업'으로 격상시키는 기술적 토대이다.

4.2. 중앙 집중형 플랫폼 경제와 탈중앙화 프로토콜 경제의 비교

구분	중앙 집중형 플랫폼 경제 (Web 2.0)	탈중앙화 프로토콜 경제 (Web 3.0)
창작자의 지위	플랫폼에 종속된 파트너(을)	독립적인 소유권자(갑)
수수료 구조	플랫폼 중개 수수료 과다 (30~50%)	네트워크 전송 수수료 극소 (1~3% 미만)
데이터 소유	플랫폼이 독점(창작자는 통계만 열람)	창작자와 유저가 데이터 주권 소유
콘텐츠 노출	불투명한 알고리즘이 결정	커뮤니티(DAO)의 투표와 선호가 결정
검열 및 제재	플랫폼의 약관에 따라 일방적 삭제 가능	검열 저항성 (누구도 임의로 삭제 불가)

4.3. 주인이 된 창작자들: 가상 사례 연구

탈중앙화가 실현되었을 때, K-컬처의 뿌리인 인디 창작자들이 어떻게 생존을 넘어 번영을 누리게 되는지 구체적인 시나리오를 통해 확인해 본다.

가상 사례 1 조회수 노예에서 벗어난 유튜버: '크리에이터-X(Creator-X)' 탈중앙 영상 플랫폼

조리 전문인 넘어 푸드 크리에이터 꿈꾸는 이들에게 [https://www.hani.co.kr]

1) **현안 과제:** 재능 있는 K-푸드 크리에이터 '요리하는 민수'는 기존 영상 플랫폼의 알 수 없는 알고리즘 변경으로 조회수가 급감하여 수익 절벽에 내몰렸다. 그는 중앙 관리자가 없는 탈중앙화 비디오 플랫폼 '크리에이터-X'로 둥지를 옮긴다.
2) **문제 상황:** 기존 플랫폼에서는 자극적인 썸네일을 만들지 않으면 노출이 되지 않았고, 광고 수익의 45%를 플랫폼이 가져갔다. 심지어 이유 모를 '노란 딱지(수익 창출 제한)'가 붙어 수익이 0원이 되기도 했다.
3) **탈중앙화 해결책:**
   (1) **직접 후원 모델:** '크리에이터-X'에서는 시청자가 영상을 볼 때마다 '좋아요' 대신 소액의 암호화폐 토큰을 민수에게 직접 전송한다. 중간 수수료는 0원에 가깝다.
   (2) **데이터 주권:** 민수는 자신의 영상을 누가, 언제, 어디서 봤는지에 대한 모든 데이터를 블록체인을 통해 투명하게 확인한다. 이를 바탕으로 밀키트 사업을 기획하여 팬들에게 직접 판매(D2C)한다.

(3) **NFT 멤버십:** 민수는 자신의 레시피 북을 NFT로 발행하여 핵심 팬 1,000명에게 판매한다. 이 NFT를 가진 사람만 볼 수 있는 '시크릿 쿠킹 클래스'를 열어 광고 없이도 안정적인 고수익을 올린다.

4) **결과:** 알고리즘의 간택을 받기 위해 자극적인 영상을 찍을 필요가 없어진다. 100만 명의 구독자보다 1,000명의 '진짜 팬'과 직접 소통하며 흔들리지 않는 경제적 자유를 얻는다.

가상 사례 2 춤선 하나도 자산이 된다: 'K-무브(K-Move)' 안무 저작권 플랫폼

1) **현안 과제:** K-팝의 핵심은 퍼포먼스지만, 안무가들은 작곡가와 달리 저작권 사각지대에 놓여 있다. 안무가 'L' 씨는 자신의 창작물이 숏폼 챌린지로 전 세계에서 유행하지만 정작 돈은 한 푼도 벌지 못한다. 이를 해결하기 위해 안무 저작권 탈중앙화 플랫폼 'K-무브'가 탄생한다.

2) **문제 상황:** 방송이나 틱톡 등에서 안무가 수없이 복제되지만, 안무가는 최초 시안비(용역비) 외에는 추가 수익을 받지 못한다. 저작권 등록 절차가 복잡하고 기준이 모호하기 때문이다.

[이야기를 담다] 최영준 K-POP 안무가/'K팝 대표 안무가'의 인생 [https://www.youtube.com]

3) 탈중앙화 해결책:

(1) **동작의 토큰화:** 안무가 'L'씨는 자신이 만든 포인트 안무 동작 데이터를 3D 모션 캡처로 따서 블록체인에 등록하고 NFT로 발행한다. 이것은 전 세계 유일한 '원본 증명서'가 된다.

(2) **스마트 계약 라이선스:** 메타버스 게임 회사나 아이돌 기획사가 이 춤을 게임 캐릭터나 아바타에 입히고 싶다면, 블록체인상에서 즉시 스마트 계약을 체결하고 사용료를 지불해야 한다.

(3) **투명한 추적:** 탈중앙화된 네트워크는 이 안무 데이터가 디지털 세상 어디에서 쓰이는지 추적한다. 무단 도용이 불가능해지며, 사용될 때마다 코인이 안무가의 지갑으로 꽂힌다.

4) 결과: "춤은 공짜"라는 인식이 사라진다. 안무가는 자신의 창작물(움직임)에 대한 배타적 권한을 갖게 되며, K-댄스는 용역 서비스가 아닌 고부가가치 IP 산업으로 진화한다.

5

'블록체인의 투명성이 K-컬처 산업의 신뢰를 회복시킨다'와 가상사례

5.1. 블록체인의 모든 데이터는 위 변조가 불가능하며, 누구나 열람할 수 있는 공공의 장부에 기록된다.

화려한 조명 아래 빛나는 K-컬처지만, 그 그림자 속에는 끊임없는 '의심'이 도사리고 있다. 내가 응원하는 가수의 음원 순위가 조작된 것은 아닌지, 팬클럽 이름으로 모금한 수억 원의 기부금이 제대로 전달되었는지, 기획사가 발표한 앨범 판매량이 진짜인지 팬들은 늘 의심해야 했다.

지금까지 K-컬처 산업은 내부 데이터를 공개하지 않는 '블랙박스(Black Box)' 시스템으로 운영되었기 때문이다. 이 불투명성은 팬들의 피로도를 높이고 산업의 지속 가능성을 갉아먹는 암적인 존재다.

블록체인 기술은 이 밀실의 벽을 허물고 K-컬처 산업을 '투명한 유리 도시'로 재건축한다. 블록체인의 모든 데이터는 위 변조가 불가능하며, 누구나 열람할 수 있는 공공의 장부에 기록된다. 이것은 단순한 정보 공개를 넘어선다. '검증 가능성(Verifiability)'의 혁명이다.

과거에는 기획사가 "이번 앨범이 100만 장 팔렸다"고 발표하면 믿을 수밖에 없었다. 하지만 블록체인 기반 시스템에서는 100만 개의 판매 트랜잭션(거래 기록)이 네트워크상에 실시간으로 찍힌다. 팬들은 집계 사이트를 거치지 않고 블록체인 탐색기를 통해 직접 판매량을 검증할 수 있다. 음원 차트 역시 마찬가지다. 누가, 언제, 어떤 노래를 들었는지에 대한 기록이 투명하게 남기 때문에 기계적인 '사재기'나 '순위 끼워 넣기'가 설 자리는 사라진다.

결국 블록체인이 제공하는 투명성은 도덕적 호소가 아닌, 기술적 강제성을 띤다. "우리는 정직하다"라고 말할 필요 없이, 투명하게 공개된 데이터 자체가 정직함을 증명한다. 이로써 K-컬처는 불필요한 논란과 의심 비용을 제거하고, 오직 콘텐츠의 본질로 승부하는 '신뢰의 르네상스'를 맞이하게 된다.

5.2. 불투명한 기존 시스템과 투명한 블록체인 시스템의 신뢰 구조 비교

비교 항목	기존 K-컬처 시스템 (The Black Box)	블록체인 기반 시스템 (The Glass Box)
데이터 접근성	관계자 외 접근 불가 (정보 비대칭)	누구나 열람 및 감사(Audit) 가능 (정보 대칭)
신뢰의 근거	기업(플랫폼/기획사)의 브랜드 권위	암호화된 수학적 알고리즘과 코드
조작 가능성	관리자 권한으로 데이터 수정/삭제 가능	한 번 기록되면 영구 불변 (Immutability)
검증 방식	사후 감사 (문제가 터진 뒤 확인)	실시간 검증 (Real-time Verification)
적용 효과	의혹 제기 시 해명 불가, 팬덤 이탈	데이터로 즉시 소명, 팬덤 신뢰 강화

5.3. 의심을 확신으로 바꾸는 기술: 가상 사례 연구

투명성 기술이 적용되었을 때, K-컬처 내의 고질적인 불신이 어떻게 해소되고 건강한 생태계가 조성되는지 구체적인 시나리오를 통해 살펴본다.

가상 사례 1 내 돈이 어디에 쓰였는지 끝까지 추적한다: '크리스탈 도네이션(Crystal Donation)'

1) **현안 과제:** K-팝 팬덤은 스타의 이름으로 거액을 기부하는 선한 영향력을 행사해 왔다. 그러나 모금 운영진의 횡령 사건이나 기부처의 불투명한 집행이 종종 문제가 되곤 했다. 이를 해결하기 위해 투명 기부 플랫폼 '크리스탈 도네이션'이 도입된다.
2) **프로젝트 개요:** 팬들이 모금한 기부금이 최종 수혜자에게 전달될 때까지의 모든 자금 흐름을 블록체인상에 기록하여 1원 단위까지 추적하는 시스템이다.

3) 작동 메커니즘:

(1) **스마트 컨트랙트 모금**: 팬클럽 회장이 개인 계좌로 돈을 걷는 대신, 블록체인상의 스마트 컨트랙트 주소로 모금을 진행한다. 누구나 실시간으로 모금 총액을 확인할 수 있다.

(2) **집행의 조건부 승인**: "목표 금액 1억 원이 달성되고, NGO 단체의 공식 지갑 주소가 확인될 때만 송금한다"는 조건이 코드에 입력된다. 운영진이 임의로 돈을 인출하려 하면 시스템이 거부한다.

(3) **최종 사용 내역 공개**: 기부금을 받은 NGO 단체가 쌀을 구매하면, 쌀 구매 영수증과 결제 내역이 블록체인에 해시(Hash)값으로 저장된다. 팬들은 자신들의 돈이 정확히 쌀 1,000포대로 바뀌어 독거노인에게 전달되었음을 스마트폰으로 확인한다.

4) **결과**: 기부금 유용에 대한 의심이 사라지자 팬들의 기부 참여율이 폭발적으로 증가한다. K-팬덤의 기부 문화가 투명성을 입고 글로벌 자선 활동의 표준 모델로 자리 잡는다.

가상 사례 2 사재기 없는 청정 차트의 탄생: '온-체인 뮤직 차트(On-Chain Music Chart)'

1) **현안 과제**: 음원 사재기 논란은 매년 가요계를 강타하는 이슈다. 새벽 시간에 특정 곡의 순위가 급상승하면 대중은 의심하지만, 플랫폼은 "데이터 이상 없음"이라는 말만 되풀이한다. 이에 모든 재생 기록을 공개하는 '온-체인 뮤직 차트'가 등장한다.

2) **프로젝트 개요**: 중앙 서버가 아닌 퍼블릭 블록체인에 기록된 스트리밍 데이터를 기반으로 순위를 집계하는 탈중앙화 음악 차트다.

Arpeggi Studio. The First On-Chain Music Creation [https://medium.com]

3) 작동 메커니즘:

(1) **스트리밍의 트랜잭션화:** 유저가 노래를 한 번 재생할 때마다 블록체인상에 하나의 트랜잭션(거래 기록)이 생성된다.

(2) **봇(Bot) 필터링:** 사재기 업자가 수천 대의 공기계를 돌리려면 막대한 블록체인 전송 수수료(Gas Fee)를 내야 하므로 경제적으로 손해를 보게 된다. 또한, 동일한 지갑 패턴을 보이는 기계적 어뷰징은 네트워크 참여자들에 의해 즉시 적발된다.

(3) **데이터 공개:** 차트 1위 곡이 의심스러울 경우, 누구나 원본 데이터를 다운로드하여 분석할 수 있다. "A라는 곡이 새벽 3시에 50대 남성 계정 1만 개에서 동시에 재생되었다"는 식의 이상 징후가 투명하게 드러난다.

4) **결과:** "기계가 만든 1등"이 사라지고, 대중의 진정한 선택을 받은 곡만이 차트에 오른다. 뮤지션들은 편법 대신 음악성에 집중하게 되며, 차트의 권위와 신뢰도가 회복된다.

6

'블록체인 기술 변화가 K-컬처 소비 방식까지 확장된다'와 가상사례

6.1. '보는 것'을 넘어 '버는 것'으로: 소비의 개념을 다시 쓰다

K-컬처의 소비 방식은 미디어의 발전에 따라 진화해 왔다. LP와 CD를 구매하던 소유의 시대에서, MP3 다운로드를 거쳐, 매월 구독료를 내고 무제한으로 감상하는 스트리밍(구독)의 시대로 넘어왔다.

현재의 구독 모델은 소비자는 콘텐츠에 대한 어떤 소유권도 가지지 못하며 매월 비용만 지출하는 수동적인 존재에 머무른다. 그러나 블록체인은 이 흐름을 다시 한번 뒤집는다. 바로 '참여형 보상 경제(Protocol Economy)'의 도래다.

현재의 구독 모델은 편리하지만, 소비자는 콘텐츠에 대한 어떤 소유권도 가지지 못하며 매월 비용만 지출하는 수동적인 존재에 머무른다. 그러나 블록체인은 이 흐름을 다시 한번 뒤집는다. 바로 '참여형 보상 경제(Protocol Economy)'의 도래다.

용어설명

참여형 보상 경제(Protocol Economy)

참여형 보상 경제(Protocol Economy)는 블록체인 기술을 기반으로 참여자 모두에게 공정하고 투명한 보상을 제공하는 새로운 경제 모델입니다. 플랫폼 경제의 독과점 문제에 대한 대안으로 등장했으며, 성장에 기여한 만큼의 경제적 보상을 목표로 합니다.

1. 주요 특징

• 탈중앙화 및 탈독점화: 중앙 집중식 플랫폼 운영자 없이 블록체인 기반의 분산된 네트워크에서 운영됩니다.
• 공정한 보상: 플랫폼 성장에 기여한 모든 참여자(노동자, 소상공인, 사용자 등)에게 기여도에 따라 주식이나 가상화폐(토큰) 등의 보상이 공정하게 분배됩니다.
• 투명한 규칙(프로토콜): 모든 참여자가 합의하여 일정한 규칙(프로토콜)을 만들고, 이 규칙은 스마트 컨트랙트 등을 통해 투명하게 집행됩니다. 한 번 정해진 규칙은 쉽게 변경하기 어렵습니다.
• 가치 공유: 플랫폼 운영자와 소수 투자자에게만 이익이 집중되는 기존 모델과 달리, 생태계 참여자 모두가 가치를 공유합니다.
• 거래 비용 절감: 중개자가 사라지거나 역할이 축소되어 거래 비용(수수료)이 거의 발생하지 않거나 최소화됩니다.

2. 작동 방식

프로토콜 경제는 기본적으로 다음과 같은 방식으로 작동합니다.

• 네트워크 참여: 사용자들이 자유롭게 네트워크에 참여합니다.
• 기여 활동: 사용자들은 콘텐츠 생성, 데이터 검증(채굴), 서비스 제공 등 다양한 방식으로 생태계에 기여합니다.
• 자동화된 보상: 기여도는 사전에 합의된 프로토콜에 따라 측정되며, 스마트 컨트랙트를 통해 자동으로 토큰 형태의 보상이 지급됩니다 [https://www.google.com]

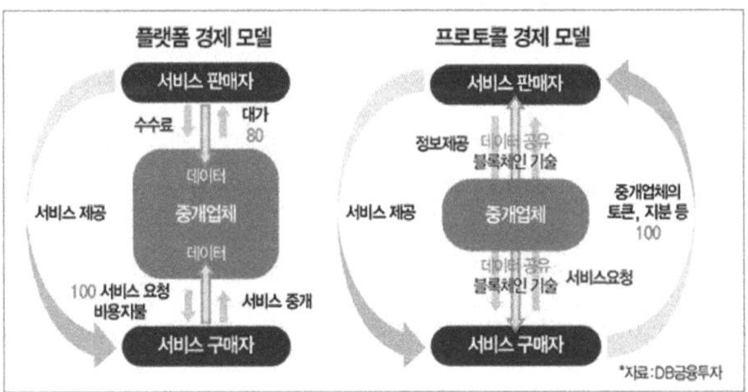

[프로토콜 경제] Part Ⅰ 왜 나왔나 Ⅰ
대기업 MZ세대의 성과급 반란과 배민·쿠팡의 성과 공유·상생 실험 [https://www.mk.co.kr]

6.1.1. 'W2E(Watch to Earn)' 또는 'P2E(Play to Earn)' 모델

블록체인 기반의 K-컬처 소비는 단순한 감상을 넘어선다. 팬들이 드라마를 시청하고, 리뷰를 남기고, 커뮤니티 활동을 하는 모든 행위가 블록체인상에 기여도로 기록되며, 이것이 암호화폐나 토큰(Token)이라는 경제적 보상으로 환원된다. 이를 'W2E(Watch to Earn)' 또는 'P2E(Play to Earn)' 모델이라 칭한다.

이는 소비자가 기업의 마케팅 활동을 대신해주고 정당한 대가를 받는 구조다. 예를 들어, 드라마 속 PPL 상품을 찾거나, 신인 아이돌의 영상을 친구에게 공유하는 행위가 더 이상 팬심(Fan-ship)에 기댄 무상 노동이 아니라, 토큰을 채굴하는 경제 활동이 된다.

또한, 소비의 대상이 '일회성 경험'에서 '영구적 자산'으로 바뀐다. 콘서트 티켓은 공연이 끝나면 버려지는 종이 조각이 아니라, 다음 공연의 예매 우선권이나 팬미팅 참석 권한이 담긴 NFT 배지(Badge)로 남는다. 즉, 블록체인 시대의 K-컬처 소비는 "내 지갑을 비우는 행위"가 아니라, "나의 디지털 자산과 경험치를 쌓아가는 행위"로 확장되는 것이다.

6.1.2. 'W2E(Watch to Earn)'와 'P2E(Play to Earn)' 모델의 핵심 요약 및 시사점

1) 진입 장벽의 차이:

- W2E는 "보고 즐기는" 행위 기반이므로 '전 세계 대중(Mass Adoption)'을 타겟팅 하기에 유리하다. 특히 K-Pop 팬덤의 '스밍(스트리밍) 문화'와 결합될 때 폭발적인 시너지를 낼 수 있다.
- P2E는 "플레이하고 경쟁하는" 행위 기반이므로 게이머(Gamer)와 '투자자(Investor)'가 주 타겟이다. 한국의 강력한 게임 개발력과

IP가 결합될 때 고부가가치 창출이 가능하다.

2) 한류 활용 전략:

- 가장 이상적인 모델은 이 둘의 하이브리드(Hybrid) 형태이다. 예를 들어, K-Pop 메타버스 내에서 콘서트 영상을 보면 토큰을 주고(W2E), 그 토큰으로 미니 게임에 참여해 한정판 굿즈 NFT를 획득(P2E)하게 하는 구조가 지속 가능한 생태계를 만들 수 있다.

구분	W2E(Watch to Earn)	P2E(Play to Earn)
핵심 목표	관심(Attention)의 자산화 사용자의 시청 시간과 광고 소비에 대한 정당한 보상 분배 및 플랫폼 체류 시간 증대	활동(Activity)의 자산화 게임 내 노력과 시간을 디지털 자산으로 전환하여 사용자가 소유권을 갖는 경제 생태계 구축
주요 적용 기술	• 스트리밍 및 트래픽 검증 기술: 봇(Bot) 방지 및 실제 시청 확인 • 광고 기술(Ad-Tech) 연동: 타겟 광고 매칭 • 블록체인/토큰: 시청 보상 지급 및 마이크로 페이먼트	• 게임 엔진: Unity, Unreal 등 고사양 그래픽 구현 • NFT(대체 불가 토큰): 아이템, 캐릭터의 소유권 증명 • DeFi(탈중앙화 금융): 토큰 스테이킹, 교환(Swap) 시스템
사용자의 역할	수동적 소비자 & 데이터 제공자 콘텐츠를 시청하고 광고에 노출됨으로써 플랫폼에 트래픽 데이터를 제공	능동적 참여자 & 생산자 게임 내 미션을 수행하고 아이템을 획득/강화하여 시장에 공급하는 경제 주체
장점	• 낮은 진입 장벽: 특별한 기술 없이 누구나 참여 가능 • 높은 접근성: 자투리 시간 활용 용이 • 광고주 친화적: 명확한 타겟 시청층 확보 가능	• 높은 수익 잠재력: 희귀 아이템 획득 시 큰 수익 가능 • 강한 몰입도: 재미와 수익의 결합으로 충성도 높음 • 자산 소유권: 게임사가 아닌 유저가 아이템 소유
단점	• 낮은 수익성: 시간당 보상이 상대적으로 적음 • 어뷰징(Abusing) 위험: 매크로 등을 통한 허위 시청 • 콘텐츠 피로도: 재미없는 광고/영상 강제 시청 유발	• 높은 초기 비용: NFT 구매 등 초기 투자 필요 • 게임성 저하 우려: 돈 벌기가 목적이 되면 게임이 노동화됨 • 토큰 인플레이션: 신규 유입 감소 시 경제 붕괴 위험

한류 (K-Culture) 활용 예시	[K-Pop & K-Drama 플랫폼] • BTS, 블랙핑크 등의 뮤직비디오 스트리밍 시 팬들에게 토큰 보상 제공 • 한국 드라마/웹드라마 시청 시간만큼 투표권(거버넌스 토큰)을 지급하여 팬미팅 장소나 굿즈 디자인 결정에 참여	[K-Game & 메타버스] • "한국형 MMORPG(리니지 라이크 등)"에서 사냥으로 얻은 '전설의 검'을 NFT로 거래 • '오징어 게임' 테마의 메타버스 서바이벌 게임에서 우승 상금을 암호화폐로 지급 • K-웹툰 IP 기반 게임에서 캐릭터 육성 후 판매

6.1.3. K-컬처 소비 패러다임의 변화 비교

구분	스트리밍 시대(Web 2.0/현재)	블록체인 시대(Web 3.0/미래)
소비의 성격	지출(Expense): 돈을 내고 콘텐츠를 빌려 봄	투자 및 적립(Asset): 즐기면서 토큰과 NFT를 획득함
소유권	없음 (서비스 해지 시 모든 기록 소멸)	완전한 소유 (디지털 지갑에 영구 보관 및 거래 가능)
활동 동기	재미와 감동 (내재적 동기)	재미 + 경제적 보상 (외재적 동기 결합)
팬의 역할	수동적 시청자 (Viewer)	능동적 기여자(Contributor) 및 프로슈머
연결성	개별 플랫폼 내에서만 활동 유효	다양한 플랫폼과 메타버스를 오가는 상호 운용성

6.2. 놀면서 버는 미래: 가상 사례 연구

소비가 소유로, 시청이 채굴로 바뀌는 새로운 라이프스타일이 K-컬처 팬들에게 어떤 즐거움을 주는지 구체적인 시나리오를 통해 살펴본다.

가상 사례 1 드라마를 보며 보물을 찾는다: 'K-드라마 퀘스트(Drama Quest)' 앱

1) 현안 과제: 단순히 소파에 누워 드라마를 시청하는 방식은 지루하다. 블록체인 기술이 접목된 OTT 앱은 드라마 시청을 하나의 거대

한 '보물찾기 게임'으로 변모 시킨다.

2) **소비의 변화:** 인기 스릴러 드라마 〈경성 탐정〉이 방영된다. 시청자들은 단순히 범인이 누구인지 추리하는 것에 그치지 않고, 화면 속에 숨겨진 단서(NFT 아이템)를 찾기 위해 눈을 떼지 않는다.

3) **작동 메커니즘:**

   (1) **아이템 획득(Get):** 주인공이 마시는 커피, 착용한 시계, 사건 현장에 떨어진 열쇠 등이 화면에 클로즈업될 때, 스마트 TV 리모컨의 버튼을 누르거나 화면을 터치하면 해당 아이템이 NFT 형태로 내 디지털 지갑에 들어온다.

   (2) **컬렉션 완성(Collect):** 16부작을 모두 시청하며 '탐정의 수첩' 컬렉션을 완성한 시청자에게는 스페셜 토큰이 지급된다.

   (3) **보상 교환(Earn):** 획득한 토큰으로 드라마 굿즈를 사거나, 다음 시즌 제작발표회 초대권으로 교환한다. 또는 거래소에서 현금화하여 실제 커피를 사 마실 수도 있다.

4) **효과:** 시청자는 드라마에 200% 몰입하게 되며, PPL 광고주 역시 시청자가 광고 상품을 능동적으로 수집(Capture)하게 만듦으로써 최고의 광고 효과를 누린다.

가상 사례 2 버려지던 티켓이 평생의 자산으로: '팬덤 여권(Fandom Passport)'

1) **현안 과제:** 아이돌 콘서트에 다녀온 후 남는 것은 꼬깃꼬깃해진 종이 티켓뿐이다. 하지만 블록체인 기술은 이 티켓을 전 세계 어디서나 통하는 '찐 팬 인증서'로 업그레이드한다.

2) **소비의 변화:** K-팝 보이 그룹의 월드 투어를 따라다니는 팬 A 씨는

엔하이픈, K팝 보이그룹 최단기 도쿄돔 입성 [https://biz.chosun.com]

더 이상 종이 티켓을 모으지 않는다. 대신 자신의 디지털 지갑 속에 있는 '팬덤 여권'에 NFT 스탬프를 찍는다.

3) **작동 메커니즘:**

(1) **POAP(참석 증명) 발급:** 콘서트장에 입장하면서 QR 코드를 스캔하면, "2025 서울 콘서트 참석함"이라는, 위 변조가 불가능한 디지털 배지(POAP)가 여권에 찍힌다.

(2) **데이터의 가치화:** A씨의 여권에 '서울', '도쿄', 'LA' 콘서트 스탬프가 모두 찍히자, 스마트 계약이 이를 인식하여 '다이아몬드 등급'을 부여한다.

(3) **차별화된 혜택:** 다이아몬드 등급 팬에게만 미공개 음원 NFT가 에어드랍(무료 전송) 되고, 다음 콘서트의 리허설 관람 권한이 자동으로 부여된다. 이 여권은 팬의 열정을 증명하는 신분증이자, 혜택을 받는 멤버십 카드가 된다.

4) **효과:** 일회성 소비였던 공연 관람이 내 팬덤 경력을 증명하는 기록 유산이 된다. 팬들은 이 스탬프를 채우기 위해 더욱 적극적으로 오프라인 행사에 참여하게 된다.

제4장 창작자 경제와 탈중앙화 플랫폼

1

'플랫폼 독점 시대의 종말: 창작자는 왜 떠나는가?'와 가상사례

1.1. 21세기 디지털 소작농, 거대 플랫폼의 성벽을 넘다

유튜브, 넷플릭스, 웹툰 포털, 음원 사이트 등은 전 세계를 연결하는 '디지털 영주'가 되었고, 창작자들은 그 땅에서 콘텐츠를 경작하고 수확물의 절반 가까이를 통행료로 바치는 '디지털 소작농'으로 전락했다.

"재주는 곰이 부리고 돈은 왕서방이 받는다."라는 속담은 현재 K-컬처 산업을 지배하는 거대 플랫폼의 구조를 가장 적나라하게 보여준다. 유튜브, 넷플릭스, 웹툰 포털, 음원 사이트 등은 전 세계를 연결하는 '디지털 영주'가 되었고, 창작자들은 그 땅에서 콘텐츠를 경작하고 수확물의 절반 가까이를 통행료로 바치는 '디지털 소작농'으로 전락했다.

창작자들이 플랫폼을 떠나려 하는 이유는 단순히 높은 수수료 때문만이 아니다. 더 근본적인 공포는 '알고리즘 독재'와 '데이터의 박탈'에 있다.

플랫폼은 창작자에게 "당신의 팬이 누구인지" 알려주지 않는다. 오직 0과 1로 이루어진 알 수 없는 알고리즘이 내 콘텐츠의 노출 빈도를 결정

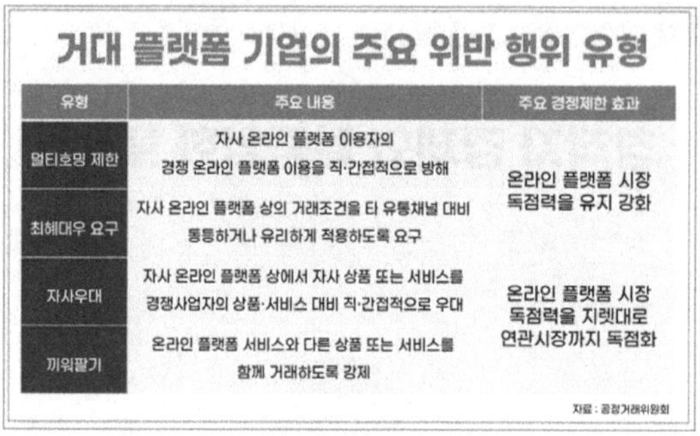

거대 플랫폼 기업의 주요 위반 행위 유형

유형	주요 내용	주요 경쟁제한 효과
멀티호밍 제한	자사 온라인 플랫폼 이용자의 경쟁 온라인 플랫폼 이용을 직·간접적으로 방해	온라인 플랫폼 시장 독점력을 유지 강화
최혜대우 요구	자사 온라인 플랫폼 상의 거래조건을 타 유통채널 대비 동등하거나 유리하게 적용하도록 요구	
자사우대	자사 온라인 플랫폼 상에서 자사 상품 또는 서비스를 경쟁사업자의 상품·서비스 대비 직·간접적으로 우대	온라인 플랫폼 시장 독점력을 지렛대로 연관시장까지 독점화
끼워팔기	온라인 플랫폼 서비스와 다른 상품 또는 서비스를 함께 거래하도록 강제	

자료 : 공정거래위원회

독과점은 어디까지? 공정한 시장경제를 위협하는 빅테크 기업 [https://press.cnu.ac.kr]

한다. 어제까지 100만 조회수를 기록하던 유튜버가 하루아침에 알 수 없는 이유로 추천 목록에서 사라지거나, '수익 창출 제한(노란 딱지)' 조치를 당해 생계가 막막해지는 일이 비일비재하다. 나의 운명과 밥줄을 얼굴도 모르는 플랫폼 관리자와 AI에게 저당 잡혀 있는 셈이다.

창작자는 자신의 콘텐츠를 NFT로 발행하여 팬들에게 직접 판매한다. 서버비와 운영비를 제외한 모든 수익은 창작자의 몫이며, 팬들 과의 소통 채널은 플랫폼에 의해 차단되지 않는다.

이제 창작자들은 깨닫고 있다. 플랫폼은 콘텐츠를 담는 '그릇'일 뿐이며, 진짜 가치는 그릇이 아닌 '음식(콘텐츠)'에 있다는 것을. 더 이상 남의 땅에서 불안에 떨며 농사짓기를 거부하고, 척박하지만 온전한 내 땅(블록체인)을 개척하려는 '디지털 엑소더스(Exodus)'가 시작된 것이다.

1.2. 플랫폼 독점 시대와 블록체인 자립 시대의 구조적 차이

구분	플랫폼 독점 시대(Web 2.0)	블록체인 자립 시대(Web 3.0)
창작자의 지위	플랫폼에 종속된 '소작농' (계정 정지 위험 상존)	플랫폼을 소유하거나 독립한 '자영농' (검열 저항성)
수익 분배	플랫폼이 우선 공제 후 남은 금액 지급(High Take Rate)	창작자가 수익의 대부분을 가져감 (Low Take Rate)

팬과의 관계	플랫폼을 통해서만 연결 (데이터 단절)	지갑 주소로 직접 연결 및 소통 (커뮤니티 형성)
자산의 성격	휘발성 콘텐츠 (서비스 종료 시 삭제)	영구적 자산 (블록체인상에 영원히 기록)
성공의 기준	알고리즘의 간택(조회수, 구독자 수)	'찐팬(Super Fan)' 1,000명의 확보

1.3. 자유를 찾아 떠난 사람들: 가상 사례 연구

거대 플랫폼의 그늘에서 벗어나 블록체인 기술을 통해 진정한 독립을 쟁취한 창작자들의 이야기를 시뮬레이션해 본다.

가상 사례 1 마감 지옥과 갑질에서 탈출한 웹툰 작가: 'J'의 독립 선언

1) **현안 과제:** 인기 웹툰 작가 'J'는 거대 포털 사이트에서 연재하며 큰 인기를 얻었지만, 살인적인 주간 연재 스케줄과 불공정한 2차 저작권 계약, 그리고 악성 댓글 관리 부재에 지쳐 붓을 꺾을 위기에 처했다. 그는 결단코 플랫폼을 떠나 블록체인 웹툰 마켓으로 이동한다.
2) **탈출의 이유:** 플랫폼은 미리보기 수익의 30% 이상을 수수료로 가져갔고, 드라마 판권 계약에서도 작가를 배제한 채 헐값에 넘겨버렸다. 또한, 휴재를 하려면 담당 PD의 눈치를 봐야 했고, 알고리즘 순위에서 밀리면 바로 연재 중단 통보를 받았다.
3) **독립 후의 변화:**
   (1) **NFT 연재 시스템:** 'J'는 매주 연재가 아닌, 한 달에 한 번 고퀄리티의 에피소드를 NFT로 발행한다. 1만 명의 구독자가 아닌, 그의 작품 가치를 인정하는 500명의 열혈 팬이 편당 1만 원 상당의 코인으로 이 NFT를 구매한다.
   (2) **완전한 자유:** 마감 독촉도, 조회수 압박도 없다. 수입은 플랫폼

웹툰 강국 '대한민국'에서 웹툰 작가들이 착취당하는 법 | 중앙일보 [https://www.joongang.co.kr]

연재 시절보다 오히려 늘어났고, 건강을 회복하며 작품의 질에 만 집중한다.

(3) **저작권 방어:** 자신의 캐릭터를 무단 도용하려던 굿즈 업체는 블록체인 원본 증명 때문에 제품 생산을 포기한다. 'J'는 팬들과 투표를 통해 드라마화 여부를 직접 결정한다.

4) **시사점:** 대형 서점의 베스트셀러 코너에 없어도, 작가는 팬들과 직거래하며 충분히 풍요롭게 살 수 있음을 증명한다.

가상 사례 2 노란 딱지의 공포를 끊어낸 시사 유튜버: 'H'의 언론사 설립

1) **현안 과제:** 날카로운 비평으로 유명한 시사 유튜버 'H'는 정치적으로 민감한 주제를 다룰 때마다 플랫폼으로부터 '노란 딱지(수익 창출 제한)'를 받거나 영상이 삭제되는 제재를 당했다. 표현의 자유를 침해 받던 그는 중앙 서버가 없는 탈중앙화 미디어 플랫폼으로 근거지를 옮긴다.

2) **탈출의 이유:** 명확한 기준 없이 "커뮤니티 가이드 위반"이라는 모호한 이유로 채널이 정지되는 일이 반복되었다. 후원금조차 플랫폼이 30%를 떼어가는 구조에 환멸을 느꼈다.

3) 독립 후의 변화:

(1) 검열 없는 방송: 탈중앙화 플랫폼은 데이터를 전 세계 수만 개의 노드에 분산 저장하므로, 특정 기업이나 정부가 영상을 임의로 삭제할 수 없다. 'H'는 눈치 보지 않고 소신 발언을 이어간다.

(2) 직접 후원(Super Chat 대체): 팬들은 중개 수수료 없이 암호화폐로 'H'에게 직접 후원한다. 1만 원을 보내면 1만 원 전액이 1초 만에 'H'의 지갑에 꽂힌다.

(3) DAO 기반 언론사: 'H'는 후원자들에게 '보도국 토큰'을 나눠주고, 그들과 함께 취재 아이템을 선정하는 DAO(탈중앙화 자율 조직) 형태의 1인 언론사를 설립한다.

4) 시사점: 플랫폼의 자의적인 검열과 통제에서 벗어나, 기술을 통해 진정한 '표현의 자유'와 '언론의 독립'을 실현한다.

2

'블록체인 기반 중개 수수료 최소화와 직접 수익화 모델'과 가상사례

2.1. 사라진 통행료, 창작자의 지갑을 채우다

우리가 편의점에서 1,500원짜리 음료수를 사면 제조사에게 얼마가 돌아갈까? 유통 마진을 제외하면 그 몫은 크지 않다. K-컬처 산업, 특히 디지털 콘텐츠 시장은 이보다 더 가혹한 '수수료의 제국'이다. 웹툰 작가가 100원을 벌면 플랫폼이 30~50원을 가져가고, 음원 수익의 절반 이상은 유통사와 저작권 신탁 단체, 서비스 사업자가 나누어 가진다. 창작자는 재주는 넘게 부리지만 정작 가져가는 돈은 푼돈에 불과한 구조다.

블록체인 네트워크 위에서는 거대 플랫폼(중개자)이 필요 없다. 창작자가 콘텐츠를 올리고 팬이 구매 버튼을 누르면, P2P(Peer to Peer) 방식으로 대금이 창작자의 지갑으로 직접 전송된다.

물론 블록체인 네트워크를 이용하는 비용인 '가스비(Gas Fee)'가 발생하지만, 이는 플랫폼이 떼어가던 30~50%의 수수료에 비하면 1~2% 수준의 미미한 비용에 불과하다.

이러한 '중개 수수료의 최소화'는 곧바로 창작자의 '직접 수익화(Direct Monetization)'로 이어진다. 창작자는 더 적게 팔아도 더 많이 벌 수 있게 된다.

100만 명의 구독자를 모으지 않아도, 1,000명의 팬과 직접 거래할 수 있다면 생계 걱정 없이 창작에 몰입할 수 있는 환경이 조성된다. 또한, 팬들 입장에서도 내 돈이 중간에서 줄줄 새지 않고 내가 좋아하는 아티스트에게 온전히 전달된다는 효능감을 느끼게 된다. 블록체인은 단순한 기술이 아니라, 창작 노동의 가치를 제자리로 돌려놓는 경제적 정의(Justice) 실현의 도구인 것이다.

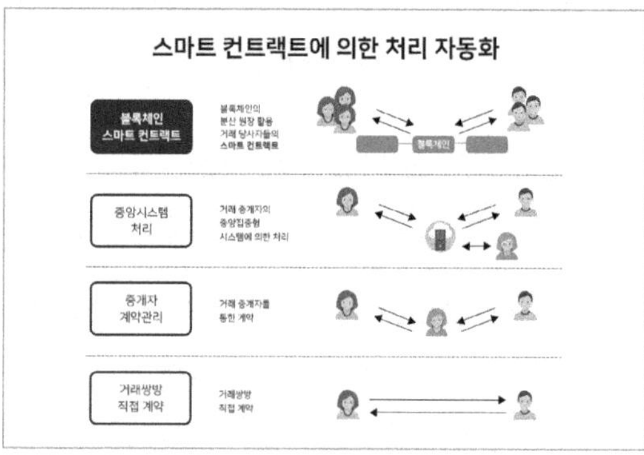

스마트 컨트랙트 , 스마트 계약: 네이버 블로그

2.2. 중앙 집중형 플랫폼 모델과 블록체인 직거래 모델의 수익 구조 비교

구분	중앙 집중형 플랫폼 모델(Web 2.0)	블록체인 직거래 모델(Web 3.0)
거래 구조	창작자 → 플랫폼/유통사 → 소비자	창작자 ↔ 스마트 계약 ↔ 소비자
수수료(비용)	매출의 30% ~ 50%(높음)	네트워크 수수료(Gas Fee) 1% ~ 3% 내외(낮음)
정산 주기	익월 또는 분기별 정산(느림)	거래 즉시 실시간 정산(빠름)
수익 귀속	플랫폼이 주도권을 쥐고 배분	창작자가 가격 결정 및 전액 수취
비즈니스 모델	광고 수익, 월 구독료 배분	NFT 판매, 마이크로 후원, 토큰 멤버십

2.3. 수수료 제로(Zero)에 도전하다: 가상 사례 연구

중개자가 사라진 세상에서 창작자와 팬이 어떻게 경제적 이익을 나누며 상생하는지 구체적인 시나리오를 통해 살펴본다.

가상 사례 1 웹소설 작가, 플랫폼을 찢고 나오다: '노벨 체인(Novel-Chain)' 프로젝트

1) **현안 과제:** 인기 웹소설 작가 'K'는 자신의 작품이 유료 베스트셀러 1위를 해도, 정작 통장에 들어오는 돈은 매출의 절반도 안 된다는 사실에 좌절했다. 그는 차기 작을 플랫폼이 아닌 블록체인 마켓에서 연재하기로 결심한다.
2) **프로젝트 개요:** 작가가 직접 발행한 NFT를 구매한 독자만 소설을 읽을 수 있는 탈중앙화 연재 시스템이다.
3) **수익화 모델:**
   (1) **화차별 소액 결제:** 독자는 암호화폐 '1코인(약 100원)'을 내고 최신화를 열람한다. 기존 플랫폼에서는 100원 중 40원이 플랫폼 몫이었지만, 여기서는 98원이 작가 'K'의 지갑으로 즉시 꽂힌다.

버스킹은 홍대거리를 가봐야~: 네이버 블로그

(2) **수수료 절감의 환원:** 수수료가 사라진 만큼 작가는 독자들에게 혜택을 돌려준다. 100회 이상 구매한 독자에게는 완결 후 출간될 종이책 한정판을 무료로 배송해 주거나, 외전 에피소드를 무료로 공개한다.

(3) **글로벌 직판:** 번역가와 스마트 계약을 맺어, 해외 독자가 결제하면 수익의 80%는 작가에게, 20%는 번역가에게 자동으로 분배된다. 해외 유통사에게 떼어주던 수수료도 사라진다.

4) **결과:** 작가는 이전보다 독자 수가 적어도 수입은 2배로 늘어난다. 플랫폼의 갑질과 수수료 착취에서 벗어나, 오직 글의 재미로만 승부하는 진정한 '작가 중심 시장'이 열린다.

가상 사례 2 홍대 버스킹, QR코드로 티켓을 팔다: '스트릿 비트(Street-Beat)'

1) **현안 과제:** 홍대 거리에서 노래하는 인디 밴드 '블루문'은 앨범을 낼 돈이 없어 버스킹만 전전한다. 음원 사이트에 등록해봤 자 스트리밍당 7원도 못 받는 현실 때문이다. 이들은 블록체인 기술을 이용해 거리 공연을 거대한 콘서트장으로 바꾼다.

2) **프로젝트 개요:** 현장 관객들에게 QR코드를 통해 공연 관람료를 직접 받고, 그 보상으로 한정판 음원 NFT를 즉석에서 전송하는 D2C(Direct to Customer) 모델이다.

3) **수익화 모델:**

(1) **디지털 팁 박스:** 공연장 앞 팁 박스 대신 커다란 QR코드를 세워 둔다. 관객이 스마트폰으로 스캔하여 5,000원 상당의 코인을 전송하면, '블루문'의 미공개 자작곡 음원 파일(NFT)이 관객의 폰으로 전송된다.

(2) **중개인 없는 유통:** 멜론이나 스포티파이를 거치지 않았기에 유통 수수료는 0원이다. 5,000원은 온전히 밴드의 악기 구입비와 식대로 쓰인다.

(3) **가치 상승의 공유:** '블루문'이 나중에 유명해지면, 초창기 거리 공연에서 받았던 이 한정판 음원 NFT는 '데뷔 전 희귀 앨범'이 되어 고가에 거래될 수 있다. 관객은 단순한 후원자가 아니라 초기 투자자가 된다.

4) **결과:** 가난한 인디 밴드는 거대 기획사의 도움 없이도 팬들과 직거래하며 자생력을 갖춘다. 음악 산업의 부(富)가 소수 유통사에서 다수의 인디 뮤지션으로 재분배된다.

3

'마이 데이터와 개인정보 보호: 블록체인의 역할'과 가상사례

3.1. '털리는' 정보에서 '파는' 정보로: 데이터 주권의 회복

우리는 무료로 K-팝 영상을 보고, 웹툰을 읽는 대가로 우리의 모든 디지털 발자국을 플랫폼 기업에 넘겨주고 있다. "공짜 점심은 없다"는 말처럼, 우리가 누른 '좋아요', 검색 기록, 시청 시간 등은 거대 기업의 서버에 차곡차곡 쌓여 그들의 돈벌이 수단(타겟 광고)으로 쓰인다.

내 취향과 사생활이 담긴 정보가 나도 모르는 사이에 상품화되어 거래되는 것, 이것이 현재 데이터 경제의 불편한 진실이다.

블록체인은 이 주객 전도된 상황을 바로잡고, '마이 데이터(My Data)' 시대를 여는 기술적 열쇠다. 핵심은 데이터의 '저장 위치'와 '통제권'을 기업의 중앙 서버에서 개인의 블록체인 지갑으로 가져오는 것이다.

블록체인 기반의 신원 인증 기술인 'DID(Decentralized Identity, 탈중앙화 신원증명)'는 개인정보 유출을 원천적으로 차단한다. 기존에는 성인 인증을 위해 주민등록증을 통째로 서버에 넘겨야 했다면, 블록체인에서는 "이 사람은 성인이 맞음"이라는 검증된 결과값(Verifiable Credential)만 제출한다.

내 생년월일이나 주소 같은 민감한 정보는 내 폰 안에만 안전하게 머무른다. 이를 '영지식 증명(Zero-Knowledge Proof)'이라 한다. 정보를 보여주지 않고도, 정보의 참/거짓을 증명하는 기술이다.

더 나아가, 블록체인은 개인정보를 '자산화'한다. 팬들은 자신의 K-컬

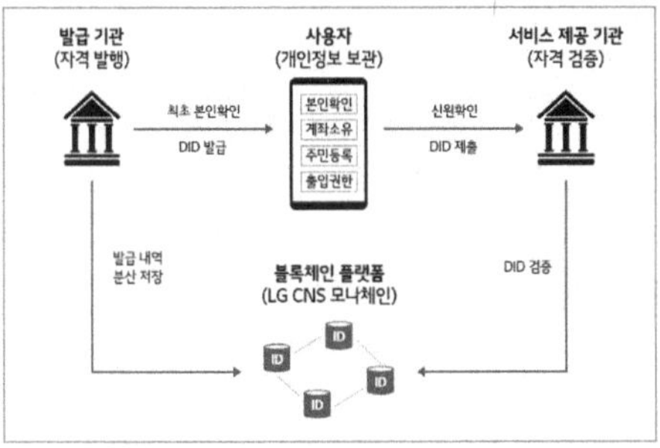

LG CNS, 전 세계 어디서나 통하는 신분증(DID) 개발 나서 [https://www.dailysecu.com]

처 소비 데이터(어떤 가수를 좋아하는지, 어떤 장르의 드라마를 보는지)를 암호화하여 자신의 지갑에 보관한다.

그리고 기획사나 마케터가 이 정보를 원할 때, 직접 선택하여 데이터를 '판매'하고 코인으로 보상받는다. 즉, 블록체인은 K-컬처 팬들을 수동적인 '데이터 생산자'에서, 자신의 정보를 보호하고 관리하며 수익까지 창출하는 능동적인 '데이터 오너(Data Owner)'로 격상시키는 것이다.

용어설명

탈중앙화 신원증명(DID, Decentralized Identity)

탈중앙화 신원증명(DID, Decentralized Identity)은 사용자가 자신의 개인정보를 중앙 기관의 서버가 아닌, 본인의 기기에 직접 저장하고 관리하며 필요할 때만 선택적으로 제출하는 신원 확인 방식입니다 [1, 2].

1. 주요 특징 및 장점
   - 자기주권 신원증명(SSI): 제3의 기관을 거치지 않고 개인이 자신의 정보에 대한 완전한 통제권을 가집니다 [2, 3].
   - 보안성 및 개인정보 보호: 블록체인 기술을 활용해 데이터 위변조를 방지하며, 필요한 정보만 골라 제공하는 '최소 정보 공개'가 가능합니다 [1, 3].
   - 상호운용성: 표준화된 기술(W3C 표준 등)을 사용하여 다양한 서비스에서 하나의 DID로 인증할 수 있습니다 [4].

2. 핵심 기술 구성 요소
- DID(Decentralized Identifier): 전 세계적으로 유일한 식별자로, 블록체인에 등록되어 진위 여부를 확인하는 데 사용됩니다 [4].
- VC(Verifiable Credential): 발행기관이 발급한 검증 가능한 디지털 증명서(예: 모바일 운전면허증, 졸업증명서)입니다 [4].
- VP(Verifiable Presentation): 사용자가 검증자에게 제출하기 위해 하나 이상의 VC를 조합한 데이터 꾸러미입니다

3. 주요 활용 사례
- 정부/공공: 정부24 및 모바일 신분증(운전면허증, 국가보훈등록증 등) [5].
- 금융: 비대면 계좌 개설 시 본인 확인 및 간편 로그인 [2].
- 교육: 대학 졸업 증명서 및 성적 증명서 발급 [3].

더 자세한 표준 규격은 W3C DID Working Group 공식 문서에서 확인하실 수 있습니다 [https://www.google.com]

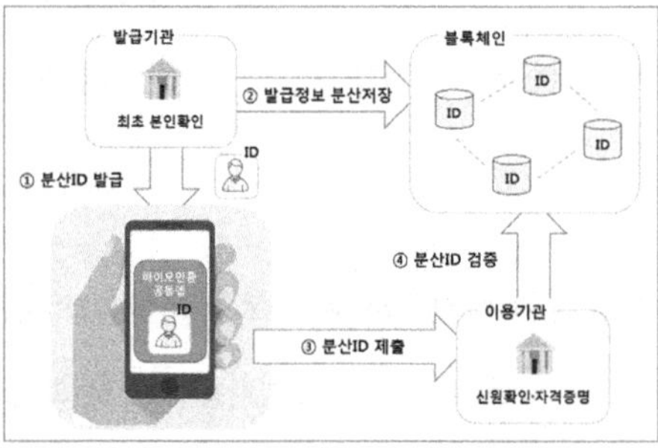

DID란 무엇일까? 새로운 신원증명의 시대 | by data-alliance [https://medium.com]

3.2. 중앙 집중형 데이터 관리와 블록체인 기반 마이 데이터 관리 비교

구분	중앙 집중형 데이터 관리(Web 2.0)	블록체인 마이 데이터(Web 3.0)
데이터 소유	플랫폼 기업(네이버, 구글, 넷플릭스 등)	개인(User)
보관 장소	기업의 중앙 서버 (해킹 시 대량 유출 위험)	개인의 디지털 지갑 (분산 저장, 보안 우수)

개인정보 제공	포괄적 동의 요구(불필요한 정보까지 수집)	최소 정보 제출(영지식 증명, DID 활용)
데이터 활용	기업이 독점하여 광고 수익 창출	개인이 직접 판매하여 보상 획득 (Reward)
통제권	기업이 계정 차단 시 데이터 접근 불가	플랫폼이 사라져도 데이터는 개인이 영구 소유

3.3. 나를 지키며 즐기는 팬덤: 가상 사례 연구

개인정보는 철통같이 지키면서도, 데이터의 가치는 극대화하는 블록체인 기반의 미래 팬덤 문화를 구체적인 시나리오를 통해 살펴본다.

가상 사례 1 **신상 노출 없는 안전한 덕질: '시크릿 팬패스(Secret Fan-Pass)'**

1) **현안 과제:** 미성년자 팬들이 많은 K-팝 팬덤 내에서는 티켓팅이나 굿즈 구매 시 나이 인증을 위해 주민등록증 사본을 요구하는 경우가 많아 개인정보 도용 범죄가 빈번했다. 이를 해결하기 위해 DID 기반의 '시크릿 팬패스'가 도입된다.

2) **상황 설정:** 고등학생 팬 A 양은 15세 이상 관람가인 아이돌 콘서트 티켓을 예매하려 한다. 기존에는 예매 사이트에 이름, 전화번호, 주민등록번호, 주소까지 모두 입력해야 했고, 혹시나 정보가 털릴까 봐 불안했다.

3) 블록체인 솔루션(DID):

   (1) **지갑 인증:** A 양은 예매 사이트에서 '팬패스 로그인' 버튼을 누른다.

   (2) **영지식 증명:** 블록체인은 A 양의 주민번호를 전송하지 않는다. 대신 A 양의 스마트폰에 저장된 암호화된 신분증 정보를 대조하여 "이 사용자는 2008년생으로, 15세 이상임이 확인됨"이라는 '참(True)' 신호만 예매 사이트에 보낸다.

(3) **최소 정보**: 예매 사이트는 A 양의 이름도, 사는 곳도 모른다. 오직 '입장 자격이 있는 익명의 팬'이라는 사실만 확인하고 티켓을 발권한다.

4) **결과**: A 양은 자신의 신상을 털리지 않고 안전하게 덕 질을 즐긴다. 기획사 역시 방대한 개인정보를 보관해야 하는 법적/보안적 리스크에서 해방된다.

가상 사례 2 **내 취향을 팝니다: '데이터 마켓플레이스(Data Marketplace)'**

1) **현안 과제**: OTT 플랫폼들은 시청자의 시청 기록을 분석해 막대한 구독료를 벌지만, 시청자에게 돌아오는 건 없다. 이에 자신의 시청 데이터를 직접 기업에 팔 수 있는 'K-콘텐츠 데이터 마켓'이 열린다.

2) **상황 설정**: 대학생 B 군은 1년 동안 100편의 K-드라마를 시청한 '드라마 덕후'다. 그의 시청 패턴 데이터는 드라마 제작사에게 꿀단지와 같다.

3) **블록체인 솔루션(마이 데이터)**:

(1) **데이터의 패키징**: B 군은 자신의 1년간 시청 기록(어떤 장르를 선호하고, 몇 화에서 하차했는지 등)을 블록체인 지갑에 '데이터 패키지'로 묶어 저장한다. 이 데이터의 주인은 오직 B 군이다.

(2) **거래 제안**: 신규 드라마를 기획 중인 제작사 C가 마켓플레이스에 "최근 스릴러물을 50편 이상 본 20대 남성의 데이터가 필요함"이라는 공고를 올린다.

(3) **보상 획득**: B 군은 자신의 데이터를 익명으로 제작사 C에게 제공하는 스마트 계약에 서명한다. 그 즉시 B 군의 지갑으로 5만 원 상당의 코인이 입금된다.

4) **결과:** B 군의 취향 정보는 기업의 공짜 자원이 아니라, B 군의 '디지털 자산'이 된다. 기업은 정교한 타겟 데이터를 얻어 실패 확률을 줄이고, 팬은 덕질 기록으로 용돈을 버는 선순환이 일어난다.

4

'한국 창작자들을 위한 탈중앙화 플랫폼 로드맵'과 가상사례

4.1. '디지털 식민지'의 소작농에서 '디지털 독립국'의 주인으로

앞서 우리는 거대 플랫폼이 지배하는 현재의 K-컬처 생태계가 창작자들에게 불리한 '기울어진 운동장'임을 확인했다. 그렇다면 한국의 창작자들은 당장 유튜브와 네이버를 탈퇴하고 허허벌판인 블록체인으로 떠나야 하는가? 그것은 현실적이지 않다. 진정한 변화를 위해서는 급진적인 단절보다는, 스마트하고 단계적인 '이주(Migration) 로드맵'이 필요하다.

이 로드맵의 핵심은 창작자가 플랫폼에 의존하던 권한을 하나씩 회수하여, 최종적으로는 자신만의 '디지털 독립국(Independent Ecosystem)'을 건설하는 것이다.

1단계는 '자산의 디지털화(Assetization)'다. 기존 플랫폼을 홍보 수단으로 활용하되, 핵심 콘텐츠의 소유권은 블록체인으로 옮기는 단계다. 유튜브에 무료 영상을 올리더라도, 미공개 영상이나 한정판 화보는 NFT로 발행하여 '내 지갑'으로 직접 수익을 받는다. 이 시기에 창작자는 블록체인 지갑 사용법을 익히고, 자신의 IP(지식재산권)를 토큰 화하는 실험을 시작한다.

2단계는 '커뮤니티의 조직화(Organization)'다. 단순한 '구독자'를 '토큰 보유자(Holder)'로 전환하는 시기다. 유튜브 댓글 창이 아닌, 디스코드(Discord)나 텔레그램 같은 독자적인 소통 채널을 구축하고, 토큰을 가진 '진짜 팬'들에게 투표권이나 우선 예매권 같은 실질적인 혜택을 부여한다. 이때부터 창작자와 팬은 '경제적 공동체'로 묶이기 시작한다.

3단계는 '거버넌스의 탈중앙화(Decentralization)'다. 창작자가 없어도 생태계가 돌아가는 DAO(탈중앙화 자율 조직) 단계다. 팬들이 직접 콘텐츠의 방향성을 결정하고, 2차 창작물을 만들어 수익을 나누며, 창작자의 세계관을 무한히 확장 시킨다. 이때 창작자는 플랫폼의 노동자가 아니라, 하나의 거대한 '프로토콜(Protocol)' 그 자체가 된다.

이 로드맵은 한국의 창작자들이 '조회수의 노예'에서 벗어나, 지속 가능한 창작 환경을 스스로 구축하는 구체적인 항해도가 될 것이다.

4.2. 한국 창작자를 위한 단계별 탈중앙화 로드맵

단계	구분	목표(Goal)	주요 활동(Action Plan)	팬의 역할
1단계	준비기 (Web 2.5)	수익 채널 다변화	- 기존 플랫폼(SNS) 유지하며 팬덤 확보 - 굿즈/한정판 콘텐츠의 NFT 발행 시도	단순 소비 및 NFT 구매를 통한 초기 후원
2단계	전환기 (Community)	핵심 팬덤 (1,000명) 결집	- 멤버십 토큰 발행 및 전용 소통 채널 개설 - 팬들에게 기여도에 따른 토큰 보상 지급	커뮤니티 활동, 홍보 참여, 토큰 보유(Holder)
3단계	완성기 (Web 3.0)	자생적 생태계 (DAO) 구축	- 의사결정 권한 이양(투표 시스템 도입) - IP 라이선스 개방 및 글로벌 확장	생태계 운영 참여, 2차 창작, 수익 공유

4.3. 로드맵을 따라 걷는 미래: 가상 사례 연구

이 로드맵을 따라 성장한 창작자들이 어떻게 기존의 한계를 뛰어넘어 글로벌 성공을 거두는지 구체적인 시나리오를 통해 살펴본다.

가상 사례 1 기획사에서 방출된 연습생, 글로벌 스타가 되다: '프로젝트 '라이징(Rising)'

1) 블록체인 로드맵을 밟아 스스로 데뷔하는 길: 대형 기획사의 데뷔 조에서 탈락한 연습생 '지수'는 포기하지 않고 블록체인 로드맵을 밟아 스스로 데뷔하는 길을 선택한다.

(1) 1단계(자산화): 지수는 유튜브에 커버 댄스 영상을 올리며 인지도를 쌓는다. 동시에 자신의 연습 일지가 담긴 디지털 포토 카드를 NFT로 발행하여 데뷔 자금을 모은다. "여러분의 1만 원이 저의 마이크가 됩니다"라는 호소에 500명의 초기 팬이 지갑을 연다.

(2) 2단계(조직화): 데뷔곡 제작 단계에서 지수는 '라이징 토큰'을 발행한다. 토큰을 가진 팬들은 비밀 디스코드 방에 초대되어 데뷔곡의 컨셉(청순 vs 걸크러시)을 투표로 결정한다. 팬들은 단순한 응원자가 아니라 '지수'라는 브랜드의 공동 기획자가 된다.

(3) 3단계(탈중앙화): 지수가 성공적으로 데뷔하고 글로벌 인기를 얻

K-POP 걸그룹 아무나 하는 게 아냐... 연습생으로 젊음 바친 아이돌[https://www.fnnews.com]

는다. 이제 '라이징 DAO'가 결성되어 월드 투어 도시를 선정하고, 팬들이 직접 디자인한 굿즈를 판매한다.

2) **수익분배:** 수익은 스마트 계약을 통해 지수와 팬들에게 자동 분배된다. 지수는 기획사의 꼭두각시가 아닌, 팬들과 함께 성장하는 아티스트형 CEO가 된다.

가상 사례 2 **웹툰 작가, 넷플릭스를 넘어선 IP 제국을 건설하다: '유니버스 툰(Universe Toon)'**

세계 휩쓰는 K콘텐츠의 그늘 | 한국일보 [https://www.hankookilbo.com]

1) **자신의 세계관을 블록체인 위에 짓기로 결심:** 네이버 웹툰 베스트도전에 머물러 있던 신인 작가 '민호'는 독특한 SF 세계관을 가지고 있지만 대중성이 없다는 이유로 정식 연재를 거절당했다. 그는 자신의 세계관을 블록체인 위에 짓기로 결심한다.

   (1) **1단계(자산화):** 민호는 웹툰의 등장인물과 핵심 아이템(우주선, 광선검 등)을 제너러티브 아트 NFT로 만들어 오픈씨(OpenSea)에 판매한다. SF 마니아들이 이 정교한 설정에 열광하며 NFT를 수집하기 시작한다.

(2) 2단계(조직화): 민호는 웹툰 연재처를 블록체인 기반 플랫폼으로 옮기고, NFT 보유자(홀더)들에게만 '외전 스토리'를 선 공개한다. 홀더들은 자발적으로 번역 팀을 꾸려 민호의 작품을 영어, 일본어, 스페인어로 번역해 전 세계 커뮤니티에 퍼 나른다.

(3) 3단계(탈중앙화): 웹툰이 대히트를 치자 넷플릭스와 게임사에서 러브콜이 온다. 민호는 독단적으로 계약하지 않고 DAO에 안건을 올린다. "게임화 판권을 10억 원에 매각할까요, 아니면 우리끼리 샌드박스 게임을 만들까요?"

2) 결과: 팬들의 투표로 의사결정이 이루어지며, 여기서 발생한 수익은 '유니버스 툰' 생태계를 키우는 기금으로 재투자된다. 민호의 작품은 단순한 웹툰을 넘어 팬들이 뛰어노는 거대한 메타버스가 된다.

제5장

팬덤 경제와 토큰화된 참여 방식

1

'블록체인 기반의 팬덤이 경제 주체로 전환되는 과정'과 가상사례

1.1. '지갑을 여는' 팬에서 '지갑이 불어나는' 경제 주체로

"오빠를 위해 밥은 굶어도 앨범은 산다"는 말은 오랫동안 K-컬처 팬덤의 헌신성을 상징하는 문장이었다. 그러나 블록체인 기술의 도입은 이 문장을 "내가 키운 오빠 덕분에 내 통장이 불어난다"로 다시 쓰게 만든다. 이는 팬덤이 단순한 소비자(Consumer)의 단계를 넘어, 산업의 부가가치를 직접 생산하고 공유하는 '경제 주체(Economic Agent)'로 전환됨을 의미한다.

[UDC 2025] 팬덤이 주도하는 콘텐츠 웹3... "이젠 소비자 아닌 파트너" [https://www.techm.kr]

이 전환 과정은 크게 세 단계의 진화 과정을 거친다.

첫 번째는 '기여의 토큰화(Tokenization of Contribution)' 단계다. 팬들이 수행하는 스밍(스트리밍), 투표, 홍보 활동은 과거에는 '사랑'이라는 이름의 무급 노동이었다. 그러나 블록체인 생태계에서는 이 모든 활동이 데이터로 기록되고, 그 대가로 코인이나 토큰이 지급된다. 노동이 자산으로 치환되는 순간이다.

두 번째는 '자산의 운용(Asset Management)' 단계다. 팬들은 보상받은 토큰을 단순히 보유하는 것에 그치지 않는다. 탈중앙화 금융(DeFi) 시스템에 예치하여 이자 수익을 얻거나, 유망한 신인 아티스트의 초기 펀딩에 재투자한다. 팬덤 활동이 정교한 금융 투자 행위와 결합되는 것이다.

마지막 세 번째는 '가치의 공유(Value Sharing)' 단계다. 아티스트가 성공하여 매출이 발생하면, 스마트 계약에 따라 초기 투자자인 팬들에게 수익이 배당된다. 팬은 아티스트의 성장을 돕는 조력자이자, 그 성장의 과실을 함께 나누는 파트너가 된다.

결국 블록체인은 팬덤을 '소비하는 객체'에서 '생산하고 투자하며 수익을 얻는 주체'로 격상시킨다. 이를 통해 K-컬처 산업은 소수의 기획사가 독점하던 수익 구조를 다수의 팬과 나누는 '공동 소유의 경제(Ownership Economy)'로 재편될 것이다.

1.2. 팬덤의 역할 및 경제적 지위의 변화 과정

구분	1세대: 수동적 소비자(Past)	2세대: 능동적 서포터(Present)	3세대: 블록체인 경제 주체(Future)
핵심 활동	앨범/티켓 구매, 단순 시청	조직적 투표, 홍보, 2차 창작	투자(Funding), 거버넌스 투표, 수익 배당
경제적 보상	없음 (만족감 등 심리적 보상)	제한적 (일부 유튜버 수익 등)	명확함 (토큰 보상, 로열티 배분, 시세 차익)

기획사와 의 관계	갑-을 관계 (일방적 공급-소비)	상호 의존적 관계	파트너 관계 (지분 공유 및 공동 의사결정)
팬덤의 정의	Fan (팬)	Fan-sumer (팬슈머)	Fan-vestor (팬베스터: Fan + Investor)

1.3. 덕질이 직업이 되는 세상: 가상 사례 연구

단순히 좋아해서 시작한 일이 어떻게 경제적 수익 활동으로 변모하는지, 그리고 팬덤이 어떻게 산업을 움직이는 자본가가 되는지 구체적인 시나리오를 통해 살펴본다.

가상 사례 1 팬덤, 엔터테인먼트사의 주주가 되다: '마이 스타 펀드(My Star Fund)'

1) **'엔젤 투자자'의 삶을 시작:** 아이돌을 좋아하는 대학생 C 씨는 더 이상 기획사가 내놓은 굿즈만 사지 않는다. 그는 안목을 발휘해 될성부른 떡잎에 직접 투자하는 '엔젤 투자자'의 삶을 시작한다.

   (1) **1단계(발굴 및 투자):** 블록체인 오디션 플랫폼에 연습생들의 프로필과 연습 영상이 올라온다. C 씨는 춤 선이 예쁜 연습생 'D'의 잠재력을 알아보고, D의 데뷔 펀딩에 10만 원 상당의 코인을 투자하고 '지분 NFT'를 받는다.

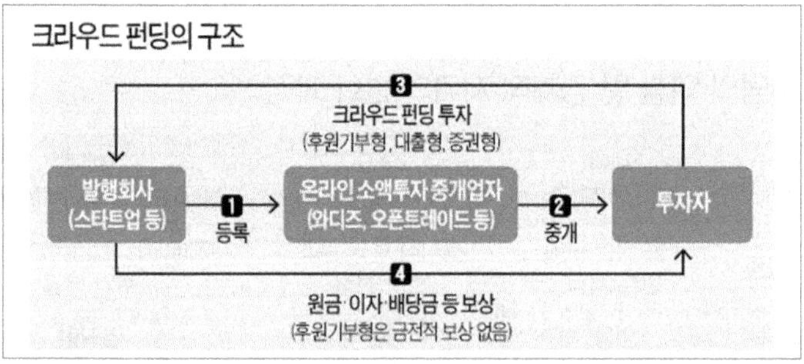

직장인도 크라우드 펀딩으로 엔젤투자 | 한국경제 [https://www.hankyung.com]

(2) **2단계(가치 제고 활동)**: D가 데뷔하자 C 씨는 열성적으로 홍보한다. 예전에는 그냥 팬 심이었지만, 지금은 내 투자의 성공을 위한 경제적 활동이다. D의 인기가 오를수록 C 씨가 보유한 '지분 NFT'의 거래 가격도 10만 원에서 50만 원으로 뛴다.

(3) **3단계(수익 실현)**: D가 음악 방송 1위를 하고 첫 정산을 받는다. 기획사가 다 가져가던 과거와 달리, 수익의 30%가 스마트 계약을 통해 NFT 보유자들에게 자동 입금된다. C 씨는 투자 원금 회수는 물론, 매년 들어오는 저작권료 배당으로 다음 학기 등록금을 마련한다.

2) **의미**: 팬은 소비자가 아닌 투자자로서 리스크를 분담하고 수익을 공유한다. 이는 기획사의 초기 자본 부담을 줄이고 팬덤의 결속력을 극대화하는 윈윈(Win-Win) 전략이 된다.

가상 사례 2 팬아트가 공식 굿즈가 되어 팔리다: '팬-메이드 마켓(Fan-Made Market)'

1) **제2의 월급통장**: 그림 실력이 뛰어난 직장인 E 씨는 퇴근 후 좋아하는 웹툰 캐릭터를 그리는 것이 취미다. 예전에는 트위터에 올리고 '좋아요'를 받는 것이 전부였지만, 이제는 이것이 제2의 월급통장이 된다.

(1) **1단계(창작 및 NFT 발행)**: E 씨는 웹툰 공식 블록체인 커뮤니티에 자신의 팬아트를 올린다. 다른 팬들의 투표를 통해 '이달의 우수 팬 아트'로 선정되자, 원작자의 승인을 거쳐 정식 'NFT 굿즈'로 발행될 권한을 얻는다.

(2) **2단계(판매 및 유통)**: E 씨의 팬 아트 NFT가 마켓 플레이스에 올라간다. 원작 웹툰의 인기에 힘입어 전 세계 팬들이 E 씨의 그

나만의 웹툰 시작하기: 작가를 위한 팁 by AydaFork [https://tips.clip-studio.com]

림을 소장하기 위해 입찰 경쟁을 벌인다.

(3) 3단계(수익 분배): NFT가 100만 원에 낙찰된다. 스마트 계약에 의해 원작자에게 저작권료 30%, 플랫폼 수수료 5%가 빠져나가고, 나머지 65만 원은 즉시 E 씨의 지갑으로 들어온다. 이후 이 그림이 재 판매될 때마다 E 씨는 5%의 로열티를 평생 연금처럼 받는다.

2) 의미: 2차 창작 활동이 음지에서 양지로 나온다. 팬은 단순한 향유자가 아니라 원작 IP(지식재산권)의 가치를 높이는 '크리에이티브 파트너'로서 정당한 경제적 대우를 받게 된다.

2

'블록체인 기반의 팬 토큰의 개념과 작동 원리'와 가상사례

2.1. 팬심(Fan-ship), 교환 가능한 '디지털 권력'이 되다

전통적인 K-컬처 시장에서 팬들은 '무한한 사랑'을 주는 존재였으나,

그 대가로 받는 것은 정서적 만족감이나 소멸성 굿즈에 불과했다. 기획사가 정해준 팬클럽 가입비를 내고, 기획사가 정한 색깔의 풍선을 흔드는 수동적인 존재였다.

그러나 블록체인 기술은 이 '보이지 않는 사랑'을 '보이는 디지털 자산'으로 치환한다. 그것이 바로 '팬 토큰(Fan Token)'이다.

팬 토큰이란 특정 아티스트나 구단, 혹은 콘텐츠 프로젝트와 연동된 블록체인 기반의 암호화폐를 말한다. 이것은 단순한 투자 상품인 비트코인과는 성격이 다르다.

팬 토큰은 '유틸리티 토큰(Utility Token)'의 성격을 띠며, 이를 보유한 사람은 해당 커뮤니티 내에서 특별한 권한과 혜택을 누릴 자격(Membership)을 얻는다.

작동 원리는 주식 시장과 유사하면서도 다르다. 팬들은 거래소(Chiliz, Socios 등)에서 시장 가격에 따라 토큰을 구매한다. 토큰을 많이 보유할수록 주주총회에서 의결권을 행사하듯, 아티스트의 활동 방향에 더 큰 목소리를 낼 수 있다. 하지만 배당금 대신 '경험'과 '소속감'을 보상받는다는 점이 다르다.

팬 토큰 시스템은 스마트 콘트랙트에 의해 작동한다. "토큰 100개 이상 보유자에게만 비공개 영상을 잠금 해제(Unlock)한다"라 거나, "투표 기간 동안 전송된 토큰의 수량만큼 A안에 가중치를 부여한다"는 규칙이 프로그래밍 되어 있다.

따라서 기획사는 팬들의 요구를 데이터로 즉각 확인할 수 있고, 팬들은 토큰을 사고팔며 자신의 덕질 활동을 현금화할 수도 있다. 즉, 팬 토큰은 팬덤 활동을 '소비'에서 '참여와 투자'의 영역으로 확장시키는 '디지털 주권(Sovereignty)'의 상징이 되는 것이다.

[오~컬쳐] 위믹스플레이의 '팬 토큰', 블록체인-도네이션 통합까 [https://news.nate.com]

2.2. 기존 팬클럽 멤버십과 블록체인 팬 토큰의 비교

구분	기존 팬클럽 멤버십 (Traditional Membership)	블록체인 팬 토큰 (Fan Token)
가입 방식	연회비 납부(소멸성 비용)	토큰 구매(자산성 투자)
유효 기간	1년 단위 갱신 필요	영구 소유(매도하지 않는 한 지속)
가치 변동	고정 가격(가치 상승 없음)	시장 가격 변동(인기에 따라 가치 상승 가능)
주요 혜택	선예매, 굿즈 제공(일방향)	거버넌스 투표, VIP 경험, 거래 차익(쌍방향)
양도 가능성	불가능(양도 시 제명)	자유로운 거래 및 양도 가능(거래소 이용)
확장성	해당 기획사 내부에서만 유효	타 플랫폼 및 메타버스와 연동 가능

2.3. 토큰이 만드는 새로운 팬덤 문화: 가상 사례 연구

팬 토큰이 실제 K-컬처 현장에 도입되었을 때, 아티스트와 팬의 관계가 어떻게 역동적으로 변하는지 구체적인 시나리오를 통해 살펴본다.

가상 사례 1 타이틀곡은 우리가 정한다: 아이돌 그룹 '넥스트(NEXT)'의 NXT 토큰

1) 팬들의 집단지성에 의존: 대형 신인 아이돌 그룹 '넥스트'는 데뷔 앨범의 타이틀곡 선정을 두고 기획사 내부 회의 대신 팬들의 집단지

성을 빌리기로 결정한다.

2) **상황:** 앨범 녹음은 끝났지만, 청량한 콘셉트의 'Blue Sky'와 강렬한 힙합 베이스의 'Dark Night' 중 어느 곡을 타이틀로 할지 의견이 분분하다.

3) **팬 토큰 활용**(거버넌스 투표):

(1) **투표 개설:** 기획사는 팬 토큰 플랫폼에 안건을 올린다. "$NXT 토큰 보유자 여러분, 데뷔곡을 결정해 주세요."

(2) **보유량 비례 투표:** 팬들은 자신이 보유한 토큰 1개당 1표의 의결권을 행사한다. 열성 팬들은 자신의 의견을 관철시키기 위해 거래소에서 토큰을 추가 매수하여 투표에 참여한다. 이 과정에서 토큰 수요가 늘어나 가격이 상승한다.

(3) **결과 이행:** 투표 결과 6:4로 'Dark Night'가 선정된다. 스마트 콘트랙트에 의해 투표 결과는 위변조 없이 블록체인에 영구 기록되며, 기획사는 이를 즉시 반영하여 뮤직비디오 촬영에 들어간다.

4) **결과:** 팬들은 "우리가 데뷔시킨 그룹"이라는 강력한 효능감을 느끼며, 기획사는 시장의 선호를 정확히 파악하여 실패 확률을 줄인다.

대형기획사의 괴물 신인 등장! 〈 STAR 〈 STAR [https://www.womansense.co.kr]

가상 사례 2 **지구 반대편에서도 VIP 대우를 받다: 'K-컬처 패스(Pass)' 토큰**

1) **팬 토큰인 'K-컬처 패스(KCP)' 발행:** 전 세계적으로 한국 드라마와 예능이 인기를 끌면서, 한국을 방문하고 싶어 하는 글로벌 팬들이 급증했다. 이에 한국관광공사와 엔터테인먼트사들이 연합하여 유틸리티 팬 토큰인 'K-컬처 패스(KCP)'를 발행한다.

2) **상황:** 프랑스에 사는 K-드라마 팬 '소피'는 휴가 차 한국을 방문할 계획이다. 그녀는 단순한 관광이 아니라, 드라마 촬영지를 체험하고 한정판 굿즈를 사고 싶어 한다.

3) **팬 토큰 활용(유틸리티 및 보상):**

   (1) **토큰 스테이킹(예치):** 소피는 보유하고 있던 KCP 토큰 500개를 앱 내의 'VIP 멤버십' 풀(Pool)에 일정 기간 묶어준다(Staking).

   (2) **독점 혜택 잠금 해제:** 스테이킹을 통해 '골드 등급'이 된 소피는 드라마 〈궁궐의 연인〉 촬영지인 실제 고궁의 야간 특별 관람권을 획득한다. 또한, 명동의 K-뷰티 팝업 스토어에서 토큰 보유자에게만 판매하는 한정판 화장품 세트를 구매할 자격을 얻는다.

   (3) **경험의 확장:** 소피가 한국 내 제휴 카페나 굿즈샵에서 KCP 토큰으로 결제할 때마다, 5%의 페이백이 다시 토큰으로 적립된다.

4) **결과:** 팬 토큰은 온라인상의 투표권을 넘어, 오프라인(Real World)에서의 특별한 경험을 연결하는 열쇠(Key)가 된다. 이는 글로벌 팬덤을 실제 한국 관광 수요로 전환시키는 경제적 가교 역할을 수행한다.

3

'팬덤의 블록체인 기반 투표 및 의사결정 참여 구조'와 가상사례

3.1. '문자 투표'의 시대를 넘어, '스마트 거버넌스'의 시대로

"국민 프로듀서님, 투표해 주세요."라는 말은 K-컬처 팬덤의 참여 문화를 상징하는 문장이었다. 그러나 수동적인 문자 투표나 앱 투표 방식은 중앙 서버 관리자가 데이터를 조작할 수 있다는 치명적인 약점을 가지고 있었다. 이러한 '신뢰의 공백'을 메우고, 팬덤을 진정한 의사결정 주체로 세우는 기술적 구조가 바로 블록체인 기반의 거버넌스(Governance) 시스템이다.

블록체인 투표 시스템의 핵심은 '투명성(Transparency)'과 '자동 집행(Automatic Execution)'이다. 팬들이 행사하는 한 표 한 표는 블록체인 장부(Ledger)에 즉시 기록되어 누구도 수정하거나 삭제할 수 없다. 또한, 투표 결과가 확정되는 순간 '스마트 콘트랙트(Smart Contract)'가 작동하여, 사람의 개입 없이 결과가 즉시 현실에 반영된다.

이제 팬덤은 더 이상 기획사의 일방적인 통보를 따르는 소비자가 아니다. 그들은 '거버넌스 토큰(Governance Token)'을 보유함으로써 의결권을 가진다.

마치 주식회사의 주주들이 주주총회에서 회사의 진로를 결정하듯, 팬들은 토큰을 사용하여 타이틀곡 선정, 굿즈 디자인, 심지어 아티스트의 활동 중단 여부와 같은 중대한 사안에 대해 투표한다.

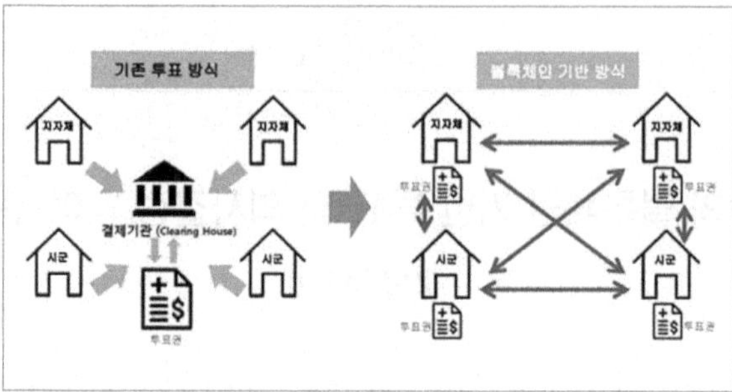

전자투표에도 '블록체인' 기술 도입된다…투명성↑[https://www.dailysmart.co.kr]

이것은 팬덤이 단순한 감정적 지지 집단을 넘어, 'DAO(탈중앙화 자율 조직)'라는 체계적인 경제 조직으로 진화함을 의미한다.

기획사는 팬들의 니즈(Needs)를 가장 정확한 데이터로 확인하여 리스크를 줄이고, 팬들은 자신의 결정이 아티스트의 활동에 직접적인 영향을 미친다는 강력한 '효능감'을 얻는다. 바야흐로 K-컬처는 '기획사의 경영'에서 '팬덤과의 공동 통치(Co-Governance)'로 패러다임을 전환하고 있는 것이다.

3.2. 기존 팬덤 투표와 블록체인 기반 거버넌스 투표의 구조적 차이

구분	기존 팬덤 투표 (Legacy Voting)	블록체인 거버넌스 투표 (Blockchain Governance)
신뢰성	중앙 서버 관리 (조작 가능성 존재, 불투명)	분산 원장 기록 (위변조 불가, 투명성 100%)
권한의 근거	계정(ID)당 1표 (다중 계정 어뷰징 취약)	토큰 보유량에 비례한 가중치 (지분 증명 방식)
결과 반영	기획사의 판단에 따라 반영 여부 결정(참고용)	스마트 콘트랙트에 의해 강제적/자동적 이행
참여 범위	인기 투표, 순위 결정 등 제한적	활동 방향, 컨셉, 수익 분배 등 경영 전반
참여 동기	팬심에 의한 자발적 참여	팬심 + 토큰 가치 상승에 따른 경제적 이익

3.3. 팬이 결정하면 현실이 된다: 가상 사례 연구

투명한 투표 시스템이 도입되었을 때, 팬덤의 의사가 어떻게 산업 현장에 반영되고 갈등을 해결하는지 구체적인 시나리오를 통해 살펴본다.

가상 사례 1 월드 투어 도시, 우리가 직접 짠다: '마이 투어 맵(My Tour Map)' 프로젝트

1) **블록체인 투표를 통해 투어 도시 선정:** 인기 보이그룹 '블루닷'의 월드 투어를 앞두고, 어느 도시를 방문할지를 두고 팬덤 간의 신경전이 치열하다. 기획사는 일방적인 결정 대신 블록체인 투표를 통해 투어 도시를 선정하기로 한다.

2) **의사결정 구조:**

   (1) **제안**(Proposal): 기획사는 후보 도시 20곳을 선정하여 DAO 시스템에 올린다.

   (2) **스테이킹 투표**(Staking Vote): 각국의 팬들은 자신의 도시를 유치하기 위해 팬 토큰을 '투표 풀(Pool)'에 예치(Staking)한다. 단순히 클릭만 하는 것이 아니라, 토큰이라는 자산을 걸고 투표하므로 허수(Fake)가 걸러진다.

   (3) **스마트 계약 실행:** 투표 마감 시, 가장 많은 토큰이 예치된 상위 10개 도시가 자동으로 투어 확정지로 선정된다. 결과는 실시간으로 공개되며 조작 시비가 없다.

   (4) **보상**(Reward): 선정된 도시에 투표한 팬들에게는 해당 도시 콘서트의 선예매 권한(NFT 티켓)이 스마트 계약을 통해 자동으로 발급된다.

3) **결과:** 기획사는 수요가 확실한 도시를 방문하여 티켓 완판을 보장받

고, 팬들은 자신의 노력으로 오빠들을 내 나라에 초청했다는 성취감을 맛본다.

가상 사례 2 해체냐 연장이냐, 운명을 건 투표: '프로젝트 그룹 X의 존속 결정'

1) **활동 연장을 위한 협상 테이블:** 오디션 프로그램을 통해 탄생한 프로젝트 그룹 'X'는 1년의 활동 계약 종료를 앞두고 있다. 멤버들과 팬들은 활동 연장을 원하지만, 각 원 소속사의 이해관계가 얽혀 난항을 겪고 있다. 이에 팬덤 DAO가 직접 나서서 활동 연장을 위한 협상 테이블을 연다.

2) 의사결정 구조:

 (1) **안건 발의:** 팬덤 DAO의 운영진은 "그룹 X의 활동 기간 1년 연장 및 활동 자금 펀딩"이라는 안건을 블록체인에 올린다.

 (2) **거버넌스 투표:** 전 세계 팬들이 보유한 거버넌스 토큰으로 찬반 투표를 진행한다. 과반수 이상의 찬성과 함께, 활동 연장에 필요한 최소 운영 자금(목표액)이 모금되어야 안건이 통과된다는 조건(Condition)이 붙는다.

 (3) **자본의 증명:** 투표 결과 90%의 찬성률과 함께 50억 원 상당의 펀딩이 단 하루 만에 완료된다. 이 데이터는 조작 불가능한 블록체인상에 기록되어 팬덤의 구매력과 의지를 증명한다.

 (4) **강제적 협상력:** 이 명확한 데이터(돈과 여론)를 바탕으로 팬덤 DAO는 원소속사들과 협상을 진행한다. 기획사들은 확실한 수익이 보장된 데이터를 무시할 수 없어 계약 연장에 합의한다.

3) **결과:** 팬덤은 단순한 호소문에 그치지 않고, 자본과 투표 시스템을 결합하여 시장의 흐름을 바꾸고 아티스트의 수명을 연장시킨다.

4

'블록체인 기반의 지속 가능한 팬덤 설계 조건'과 가상사례

4.1. '투기판'이 아닌 '놀이터'를 만드는 3가지 법칙

블록체인이 K-컬처와 결합할 때 가장 경계해야 할 지점은 팬덤 생태계가 일확천금을 노리는 '투기판'으로 변질되는 것이다. 팬심이 돈벌이 수단으로 전락하는 순간, 그 프로젝트는 모래성처럼 무너진다.

따라서 지속 가능한 팬덤 생태계를 구축하기 위해서는 정교한 '토큰노믹스(Tokenomics: 토큰 경제)' 설계가 필수적이다. 성공적인 설계를 위한 조건은 크게 세 가지로 요약된다.

첫째, '확실한 사용처(Utility)의 확보'다. 토큰이 단순히 거래소에서 사고파는 용도로만 쓰여서는 안 된다. 콘서트 티켓 구매, 한정판 굿즈 교환, 아티스트와의 영상 통화 등 팬들이 토큰을 사용해야만 얻을 수 있는 '실질적 효용'이 존재해야 한다. 토큰을 보유할 이유가 '가격 상승'이 아니라 '팬 활동의 즐거움'이 될 때, 가격 변동성과 무관하게 생태계는 유지된다.

둘째, '건전한 소각(Burn) 모델'이다. 토큰이 끊임없이 발행되기만 하면 인플레이션으로 인해 가치가 폭락한다. 팬들이 티켓을 구매하거나 투표에 참여할 때 사용된 토큰의 일부를 영구적으로 없애는(소각) 매커니즘이 필요하다. 이는 유통량을 조절하여 기존 보유자들의 자산 가치를 방어하고, 장기적인 투자를 유도하는 장치가 된다.

셋째, '진정성 있는 거버넌스(Governance)'이다. 투표 시스템이 형식적인 절차에 그쳐서는 안 된다. 팬들의 의견이 실제로 아티스트의 활동에

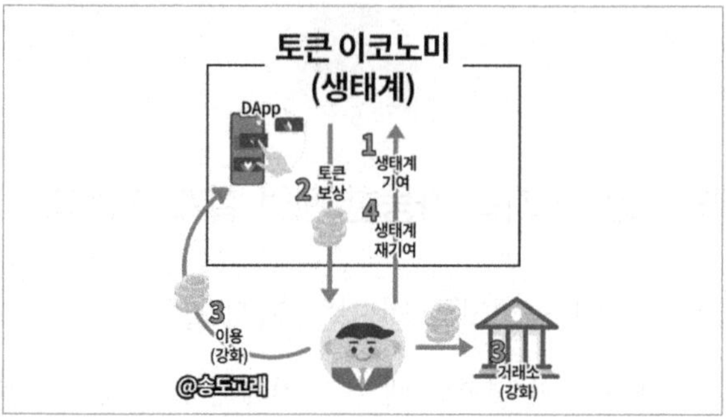

[경제 x-ray] 블록체인이 준 새로운 기회…'토큰 이코노미' [http://www.wikileaks-kr.org]

반영되는 성공 경험이 누적되어야 한다. 팬들이 "내가 이 생태계의 주인"이라는 효능감을 느낄 때, 단기적인 시세 차익을 노리고 들어온 투기 세력(Flippers)은 떠나고, 생태계를 지키려는 진성 팬(Keepers)들이 남아 커뮤니티를 단단하게 지탱할 것이다.

결국 지속 가능한 팬덤 설계의 핵심은 기술적 우수성이 아니라, 팬들의 활동에 대해 공정하게 보상하고 그 가치를 순환시키는 '경제적, 정서적 균형'을 맞추는 데 있다.

4.2. 단기 투기형 모델과 지속 가능형 팬덤 모델의 비교

설계 요소	단기 투기형 모델 (실패 사례)	지속 가능형 모델 (성공 조건)
토큰의 목적	거래소 상장 및 시세 차익 (Speculation)	실사용 및 멤버십 혜택 향유(Utility)
인플레이션	무제한 발행으로 가치 희석	자동 소각(Burn) 및 바이백(Buy-back)으로 가치 보존
참여 유인	"돈을 벌 수 있다"(탐욕 자극)	"더 즐겁게 덕질할 수 있다"(재미와 보상)
주요 참여자	단타 트레이더(팬심 없음)	진성 팬덤(장기 보유 및 생태계 기여)
의사결정	개발사/기획사의 독단적 운영	DAO를 통한 투명한 합의와 참여

4.3. 오래가는 팬덤의 비밀: 가상 사례 연구

위의 설계 조건들이 적용되었을 때, 팬덤 생태계가 어떻게 외부 충격에도 흔들리지 않고 장수하는지 구체적인 시나리오를 통해 살펴본다.

가상 사례 1 **쓰면 쓸수록 가치가 오르는 토큰: '서클(Circle)' 프로젝트**

1) **상황:** 많은 블록체인 프로젝트가 토큰 가격 방어에 실패해 사라지지만, 아이돌 그룹 '인피니티'의 팬덤 토큰 '서클'은 독특한 순환 구조로 5년 넘게 꾸준히 우상향하고 있다.
2) **설계 원칙(소각과 순환):** '서클' 토큰은 팬 활동(스밍, 홍보)을 통해 채굴된다. 팬들은 이 토큰으로만 살 수 있는 '멤버들의 손글씨 NFT'나 '콘서트 리허설 관람권'을 구매한다.
3) **지속 가능 메커니즘:**
   (1) **사용 즉시 소각:** 팬들이 리허설 관람권을 사기 위해 지불한 토큰의 50%는 즉시 소각되어 사라진다. 팬들이 열정적으로 활동할수록 시중의 토큰 개수가 줄어들어 희소성이 높아진다.
   (2) **재투자:** 나머지 50%는 '팬덤 기금'으로 적립되어, 아티스트의 다음 앨범 제작비나 지하철 생일 광고비로 재투자된다.
4) **결과:** 토큰 가격이 오르면 보상 심리가 충족되어 좋고, 가격이 내리면 더 적은 비용으로 굿즈를 살 수 있어 좋다. 시세에 일희일비하지 않는 건강한 소비 생태계가 완성된다.

가상 사례 2 **철새 팬은 가라, 찐팬만 남는다: '타임 캡슐(Time Capsule)' 스테이킹**

1) **상황:** 데뷔 초반에만 반짝하고 사라지는 팬덤이 아니라, 아티스트와 평생을 함께하는 동반자 관계를 만들기 위해 '타임 캡슐' 시스템이

도입된다.

2) **설계 원칙(장기 보유 보상)**: 단순히 토큰을 많이 가진 사람이 아니라, '오랫동안' 보유한 사람에게 더 큰 권한을 주는 시스템이다. 이를 '보유 기간 증명(PoH: Proof of Holding)'이라 한다.

3) **지속 가능 메커니즘**:

   (1) **락업(Lock-up) 가중치**: 토큰을 1주일만 보유한 사람의 투표권은 1표지만, 토큰을 '3년 동안 팔지 않겠다'고 약속(Lock-up)하고 타임 캡슐에 넣은 팬은 100표의 의결권을 갖는다.

   (2) **배당의 차등**: 아티스트의 수익 배당금 역시 장기 보유자에게 더 높은 비율로 지급된다. 단기 차익을 노리고 들어온 투기꾼들은 긴 시간을 견딜 수 없어 스스로 떠난다.

4) **결과**: 아티스트가 무명 시절일 때부터 믿고 기다려준 팬들이 가장 큰 보상을 받는다. 이 시스템은 팬덤을 단기 투자자가 아닌, 아티스트의 성장을 끝까지 지켜보는 든든한 후원군으로 만든다.

제6장 블록체인 기반 K-컬처 저작권 (IP, Intellectual Property) 관리의 혁신

1

'복잡한 저작권 구조: K-컬처가 마주한 현실'과 가상사례

1.1. 화려한 콘텐츠 뒤에 숨겨진 '권리의 미로'

K-팝, K-드라마가 전 세계를 휩쓸고 있지만, 그 이면에는 수십 년 된 낡은 저작권법과 아날로그식 행정 처리가 만든 거대한 장벽이 존재한다. 우리는 흔히 노래 한 곡을 들을 때 그것을 하나의 상품으로 인식한다.

하지만 법적인 관점에서 K-팝 한 곡은 작곡가, 작사가, 편곡자, 가수, 연주자, 음반 제작사 등 수많은 이해관계자의 권리가 복잡하게 얽혀 있는 '권리의 집합체'이다.

문제는 이 권리들이 파편화되어 있고, 그 소재가 불분명하다는 점이다. 이를 '저작권의 파편화(Fragmentation)'라 한다. 예를 들어, 인기 K-팝 곡을 영화 배경음악으로 사용하고 싶은 감독이 있다고 가정하자. 그는 작곡가의 허락만 받으면 되는 것이 아니다. 작사가, 실연자(가수), 음반 제작사의 허락을 일일이 따로 받아야 한다. 만약 그중 한 명이라도 연락이 닿지 않거나 거절하면, 그 콘텐츠는 합법적으로 사용할 수 없다.

이 과정은 '권리 처리(Clearance)'라고 불리는데, 현재 시스템에서는 사람이 일일이 전화하고 계약서를 팩스로 주고받는 비효율적인 방식으로 이루어진다. 이로 인해 수많은 2차 창작과 융합 콘텐츠 기획이 '허락 받다가 지쳐서' 무산된다.

더욱 심각한 것은 '불투명한 정산'이다. 스트리밍 플랫폼, 저작권 신탁 단체, 기획사를 거치며 내 노래가 어디서 얼마나 팔렸는지에 대한 원본 데이터는 블랙박스 속에 갇힌다. 창작자는 통장에 찍힌 금액이 정확한지 검증할 방법이 없다. 결국 현재의 K-컬처 저작권 구조는 "만드는 사람은 많지만, 누가 권리를 가졌는지 찾기 힘들고, 돈이 제대로 도는지 알 수 없는" 혼란스러운 과도기에 머물러 있는 것이다.

1.2. K-팝 음원 하나에 얽혀 있는 복잡한 권리 관계자 및 권한

구분	주요 권리자	보유 권리(주요 내용)	현실적 문제점(Pain Points)
저작권자	작곡가, 작사가, 편곡자	저작재산권(복제권, 공연권, 공중송신권 등)	신탁 단체를 통해야만 징수 가능, 수수료 발생
저작인접권자 (1)	실연자 (가수, 연주자)	실연권(성명표시권, 복제권, 배포권 등)	코러스나 세션 연주자는 명단 누락이 빈번함
저작인접권자 (2)	음반 제작사 (기획사)	음반제작자 권리 (복제/배포권, 전송권)	가장 큰 수익 권한을 가지나 정산 데이터 비공개
2차 창작자	리믹스 DJ, 커버 댄서, 유튜버	없음(원칙적으로 저작권 침해자 취급)	기여도에 대한 법적 보상 근거 부재
유통 플랫폼	멜론, 유튜브, 스포티파이	유통 및 서비스 권한	데이터 독점 및 알고리즘에 의한 불투명한 노출

1.3. 꽉 막힌 저작권 고속도로: 가상 사례 연구

현재의 중앙 집중적이고 파편화된 저작권 구조가 어떻게 K-컬처의 확장을 가로막고 창작자의 의욕을 꺾는지 구체적인 시나리오를 통해 살펴본다.

가상 사례 1 연락두절로 무산된 글로벌 프로젝트:
'K-팝 심포니(Symphony)'의 비극

1) **현안 과제:** 한국의 한 게임 회사가 전 세계적으로 인기 있는 90년대 K-가요 명곡들을 오케스트라 버전으로 편곡하여 게임 배경음악으로 삽입하는 대형 프로젝트를 기획한다.

2) **상황:** 자금도 충분하고 기술력도 있다. 원곡 작곡가 10명 중 9명과는 계약에 성공했다. 그러나 마지막 한 곡, 프로젝트의 핵심 테마곡인 '추억 속으로'의 저작권 해결이 발목을 잡는다.

3) **현실의 벽(권리자 불명):**

   (1) **복잡한 지분:** 해당 곡은 작곡가가 3명인데, 그중 한 명이 10년 전 이민을 가면서 연락이 두절되었다. 신탁 단체에도 최신 연락처가 없다.

   (2) **권리의 승계 문제:** 또 다른 공동 작사가는 이미 사망했는데, 그 권리가 자녀들에게 상속되었는지, 제3자에게 매각되었는지 등 기부상의 기록이 불분명하다.

   (3) **프로젝트 중단:** 게임 출시일은 다가오는데, 저작권 해결이 안 된 곡을 썼다가는 나중에 수십억 원의 소송을 당할 수 있다. 결국 회사는 해당 곡을 빼고 프로젝트 규모를 대폭 축소한다.

4) **시사점:** 저작권 정보를 통합 관리하는 투명한 시스템(원장)이 없어서, 훌륭한 IP(지식재산권)가 활용되지 못하고 사장되는 '고아 저작물(Orphan Works)' 문제를 적나라하게 보여준다.

가상 사례 2 춤은 내가 만들었는데 돈은 가수가 번다:
'챌린지 창시자'의 억울함

1) **현안 과제:** 무명 댄서 'J'가 창작한 독창적인 안무가 틱톡과 릴스에서 'OO 챌린지'로 불리며 전 세계적으로 10억 뷰를 기록한다.
2) **상황:** 이 챌린지 덕분에 해당 음원은 차트 역주행을 하고, 가수는 음악 방송 1위를 차지하며 돈방석에 앉는다. 하지만 정작 챌린지를 유행시킨 안무가 'J'의 통장 잔고는 0원이다.
3) **현실의 벽**(권리 인정의 부재):
    (1) **저작권법의 사각지대:** 현행법상 안무는 '저작물'로 인정받기 매우 까다롭다. 인정받더라도 음악 저작권처럼 체계적인 징수 시스템이 없다.
    (2) **플랫폼의 수익 분배:** 숏폼 플랫폼은 배경음악을 쓴 것에 대해 작곡가와 가수에게는 저작권료를 지불하지만, 영상의 핵심인 '춤'을 만든 사람에게는 별도의 수익을 배분하지 않는다.
    (3) **증명의 어려움:** 심지어 대형 기획사가 'J'의 안무를 약간 변형하여 자신들의 창작 안무라고 주장한다. 'J'는 자신이 원작자임을 증명하기 위해 소송을 걸어야 하지만, 거대 로펌을 상대할 비용이 없어 포기한다.
4) **시사점:** K-컬처의 핵심 경쟁력인 '퍼포먼스'와 '2차 창작'이 기존 법과 시스템 안에서는 보호받지 못하고 착취당하는 구조적 한계를 드러낸다.

2

'블록체인 기반 K-컬처에서 IP의 작동원리와 역할'과 가상사례

2.1. 잠자던 IP를 깨우다: '방어'에서 '확장'으로의 진화

"미키마우스의 저작권은 디즈니가 가진다." 지금까지 IP(지식재산권)의 정의는 '배타적 소유'와 '침해 금지'에 방점이 찍혀 있었다.

K-컬처 역시 마찬가지다. 기획사는 자신들이 만든 캐릭터나 음원을 금고 깊숙이 넣어두고, 허락 받지 않은 자가 사용하는 것을 감시하는 데 막대한 비용을 쏟아부었다. 그러나 블록체인 기술은 이 폐쇄적인 IP를 '누구나 조립 가능한 레고 블록'으로 변모 시킨다.

블록체인 기반 K-컬처에서 IP의 핵심 작동 원리는 '토큰화(Tokenization)'와 '스마트 계약(Smart Contract)'의 결합이다.

음악, 웹툰 캐릭터, 세계관 설정 등 무형의 지적 재산은 블록체인 위에서 고유한 식별 값을 가진 토큰(NFT)으로 변환된다. 이것은 단순한 디지털 파일이 아니라, 그 안에 '사용 규칙'과 '수익 분배 로직'이 내장된 '디지털 DNA'다.

미키 마우스 저작권 만료 비하인드 [https://bidpiece.com]

예를 들어, "내 캐릭터를 사용하여 게임을 만들면 매출의 5%를 자동으로 원작자에게 보낸다"라는 규칙이 IP 자체에 코딩된다. 이렇게 되면 복잡한 법적 계약 절차 없이도 누구나 이 IP를 가져다가 2차, 3차 창작물을 만들 수 있다. 이것이 바로 '허가형 혁신(Permissioned Innovation)'에서 '무허가형 혁신(Permissionless Innovation)'으로의 전환이다.

이러한 환경에서 IP의 역할은 근본적으로 바뀐다. 과거의 IP가 타인의 접근을 막는 '울타리'였다면, 블록체인 시대의 IP는 수많은 창작자와 팬들을 연결하는 '프로토콜(Protocol, 통신 규약)'이 된다.

K-컬처 IP는 이제 법적 보호를 넘어, 스스로 거래되고 융합되며 가치를 증식 시키는 '살아있는 경제 생명체'로 기능하게 되는 것이다.

2.2. 전통적 IP 관리 방식과 블록체인 기반 IP 운용 방식의 비교

구분	전통적 IP(Web 2.0)	블록체인 기반 IP(Web 3.0)
기본 성격	방어적 권리(복제 및 사용 금지)	개방적 자산(사용 규칙 준수 시 자유 이용)
작동 방식	오프라인 계약서 및 법적 소송 의존	스마트 계약에 의한 자동 라이선싱 및 정산
확장성	IP 보유자(기업) 주도로 제한적 확장	팬과 외부 창작자에 의한 무한한 확장(OSMU)
수익 구조	라이선스 비용 일시불 수취	거래 및 2차 창작 발생 시마다 로열티 자동 수취
소유 형태	기업 독점(Centralized)	지분 분산 및 커뮤니티 공유 (Decentralized)

2.3. IP가 스스로 일하는 세상: 가상 사례 연구

법무팀 없이도 IP가 스스로 계약을 체결하고, 국경을 넘어 융합되는 미래의 K-컬처 산업 현장을 구체적인 시나리오를 통해 살펴본다.

가상 사례 1 작곡가 없는 작업실, 팬들이 리믹스하다: '스템 파일(Stem File) NFT 마켓'

1) **상황**: K-팝은 듣는 음악을 넘어, 틱톡 챌린지나 리믹스 버전으로 소비되는 '노는 음악'이다. 하지만 원곡을 변형하는 것은 저작권 침해 소지가 있어 팬들은 음지에서 활동해야 했다. 이를 양지로 끌어올리는 프로젝트가 시작된다.

2) IP 작동 원리:

   (1) **스템 파일 분해**: 유명 프로듀서 'B'는 자신의 신곡을 완성한 뒤, 보컬, 드럼, 베이스, 신디사이저 등 악기별 소스(Stem)를 분리하여 각각 NFT로 발행한다.

   (2) **규칙 설정(Smart Contract)**: 각 스템 NFT에는 "이 소스를 사용하여 만든 2차 창작곡이 수익을 낼 경우, 수익의 10%를 원작자 지갑으로 자동 전송한다"는 규칙이 심어져 있다.

   (3) **무한 리믹스**: 대학생, 아마추어 DJ들은 이 스템 NFT를 구매하여 합법적으로 자신만의 리믹스 곡을 만든다. 별도의 이용 허락을 받을 필요가 없다. 구매 자체가 이용 허락이기 때문이다.

3) **결과**: 프로듀서 'B'의 곡은 수천 가지 버전으로 재탄생하여 전 세계 클럽과 유튜브로 퍼져 나간다. 원작자는 가만히 있어도 전 세계에서 입금되는 '2차 창작 로열티'를 받으며, IP의 수명은 영생에 가깝게 늘어난다.

가상 사례 2 내 웹툰 캐릭터가 게임 속으로 걸어 들어가다: '크로스보더(Cross-border) 아바타'

1) **상황:** 지금까지 웹툰 캐릭터를 게임에 등장시키려면, 게임사가 웹툰 작가와 수개월간 협상하여 판권을 사야 했다. 하지만 IP가 상호운용성(Interoperability)을 갖게 되면 이 장벽이 사라진다.

2) IP 작동 원리:

   (1) **표준화된 IP:** 인기 웹툰 〈서울의 밤〉 주인공 캐릭터가 블록체인 표준 규격에 맞춰 3D 아바타 NFT로 발행된다. 이 NFT는 단순히 '그림'이 아니라, 메타버스 공간에서 움직일 수 있는 '데이터 패키지'다.

   (2) **플랫폼 간 이동:** 이 NFT를 구매한 팬은 'A'라는 격투 게임에 이 캐릭터를 불러와 싸우게 할 수 있고, 싫증 나면 'B'라는 소셜 메타버스에 데려가 친구들과 수다를 떨게 할 수 있다. 캐릭터의 레벨과 경험치 정보는 특정 게임 서버가 아닌 블록체인(IP 자체)에 저장된다.

   (3) **수익의 다각화:** 게임사들은 별도의 판권 계약 없이, 이 캐릭터 NFT를 가진 유저가 접속할 때마다 작가에게 소정의 'IP 사용료'를 토큰으로 자동 지급한다.

3) **결과:** IP는 특정 플랫폼에 종속되지 않고 디지털 세상을 자유롭게 유영한다. 작가는 자신의 캐릭터가 어떤 게임, 어떤 메타버스에서 활약하는지 실시간으로 확인하며 수익을 얻는 'IP 노마드(Nomad)' 시대를 맞이한다.

3

'블록체인 기반 실시간 저작권료 분배와 정산의 자동화'와 가상사례

3.1. '돈맥경화'에 빠진 K-컬처, 스마트 계약으로 혈관을 뚫다

화려한 K-컬처의 이면에는 창작자들이 겪는 고질적인 '돈맥경화(Cash flow blockage)' 현상이 존재한다. 현재의 저작권료 징수 및 분배 시스템은 디지털 시대에 걸맞지 않게 지나치게 아날로그적이다.

음원 스트리밍 사이트, 저작권 신탁 단체, 기획사, 그리고 은행을 거치는 복잡한 유통 단계로 인해, 창작자가 자신의 노래에 대한 수익을 정산받기까지는 짧게는 3개월에서 길게는 1년이 소요된다. 심지어 복잡한 엑셀 작업 중 발생하는 누락이나 오류는 오롯이 창작자가 감내해야 할 몫으로 남는다.

블록체인 기술의 도입은 이러한 '지연'과 '불투명'을 '실시간(Real-time)'과 '자동화(Automation)'로 혁신한다. 그 중심에는 '스마트 계약(Smart Contract)'이 있다. 스마트 계약은 조건이 충족되면 즉시 계약 내용을 이행하는 프로그래밍 코드다. 이를 정산 시스템에 적용하면, 소비자가 콘텐츠를 즐기는 '즉시' 수익 분배가 일어난다.

예를 들어, "음원 1회 재생 시 7원의 수익을 작곡가 40%, 가수 30%, 제작사 30%로 나눈다"라는 코드를 블록체인에 입력해 둔다. 팬이 재생 버튼을 누르는 순간(트랜잭션 발생), 시스템은 즉시 결제 금액을 7원으로 쪼개고, 다시 비율대로 나누어 창작자들의 디지털 지갑으로 전송한다.

KT, 블록체인 적용한 실시간 로밍 정산 기술 개발 [https://www.industrynews.co.kr]

이 과정에는 사람의 개입도, 정산서 승인 절차도, 은행 영업시간의 제약도 없다. 1원 단위, 아니 0.001원 단위의 '마이크로 페이먼트(Micro-payment)'까지 오차 없이 수행된다. 이는 자금력이 부족한 신인 창작자들에게 즉각적인 현금 유동성을 공급하여 지속적인 창작 활동을 가능케 하는 생명줄이 된다. 블록체인은 단순한 장부가 아니라, 창작자의 땀방울을 실시간으로 보상으로 바꿔주는 '디지털 급여 자동이체 시스템'인 것이다.

3.2. 기존 정산 시스템과 블록체인 기반 자동 정산 시스템 비교

구분	기존 정산 시스템 (Current System)	블록체인 자동 정산 (Blockchain System)
정산 주기	월별, 분기별, 반기별(D+30 ~ D+180)	실시간(Real-time) ~ D+1
분배 방식	중앙 관리자가 수기 집계 후 일괄 송금	스마트 계약에 의해 건별 자동 분할 송금
투명성	세부 내역 확인 불가(총액만 통보)	모든 트랜잭션 및 분배 비율 공개
최소 단위	은행 이체 수수료로 인해 소액 정산 불가	초소액(Micro) 단위까지 즉시 정산 가능
오류 가능성	사람의 실수(Human Error) 및 횡령 위험	코드에 의한 자동 실행(무결성 보장)
중개 비용	신탁 수수료, 이체 수수료 등 다수 발생	네트워크 수수료(Gas Fee) 외 비용 절감

3.3. 기다림 없는 보상: 가상 사례 연구

정산의 자동화가 창작자의 삶을 어떻게 바꾸고, 산업 전체의 효율성을 얼마나 높이는지 구체적인 시나리오를 통해 살펴본다.

가상 사례 1 브라질에서 재생된 노래, 10초 뒤 서울로 입금되다: '스트림-투-월렛(Stream-to-Wallet)'

1) **현안 과제**: 인디 밴드 '새벽노을'은 매달 월세 낼 돈이 부족해 음악을 포기하려 했다. 음원 사이트 정산이 몇 달씩 밀리기 때문이다. 하지만 블록체인 기반 음원 플랫폼을 사용하면서 그들의 삶은 180도 달라진다.
2) **상황**: 새벽 2시, 지구 반대편 브라질의 K-팝 팬들이 '새벽노을'의 신곡을 발견하고 스트리밍을 시작한다.
3) **자동 정산 프로세스**:
   (1) **트랜잭션 감지**: 브라질 팬이 곡을 재생하는 순간, 블록체인 네트워크는 이를 하나의 '매출 발생 사건'으로 기록한다.
   (2) **스마트 계약 실행**: 사전에 합의된 계약 코드(밴드 70%, 플랫폼 30%)가 작동한다. 스트리밍 1건당 발생한 수익 10원이 즉시 분할된다.
   (3) **실시간 입금**: 밴드 멤버 4명의 전자 지갑으로 각각 1.75원씩(7원의 1/4) 꽂힌다. 멤버들의 스마트폰에는 "띵동! 저작권료가 입금되었습니다"라는 알림이 1초에 한 번씩 울린다.
4) **결과**: 아침에 일어난 멤버들은 밤새 쌓인 정산금으로 악기 줄을 교체하고 점심을 사 먹는다. 자금 회전이 빨라지니 창작의 질도 높아진다. "음악은 배고픈 직업"이라는 말은 옛말이 된다.

가상 사례 2 복잡한 N분의 1, AI와 블록체인이 끝낸다:
'K-웹툰 정산 봇(Settlement Bot)'

1) **현안 과제:** 대형 웹툰 스튜디오는 메인 작가 외에도 배경 작가, 채색 담당, 스토리 보조 등 수십 명의 스태프가 협업한다. 매달 들어오는 수익을 기여도에 따라 나누는 정산 업무는 전쟁과도 같다. 이를 해결하기 위해 '자동 정산봇'이 도입된다.

2) **상황:** 웹툰 〈무림학개론〉이 글로벌 대박을 터뜨려 미국, 일본, 프랑스에서 동시에 수익이 발생한다. 기존에는 각국 통화를 환전하고 엑셀로 계산하느라 정산 팀이 야근을 밥 먹듯 했다.

3) **자동 정산 프로세스:**
   - (1) **기여도 설정:** 프로젝트 시작 전, "메인 작가 50%, 배경 20%, 채색 20%, 번역 10%"라는 룰을 스마트 계약에 입력해 둔다.
   - (2) **글로벌 통합 정산:** 미국에서 달러로 결제되든, 일본에서 엔화로 결제되든, 결제되는 즉시 해당 시점의 환율이 적용된 '스테이블 코인(가치 변동 없는 코인)'으로 자동 변환된다.
   - (3) **즉시 분배:** 웹툰 1화(500원)가 팔릴 때마다 배경 작가의 지갑으로 정확히 100원 상당의 코인이 들어온다.

4) **결과:** 정산 관련 분쟁이 사라진다. 스태프들은 "사장님이 언제 돈 줄까?" 눈치 보지 않고, 자신의 노동에 대한 대가가 실시간으로 쌓이는 것을 보며 업무 의욕을 불태운다. 정산 인건비가 '0원'이 되어 스튜디오의 이익률도 개선된다.

4

'글로벌 저작권 분쟁 해결을 위한 블록체인 활용'과 가상사례

4.1. 국경 없는 콘텐츠, 국경 있는 법: '디지털 증거'가 심판관이 된다

K-팝과 K-드라마는 빛의 속도로 국경을 넘나들지만, 이를 보호해야 할 저작권법은 여전히 국경이라는 높은 장벽 안에 갇혀 있다.

만약 지구 반대편의 누군가가 K-웹툰을 무단으로 번역해 유료로 팔거나, K-팝의 멜로디를 교묘하게 표절하여 자국에서 히트 시킨다면 어떻게 될까? 한국의 창작자가 현지 변호사를 선임하고, 국제 소송을 제기하여 승소하기까지는 수년의 시간과 천문학적인 비용이 소모된다. 사실상 '포기'를 강요 받는 구조다.

블록체인 기술은 이 기울어진 저울을 바로잡는 '초국가적 디지털 공증인(Global Digital Notary)' 역할을 수행한다. 핵심은 '타임스탬프(Timestamp)'와 '해시(Hash) 값'을 이용한 원본 증명이다.

창작물이 완성되는 즉시 블록체인에 등록하면, "202X년 X월 X일 X시

eNotary - Online Notarisation Service [https://enotarypublic.co.uk]

에 이 콘텐츠가 존재했음"을 증명하는 디지털 도장(타임스탬프)이 찍힌다. 그리고 콘텐츠의 고유한 지문인 '해시 값'이 전 세계 분산 원장에 박제된다.

훗날 표절 시비나 소유권 분쟁이 발생했을 때, 창작자는 복잡한 서류 대신 이 블록체인 기록을 제시한다. 위 변조가 불가능한 이 기록은 국제적으로 통용되는 강력한 '디지털 증거'가 된다.

중국 법원을 포함한 여러 국가의 사법 시스템이 이미 블록체인에 기록된 증거의 법적 효력을 인정하기 시작했다. 이는 저작권 등록이 되어 있지 않은 해외 국가에서도 '내가 원작자'임을 입증하는 데 드는 비용과 시간을 획기적으로 단축시킨다.

블록체인은 각국의 상이한 법 제도를 뛰어넘어, 오직 '데이터의 진실성' 하나로 분쟁을 조기에 종식시키는 '글로벌 진실 머신(Global Truth Machine)'으로 기능하게 될 것이다.

4.2. 전통적 국제 저작권 분쟁 해결과 블록체인 기반 해결 방식 비교

구분	전통적 분쟁 해결 (Legacy)	블록체인 기반 분쟁 해결 (Blockchain)
증거 확보	창작 노트, 이메일 기록 등 (위조 가능성 존재)	블록체인 타임스탬프 및 해시 값 (위변조 불가)
권리 입증	각국 저작권 위원회에 개별 등록 필요	한 번의 등록으로 전 세계적인 원본 증명 가능
소요 시간	증거 수집 및 공증에 수개월 소요	클릭 한 번으로 즉시 증거 제출(실시간)
비용	해외 변호사 선임비, 공증비 등 고비용	네트워크 수수료 외 추가 비용 거의 없음
해결 방식	법정 공방 및 지루한 소송전	명확한 증거 제시에 따른 조기 합의 유도

4.3. 법정보다 빠른 데이터: 가상 사례 연구

블록체인 기술이 도입되었을 때, 억울하게 빼앗길 뻔한 K-컬처의 권리를 어떻게 지켜내고 분쟁을 해결하는지 구체적인 시나리오를 통해 살펴본다.

가상 사례 1 표절 논란, 1분 만에 종결하다: '멜로디 가디언(Melody Guardian)'

1) **현안 과제:** 신인 작곡가 'A'는 자신의 데뷔곡 멜로디와 똑같은 노래가 동남아시아의 한 유명 가수에 의해 발표된 것을 발견하고 충격에 빠진다. 상대방은 "우리가 먼저 만들었다"며 오히려 적반하장으로 나온다.

2) **분쟁 상황:** 상대방은 거대 기획사를 등에 업고 있으며, 해당 국가의 저작권 등록 시점이 'A'의 앨범 발매일보다 빠르다고 주장한다. 'A'는 억울하지만 국제 소송을 감당할 돈이 없다.

3) **블록체인 해결책:**

   (1) **타임스탬프 제출:** 'A'는 곡을 스케치하던 단계부터 블록체인 창작 플랫폼을 사용했다. 그는 멜로디가 처음 완성된 날짜(상대방 등록일보다 6개월 전)가 찍힌 블록체인 인증서를 추출한다.

   (2) **해시 대조:** 'A'의 원본 파일에서 추출한 해시 값과 블록체인에 기록된 해시 값이 정확히 일치함을 보여준다. 이는 파일이 6개월 전부터 수정되지 않고 존재했음을 수학적으로 증명한다.

   (3) **조기 합의:** 'A'가 이 반박 불가능한 증거를 내용증명으로 보내자, 승산이 없음을 깨달은 상대방 기획사는 즉시 표절을 인정하고 저작권료 배분 합의를 제안한다.

4) **결과**: 수년이 걸릴 뻔한 법적 공방이 단 한 장의 '디지털 성적표(블록체인 기록)'로 인해 1주일 만에 작곡가 'A'의 승리로 끝난다.

가상 사례 2 불법 리메이크를 원천 차단하다: '스크립트 체인(Script Chain)'

1) **현안 과제**: 한국에서 방영되기도 전에 대본이 유출되어 해외에서 불법 리메이크 드라마가 제작되는 일이 빈번하다. 이를 막기 위해 드라마 제작사들은 시나리오 유통 전 과정을 블록체인 화한다.

2) **분쟁 상황**: 기대작 드라마 〈경성 1945〉의 방영을 앞두고, 인접 국가의 스트리밍 사이트에서 설정과 대사가 흡사한 웹드라마가 예고편으로 공개된다. 해당 제작사는 "우연의 일치"라고 발뺌한다.

3) **블록체인 해결책**:

(1) **접근 기록 추적**: 한국 제작사는 대본을 NFT 형태의 보안 문서로 관리했다. 블록체인 열람 기록(Log)을 조회한 결과, 3달 전 번역 아르바이트생의 계정으로 대본이 무단 열람 및 유출된 흔적(트랜잭션)을 찾아낸다.

(2) **스마트 계약의 강제성**: 대본 NFT에는 "정식 라이선스 계약 없이는 상업적 이용 불가"라는 조건이 코딩되어 있다. 제작사는

서유석 노래 불법 리메이크 음원사, 1심서 벌금형 [https://www.fnnews.com]

이를 근거로 해당 국가의 플랫폼에 '디지털 저작권 침해 통지(DMCA Takedown)'를 보낸다.

(3) **플랫폼의 자동 제재:** 글로벌 저작권 보호 협약과 연동된 블록체인 시스템은 명백한 침해 증거(유출 로그)를 확인하고, 해당 웹드라마의 업로드를 자동으로 차단한다.

4) **결과:** "몰랐다"거나 "우연이다"라는 변명이 통하지 않는다. 블록체인은 창작물의 이동 경로를 투명하게 감시하는 CCTV 역할을 하며, IP 침해를 시도조차 할 수 없게 만든다.

5

'2차 창작 수익 분배 자동화와 권리 관계 명확화'와 가상사례

5.1. '불법 복제'의 낙인을 떼고, '파생 수익'의 날개를 달다

K-컬처의 글로벌 흥행 공식은 '참여형 놀이 문화'에 있다. 싸이의 〈강남스타일〉부터 최근의 숏폼 챌린지까지, 원작을 패러디하고 재생산하는 팬들의 2차 창작 활동이 없었다면 한류의 확산은 불가능했을 것이다.

그러나 현행 저작권 시스템에서 2차 창작물은 '불법'과 '합법' 사이의 위태로운 줄타기를 한다. 원작자의 허락 없는 커버 영상이나 팬픽은 원칙적으로 저작권 침해이며, 팬들이 만든 콘텐츠로 수익을 창출하는 것은 사실상 불가능에 가깝다. 이로 인해 수많은 창의적인 아이디어들이 빛을 보지 못하고 사장된다.

블록체인 기술은 이 딜레마를 해결하기 위해 '계보(Genealogy)의 기록'

과 '이익의 자동 분배'라는 두 가지 혁신을 제시한다.

먼저, 블록체인은 모든 콘텐츠의 '디지털 DNA'를 추적한다. 원작자가 자신의 곡이나 캐릭터를 블록체인에 등록할 때, "이 IP를 활용한 2차 창작을 허용한다. 단, 수익의 10%는 원작자에게 귀속된다"라는 규칙(스마트 계약)을 심어 놓는다.

팬이 이 원작을 기반으로 새로운 영상을 만들면, 블록체인상에는 '부모(원작)'와 '자식(2차 창작물)'의 관계가 명확히 기록된다. 즉, 2차 창작물이 '무단 도용'이 아니라, 족보 있는 '정식 파생 콘텐츠'로 인정받게 되는 것이다.

더 나아가, 수익 분배가 자동화된다. 유튜브나 틱톡 같은 플랫폼에서 2차 창작물로 100원의 수익이 발생하면, 정산 부서의 복잡한 결재 없이 스마트 계약이 즉시 작동한다. 90원은 2차 창작자(팬)에게, 10원은 원작자에게 실시간으로 나뉘어 입금된다.

이러한 시스템은 K-컬처를 '막는 저작권'에서 '여는 저작권'으로 전환시킨다. 원작자는 자신의 IP가 널리 쓰일수록 가만히 앉아서 로열티를 벌어들이고, 팬들은 저작권 위반 걱정 없이 당당하게 창작 활동을 하며 수익을 얻는다. 이는 K-컬처 생태계를 창작자와 팬이 서로의 이익을 위해 돕고 사는 '공생의 숲'으로 만드는 핵심 기술이다.

5.2. 2차 창작 시장의 현재(Gray Zone)와 블록체인 도입 후(White Zone) 비교

구분	현재 2차 창작 시장 (Web 2.0)	블록체인 기반 2차 창작 시장 (Web 3.0)
법적 지위	원작자 묵인 하에 유지되는 회색지대	스마트 계약을 통해 허가된 합법적 지대

권리 관계	원작자와 2차 창작자 간 관계 불분명	블록체인 족보(Parent-Child)로 관계 명확화
수익 구조	수익 창출 제한(원작자가 차단 가능)	기여도에 따른 자동 수익 분배(Win-Win)
허가 절차	복잡한 개별 계약 필요(현실적 불가)	프로토콜에 의한 즉시 자동 라이선싱
창작 동기	팬 심과 자기만족	팬 심 + 경제적 보상(Creator Economy)

5.3. 상상이 돈이 되는 세상: 가상 사례 연구

팬들의 2차 창작이 어떻게 합법적인 비즈니스로 인정받고, 원작자와 팬 모두에게 부를 가져가주는지 구체적인 시나리오를 통해 살펴본다.

가상 사례 1 커버 댄스로 월세 내는 대학생: '오픈 댄스 챌린지(Open Dance Challenge)'

1) **현안 과제:** 실용무용과 대학생 '민지'는 아이돌 안무를 자신만의 스타일로 재해석해 영상 올리는 것을 좋아한다. 예전에는 음원 저작권 문제로 수익 창출이 막히거나 영상이 삭제되기도 했지만, 이제는 당당한 직업이 되었다.
2) **권리 관계의 명확화:** 유명 아이돌 그룹이 신곡 안무 데이터를 블록체인에 공개하며 '오픈 라이선스'를 선언한다. 민지는 이 안무의 NFT를 기반으로 자신의 창작 안무 영상을 만든다. 블록체인에는 민지의 영상이 "아이돌 원곡의 정식 변형 안무"임이 기록된다.
3) **수익 분배 자동화:**
   (1) **조회수 수익:** 민지의 영상이 100만 뷰를 달성하여 광고 수익이 발생한다.
   (2) **스마트 계약 실행:** 수익금 입금과 동시에 스마트 계약은 [민지 70%: 원곡 기획사 20%: 안무가 10%]의 비율로 돈을 쪼개어 각

자의 지갑으로 쏜다.

(3) **추가 수익**: 민지의 편곡 안무가 인기를 끌어 다른 사람들이 또 따라 하기 시작한다. 이제 민지는 '3차 창작물'에 대한 원작자로서 로열티를 받게 된다.

4) **결과**: 기획사는 홍보비 한 푼 안 쓰고 전 세계적인 챌린지 열풍을 일으키며 부가 수익을 얻고, 민지는 단순한 팬을 넘어 '안무 크리에이터'로서 경제적 자립을 이룬다.

가상 사례 2 **팬픽이 정사가 되다: '멀티버스 웹소설 플랫폼(Multiverse Novel)'**

1) **현안 과제**: 인기 웹소설 〈마법사의 귀환〉의 열성 팬인 작가 지망생 '현우'는 주인공이 죽지 않는 다른 결말을 상상하여 팬픽을 쓴다. 과거에는 저작권 침해로 고소당할까 봐 숨어서 썼지만, 이제는 원작의 세계관을 확장하는 파트너로 대우받는다.

2) **권리 관계의 명확화**: 원작 작가는 자신의 세계관 설정(캐릭터, 배경)을 '파생 가능 NFT'로 등록한다. 현우는 이 NFT를 구매하여 합법적으로 2차 창작 권한을 획득하고, 〈마법사의 귀환: 이프(If) 외전〉을 연재한다.

현대 귀환 마법사 [단행본] - 웹소설 | 카카오페이지 [https://page.kakao.com]

3) 수익 분배 자동화:

(1) **유료 연재:** 현우의 외전이 인기를 끌어 독자들이 유료 결제를 한다.

(2) **투명한 정산:** 결제 금액의 15%는 원작 작가에게 '세계관 사용료'로 자동 이체되고, 플랫폼 수수료를 제외한 나머지는 현우가 가져간다.

(3) **공식 세계관 편입:** 현우의 작품이 원작 팬들에게 큰 호응을 얻자, 원작 작가와 팬들의 DAO 투표를 통해 이 외전이 '공식 평행우주 스토리'로 인정받는다.

4) **결과:** 원작 작가는 자신의 세계관이 마블(Marvel)처럼 무한히 확장되는 효과를 누리고, 현우는 '표절 작가'의 오명을 쓰는 대신 당당한 '스핀오프 작가'로 데뷔한다.

6

'한국형 저작권 블록체인 플랫폼 구축 방안'과 가상사례

6.1. K-컬처의 영토를 지키는 디지털 성벽, 'K-저작권 체인'

방탄소년단과 〈오징어 게임〉이 전 세계를 정복했지만, 그들의 저작권을 보호하고 유통하는 시스템은 여전히 해외 플랫폼(유튜브, 스포티파이, 넷플릭스)에 의존하고 있다.

이는 우리가 열심히 농사를 지어 남의 창고에 쌓아두는 것과 같다. 진정한 '문화 강국'으로 도약하기 위해서는 콘텐츠의 생산 뿐만 아니라, 그

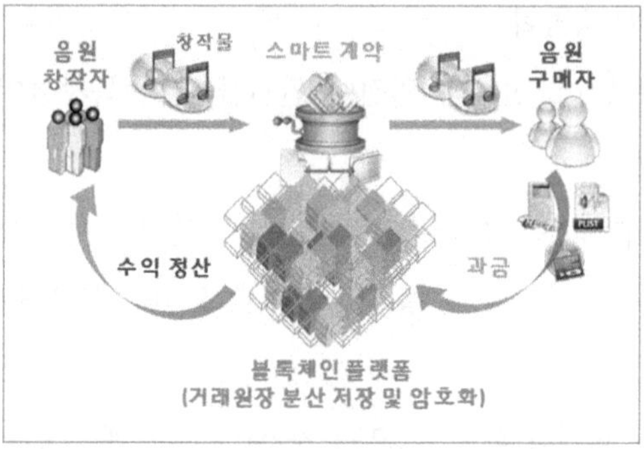

홈 〉자료마당〉저작권 보호 전문지〉C STORY(칼럼) [https://www.kcopa.or.kr]

권리를 관리하고 유통하는 '디지털 인프라의 주권'을 확보해야 한다. 이를 위한 해법이 바로 '한국형 저작권 블록체인 플랫폼(가칭: K-Copyright Chain)'의 구축이다.

첫째, '통합 식별 체계(K-UCI)의 고도화'다. 현재 음악, 영상, 웹툰 등 장르별로 흩어져 있는 식별 코드를 블록체인 기반의 '단일 디지털 ID'로 통합해야 한다. 마치 모든 국민에게 주민등록번호가 있듯, 한국에서 생산된 모든 콘텐츠에 위변조가 불가능한 '블록체인 여권'을 발급하는 것이다. 이를 통해 전 세계 어디서든 이 콘텐츠의 원산지가 'Korea'임을 증명할 수 있다.

둘째, '공공과 민간의 하이브리드 거버넌스'다. 정부(저작권위원회)는 신뢰할 수 있는 '증명 노드(Node)' 역할을 맡아 법적 효력을 보장하고, 민간(기획사, 유통사)은 '서비스 노드'로서 빠르고 효율적인 비즈니스를 주도한다. 관(官)의 신뢰성과 민(民)의 역동성을 결합하여 플랫폼의 공신력과 경쟁력을 동시에 확보하는 전략이다.

셋째, '글로벌 상호운용성(Global Interoperability) 확보'다. 우리끼리만 쓰는 갈라파고스 시스템이 되어서는 안 된다. K-저작권 체인은 설계 단계부터 국제 표준(ISO)을 준수하고, 해외의 주요 저작권 체인이나 NFT 마켓플레이스와 자유롭게 연동되도록 '오픈 API' 정책을 펼쳐야 한다.

결국 한국형 저작권 블록체인 플랫폼은 단순한 관리 도구가 아니다. 이것은 K-컬처가 전 세계로 뻗어 나가는 '디지털 실크로드'이자, 후발 주자들이 우리를 따라오게 만드는 '글로벌 표준'이 될 것이다.

6.2. 현재의 파편화된 시스템과 한국형 저작권 블록체인 플랫폼 비교

구분	현재 시스템(As-Is)	한국형 저작권 블록체인 플랫폼(To-Be)
식별 체계	장르별, 협회별 개별 코드 혼용 (호환 불가)	통합된 블록체인 ID(K-Content ID) 부여
운영 주체	각 신탁 단체 및 사기업의 독자 운영	정부(신뢰) + 민간(기술)의 하이브리드 컨소시엄
데이터 공유	폐쇄적 데이터베이스(사일로 현상)	분산 원장을 통한 실시간 데이터 공유 및 동기화
해외 연동	오프라인 협약 및 서류 기반 처리(느림)	스마트 계약을 통한 글로벌 플랫폼 자동 연동
목표	국내 저작권 관리 및 징수	글로벌 K-컬처 자산의 표준화 및 허브(Hub)화

AI 음악 시대, 블록체인은 저작권을 어떻게 바꿀까 [https://www.youtube.com]

6.3. 표준이 만드는 미래: 가상 사례 연구

한국형 플랫폼이 구축되었을 때, 창작 생태계가 얼마나 효율적으로 변하고 글로벌 시장에서 어떤 위상을 갖게 되는지 구체적인 시나리오를 통해 살펴본다.

가상 사례 1 클릭 한 번으로 전 세계 수출: 'K-콘텐츠 원패스(One-Pass)'

1) **현안 과제:** 지금까지 신인 웹툰 작가가 작품을 해외에 연재하려면 국가별로 계약하고, 번역하고, 정산 계좌를 트는 데만 수개월이 걸렸다. 하지만 국가 공인 블록체인 플랫폼이 생기면서 이 모든 과정이 '원스톱'으로 해결된다.
2) **시나리오:** 대학생 웹툰 작가 'H'는 자신의 데뷔작을 'K-저작권 체인'에 등록한다. 등록과 동시에 고유한 '디지털 여권(ID)'이 생성되고, 스마트 계약에 수익 분배 조건(작가 90%)이 입력된다.
3) **작동 원리:**
   (1) **자동 수출:** 이 플랫폼은 미국의 오픈씨(OpenSea), 일본의 라인(Line) 블록체인과 연동되어 있다. 'H'가 "글로벌 배포" 버튼을 누르자, 그의 작품이 전 세계 마켓에 동시다발적으로 리스팅(Listing)된다.
   (2) **통합 정산:** 베트남 독자가 낸 돈, 프랑스 독자가 낸 돈이 각국의 복잡한 금융망을 거치지 않고, 블록체인망을 타고 실시간으로 'H'의 디지털 지갑으로 모인다.
   (3) **법적 보호:** 중국의 불법 사이트에서 작품이 발견되자, 한국저작권위원회는 블록체인상의 '원본 등록 시점' 데이터를 근거로 즉

K-컬처' 열풍, 메타버스 결합한 커뮤니티 플랫폼이 잇는다 [https://www.itbiznews.com]

각적인 삭제 요청(Takedown)을 보내고 24시간 내에 처리된다.

4) **결과:** 작가는 복잡한 유통 계약서 대신 작품 활동에만 집중하며, 한국 플랫폼 하나만으로 전 세계 독자를 만난다.

가상 사례 2 잊혀진 명작의 부활: 'K-레거시(Legacy) 아카이브 프로젝트'

1) **현안 과제:** 과거의 명곡이나 고전 영화들은 권리 관계가 불분명하거나 아날로그 필름으로만 남아 있어 활용되지 못하고 창고에서 썩고 있다. 이를 구출하기 위해 '디지털 복원 및 토큰화' 프로젝트가 가동된다.

2) **시나리오:** 1980년대 전설적인 가수의 미 발표곡 테이프가 발견된다. 하지만 작사가의 행방이 묘연하고 음질도 좋지 않다.

3) **작동 원리:**

(1) **권리 추적 및 확정:** 'K-저작권 체인'에 축적된 빅데이터와 AI를 활용하여 작사가의 상속인을 찾아내고, 블록체인상에서 스마트 계약으로 권리 관계를 깔끔하게 정리(Clearing)한다.

(2) **디지털 박제:** AI로 음질을 복원한 뒤, 이 음원의 소유권을 1만 개

의 NFT로 발행하여 팬들에게 판매한다. 이 기록은 영구적인 공공 장부에 남아 다시는 유실되지 않는다.

(3) **메타버스 진출:** 이렇게 체계화된 음원 데이터는 K-컬처 메타버스 플랫폼으로 전송되어, 2025년의 10대 팬들이 아바타로 80년대 가수의 콘서트를 즐기는 데 사용된다.

4) **결과:** 한국의 찬란했던 문화유산들이 디지털 자산으로 변환되어 새로운 부가가치를 창출한다. 과거와 현재, 미래를 잇는 거대한 '문화 데이터 댐'이 완성된다.

제2부

K-콘텐츠 산업 별 블록체인과 결합 전략

제7장

K-POP 산업의 블록체인 혁명

1

'K-Pop 음원의 글로벌 유통과 블록체인 인증 시스템'과 가상사례

1.1. K-Pop 음원의 글로벌 유통과 블록체인 인증 시스템: 투명한 소리, 국경 없는 울림

K-Pop은 이제 서울의 스튜디오에서 만들어져 전 세계로 송출되는 글로벌 문화 현상이다. 그러나 화려한 스포트라이트 뒤에는 불투명한 정산 구조, 복잡한 유통 단계, 그리고 끊임없이 발생하는 저작권 침해라는 그림자가 존재한다.

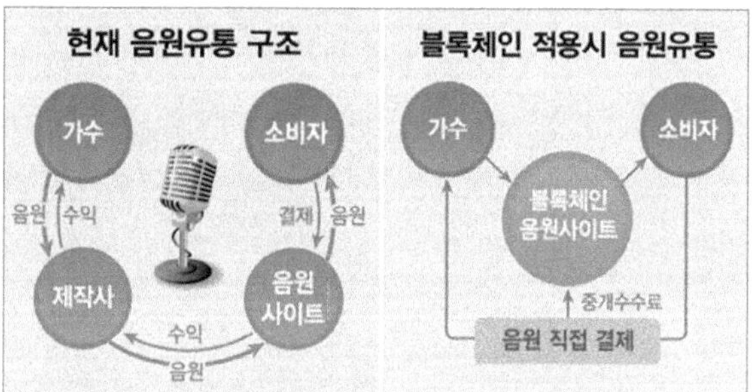

블록체인 적용하면 볼빨간 사춘기 음원수익은 10배 [https://www.mt.co.kr]

여기서 블록체인 기술은 단순한 화폐가 아닌, 창작자의 권리를 지키는 '디지털 등기소'이자 국경 없는 '자동 정산 시스템'으로 기능한다.

기존의 음원 유통 방식은 창작자(작곡가, 가수)와 소비자 사이에 거대 유통사, 저작권 협회, 해외 에이전시 등 수많은 중개자가 끼어 있는 구조였다. 이로 인해 음원이 지구 반대편인 남미나 유럽에서 소비될 때, 그 수익이 창작자에게 돌아오기까지는 수개월에서 길게는 1년 이상의 시간이 소요되곤 한다. 심지어 데이터가 누락되어 정당한 대가를 받지 못하는 경우도 빈번하다.

블록체인 기반의 음원 유통은 '스마트 컨트랙트(Smart Contract)'를 통해 이 문제를 해결한다.

음원이 재생되는 즉시, 블록체인 네트워크는 이를 기록하고 사전에 약속된 비율대로 수익을 창작자의 지갑으로 실시간 전송한다. 또한, 블록체인 인증 시스템은 디지털 파일에 고유한 '지문(Hash 값)'을 부여하여 원본임을 증명한다. 이는 불법 복제를 원천적으로 차단하거나, 복제된 파일이 돌아다니더라도 원본 소유권을 명확히 추적할 수 있게 한다.

결국 블록체인과 K-Pop의 만남은 '음악을 듣는 행위'를 넘어 '음악의 가치를 투명하게 교환하는 생태계'를 만드는 혁명이 된다.

창작자는 정당한 보상을, 팬들은 자신이 사랑하는 아티스트를 가장 직접적으로 후원하는 경로를 확보하게 되는 것이다.

1.2. 기존 음원 유통 vs 블록체인 기반 유통 시스템 비교

구분	기존 음원 유통 시스템	블록체인 기반 유통 시스템
중개 구조	유통사, 협회, 에이전시 등 다단계	P2P(Peer to Peer) 기반 직거래 또는 최소화

수익 정산	3~6개월 이상 소요, 불투명한 내역	실시간(Real-time) 정산, 투명한 공개
저작권 보호	사후 적발 및 법적 대응 위주	위변조 불가능한 원본 인증(NFT 등)
글로벌 확장성	국가별 계약 및 정산 절차 복잡	전 세계 단일 네트워크로 즉시 유통
데이터 주권	거대 플랫폼이 독점	창작자와 소비자가 데이터 주권 보유

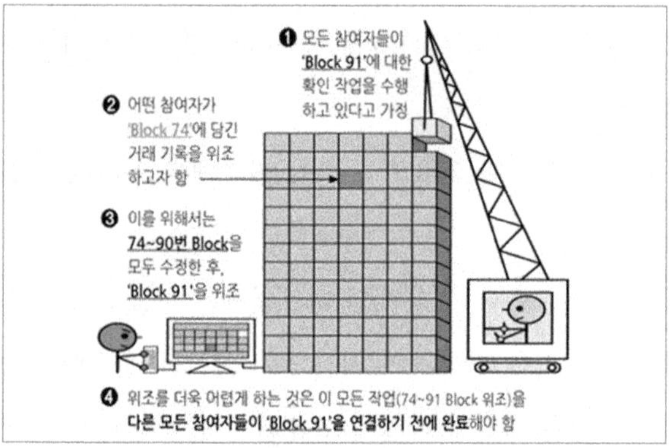

블록체인으로 시작되는 음악 산업의 혁명 [https://brunch.co.kr]

1.3. 'K-Pop 음원의 글로벌 유통과 블록체인 인증 시스템'과 가상사례

가상 사례 1 신인 작곡가 A의 '글로벌 챌린지' 대박과 실시간 정산'

[상황 설정]

한국의 실용음악과 대학생이자 무명 작곡가인 A는 '비트체인(Beat-Chain)'이라는 블록체인 음원 플랫폼에 자신의 댄스 곡을 등록했다. 이 플랫폼은 음원 파일에 NFT(대체 불가능 토큰) 기술을 적용하여 저작권 정보를 블록체인에 박제하고, 스트리밍 발생 시 수익의 80%가 즉시 작곡가에게 들어오도록 스마트 컨트랙트를 설정해 두었다.

생소한 NFT 용어 정리	
용어	뜻
NFT	블록체인 기술로 발행한 디지털 파일 정품 인증서
홀더	NFT를 보유하고 있는 사람
유틸리티 NFT	소장 외에도 다양한 기능 보유한 NFT
채굴형 NFT	보유 시 코인 지급 형태로 이자 수익 보장
민팅	NFT 최초 공개…증권 시장 IPO 부동산 시장의 분양과 비슷
화이트리스트	민팅을 받을 수 있는 우선권 보유한 투자자

Q&A로 풀어 쓴 'NFT 투자의 모든 것' [https://news.nate.com]

[전개 및 결과]

A의 곡은 틱톡과 유튜브 쇼츠를 통해 브라질과 멕시코에서 'K-댄스 챌린지' 배경음악으로 폭발적인 인기를 얻기 시작했다. 기존 시스템이었다면 A는 자신의 곡이 지구 반대편에서 유행하는지조차 몰랐거나, 알았더라도 남미의 저작권 협회를 거쳐 한국으로 정산금이 들어오기까지 1년 넘게 기다려야 했을 것이다. 수수료로 인해 손에 쥐는 돈도 미미했을 가능성이 크다.

그러나 '비트체인' 시스템은 브라질의 팬들이 음원을 스트리밍하거나 숏폼 콘텐츠에 사용할 때마다 발생하는 소액의 저작권료(마이크로 페이먼트)를 실시간으로 A의 전자 지갑에 쌓아주었다. A는 스마트폰 앱을 통해 실시간으로 올라가는 수익 그래프를 확인하며, 다음 앨범 제작비를 즉시 확보할 수 있었다. 이는 블록체인이 국경과 중개인을 지워버림으로써 '무명 창작자의 생존'을 가능케 한 사례이다.

가상 사례 2 아이돌 그룹 '넥스트(NEXT)'의 팬덤 참여형 앨범 제작

[상황 설정]

중소 기획사 소속의 아이돌 그룹 '넥스트(NEXT)'는 컴백 자금이 부족

음악 NFT: 음악 산업에 불어오는 Web3 흐름 [https://xangle.io]

했다. 기획사는 대형 투자자를 찾는 대신, 블록체인 기술을 활용한 '음원 수익 공유형 NFT'를 발행하기로 결정했다. 이는 팬들이 앨범 제작비를 펀딩하면, 그 대가로 해당 앨범의 저작권료 지분 일부를 나눠 갖는 구조이다.

[전개 및 결과]

전 세계의 '넥스트' 팬들은 암호화폐를 통해 이 프로젝트에 참여했다. 프랑스, 인도네시아, 미국의 팬들은 복잡한 해외 송금 절차 없이 펀딩에 참여했고, 블록체인 장부에는 각 팬이 소유한 지분이 투명하게 기록되었다. '넥스트'의 신곡이 빌보드 차트에 진입하고 글로벌 스트리밍 수가 급증하자, 그에 따른 저작권 수익이 발생했다.

스마트 컨트랙트는 이 수익을 정확히 계산하여 펀딩에 참여한 팬들의 지갑으로 자동 배당했다. 팬들은 단순한 소비자를 넘어 아티스트와 성공을 함께 나누는 '공동 제작자'가 되었다는 효능감을 느꼈다. 또한, 이 과정에서 위조된 굿즈나 가짜 앨범이 유통되려 했으나, 앨범에 심어진 블록체인 인증 코드가 정품임을 판별해 주어 불법 유통 시장을 사전에 차단할 수 있었다. 이는 K-Pop 팬덤 문화가 블록체인을 만나 '소유와 투자'의 개념으로 진화한 사례가 된다.

◈ 가상사례를 통해 본 블록체인 K-Pop 생태계의 기대효과

구분	작곡가/아티스트 측면(사례 1)	팬/소비자 측면(사례 2)
핵심 가치	정당한 보상과 생존권 보장	참여형 소비와 수익 공유
기술적 요소	스마트 컨트랙트, 실시간 정산	저작권 공유 NFT, 투명한 장부
변화된 경험	글로벌 히트 시 즉각적인 자금 회전	단순 청취에서 '투자자' 및 '기획자'로 전환
최종 효과	창작 의욕 고취 및 양질의 콘텐츠 생산	팬덤 결속력 강화 및 불법 굿즈 근절

2

'블록체인 기반의 K-Pop 팬덤 커뮤니티(DAO)가 어떻게 기획사의 의사결정에 참여하고 투표권을 행사하는지'와 가상사례

2.1. 블록체인 기반의 K-Pop 팬덤 커뮤니티(DAO): '팬심'이 '기획력'이 되는 순간

지금까지의 K-Pop 산업에서 팬덤은 '소비자'이거나, 기획사의 결정에 사후적으로 반응하는 '수동적 후원자'에 머물렀다. 팬들이 기획사의 운영 방침에 반대하여 트럭 시위를 보내거나 성명문을 발표하는 것은, 역설적으로 그들에게 의사결정에 참여할 합법적 권한이 없음을 반증하는 것이다.

그러나 블록체인 기술을 만난 팬덤은 'DAO(Decentralized Autonomous Organization, 탈중앙화 자율 조직)'라는 형태로 진화하며, 기획사의 의사결정 파트너로 격상된다.

팬덤 DAO의 핵심은 '거버넌스 토큰(Governance Token)'에 있다. 팬들

K-POP 팬커뮤니티 DAO '마이바이어스', 글로벌 DAO 해커톤 3위 수상 [https://decenter.kr]

은 앨범을 구매하거나 커뮤니티 활동을 통해 이 토큰을 획득한다. 과거의 팬클럽 회원증이 단순한 소속감을 의미했다면, 거버넌스 토큰은 주식회사의 주권처럼 '투표권'을 의미한다.

블록체인 위에서 이루어지는 투표는 조작이 불가능하며, 그 결과는 스마트 컨트랙트를 통해 즉시 효력을 발휘한다.

기획사는 더 이상 타이틀 곡 선정, 앨범 컨셉, 콘서트 개최 도시 선정과 같은 중요한 결정을 밀실 회의에서 독단적으로 처리할 수 없게 된다. 대신 DAO에 안건을 상정하고, 토큰을 보유한 팬들의 투표 결과에 따라 프로젝트를 진행한다. 이것은 단순한 의견 수렴을 넘어선다. 팬들이 직접 프로듀서의 역할을 분담하는 것이며, 기획사는 팬들의 집단지성을 통해 리스크를 줄이고 성공 확률을 높이는 전략적 파트너십을 맺게 되는 것이다.

결국 K-Pop 팬덤 DAO는 '오빠를 위해 지갑을 여는 존재'에서 '아티스트의 미래를 함께 설계하는 디지털 주주'로 팬의 지위를 혁명적으로 변화시킨다.

2.2. 기존 팬클럽 vs 블록체인 기반 팬덤 DAO 비교

구분	기존 팬클럽(Centralized)	팬덤 DAO(Decentralized)
운영 주체	기획사(중앙 집중형)	팬덤 커뮤니티(자율 분산형)
의사결정	기획사 통보 후 팬덤 수용/반발	토큰 투표를 통한 민주적 결정
참여 권한	제한적(이벤트 참여 등)	포괄적(타이틀곡, 컨셉, 투어지 선정)
소통 방식	일방향(공지사항 전달)	양방향(제안서 제출 및 안건 상정)
투명성	내부 데이터 비공개	모든 투표 및 자금 내역 온체인(On-chain) 공개

2.3. 블록체인 기반의 K-Pop 팬덤 커뮤니티(DAO)와 가상사례

가상 사례 1 걸그룹 '루미나(Lumina)'의 타이틀곡 선정 투표

[상황 설정]

신인 걸그룹 '루미나'의 데뷔 앨범 제작 과정에서 기획사 내부 의견이 갈렸다. 대중적인 '청량 팝' 스타일의 A곡과, 강렬한 퍼포먼스 위주의 '걸크러쉬' 스타일 B곡이 팽팽하게 맞선 것이다. 과거라면 총괄 프로듀서의 감(Fell)에 의존해 결정했겠지만, 기획사는 '루미나 DAO'에게 결정권을 위임하기로 했다.

미르니, NFT 기반 K팝 팬 커뮤니티 '마이바이어스'와 업무 협약 체결 [https://www.financialpost.co.kr]

[전개 및 결과]

기획사는 두 곡의 하이라이트 부분과 안무 시안을 DAO 플랫폼에 공개했다. 루미나의 데뷔를 기다리며 NFT 멤버십을 구매한 전 세계 팬들은 자신의 지갑에 있는 토큰을 사용하여 투표에 참여했다. 블록체인 상에 실시간으로 집계된 결과, 예상을 깨고 B곡(걸크러쉬)이 65%의 지지를 얻어 타이틀곡으로 선정되었다.

팬들은 단순히 투표만 한 것이 아니라, B곡의 뮤직비디오 컨셉에 대해서도 추가 제안서를 올렸다. "사이버펑크 요소를 넣어달라"는 제안이 가장 많은 토큰의 지지를 받아 채택되었다. 그 결과, 팬들이 직접 고른 노래와 컨셉으로 데뷔한 루미나의 뮤직비디오는 공개 24시간 만에 1,000만 뷰를 돌파했다. 팬들은 "우리가 만든 그룹"이라는 강력한 자부심을 느끼며 자발적인 홍보대사가 되었고, 이는 기획사가 주도했을 때보다 훨씬 높은 마케팅 효과로 이어졌다.

가상 사례 2 보이그룹 '이클립스(Eclipse)'의 월드투어 도시 결정

[상황 설정]

인기 보이그룹 '이클립스'가 월드투어를 계획 중이다. 기획사는 수익성이 보장된 북미와 일본 위주의 투어 일정을 짰다. 그러나 데이터상으로는 유럽과 남미의 팬덤 유입이 급증하고 있었다. 기획사는 리스크를 피하고 싶었지만, 소외감을 느끼는 해외 팬들의 불만을 잠재우고 실제 수요를 파악하기 위해 투어 도시 선정을 '이클립스 DAO'의 투표에 부쳤다.

[전개 및 결과]

DAO 플랫폼에 '월드투어 추가 개최지 선정' 안건이 올라왔다. 투표에 참여하기 위해서는 해당 지역에서의 티켓 구매력을 증명할 수 있는 일정량의 토큰을 예치해야 했다(No-Show 방지). 투표 결과, 기획사가 전혀 고려하지 않았던 스페인의 마드리드와 칠레의 산티아고가 압도적인 표를 얻어 1, 2위를 차지했다.

기획사는 블록체인 투표 결과를 신뢰하고 해당 도시를 투어 일정에 포함시켰다. 이 결정은 데이터에 기반한 확실한 투자였다. 이미 투표 과정에서 팬들의 결집력을 확인했기 때문에 티켓 매진은 예견된 일이었다. 실제로 마드리드와 산티아고 공연은 티켓 오픈 1분 만에 전석 매진되었다. 이클립스 DAO는 기획사의 편견을 깨고, 팬들이 원하는 곳에 아티스트를 부르는 '수요자 중심의 공연 문화'를 정착시킨 사례가 되었다.

◈ 팬덤 DAO의 의사결정 프로세스 예시

단계	활동 내용	비고
1. 안건 발의	기획사 또는 일정 수 이상의 토큰을 보유한 팬이 안건 제안 (예: 응원봉 디자인, 팬미팅 장소 등)	스마트 컨트랙트 조건 충족 시 자동 상정
2. 토론 및 검증	커뮤니티 내에서 해당 안건의 실현 가능성과 장단점 토론	DAO 게시판 활성화
3. 블록체인 투표	보유한 거버넌스 토큰을 사용하여 찬성/반대 또는 옵션 선택	1토큰 = 1표(또는 가중치 적용)
4. 결과 집행	투표 종료 즉시 결과가 블록체인에 기록되며 위조 불가능. 기획사는 결과에 따라 프로젝트 실행	스마트 컨트랙트에 의한 자동 실행 가능
5. 보상 분배	투표 참여자에게 활동 보상(추가 토큰, 한정판 NFT 등) 지급	참여 유도 및 생태계 활성화

3

'스트리밍 시대, K-Pop 음악가는 정당한 수익을 받고 있는가?'와 가상사례

3.1. K-Pop 음악가는 21세기 디지털 소작농이나 다름없다.

전 세계가 K-Pop에 열광하고, 한국의 아이돌이 빌보드 차트를 점령하는 시대이다. 대중은 화려한 무대와 천문학적인 조회수를 보며 창작자들이 엄청난 부를 축적했을 것이라 짐작한다.

스트리밍(Streaming)이 음악 소비라는 화려한 조명 뒤에 가려진 '음원 수익 분배의 불균형'이라는 불편한 진실을 마주해야 한다.

그러나 스트리밍(Streaming)이 음악 소비의 표준이 된 지금, 창작자들의 통장은 그들의 명성만큼 화려하지 않다. 우리는 화려한 조명 뒤에 가려진 '음원 수익 분배의 불균형'이라는 불편한 진실을 마주해야 한다.

현재의 중앙 화된 음원 스트리밍 시스템에서 창작자는 철저한 '을'이다. 소비자가 매달 지불하는 구독료의 상당 부분은 플랫폼 운영사와 유통사, 그리고 거대 기획사가 가져간다. 정작 노래를 만들고 부른 작사·작곡가와 실연자가 가져가는 몫은 전체 수익의 극히 일부, 흔히 '1원 미만의 기적'이라 불리는 수준에 불과하다.

더욱 심각한 문제는 '비례 배분제(Pro-rata)' 방식이다. 거대 팬덤을 거느린 아이돌이나 매크로 조작이 개입된 음원에 유리하고, 인디 뮤지션이나 틈새 장르의 아티스트에게는 불리한 구조이다.

또한, 정산의 불투명성은 창작자들을 더욱 무력하게 만든다. 내 노래가 어디서, 누구에게, 몇 번이나 재생되었는지에 대한 정확한 데이터(Data)는 플랫폼 서버라는 '블랙박스' 안에 갇혀 있다. 창작자는 플랫폼이 통보하는 정산서를 믿을 수밖에 없으며, 이 과정에서 발생하는 데이터 누락이나 정산 오류를 검증할 방법은 사실상 전무하다.

즉, K-Pop의 글로벌 성공은 눈부시지만, 그 시스템을 지탱하는 수익 배분 구조는 여전히 아날로그 시대의 불합리함을 답습하고 있는 것이다.

3.2. 국내 주요 음원 스트리밍 수익배분 구조(일반적인 추정치)

구분	배분 비율(약)	역할 및 비고
음원 유통사/플랫폼	35% ~ 40%	앱 운영, 서버 관리, 유통 수수료 명목
제작사(기획사)	40% ~ 45%	앨범 투자비 회수 및 회사 운영비
저작권자(작사/작곡)	10%	저작권료(창작의 핵심 주체임에도 비중이 낮음)
실연자(가수/연주)	6%	노래와 연주에 대한 대가(가장 낮은 비율)

(※ 위 비율은 계약 조건 및 플랫폼 정책에 따라 상이할 수 있으나, 창작자 비중이 현저히 낮음을 보여준다.)

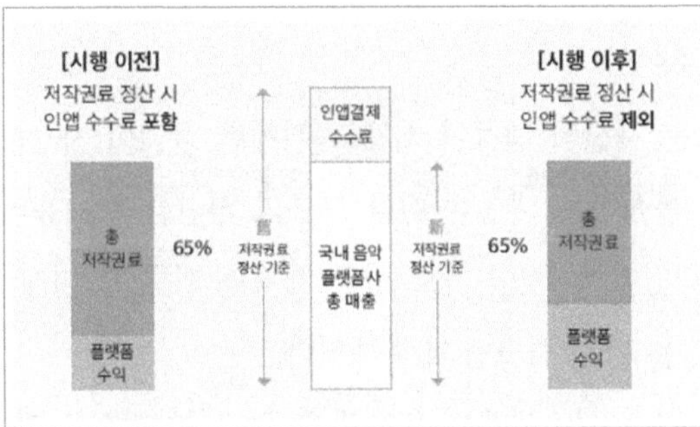

국내·외 '스트리밍' 서비스, 수익 분배 구조는? 디지털 음악 시장 보고서

3.3. 'K-Pop 음악가는 정당한 수익을 받고 있는가?'와 가상사례

가상 사례 1 인디 밴드 보컬 K의 '100만 스트리밍'과 편의점 도시락

[상황 설정]

홍대에서 활동하는 실력파 인디 밴드 보컬 K는 6개월간 공들여 만든 자작곡을 국내 대형 음원 사이트에 발표했다. 별도의 홍보 없이도 입소문을 타며 음원 차트 100위권에 진입했고, 한 달 만에 누적 스트리밍 100만 회를 달성하는 쾌거를 이루었다. K는 부푼 꿈을 안고 첫 정산금을 기다렸다.

[전개 및 결과]

정산일이 되어 통장에 찍힌 금액은 K의 예상을 처참히 빗나갔다. 100만 번이나 내 노래가 울려 퍼졌지만, 실제 입금된 금액은 멤버들과 회식 한 번 하기에도 빠듯한 수준이었다. 정산서를 뜯어보니 스트리밍 1회당 단가는 약 4~5원에 불과했고, 그 마저도 플랫폼 수수료와 유통사 수수료를 떼고 나니 작곡가이자 가수인 K에게 돌아온 몫은 회당 0.N원 수준이었다.

더욱이 K는 자신의 팬들이 실제로 결제한 금액이 자신이 아닌, 차트 상위권을 독식하는 대형 아이돌 그룹의 정산금으로 흘러갔다는 사실을 알게 되었다. 이것이 바로 전체 파이를 재생 수 비례로 나누는 '낙수 효과 없는 낙수 시스템'의 폐해였다.

K는 "음악만으로는 생계를 유지할 수 없다"는 현실을 자각하고, 낮에는 편의점 아르바이트를 하며 밤에만 음악을 하는 '투잡 뮤지션'으로 남게 되었다. 이는 현 시스템이 어떻게 재능 있는 신인을 좌절시키는지를 보여준다.

가상 사례 2 글로벌 신드롬을 일으킨 걸그룹 'S'의 증발한 해외 정산금

[상황 설정]

중소 기획사 소속의 걸그룹 'S'는 유튜브와 SNS를 통해 동남아시아와 남미에서 폭발적인 인기를 얻었다. 틱톡 챌린지 열풍으로 'S'의 노래는 지구 반대편 칠레와 브라질의 클럽, 카페에서 매일같이 흘러나왔다. 기획사는 글로벌 대박을 확신하며 막대한 해외 저작권료 수입을 기대했다.

[전개 및 결과]

그러나 1년이 지나도록 해외에서 들어온 정산금은 미미했다. 원인은 복잡한 '글로벌 징수 시스템의 비효율'에 있었다. 브라질의 카페에서 음악이 재생되면, 현지 저작권 단체가 이를 징수하여 수수료를 떼고, 다시 국제 저작권 단체로 넘겨 수수료를 떼고, 마지막으로 한국의 협회로 넘어와 또 수수료를 뗀 뒤에야 기획사에 도달하는 구조였다.

이 과정에서 수많은 '중개인(Middleman)'들이 통행세를 걷어갔을 뿐만 아니라, 데이터 집계가 누락되는 일이 빈번했다. 남미의 어느 작은 도시에서 발생한 수많은 스트리밍 데이터는 한국까지 도달하는 과정에서 증발해 버렸다.

블록체인과 같은 투명한 추적 시스템이 없었기에, 'S' 그룹은 자신들의 노래가 전 세계를 강타했음에도 불구하고 그에 합당한 경제적 보상을 받지 못했다. 이는 디지털 시대에도 여전히 아날로그 방식의 국경 장벽이 존재함을 시사한다.

◈ 기존 정산 시스템의 문제점 요약

문제점	설명	비유
중간 착취 구조	창작자에게 도달하기까지 너무 많은 중개자가 개입함	통행세가 많은 고속도로
블랙박스 정산	데이터 집계 방식과 정산 과정을 공개하지 않음	영수증 없는 계산서
느린 정산 주기	음원 발생 후 실제 입금까지 수개월 소요	월급이 1년 뒤에 나오는 회사
비례 배분제	내 팬의 구독료가 내가 아닌 등 가수에게 지급됨	내가 낸 밥값이 옆 테이블 계산에 쓰임

4

'블록체인 기반 K-Pop 음원 유통: 중개자 없는 직접 거래의 실현'과 가상사례

우리가 농수산물 시장에서 생산자와 소비자 간의 '직거래'를 선호하는 이유는 명확하다. 생산자는 제값을 받고, 소비자는 신선한 물건을 합리적인 가격에 얻을 수 있기 때문이다. K-Pop 시장에도 이러한 '디지털 직거래 장터'가 열린다면 어떨까?

블록체인 기술은 거대 유통사(멜론, 스포티파이 등)와 기획사라는 복잡한 중간 상인을 거치지 않고, 아티스트가 자신의 음악을 팬에게 직접 판매하는 'P2P(Peer to Peer) 음원 유통'을 현실로 만든다.

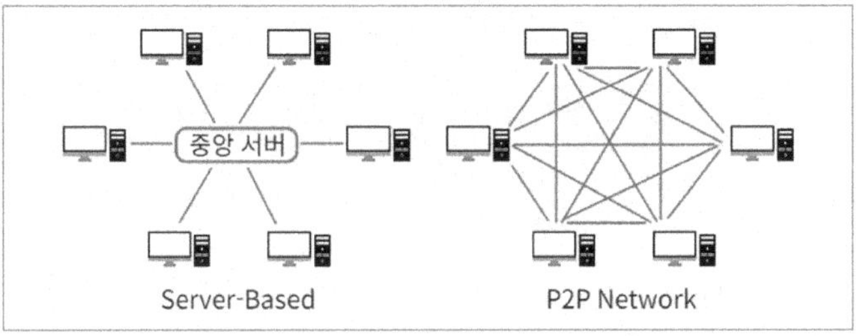

[블록체인 용어 사전] 블록체인과 P2P 네트워크: 네이버 블로그

4.1. '스마트 컨트랙트(Smart Contract)': 블록체인 기반의 직거래 시스템

이 시스템의 핵심은 '스마트 컨트랙트(Smart Contract)'라는 자동화된 계약 기술이다. 기존에는 음원을 발매하려면 유통사의 서버에 파일을 등록하고, 복잡한 서류 계약을 맺고, 심의를 거쳐야 했다.

하지만 블록체인 기반 플랫폼에서는 아티스트가 자신의 음원 파일에 가격과 저작권 조건을 코딩하여 블록체인 네트워크에 올리는 순간, 전 세계 시장에 즉시 유통된다.

팬들은 중개 플랫폼에 구독료를 내는 대신, 암호화폐를 이용해 아티스트의 지갑으로 직접 음원 구매 비용을 지불한다. 이 과정에서 발생하는 수수료는 네트워크 유지비용(Gas fee) 정도에 불과하며, 기존에 40~50%에 육박하던 유통 마진은 '0(Zero)'에 수렴하게 된다.

이는 음악가가 팬 1명에게서 얻는 수익이 기존 시스템의 수십, 수백 명 분과 맞먹는 효과를 낳는다.

결과적으로 블록체인 기반의 직거래 시스템은 음악 시장의 주도권을 '플랫폼'에서 '콘텐츠 생산자(아티스트)'와 '소비자(팬)'에게로 되돌려주는 권력 이동을 의미한다.

4.2. 기존 중앙화 유통 vs 블록체인 탈중앙화 직거래 비교

구분	기존 유통 방식(Centralized)	블록체인 직거래 방식(Decentralized)
유통 경로	창작자 → 기획사 → 유통사 → 플랫폼 → 팬	창작자 →(스마트 컨트랙트) → 팬
수익 구조	다단계 수수료 차감 후 잔액 지급	중개 수수료 거의 없음 (대부분 창작자 수익)
가격 결정권	플랫폼의 정액제 정책에 종속	창작자가 자유롭게 가격 설정 가능
데이터 접근	플랫폼이 독점(영업비밀)	모든 거래 내역이 투명하게 공개됨
소요 시간	등록 및 정산에 수개월 소요	등록 즉시 유통, 구매 즉시 정산

4.3. 블록체인 기반의 직거래 시스템과 가상사례

가상 사례 1 힙합 뮤지션 '비트(Beat)'의 한정판 음원 드롭(Drop)

[상황 설정]

대형 기획사의 연습생 생활을 청산하고 독립한 래퍼 '비트'는 자신의 믹스테이프를 발매하려 한다. 그는 스트리밍 사이트에서 '1원'짜리 가수가 되는 대신, 자신의 음악 가치를 인정해 주는 진성 팬 1,000명에게만 음원을 직접 팔기로 결심했다.

[전개 및 결과]

'비트'는 블록체인 마켓플레이스에 신곡 5곡이 담긴 앨범을 1,000개 한정의 NFT 형태로 발행했다. 가격은 개당 2만 원. 팬들은 이 NFT를 구매함으로써 음원 소유권뿐만 아니라, 향후 콘서트 티켓 우선 예매권이라는 '유틸리티(Utility)'까지 획득하게 된다.

결과는 놀라웠다. 발매 10분 만에 1,000개가 완판되어 '비트'는 순식간에 2,000만 원의 매출을 올렸다. 기존 스트리밍 사이트에서 이 금액을 벌려면 약 400만 번 이상의 스트리밍이 필요하다.

하지만 그는 단 1,000명의 팬과 직접 거래함으로써 이를 달성했다. 정산 또한 즉시 이루어져, 1시간 뒤 그의 전자 지갑에는 수수료를 제외한 금액이 입금되었다. 팬들은 자신이 좋아하는 가수가 생활고 걱정 없이 음악에만 전념할 수 있게 만들었다는 사실에 큰 자부심을 느꼈다.

가상 사례 2 싱어송라이터 '엘라(Ella)'의 다이내믹 프라이싱(Dynamic Pricing, 동적가격) 실험

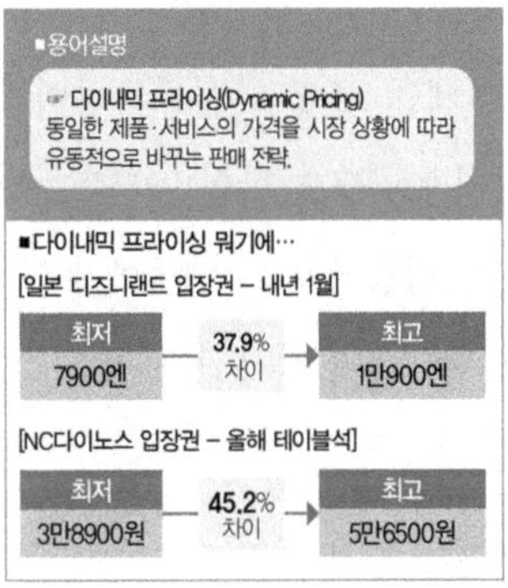

"어제는 3만원 오늘은 5만원" 소비자는 모르는 다이내믹 프라이싱의 비밀 [https://www.thescoop.co.kr]

[상황 설정]

감성적인 발라드로 마니아층을 보유한 '엘라'는 획일화된 음원 가격에 불만을 가졌다. 왜 3분짜리 곡과 10분짜리 대곡이 같은 가격이어야 하는가? 왜 발매된 지 10년 된 곡과 신곡의 가격이 같은가? 그녀는 블록체인의 스마트 컨트랙트를 이용해 시장 수요에 따라 가격이 변동되는 실험을 진행했다.

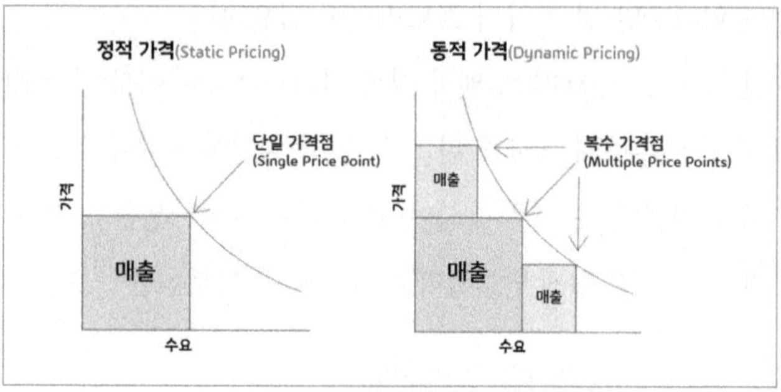

다이내믹 프라이싱이란 | KB의 생각 [https://kbthink.com]

[전개 및 결과]

'엘라'는 신곡을 블록체인 플랫폼에 등록하며 독특한 조건을 걸었다. "초기 구매자 100명에게는 50% 할인, 이후 1,000명까지는 정가, 그 이후 구매자에게는 10% 할증." 이는 팬들에게 '빨리 살수록 이득'이라는 심리를 자극했다. 또한, 그녀는 자신이 직접 작곡한 악보 파일도 별도 옵션으로 판매했다.

중개자가 없기에 가능한 이 유연한 가격 정책은 성공적이었다. 팬들은 알림이 뜨자마자 구매 버튼을 눌렀고, 늦게 진입한 팬들은 기꺼이 프리미엄을 지불하며 희소성을 샀다.

'엘라'는 이 거래 데이터를 통해 자신의 팬들이 어느 시간대에 가장 활발히 활동하는지, 어떤 가격대에서 지갑을 여는지에 대한 정확한 데이터를 확보했다.

이는 플랫폼이 쥐고 있던 데이터 주권을 아티스트가 되찾아와 마케팅에 직접 활용한 사례가 된다.

◈ 블록체인 직거래가 가져올 K-Pop 시장의 변화 흐름

단계	변화 내용	비고
1단계: 진입	누구나 제약 없이 글로벌 시장에 음원 등록	진입 장벽 붕괴
2단계: 거래	아티스트와 팬의 지갑 간 직접 이체	P2P 금융 실현
3단계: 소비	단순 청취를 넘어선 '디지털 소장' 문화 확산	LP/CD 수집의 디지털화
4단계: 확장	음원 외 악보, 미공개 영상 등 파생 상품 직거래	부가 수익 창출
5단계: 결속	거래 기록을 통해 '진성 팬' 식별 및 특별 대우	CRM(고객 관리) 혁신

5

'K-Pop 팬 투자형 음악 제작: 크라우드펀딩을 넘어선 공동 소유권'과 가상사례

5.1. 블록체인에서 팬은 소비자가 아니라, 초기 자본을 대는 '투자자(Investor)'이자 저작권을 나눠 갖는 '공동 소유자(Co-owner)'가 된다.

이제 팬은 소비자가 아니라, 초기 자본을 대는 '투자자(Investor)'이자 저작권을 나눠 갖는 '공동 소유자(Co-owner)'가 된다.

전통적인 음악 시장에서 팬은 언제나 '지갑을 여는 존재'였다. 앨범을 사고, 콘서트를 가고, 굿즈를 모으는 행위는 사랑이라는 이름으로 포장된 일방적인 소비 행위였다. 기존의 '크라우드펀딩(Crowdfunding)' 역시 이 범주를 크게 벗어나지 못했다.

목표 금액을 달성하면 앨범 한 장이나 티셔츠 한 벌을 '보상(Reward)'

으로 받고 끝나는 일회성 후원에 불과했기 때문이다. 그러나 블록체인 기술은 이 관계를 근본적으로 재정의한다.

블록체인 기반의 음악 제작 투자는 '저작권료 참여 청구권'을 디지털 자산(토큰 또는 NFT) 형태로 발행하는 방식으로 이루어진다. 팬들은 제작 단계에서 자금을 지원하고, 그 대가로 해당 음원에서 발생하는 수익(스트리밍, 방송, 공연료 등)의 지분을 영구적으로 혹은 계약된 기간 동안 배분받을 권리를 획득한다. 이는 "내 가수가 성공하면 나도 성공한다"는 명제를 경제적 실체로 구현하는 것이다.

이 시스템에서 블록체인은 복잡한 주주 명부를 대체하는 투명한 디지털 장부가 된다. 누가 얼마를 투자했고, 그에 따른 지분이 몇 퍼센트인지가 위변조 불가능한 데이터로 기록된다.

아티스트 입장에서는 거대 자본의 간섭 없이 창작의 자유를 보장받으며 팬들로부터 직접 제작비를 조달할 수 있고, 팬 입장에서는 단순한 '팬심'이 '불로소득(Passive Income)'으로 연결되는 새로운 경험을 하게 되는 것이다.

결국 이 모델은 엔터테인먼트 산업의 자금 조달 방식을 '부채(Loan)' 중심에서 '지분(Equity)' 공유 중심으로 이동시키며, 아티스트와 팬을 운명 공동체로 묶어주는 강력한 결속력을 창출한다.

5.2. 기존 크라우드펀딩 vs 블록체인 기반 투자형 제작 비교

구분	기존 크라우드펀딩(Crowdfunding)	블록체인 투자형 제작(Co-ownership)
참여 성격	일회성 후원 및 선구매	지속적 투자 및 지분 소유
제공 보상	현물(앨범, 굿즈, 공연 티켓)	수익 배당(저작권료, 로열티)
관계성	판매자와 구매자(일회적)	사업 파트너(지속적)

자산 가치	시간 경과 시 감가상각됨(중고품)	성공 시 가치 상승(거래 가능한 자산)
동기 부여	동정심 혹은 소장 욕구	성공에 대한 기대와 수익 창출

5.3.K-Pop 팬 투자형 음악 제작과 가상사례

가상 사례 1 해체 위기 걸그룹 '피닉스(Phoenix)'의 재도약 프로젝트

[상황 설정]

뛰어난 보컬 실력을 갖췄음에도 소속사의 재정난으로 활동이 중단된 걸그룹 '피닉스'는 해체 수순을 밟고 있었다. 하지만 이들의 잠재력을 아까워한 팬덤과 프로듀서가 의기투합하여 블록체인 플랫폼에서 '재데뷔 앨범 제작 프로젝트'를 런칭했다. 목표 금액은 3억 원. 투자한 팬들에게는 앨범 수익의 50%를 지분에 따라 영구 배당한다는 파격적인 조건을 내걸었다.

[전개 및 결과]

프로젝트는 전 세계 K-Pop 팬들의 이목을 끌며 3일 만에 목표액을 초과 달성했다. 팬들은 단순한 기부가 아니라, 이 그룹이 성공할 경우 얻게 될 수익을 기대하며 과감히 투자했다. 팬들의 자금으로 제작된 신곡은 적극적인 팬들의 홍보에 힘입어 음악 방송 1위를 차지했다.

음원이 대히트를 치자, 투자에 참여했던 팬들의 전자 지갑에는 매달 정산된 저작권료가 입금되기 시작했다. 10만 원을 투자했던 대학생 팬은 1년 만에 원금을 회수하고도 매달 치킨 값 이상의 수익을 계속해서 받게 되었다. '피닉스'는 팬들에게 금전적 보답을 했다는 당당함을 얻었고, 팬들은 자신이 살려낸 그룹이 돈까지 벌어다 주는 선순환 구조에 열광했다. 이는 '죽어가는 아티스트'를 팬이 직접 살려내고 경영하는 새로운 모델이 되었다.

가상 사례 2 예비 스타 육성 프로젝트 '루키 토큰(Rookie Token)'

[상황 설정]

신생 기획사 B는 자금 부족으로 연습생들을 데뷔시키는 데 어려움을 겪고 있었다. 이에 기획사는 아직 데뷔하지 않은 연습생 5명의 미래 가치에 투자하는 '루키 토큰'을 발행했다. 이 토큰은 해당 연습생이 미래에 데뷔하여 벌어들이는 음원 수익의 일부를 청구할 수 있는 권리를 담고 있다.

[전개 및 결과]

안목 있는 대중들은 연습생들의 평가 영상을 보고 유망주라고 생각되는 멤버의 토큰을 싼값에 구매했다. 마치 떡잎부터 알아보는 '엔젤 투자자'가 된 셈이다. 2년 후, 그중 연습생 '지호'가 대형 오디션 프로그램에서 우승하며 화려하게 데뷔했다.

'지호'의 데뷔 곡이 차트를 석권하자, 1개당 5천 원이었던 '지호 토큰'의 가치는 50만 원으로 100배 폭등했다. 초기 투자자들은 토큰을 거래소에서 매도하여 막대한 시세 차익을 남기거나, 계속 보유하며 배당금을 받았다.

연습생도 콘텐츠 크리에이터? 데뷔 전부터 팬심 잡는 '연습생 브이로그'의 시대
[https://www.koreaes.com]

반면 데뷔에 실패한 연습생의 토큰 가격은 하락했지만, 기획사는 조달된 자금으로 새로운 시도를 계속할 수 있었다. 이 사례는 주식 시장의 상장(IPO) 개념을 연습생 육성 시스템에 도입하여, 대중의 안목을 비즈니스 화한 것이다.

◈ 팬 투자형 음악 제작의 가치 순환 구조

단계	주요 활동	참여자의 심리 및 효과
1. 발굴 및 투자	데모곡이나 연습생 공개, 토큰 발행	"내가 발굴한 원석이다"(선구안 과시)
2. 제작 및 발매	조달된 자금으로 고퀄리티 콘텐츠 제작	"내 돈으로 만든 앨범이다"(주인의식)
3. 홍보 및 마케팅	투자자인 팬들이 자발적으로 영업 및 스밍	"성공해야 내 수익도 커진다"(공동 운명체)
4. 수익 창출	음원 스트리밍, 방송, 광고 등 매출 발생	아티스트와 팬 모두에게 이익 발생
5. 배당 및 재투자	스마트 컨트랙트에 의한 자동 정산	신뢰 강화 및 다음 프로젝트 재투자 유도

6

'K-Pop의 메타버스 확장과 가상 굿즈(Virtual Goods) 경제'와 가상사례

6.1. K-Pop은 물리적 공간인 무대와 스크린을 넘어, 초월적 가상 세계인 '메타버스(Metaverse)'로 가고 있다.

K-Pop은 이제 물리적 공간인 무대와 스크린을 넘어, 초월적 가상 세계인 '메타버스(Metaverse)'로 그 영토를 확장하고 있다. 팬들은 더 이상

메타버스 가상 경제가 가져올 미래는? [https://magazine.cheil.com]

콘서트장 1열을 차지하기 위해 밤을 새우거나 비행기 표를 끊을 필요가 없다.

대신 자신의 분신인 '아바타(Avatar)'를 통해 가상 공간에서 아티스트를 만나고 소통한다. 여기서 중요한 것은 단순한 만남이 아니라, 그 안에서 발생하는 거대한 경제 생태계, 즉 '가상 굿즈(Virtual Goods) 경제'이다.

용어설명

가상 굿즈(Virtual Goods) 경제

가상 굿즈(Virtual Goods) 경제는 온라인 게임, 메타버스 등 가상 세계 내에서 거래되는 디지털 상품과 관련된 거대한 경제 시스템을 의미합니다. 현실 경제와 유사한 시장 원리에 따라 움직이며, 최근 블록체인 및 NFT 기술과 결합하여 그 범위와 영향력이 더욱 확대되고 있습니다.

1. 가상 굿즈 경제의 주요 특징 및 동향

- 폭발적인 시장 성장: 글로벌 가상 상품 시장은 2024년 약 811억 3천만 달러(한화 약 100조 원 이상)에서 2032년까지 약 2,941억 3천만 달러(한화 약 400조 원 이상) 규모로 성장할 것으로 예상됩니다.
- 다양한 형태의 가상 굿즈: 초기에는 게임 내 아이템이나 스킨 등이 주를 이루었으나, 현재는 디지털 스티커, 템플릿, 폰트, 가상 패션 아이템 등 다양한 형태의 디지털 콘텐츠로 확장되었습니다.

- MZ세대 중심의 소비 문화: 환경 문제에 민감하고 온라인 소통에 익숙한 MZ세대를 중심으로 디지털 굿즈 소비가 활발하며, 이는 팬덤 문화와 결합하여 새로운 트렌드를 형성하고 있습니다.
- 크리에이터 이코노미 활성화: 누구나 자신의 디자인이나 콘텐츠를 가상 굿즈로 만들어 판매할 수 있는 '주문형 인쇄(POD)' 플랫폼이나 크리에이터 커머스 플랫폼이 등장하며 개인 창작자들의 경제 활동을 지원하고 있습니다.

2. 블록체인 및 NFT의 역할

블록체인 기술과 NFT(대체 불가능 토큰)는 가상 굿즈 경제의 핵심 동력으로 부상했습니다.

- 디지털 소유권 보장: 기존 게임 아이템은 소유권을 주장하기 어려웠지만, NFT는 고유성을 부여하고 블록체인에 소유권 기록을 남겨 디지털 자산의 소유권을 명확히 증명할 수 있습니다.
- 자유로운 거래 및 수익 창출: 이용자들은 NFT화된 가상 굿즈를 플랫폼 간에 자유롭게 거래하며 수익을 창출할 수 있게 되었습니다.
- 희소성 및 가치 부여: 각 토큰이 서로 다른 가치를 지니는 NFT의 특성은 가상 자산에 희소성을 부여하고 가치 기반을 마련해 줍니다.

3. 미래 전망

가상 굿즈 경제는 메타버스(Metaverse)의 확산과 함께 더욱 성장할 잠재력을 가지고 있습니다. 사용자들이 가상 세계에서 상호작용하고 소비하는 경험이 증가함에 따라, 가상 패션 아이템과 같은 디지털 자산은 중요한 소비 가치를 지니게 될 것입니다. 이는 게임, 엔터테인먼트를 넘어 교육, 의료, 금융 등 다양한 분야에서 새로운 비즈니스 모델을 창출하며 스마트 라이프의 새로운 주역으로 자리매김할 전망입니다.
[https://www.google.com]

기존의 온라인 게임 아이템과 메타버스 속 가상 굿즈의 결정적 차이는 '소유권'과 '상호운용성(Interoperability)'에 있다. 기존 게임 아이템은 게임 회사의 서버가 종료되면 사라지는 데이터 쪼가리에 불과했다. 그러나 블록체인(NFT) 기술이 적용된 가상 굿즈는 영원히 사라지지 않는 디지털 자산이 된다.

내가 구매한 '디지털 한정판 티셔츠'는 특정 게임 안에서만 입는 것이 아니라, 블록체인 지갑에 저장되어 다른 메타버스 플랫폼으로 이동하거나, 오픈씨(OpenSea)와 같은 마켓에서 타인에게 비싼 값에 되팔 수도 있다.

이로 인해 K-Pop 산업은 '재고 없는 무한한 상점'을 갖게 된다. 물리적 굿즈(MD)는 생산, 보관, 배송 비용이 들지만, 가상 굿즈는 한계비용이 '0'에 수렴하면서도, 블록체인을 통해 수량을 제한함으로써 명품과 같은 희소성을 가질 수 있다.

팬들은 현실의 명품 가방 대신 메타버스 속 내 아바타가 입을 '아이돌 무대 의상'을 구매하고, 현실의 좁은 방 대신 가상 세계 속 '나만의 팬룸'을 꾸미는 데 지갑을 열게 되는 것이다.

결국 K-Pop의 메타버스 확장은 단순한 기술적 시도가 아니라, 팬덤의 활동 무대를 현실에서 가상으로 옮기고 그곳에서 새로운 경제적 부가가치를 창출하는 산업의 거대한 지각변동이다.

6.2. 굿즈(Physical Goods) vs 가상 굿즈(Virtual Goods) 비교

구분	실물 굿즈(Physical)	가상 굿즈(Virtual + NFT)
존재 형태	응원봉, 포토카드, 의류 등 실체	아바타 스킨, 디지털 룸, 이모션 등 데이터
생산 및 유통	제조 공장, 물류 창고, 배송 필요	즉시 발행, 즉시 전송(물류비용 0)
소유권	구매자가 물리적으로 점유	블록체인상 소유권 증명(영구적)
사용처	오프라인 콘서트장, 집	다양한 메타버스 플랫폼(상호운용성)
가치 보존	시간 경과 시 마모 및 훼손	영구 불변(디지털 원본성 유지)

6.3. 실물 굿즈(Physical Goods) vs 가상 굿즈(Virtual Goods) 가상사례

가상 사례 1 메타버스 콘서트와 '디지털 오트쿠튀르(Haute Couture)'

[상황 설정]

글로벌 보이그룹 '타이탄'은 월드투어의 피날레를 현실이 아닌 메타버스 플랫폼 'K-버스크(K-Verse)'에서 개최하기로 했다. 이 콘서트는 물리적 인원 제한이 없어 전 세계 100만 명의 팬이 동시에 접속했다. 기획사는 입장권과 함께 콘서트 한정판 가상 굿즈인 '타이탄 날개 의상'을 NFT로 발행하여 판매했다.

[전개 및 결과]

이 날개 의상은 콘서트가 진행되는 2시간 동안 아바타가 착용하면 특수 효과(빛나는 오라)가 발동되도록 프로그래밍되었다. 팬들은 자신의 아바타를 돋보이게 하기 위해 기꺼이 5만 원 상당의 가상 의상을 구매했다. 콘서트가 끝난 후, 이 의상은 단순한 데이터로 사라지지 않았다. 팬들은 이 의상 아이템을 자신의 암호화폐 지갑에 담아, 다른 메타버스 게임인 '샌드박스'나 '디센트럴랜드'로 가져가서 착용했다. 블록체인의 상호운용성 덕분에 '타이탄 콘서트에 다녀온 찐팬'임을 다른 세상에서도 증명할 수 있게 된 것이다.

희소성이 보장된 이 날개 아이템은 리셀 마켓에서 '초판 한정 아이템'으로 분류되어 발매가의 10배에 거래되었다. 이는 디지털 패션이 현실 패션 못지않은 자산 가치를 지니게 됨을 보여준다.

가상 사례 2 가상 팬미팅 공간 '마이 스타 빌리지'의 부동산 분양

[상황 설정]

걸그룹 '세라픽'의 소속사는 메타버스 내에 멤버들이 직접 꾸민 가상의 집과 정원이 있는 '세라픽 타운'을 조성했다. 그리고 이 타운 주변의 가상 토지와 개인 공간(마이 룸)을 팬들에게 NFT 형태로 분양했다. 현실의 강남 땅값이 비싸듯, 세라픽 멤버들의 집과 가까운 위치일수록 분양가는 높게 책정되었다.

[전개 및 결과]

팬들은 분양 받은 자신의 가상 공간 '마이 룸'을 꾸미기 위해 벽지, 가구, 장식품 등의 가상 굿즈를 수집했다. 이 가구들은 세라픽의 앨범 자켓 이미지나 미공개 화보로 디자인되어 있었다. 팬 A는 자신의 방을 세라픽 박물관처럼 꾸며놓고 친구들을 초대해 파티를 열었다.

더 나아가, 이 공간은 단순한 장식이 아니었다. 소속사는 '세라픽 타운'의 토지를 소유한 팬들에게만 매달 멤버들의 독점 음성 메시지를 에어드롭(무상 전송) 해주는 혜택을 제공했다.

가상 부동산의 소유가 곧 멤버십이자 혜택의 기준이 된 것이다. 팬들은 이 공간을 유지하기 위해 지속적으로 커뮤니티 활동을 했고, 이 가

새로운 시대, 메타버스에서 만나는 조경 [라펜트 조경뉴스] [https://www.lafent.com]

상 부동산의 시세는 세라픽의 인기가 높아질수록 함께 상승했다. 이는 메타버스가 단순한 놀이터를 넘어 팬덤의 자산 증식 수단이자 소셜 플랫폼으로 진화했음을 의미한다.

◈ 가상 굿즈 경제가 창출하는 새로운 가치

가치 요소	설명	비고
자기표현 (Self-Expression)	현실의 제약 없이 아바타를 통해 이상적인 자아 실현	"가상 세계의 나는 명품을 입는다"
사회적 신호 (Social Signaling)	희귀한 아이템 착용을 통해 팬덤 내 지위 과시	"나는 이 한정판을 가진 고인물이다"
투자 가치 (Investment)	시간이 지날수록 가치가 오르는 디지털 자산 획득	"굿즈 사재기가 아닌 굿즈 투자"
경험의 확장 (Experience)	시공간을 초월하여 아티스트와 상호작용	24시간 열려있는 팬덤 공간

제8장 K-POP과 NFT(대체 불가능 토큰): 듣는 음악에서 소유하는 음악으로

1

'NFT(Non-Fungible Token, 대체 불가능 토큰)가 어떻게 K-Pop 굿즈(Goods) 시장의 '짝퉁' 문제를 해결하고 '디지털 정품 인증서'가 되는지'와 가상사례

1.1. 블록체인 기술, 특히 'NFT'는 이 불투명한 시장에 '디지털 등기부등본'을 도입하여 근본적인 해결책을 제시

K-Pop 시장의 규모가 커질수록, 그 그림자인 '위조 상품(짝퉁)' 시장 또한 기형적으로 성장하고 있다. 아이돌의 친필 사인 앨범, 한정판 포토카드, 콘서트 굿즈 등이 고가에 거래되면서, 정교하게 위조된 가짜 상품들이 팬들의 주머니를 노린다.

지금까지 팬들은 판매자의 '양심'이나 허술한 종이 보증서에 의존해야 했다. 그러나 블록체인 기술, 특히 'NFT(Non-Fungible Token, 대체 불가능 토큰)'는 이 불투명한 시장에 '디지털 등기부등본'을 도입하여 근본적인 해결책을 제시한다.

이 기술의 핵심은 실물 굿즈와 블록체인상의 디지털 인증서를 1:1로 매칭하는 것이다. 이를 '피지털(Phygital, Physical + Digital)' 기술이라 한다.

예를 들어, 응원봉이나 앨범에 칩(NFC)이나 QR코드를 심고, 이를 스마트폰으로 태그하면 블록체인 네트워크에 기록된 정품 인증 정보(NFT)가 화면에 나타나는 방식이다. 실물은 복제할 수 있어도, 블록체인 장부에 기록된 고유한 토큰 정보는 해킹이나 위변조가 불가능하다.

이러한 시스템이 도입되면 굿즈의 생애 주기가 투명하게 관리된다. 누가 언제 생산했는지, 현재 소유자가 누구인지, 이 물건이 몇 번이나 손바뀜이 있었는지가 모두 기록된다.

팬들은 중고 거래 시 "이거 진짜예요?"라고 묻는 대신, 스마트폰을 갖다 대는 행위 하나만으로 진품 여부를 100% 확신할 수 있게 된다. 이는 가품으로 인한 기획사의 매출 손실을 막고, 팬들의 자산을 보호하며, 나아가 굿즈를 단순한 '기념품'에서 가치가 보존되는 '투자 자산'으로 격상시키는 결과를 낳는다.

용어설명

NFT(Non-Fungible Token, 대체 불가능 토큰)

NFT(Non-Fungible Token, 대체 불가능 토큰)는 블록체인 기술을 기반으로 디지털 자산의 고유한 소유권과 원본성을 증명하는 디지털 인증서로, 각 토큰이 서로 다른 고유한 값을 가져 상호 교환이 불가능한 것이 특징입니다. 이는 그림, 영상, 음원 등 복제가 쉬운 디지털 콘텐츠에 현실 세계의 희소성과 소유권을 부여하여, 디지털 아티스트나 창작자의 권리를 보호하고 투자 가치를 창출하는 데 사용됩니다.

1. 주요 특징
    - 대체 불가능성: 비트코인이나 이더리움 같은 암호화폐와 달리, 모든 NFT는 고유하며 서로 바꿀 수 없습니다.
    - 소유권 증명: 블록체인에 소유권 기록이 투명하게 저장되어 위조가 불가능하고 진품임을 증명할 수 있습니다.
    - 디지털 희소성: 디지털 파일이 무한히 복제되더라도, NFT를 통해 '원본' 또는 '한정판'의 가치를 가질 수 있습니다.

- 활용 분야: 예술 작품, 게임 아이템, 디지털 수집품, 부동산 소유권 등 다양한 디지털 자산에 적용됩니다.

2. 작동 원리
   - 토큰 생성(민팅): 디지털 파일(이미지, 영상 등)의 메타데이터(고유 정보)를 블록체인에 기록하여 고유한 토큰을 만듭니다.
   - 소유권 기록: 이 토큰은 특정 사용자의 디지털 지갑에 귀속되며, 소유권이 블록체인에 영구히 기록됩니다.
   - 거래 및 인증: NFT는 마켓플레이스에서 거래될 수 있으며, 거래 내역 또한 블록체인에 남습니다.
3. 중요성
   - 디지털 창작물 시장을 활성화하고 창작자에게 수익을 분배하는 새로운 경제 모델을 제시했습니다.
   - 디지털 자산의 소유권 개념을 확립하여 메타버스, 웹 3.0 시대의 핵심 기술 중 하나로 주목받고 있습니다. [https://www.google.com]

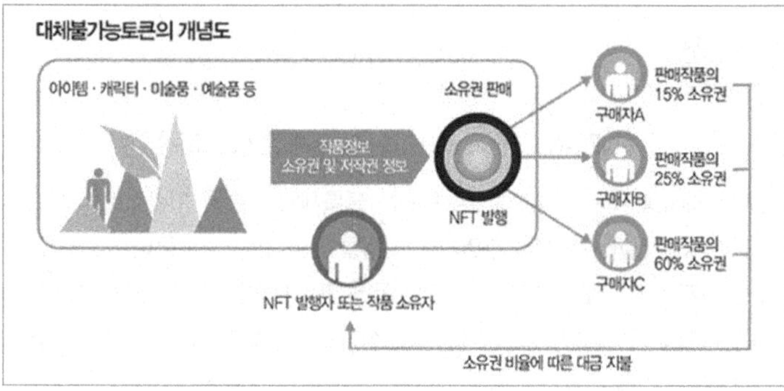

골드만삭스·신한은행·국민은행… 대형은행이 NFT로 향하는 이유는? [https://www.mk.co.kr]

1.2. 기존 굿즈 인증 방식 vs NFT 기반 디지털 정품 인증 비교

구분	기존 인증 방식(Analog)	NFT 기반 인증 방식(Digital)
인증 수단	홀로그램 스티커, 종이 보증서	블록체인 토큰(NFT), 스마트 컨트랙트
보안성	스티커 위조 및 복제 용이	위변조 불가능(디지털 불변성)

검증 방법	육안 식별 또는 전문가 감정 필요	스마트폰 태그로 즉시 확인(NFC/QR)
거래 투명성	소유자 이력 파악 불가능	최초 발행부터 현재 소유자까지 이력 추적
가치 보존	분실/훼손 시 인증 불가	영구적인 디지털 소유권 증명

1.3. 블록체인 기술, 'NFT' 가상사례

가상 사례 1 희귀 포토카드 '레전드 컷'의 위조 방지 시스템

[상황 설정]

탑 아이돌 그룹 'S'의 앨범에는 전 세계에 단 100장만 존재하는 '골드 포토카드'가 무작위로 들어있다. 이 카드는 중고 시장에서 수백만 원을 호가한다. 하지만 정교한 인쇄술로 만든 가짜 카드가 시장에 풀리면서, 진품을 가진 팬들조차 의심을 받아 거래가 끊기는 상황이 발생했다.

[전개 및 결과]

소속사는 다음 앨범부터 골드 포토카드 내부에 눈에 보이지 않는 초소형 NFC 칩을 내장하고, 이를 블록체인상의 NFT와 연동시켰다. 팬 B가 앨범을 뜯어 골드 카드를 발견하고 스마트폰을 카드에 갖다 대자, 전용 앱 지갑에 "No. 045/100 정품 인증 완료"라는 메시지와 함께 디지털 NFT가 전송되었다.

이후 팬 B가 중고 거래 장터에 이 카드를 내놓았을 때, 구매자는 카드의 상태를 눈으로 확인하는 것에 그치지 않았다. 구매자의 스마트폰을 카드에 태그하자, 블록체인 네트워크는 이 카드가 'S' 그룹 소속사에서 발행한 45번째 진품임을 즉시 인증했다.

거래가 성사되자 실물 카드와 함께 디지털 소유권(NFT)도 구매자의 지갑으로 이전되었다. 가짜 카드를 만들던 업자들은 아무리 실물을 똑같이 인쇄해도 블록체인 인증을 뚫을 수 없어 시장에서 퇴출당하게 된다.

가상 사례 2 한정판 스니커즈와 '디지털 트윈(Digital Twin)'

[상황 설정]

힙합 아티스트 'Z'는 유명 스포츠 브랜드와 협업하여 한정판 스니커즈 5,000족을 발매했다. 리셀가(재판매가)가 치솟자 가품 논란이 끊이지 않았다. 이에 'Z'는 실물 신발을 사면 가상 세계에서도 신을 수 있는 '디지털 신발'을 함께 주는 프로젝트를 기획했다.

[전개 및 결과]

팬 C는 이 한정판 스니커즈를 구매했다. 신발의 설포(Tongue) 안쪽에는 고유 QR코드가 박혀 있었다. 이를 스캔하자 블록체인 지갑에 '디지털 트윈(Digital Twin)' 형태의 신발 NFT가 들어왔다. 이것은 단순한 그림이 아니라, 메타버스 게임 속 내 아바타가 착용할 수 있는 아이템이자, 현실 신발의 정품 보증서 역할을 동시에 수행했다.

어느 날 팬 C가 신발을 중고로 팔려고 내놓았다. 구매 희망자는 "신발 박스는 있는데, NFT도 포함인가요?"라고 물었다. NFT가 없는 신발은 '반쪽짜리' 혹은 '가품 의심 물건'으로 취급 받아 제값을 받을 수 없기 때문이다.

결국 NFT는 실물 신발의 '영혼'과 같은 역할을 하며, 실물과 디지털이 결합된 완벽한 세트일 때만 그 가치를 인정받는 새로운 거래 표준이 정립되었다.

◈ NFT 정품 인증이 가져올 K-Pop 굿즈 시장의 변화

변화 요소	설명	효과
신뢰 비용 절감	진품 확인을 위한 감정 시간과 비용 소멸	거래 속도 및 활성화 증대
N차 거래 추적	재 판매될 때마다 이동 경로가 기록됨	도난 및 분실 물품 거래 차단
로열티 수익	중고 거래 시 원작자에게 수수료 자동 배분 가능	기획사/아티스트의 추가 수익 원 창출
커뮤니티 결속	정품 소유자(NFT 보유자)만 입장 가능한 커뮤니티 운영	진성 팬덤 관리 및 혜택 제공

2

'NFT 기반 한정판 마케팅의 끝판 왕, 희소성의 증명'과 가상사례

2.1. NFT "나만 가지고 있다는 확실한 증거": 마케팅의 새로운 차원을 연다

소비 트렌드를 주도하는 MZ세대와 알파세대는 '남들이 가지지 못한 것'을 소유했을 때 큰 만족감을 느낀다. 한정판 운동화에 열광하고, 스타벅스 한정판 굿즈를 얻기 위해 새벽부터 줄을 서는 현상이 이를 증명한다.

NFT(대체 불가능 토큰)는 '프로그래밍 된 절대적 희소성'을 통해 마케팅의 새로운 차원을 연다.

그러나 실물 경제에서의 한정판은 제조사가 몰래 더 찍어내거나, 정교한 가품이 돌면 그 가치가 훼손된다는 약점이 있다. 여기서 NFT(대체 불

가능 토큰)는 '프로그래밍 된 절대적 희소성'을 통해 마케팅의 새로운 차원을 연다.

디지털 파일은 본래 '무한 복제'가 가능하여 가치를 인정받기 어려웠다. 하지만 블록체인 기술은 디지털 파일에 고유한 인식표를 붙여 전 세계에 단 하나, 혹은 단 10개만 존재함을 수학적으로 증명한다.

기업이나 아티스트는 NFT 발행 시 총수량(Total Supply)을 블록체인에 미리 확정하여 기록하며, 이 숫자는 개발자조차 나중에 임의로 늘릴 수 없다. 이것이 바로 '디지털 희소성(Digital Scarcity)'이다.

팬들은 이제 "이 굿즈가 정말 전 세계에 100개뿐인가?"를 의심할 필요가 없다. 블록체인 장부가 이를 보증하기 때문이다. 이러한 투명한 희소성은 팬들에게 강력한 소유욕과 '포모(FOMO, 소외되는 것에 대한 두려움)' 심리를 자극한다. NFT 기반의 한정판 마케팅은 단순한 상품 판매가 아니라, 브랜드의 가치를 '소장 가능한 자산'으로 치환하여 팬덤의 충성도를 극대화하는 고도의 전략이 된다.

2.2. 실물 한정판 마케팅 vs NFT 기반 디지털 한정판 마케팅 비교

구분	실물 한정판(Physical Limited)	NFT 디지털 한정판(Digital Limited)
희소성 보증	제조사의 공지 및 신뢰에 의존	블록체인 코드를 통한 기술적 강제
수량 조작	추가 생산(Re-issue) 가능성 존재	최초 설정된 발행량 변경 불가능
소유 경험	물리적 보관 공간 필요, 훼손 위험	디지털 지갑 보관, 영구적 원본성 유지
거래 방식	직거래 또는 중개 플랫폼 (가품 위험)	글로벌 마켓플레이스 즉시 거래 (진품 보장)
마케팅 효과	오프라인 줄 서기, 물리적 소유감	글로벌 동시 접속 경쟁, 디지털 과시(SNS)

2.3. NFT 기반 한정판 마케팅과 가상사례

가상 사례 1 보이그룹 '킹덤(Kingdom)'의 멤버별 DNA NFT 카드

[상황 설정]

초대형 보이그룹 '킹덤'은 데뷔 5주년을 맞아 아주 특별한 디지털 굿즈를 기획했다. 멤버 7명의 목소리 파형, 지문, 동공 데이터 등을 예술적으로 시각화한 'DNA NFT 카드'를 발행한 것이다.

중요한 점은 멤버별로 발행량이 달랐다는 것이다. 리더 멤버의 카드는 1,000장 발행했지만, 막내 멤버의 카드는 전 세계에 단 10장만 발행하는 극단적인 희소성 전략을 택했다.

[전개 및 결과]

발매 시작과 동시에 전 세계 수백만 명의 팬들이 접속하여 서버가 마비될 뻔했다. 특히 단 10장뿐인 막내 멤버의 NFT는 '디지털 보석'으로 불리며 경쟁이 치열했다. 운 좋게 이 카드를 1만 원에 구매한 팬 A는 발매 1시간 뒤, NFT 마켓플레이스에서 이 카드를 1,000만 원에 되팔라는 제안을 받았다.

블록체인상에 "발행량: 10/10"이라는 숫자가 명확히 찍혀 있었기에, 팬들은 이 카드의 가치가 앞으로 더 오를 것이라 확신했다. '킹덤'의 소속사는 추가 제작을 요구하는 빗발치는 요청에도 불구하고 "블록체인상의 약속은 깰 수 없다"며 희소성을 지켰고, 이는 그룹의 브랜드 가치를 명품의 반열에 올려놓는 결과를 낳았다.

가상 사례 2 걸그룹 '오로라(Aurora)'의 성장형 펫(Pet) NFT 키우기

[상황 설정]

걸그룹 '오로라'는 단순히 판매하고 끝나는 굿즈가 아니라, 팬의 활동에 따라 가치가 변하는 '성장형 NFT'를 도입했다. 팬들은 처음에 똑같은 모양의 '오로라 알(Egg)' NFT를 구매한다. 하지만 팬이 '오로라'의 신곡을 스트리밍하거나, 공식 팬카페에 글을 남기는 등 활동을 많이 할수록 이 알은 경험치(XP)를 얻어 부화하고 진화한다.

[전개 및 결과]

한 달 뒤, 팬들의 활동량에 따라 수만 개의 알들은 각기 다른 모습으로 깨어났다. 대부분은 평범한 '병아리' 등급이 되었지만, 스트리밍 상위 0.1%를 기록한 열성 팬 B의 알은 전설 등급인 '황금 불사조'로 진화했다. 이 '황금 불사조' NFT는 전체 발행 량 중 단 5개밖에 나오지 않도록 프로그래밍 되어 있었다.

팬 B는 자신이 좋아하는 가수를 열심히 응원했을 뿐인데, 그 보상으로 시장에서 수백만 원에 거래되는 희귀 아이템을 얻게 되었다. 이는 돈으로만 사는 희소성이 아니라, '노력과 팬심(Fan-ship)'이 증명된 희소성이었기에 팬덤 내에서 더욱 큰 존경과 부러움을 샀다.

이 마케팅은 팬들의 자발적인 홍보 활동을 폭발적으로 증가시키는 촉매제가 되었다.

◈ NFT 희소성 마케팅이 주는 심리적·경제적 효과

효과 구분	세부 내용	참여자의 반응
심리적 만족감	남들은 없는 '유니크 아이템' 소유	"나는 선택 받은 상위 1% 팬이다."
투자 가치 상승	공급 제한으로 인한 가격 상승 기대	"지금 사두면 나중에 오를 것이다."
커뮤니티 지위	희귀 NFT 보유 자체가 계급장이 됨	"저 NFT를 프로필 사진으로 건 사람은 '찐팬'이다."
브랜드 로열티	브랜드와 운명을 같이하는 파트너십	"이 NFT의 가치를 지키기 위해 가수를 더 응원한다."

3

'팬 사인회와 멤버십, NFT가 입장권이 된다'와 가상사례

3.1.NFT가 입장권이 된다: 암표 없는 세상과 디지털 프리패스

K-Pop 팬들에게 콘서트 티켓팅은 '전쟁'과도 같다. 수십만 명이 동시에 접속하는 서버 대란 속에서, 정작 티켓을 낚아채는 것은 팬이 아닌 전문 암표상들의 매크로 프로그램인 경우가 허다하다.

웃돈을 얹어 수십 배 비싸게 팔리는 암표, 위조된 종이 티켓으로 인한 사기 피해는 팬덤 문화를 멍들게 하는 고질병이다.

블록체인 기술을 입힌 'NFT 티켓'은 이 불공정한 게임의 규칙을 완전히 바꾼다. NFT 티켓은 단순한 입장권이 아니라, 위 변조가 불가능한 '디지털 권리증'이다.

기존의 모바일 티켓이나 종이 티켓은 캡처나 복사를 통해 쉽게 도용될 수 있었다. 반면, NFT 티켓은 블록체인 네트워크상에서 발행되어 특정인

이미 시작된 케이팝 NFT화 + NFT가 엔터 기획사 산업에 가져올 변화 [https://m.blog.naver.com]

의 전자 지갑에 귀속된다. 이는 입장 시 실시간으로 블록체인 검증을 거치기 때문에 캡처 본이나 위조 티켓이 통용될 수 없다.

특히 '다이내믹 QR(Dynamic QR)' 기술과 결합하면 일정 시간마다 코드가 변하여 타인에게 양도하거나 도용하는 것을 원천 봉쇄할 수 있다.

더 나아가 NFT는 '입장'이라는 일회성 기능을 넘어선다. 공연이 끝난 후 종이 티켓은 쓰레기통으로 향하지만, NFT 티켓은 그 자체로 화려한 영상이나 이미지가 담긴 '디지털 기념품(Souvenir)'으로 변신하여 지갑에 영구히 소장된다.

또한, 멤버십 NFT는 한번 구매하면 유효기간 없이 팬클럽 선예매 권한, 독점 콘텐츠 열람 권한 등을 지속적으로 제공하는 '디지털 프리패스(Free Pass)' 역할을 수행한다. 즉, 블록체인은 티켓을 '소비재'에서 '평생 자산'으로 진화 시키는 것이다.

3.2. 기존 티켓 시스템 vs NFT 티켓 시스템 비교

구분	기존 티켓(Paper/App)	NFT 티켓(Blockchain)
보안성	위조 및 복제 용이(암표 성행)	위변조 불가능(고유값 검증)

양도 및 거래	불투명한 암시장 거래, 사기 위험	투명한 이력 추적, 전송 제한 기능 설정 가능
수익 구조	재판매 시 2차 수익은 암표상이 독점	재판매 시 차액의 일부가 기획사/아티스트에게 배분
사용 후 가치	폐기되거나 단순 종이 보관	디지털 굿즈로 변환(영상, 화보 등), 자산 가치 유지
기능 확장	단순 입장 기능	커뮤니티 입장, 에어드롭, 멤버십 등 다기능 탑재

3.3. 'NFT가 입장권이 된다'와 가상사례

가상 사례 1 조작 없는 투명한 '팬 사인회 추첨' 시스템

[상황 설정]

인기 아이돌 그룹 '하이파이브'의 팬 사인회는 앨범을 많이 살수록 당첨 확률이 높다. 하지만 팬들 사이에서는 "기획사가 지인들을 뽑는다"거나 "수백 장을 사도 떨어진다"는 불신이 팽배했다. 이에 소속사는 블록체인 기반의 '랜덤 추첨 시스템(Chainlink VRF 등 활용)'을 도입하고, 당첨권을 NFT로 발행했다.

[전개 및 결과]

팬들이 앨범을 구매할 때마다 고유 번호가 블록체인에 기록되었다. 추첨 당일, 추첨 알고리즘이 돌아가는 과정이 블록체인상에 투명하게 공개되었고, 조작 개입이 불가능함이 증명되었다. 당첨된 팬 100명의 지갑에는 황금색 '사인회 초대권 NFT'가 전송되었다.

이 NFT는 타인의 지갑으로 전송이 불가능하도록 설정(SBT, Soulbound Token)되어 있어, 당첨권을 웃돈 주고 파는 불법 거래가 원천 차단되었다. 행사 당일, 팬들은 스마트폰의 NFT를 태그하고 입장했다. 행사가 끝난 후, 이 입장권 NFT는 멤버들이 손을 흔드는 3D 영상 카드로 변환(Re-veal)되어 팬들에게 잊지 못할 추억과 소장 가치를 선물했다. 기술이 공정성을 보장하자 팬들의 불만은 사라지고 앨범 구매욕은 더욱 높아졌다.

가상 사례 2 평생 혜택을 누리는 '인피니티 멤버십'

[상황 설정]

신인 밴드 '웨이브'는 매년 갱신해야 하는 번거로운 팬클럽 가입 방식 대신, 한 번 구매하면 평생 혜택이 유지되는 '인피니티 멤버십 NFT'를 1,000개 한정으로 발행했다. 이 NFT의 가격은 10만 원이었지만, 혜택은 파격적이었다.

[전개 및 결과]

이 멤버십 NFT를 보유한 팬 C는 밴드의 공연이 열릴 때마다 별도의 티켓팅 전쟁을 치를 필요가 없었다. 멤버십 보유자에게는 항상 '선예매 구역'이 할당되었기 때문이다. 또한, 밴드가 신곡을 낼 때마다 팬 C의 지갑으로 미공개 재킷 사진이 자동으로 전송(Air-drop)되었다.

3년 후, '웨이브'가 대형 스타로 성장하자 이 '인피니티 멤버십'의 가치는 폭등했다. 초기 10만 원이었던 NFT는 현재 500만 원에 거래되고 있다. 팬 C는 개인 사정으로 멤버십을 유지할 수 없게 되자, NFT 거래소에서 이를 다른 팬에게 판매했다.

이 과정에서 판매 수익의 10%는 자동으로 밴드 '웨이브'에게 로열티로 지급되었다. 팬 C는 투자 수익을 얻었고, 밴드는 지속적인 후원금을 얻었으며, 새로운 구매자는 검증된 VIP 권한을 즉시 획득했다. 이는 멤버십이 단순한 구독이 아니라 '금융 자산'이 된 사례이다.

◈ NFT 티켓 및 멤버십 도입의 기대 효과

주체	기대 효과	핵심 키워드
팬 (Fan)	매크로 없는 공정한 경쟁, 사기 피해 방지, 티켓의 자산화	공정성, 소유권
아티스트 (Artist)	암표 수익 차단 및 2차 거래 로열티 확보, 진성 팬덤 데이터 확보	수익성, 데이터
기획사 (Agency)	티켓 발행 및 검수 비용 절감, 악성 재판매 관리 용이	효율성, 통제권

4

'NFT 기반 신인 아이돌 육성, 다오(DAO)가 프로듀싱 한다'와 가상사례

4.1. 블록체인 기반 DAO에 의해 팬덤이 곧 기획사 사장이 되는 시대

지금까지의 아이돌 육성 시스템은 철저한 '톱다운(Top-down)' 방식이었다. 대형 기획사의 소수 임원들이 연습생을 선발하고, 그들의 감각에 맞춰 컨셉을 정하고, 데뷔 조를 확정했다. 팬들은 완성된 상품이 나온 후에야 비로소 소비할 수 있었다.

그러나 블록체인 기반의 DAO(Decentralized Autonomous Organization, 탈중앙화 자율 조직)는 이 피라미드를 역전시킨다. 팬들이 모여 자금을 대고, 투표로 의사결정을 내리는 '팬덤 기획사'가 탄생하는 것이다.

이 시스템에서 NFT는 기획사의 '주식'이자 '사원증' 역할을 한다. 팬들은 '연습생 육성 프로젝트'의 NFT를 구매함으로써 DAO의 일원이 된다. 이렇게 모인 판매 수익은 투명한 블록체인 금고(Treasury)에 저장되어 데

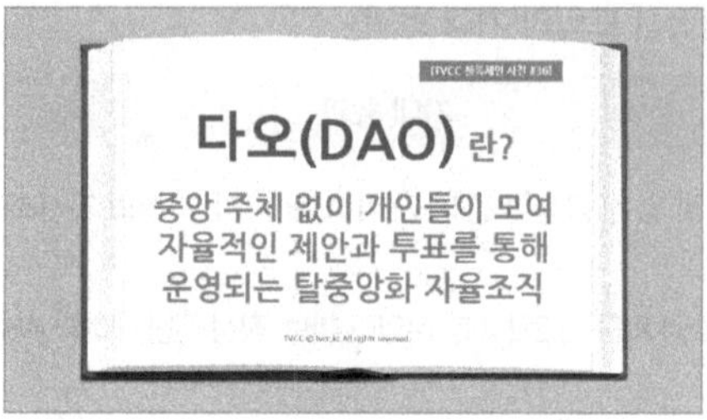

TVCC 블록체인 사전] #36 다오(DAO)란? - TVCC [https://www.tvcc.kr]

뷔 자금으로 쓰인다.

DAO 멤버들은 이 예산을 어디에 쓸지, 어떤 연습생을 메인 보컬로 세울지, 데뷔곡은 청량한 느낌으로 갈지 힙합으로 갈지를 투표를 통해 직접 결정한다.

이것은 방송국 문자 투표와는 차원이 다르다. 방송 투표는 인기 척도일 뿐이지만, DAO의 투표는 '경영권 행사'이다. 기획사의 독단적인 결정으로 그룹의 색깔이 바뀌거나 원치 않는 활동을 하는 리스크가 사라진다.

또한, 그룹이 성공하여 매출이 발생하면, 그 수익은 스마트 컨트랙트에 의해 DAO 멤버들에게 NFT 보유량에 비례하여 배당된다.

즉, 팬은 더 이상 '조공(선물)'을 바치는 존재가 아니라, 아티스트를 키우고 함께 성장하는 '공동 제작자(Co-Producer)'가 되는 것이다.

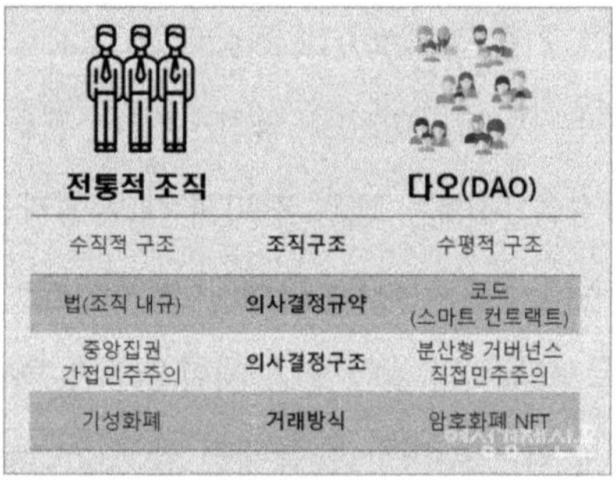

올해는 다오(DAO)의 해···생각만큼 되지 않는 3가지 이유[https://www.womaneconomy.co.kr]

4.2. 전통적 기획사 시스템 vs DAO 기반 아이돌 육성 시스템 비교

구분	전통적 기획사 (Traditional Agency)	DAO 기반 기획사 (Web 3.0 Agency)
의사결정 주체	총괄 프로듀서 및 경영진(소수)	NFT 홀더(팬덤 전체의 집단지성)
자금 조달	회사 자본 및 투자 유치	NFT 판매를 통한 크라우드 펀딩
연습생 선발	비공개 오디션 및 내부 평가	공개 오디션 및 DAO 투표로 선발
매니지먼트	회사의 방침에 따름(일방적)	팬들의 안건 발의와 투표로 결정(양방향)
성공 보상	회사가 독점(주주 배당)	팬(투자자)과 아티스트가 수익 공유

4.3. NFT 기반 신인 아이돌 육성 가상사례

가상 사례 1 프로젝트 그룹 '언더독(Underdog)'의 데뷔 성공기

[상황 설정]

대형 기획사에서 데뷔 조에 들지 못하고 방출된 연습생 5명이 모였다. 이들은 기존 시스템에 의존하지 않고, 블록체인 플랫폼에서 자신들의 데뷔를 후원할 '언더독 DAO'를 모집했다. 5,000명의 팬이 각각 10만 원 상당의 멤버십 NFT를 구매하여 총 5억 원의 데뷔 자금이 모였다.

[전개 및 결과]

'언더독 DAO'의 모든 과정은 팬들의 손을 거쳤다. DAO 멤버들은 투표를 통해 그룹의 로고 디자인을 선정했고, 타이틀곡 후보 3개 중 가장 트렌디한 곡을 골랐다. 심지어 뮤직비디오 의상 시안까지 투표로 정했다. 기획사 사장의 '감'이 아닌 5,000명의 '집단지성'이 반영된 결과물은 대중의 취향을 정확히 저격했다.

데뷔 후, 별도의 마케팅 비용이 들지 않았다. 5,000명의 프로듀서들이 자발적으로 SNS 홍보에 나섰기 때문이다. '언더독'이 음악 방송 1위를 하자, 발생한 음원 및 출연료 수익의 50%는 아티스트에게, 나머지 50%는 DAO 금고로 들어왔다.

DAO는 투표를 통해 이 수익을 멤버들에게 배당금으로 지급하기로 결정했고, 팬들은 "내 가수를 1위로 만들었다"는 성취감과 함께 금전적 보상까지 얻게 되었다.

가상 사례 2 버추얼 아이돌 '네오(NEO)'와 AI 작곡가 채용

[상황 설정]

실존 인물이 아닌 3D 캐릭터로 구성된 버추얼 아이돌 프로젝트가 시작되었다. 이 프로젝트의 운영 주체인 '네오 DAO'는 전 세계의 애니메이션 및 K-Pop 팬들로 구성되었다. 이들은 인간 멤버가 아닌 만큼, 육성 방식도 기술적 의사결정이 주를 이뤘다.

[전개 및 결과]

다음 앨범 컨셉을 논의하던 DAO 회의에서 "유명 작곡가에게 곡을 받자"는 의견과 "AI 작곡가에게 맡기고 비용을 아끼자"는 의견이 대립했다. 거버넌스 투표 결과, 예산 절감과 실험적인 음악을 위해 AI 작곡가 채용 안건이 통과되었다.

DAO는 금고에 있는 자금(이더리움)으로 AI 작곡 프로그램을 구독하고, 팬들이 직접 프롬프트(명령어)를 입력해 곡을 생성했다.

또한, 멤버들의 춤 동작(모션 캡처) 데이터도 팬들이 직접 공모전을 통해 제작하여 업로드했다. 이렇게 탄생한 '네오'의 앨범은 저작권료 지출이 '0원'에 가까웠기에 수익률이 극대화되었다.

DAO는 남은 예산으로 '네오'의 전용 메타버스 콘서트장을 구축하는 데 재투자했다. 이는 기획사 없이 팬과 기술만으로 아이돌이 탄생하고 유지될 수 있음을 보여준 사례이다.

◈ DAO 프로듀싱의 단계별 프로세스

단계	활동 내용	비고
1. 결성(Formation)	프로젝트 비전 발표 및 NFT 판매(Minting)	초기 자본 확보
2. 발굴(Scouting)	연습생 공개 및 오디션 투표 진행	옥석 가리기
3. 제작(Production)	컨셉, 곡, 의상 등 주요 안건 거버넌스 투표	리스크 최소화
4. 활동(Promotion)	DAO 멤버들의 자발적 바이럴 마케팅	비용 절감 효과
5. 정산(Settlement)	스마트 컨트랙트에 의한 자동 수익 분배	투명성 보장

5

'음악 NFT 플랫폼: 로열(Royal) 그리고 국내외 주요 사례 분석'과 가상사례

5.1. 듣는 즐거움에서 소유하는 자부심으로

우리가 흔히 사용하는 멜론이나 스포티파이 같은 스트리밍 플랫폼은 음악을 '대여'해주는 곳이다. 매달 구독료를 내지만, 서비스를 해지하면 내 손에 남는 음악은 단 한 곡도 없다.

그러나 블록체인 기반의 음악 NFT 플랫폼은 이 패러다임을 '소유'와 '투자'로 전환한다. 그 선두에 있는 것이 바로 미국의 유명 DJ 3LAU(블라우)가 설립한 플랫폼 '로열(Royal)'이다.

Royal NFT Platform - Sell Music Rights % to fans [https://www.youtube.com]

로열은 아티스트가 자신의 음원 저작권(스트리밍 로열티) 일부를 NFT 형태로 분할하여 팬들에게 판매하는 서비스를 제공한다. 이를 'LDA(Limited Digital Asset)'라고 부른다.

예를 들어, 어떤 가수가 신곡의 저작권 50%를 1,000개의 NFT로 쪼개어 판다면, 팬들은 이 NFT를 구매함으로써 해당 곡의 '주주'가 된다. 이후 스포티파이나 애플뮤직에서 해당 곡이 재생되어 수익이 발생하면, 그 수익은 NFT 보유 비율에 따라 팬들의 지갑으로 자동 입금된다.

이는 아티스트에게는 앨범 제작비를 선제적으로 확보할 수 있는 'IPO(기업공개)'와 같은 기회를, 팬들에게는 좋아하는 음악을 들으며 수익도 얻는 '덕질테크(덕질+재테크)'의 기회를 제공한다.

로열의 성공 이후, 단순히 음악 파일을 소유하는 것을 넘어 '사운드.xyzzy(Sound.xyz)'와 같이 팬과 아티스트의 소통을 강조하거나, '카탈로그(Catalog)'처럼 단 하나의 유일한 음원(1-of-1)을 경매하는 등 다양한 형태의 플랫폼들이 등장하며 생태계를 확장하고 있다.

한국 역시 K-Pop의 글로벌 경쟁력을 바탕으로 독자적인 플랫폼을 구축하려는 시도가 이어지고 있다. 국내 플랫폼들은 주로 아이돌 팬덤의 특성에 맞춰 '포토카드 NFT'와 '멤버십 기능'을 결합하는 방식으로 진화하고 있으며, 이는 단순 투자를 넘어 팬덤의 결속력을 강화하는 도구로 활용된다.

NFT 음악 플랫폼 브랜드 #Sound.xyz - 스톤브랜드컨설팅 [https://stonebc.com]

5.2. 주요 음악 NFT 플랫폼 특징 비교 분석

플랫폼(국적)	핵심 모델	주요 특징 및 차별점
로열(Royal, 미국)	로열티 분배형	스트리밍 수익의 소유권(Right)을 직접 판매. 음악을 주식처럼 거래하는 투자 성격이 강함.
사운드. xyz(미국)	커뮤니티 후원형	음원 NFT 구매 시 댓글 남기기, 리스닝 파티 참여 등 초기 아티스트 발굴 및 후원 문화 강조.
카탈로그(Catalog, 미국)	희소성 경매형	단 하나의 판본(1/1)만 발행하여 경매. 음악을 미술품처럼 고가에 소장하는 가치 부여.
국내 K-Pop 플랫폼	팬덤 유틸리티형	하이브의 '모먼티카' 등. 영상/이미지 소장(Take) 및 오프라인 행사 연계 혜택 중심.

모먼티카, 스테이씨 NFT 출시…IP 확장 계속 | 서울경제 [https://www.sedaily.com]

5.3. 음악 NFT 플랫폼 가상사례

가상 사례 1 무명 래퍼의 '로열' 스타일 펀딩과 역주행 신화

[상황 설정]

작업실 월세조차 내기 힘든 무명 래퍼 'J'는 퀄리티 높은 신곡을 완성했으나 마케팅 비용이 없었다. 그는 대형 유통사에 권리를 넘기는 대신, '로열'과 유사한 오픈형 NFT 플랫폼에 자신의 곡 'Street Light'의 저작권 40%를 NFT로 발행하여 올렸다.

[전개 및 결과]

J의 음악성을 알아본 힙합 리스너 200명이 각각 5만 원씩 투자하여 NFT를 구매했다. J는 확보된 1,000만 원으로 뮤직비디오를 찍고 유튜브 광고를 집행했다. 팬들 역시 자신이 투자한 곡의 성공을 위해 자발적으로 커뮤니티에 곡을 홍보하기 시작했다.

이러한 바이럴에 힘입어 곡은 힙합 커뮤니티에서 입소문을 탔고, 결국 주요 음원 차트 역주행에 성공했다. 음원 수익이 폭발하자, 초기에 5만 원을 투자했던 팬들은 매달 쏠쏠한 저작권료를 정산 받게 되었다.

또한, 곡의 가치가 입증되자 해당 NFT 자체의 거래 가격도 5만 원에서 50만 원으로 10배 상승했다. J는 팬들과 성공을 공유하며 강력한 우군

"국내 최초 엔터 NFT 등장" K-POP 인기에 올라타는 새로운 투자법 [https://www.youtube.com]

을 얻었고, 팬들은 '내가 키운 래퍼'라는 자부심과 금전적 이익을 동시에 얻었다.

가상 사례 2 K-Pop 플랫폼의 '글로벌 팬덤 믹스(Mix)' 프로젝트

[상황 설정]

국내의 한 K-Pop NFT 플랫폼은 인기 걸그룹 '비비드'의 컴백에 맞춰 특별한 프로젝트를 기획했다. 전 세계 팬들이 각기 다른 악기 소리(드럼, 베이스, 신디사이저 등)가 담긴 '스템(Stem) NFT'를 구매하고, 이를 조합하여 자신만의 리믹스 버전을 만드는 것이다.

[전개 및 결과]

브라질의 팬은 드럼 비트 NFT를, 프랑스의 팬은 보컬 아카펠라 NFT를 구매했다. 이들은 플랫폼 내의 '믹스 랩(Mix Lab)'에서 서로의 NFT를 대여하거나 협업하여 새로운 버전의 곡을 탄생시켰다. 이 리믹스 곡들 중 투표를 통해 1위를 차지한 곡은 정식 디지털 싱글로 발매되었다.

이 과정에서 발생한 수익은 원작자인 '비비드'와 리믹스에 참여한 팬(NFT 보유자)들에게 블록체인 스마트 컨트랙트를 통해 공정하게 분배되었다.

한국의 기획사가 일방적으로 공급하던 콘텐츠를 전 세계 팬들이 재가공하고 확산시키는 구조가 만들어진 것이다. 이 플랫폼은 단순히 굿즈를 파는 곳이 아니라, 전 세계 팬들이 음악으로 놀고 교류하는 '글로벌 음악 놀이터'로 자리 잡게 되었다.

◈ 음악 NFT 플랫폼 도입 시 기대되는 산업적 변화

구분	기존 음악 산업(Web 2.0)	블록체인 음악 산업(Web 3.0)
자금 흐름	기획사/유통사가 선 투자 후 수익 독점	팬들이 선 투자 후 수익 공유 (Risk 분산)
아티스트 위상	플랫폼에 종속된 콘텐츠 공급자	플랫폼을 선택/운영하는 독립적 사업가
팬의 역할	수동적 청취자 및 소비자	능동적 투자자 및 2차 창작자
시장 범위	국가별 유통망에 따른 제한적 접근	전 세계 단일 시장, 즉시 접근 및 거래

제9장

K-아트와 글로벌 미술 시장의 연결

1

'K-아트의 국제적 위상'과 가상사례

1.1. 캔버스를 넘어 디지털 자산으로 진화하는 한국 미술

최근 몇 년간 세계 미술계의 시선은 서울로 집중되었다. 세계 3대 아트페어 중 하나인 '프리즈(Frieze)'가 아시아 최초의 개최지로 서울을 택했고, 김환기, 이우환으로 대표되는 한국의 '단색화(Dansaekhwa)'는 이제 글로벌 옥션의 블루칩으로 자리 잡았다.

바야흐로 K-Art가 변방에서 중심으로 이동하는 르네상스 시기를 맞이한 것이다. 그러나 이 폭발적인 성장의 이면에는 물리적 거리와 고가의

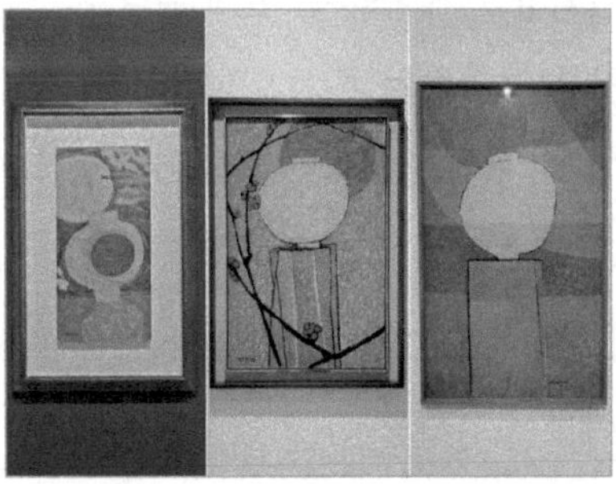

김환기 그림의 보름달은 왜 푸른색일까? [https://www.joongang.co.kr]

진작(眞作) 확신하는 이우환, 단색화임에는 확신할 수 있나? [http://www.theartist.co.kr]

가격이라는 진입 장벽이 여전히 존재한다. 여기서 블록체인은 K-Art의 위상을 단순히 '감상하는 작품'에서 '소유 가능한 글로벌 자산'으로 격상시키는 기폭제 역할을 수행한다.

기존 미술 시장은 소수의 부유층과 갤러리 중심의 폐쇄적인 리그였다. 뉴욕의 컬렉터가 한국 신진 작가의 작품을 사려면 복잡한 운송 절차와 진품 여부에 대한 불안감을 감수해야 했다.

하지만 블록체인 기술은 작품의 '디지털 등기부(Provenance)'를 생성하여 이 문제를 해결한다. 작품의 창작 시점부터 소유권 이전 내역이 위변조 불가능한 블록체인에 기록되므로, 지구 반대편의 구매자도 스마트폰 하나로 진품임을 신뢰하고 거래할 수 있게 된다.

또한, 수십억 원을 호가하는 K-Art 명작을 블록체인상에서 지분으로 쪼개어 판매하는 '조각 투자(Fractional Investment)' 방식은 대학생과 일반 대중을 미술 시장의 새로운 주체로 초대한다.

이것은 한국 미술이 소수만의 전유물이 아니라, 전 세계 누구나 1만 원으로도 한국의 미를 소유하고 그 가치 상승을 공유할 수 있는 '대중적 예술 금융(Art Finance)'의 시대로 진입했음을 의미한다.

1.2. 전통적 미술 시장 vs 블록체인 기반 K-Art 시장 비교

구분	전통적 미술 시장 (Traditional Art Market)	블록체인 기반 K-Art 시장 (Digital Art Market)
주요 고객	고액 자산가, 전문 컬렉터	일반 대중, MZ세대 투자자(소액 가능)
거래 방식	갤러리 방문, 오프라인 경매	NFT 마켓플레이스, 조각 투자 플랫폼
접근성	물리적 이동 및 운송 필요(국경 제한)	디지털 전송 및 소유권 즉시 이전(국경 없음)
유동성	작품 현금화에 오랜 시간 소요	토큰 거래를 통해 비교적 빠른 현금화 가능
신뢰성	감정서 위조 위험 존재	블록체인 기록을 통한 영구적 진본성 증명

1.3. K-아트의 국제적 위상 가상사례

가상 사례 1 거장의 작품을 대학생이 소유하는 '국민 컬렉터' 프로젝트

[상황 설정]

한국 추상미술의 선구자인 화가 K의 미공개 작품이 경매에 나왔다. 예상 낙찰가는 50억 원. 과거라면 재벌이나 해외 미술관만이 넘볼 수 있는 가격이었다.

하지만 이번에는 블록체인 기반 아트테크 플랫폼이 이 작품을 낙찰 받은 뒤, 그 소유권을 500만 개의 토큰으로 분할하여 일반인에게 판매(STO: 토큰 증권)하기로 했다.

[전개 및 결과]

평소 미술관 다니기를 좋아하던 대학생 A는 커피 몇 잔 값을 아껴 5만 원어치의 토큰을 구매했다. A는 비록 작품 전체를 집에 걸어둘 수는 없지만, 블록체인 장부상에 당당히 0.001%의 지분을 가진 공동 소유주로 기록되었다.

STO'를 아시나요? 미술계 달군 '토큰증권' - 아트조선 [https://art.chosun.com]

이후 이 작품은 세계적인 미술관들의 러브콜을 받아 순회 전시를 하게 되었고, 전시 대여료 수익이 발생할 때마다 A의 전자 지갑으로 배당금이 들어왔다.

2년 후, 작품의 가치가 70억 원으로 재평가되어 매각되었을 때, A는 시세 차익을 얻었다. 이 사례는 고가의 K-Art가 부자들의 금고 속에 갇혀 있는 것이 아니라, 블록체인을 통해 대중의 소유로 분산되고, 대중의 관심이 다시 작품의 가치를 올리는 선순환 구조가 형성되었음을 보여준다.

가상 사례 2 한국의 민화(Folk Painting), NFT를 타고 뉴욕을 점령하다

[상황 설정]

전통 민화를 현대적으로 재해석하는 신진 작가 B는 국내 갤러리의 높은 문턱에 좌절하고 있었다. 그는 물리적 전시 대신, 자신의 작품을 고화질 디지털 아트로 변환하고 움직임(Motion)을 넣어 NFT로 발행했다.

그리고 이를 글로벌 NFT 아트 플랫폼인 '슈퍼레어(SuperRare)'에 등록했다. 작품명은 〈Cyber-Tiger(사이버 호랑이)〉.

[전개 및 결과]

한국적인 해학미와 사이버펑크 스타일이 결합된 이 독특한 작품은 알고리즘을 타고 전 세계 컬렉터들에게 노출되었다. 뉴욕의 한 유명 크립토 펀드매니저가 이 작품의 독창성에 매료되어 10 이더리움(당시 약 3,000만 원)에 즉시 구매했다. 복잡한 통관 절차나 배송비는 전혀 들지 않았다.

작가 B는 판매 수익뿐만 아니라, 스마트 컨트랙트에 설정된 로열티 조항 덕분에 작품이 다른 사람에게 재 판매될 때마다 거래액의 10%를 평생 지급받게 되었다. B는 이 자금으로 작업실을 마련하고 해외 진출의 발판을 다졌다.

이는 블록체인이 '로컬(Local)'에 머물던 한국의 전통 예술을 가장 현대적인 방식으로 '글로벌(Global)' 무대에 직행시킨 사례이다.

◈ K-Art의 글로벌 확장을 위한 블록체인의 역할

역할	세부 내용	기대 효과
디지털 여권	작품의 이동 경로와 진품 여부 보증	해외 거래 시 신뢰 비용 제거
마이크로 패트런	소액으로 예술 후원 및 투자 가능	미술 향유층의 대중화 및 저변 확대
창작자 보호	2차 거래(Resale) 시 추급권(로열티) 자동 보장	작가들의 안정적인 창작 환경 조성
장르의 확장	미디어 아트, 생성 예술 등 디지털 아트 활성화	IT 강국 한국의 이미지와 예술의 결합

2

'블록체인이 K-아트 거래의 국경을 없앤다'와 가상사례

2.1. 스마트 컨트랙트는 구매자가 입금하는 즉시 소유권 증명(NFT)을 전송하고, 이 거래 내역을 전 세계 누구나 볼 수 있는 장부에 기록한다.

예술품은 본래 '이동성'이 매우 낮은 자산이다. 한국의 도자기가 프랑스의 컬렉터에게 가기 위해서는 고가의 운송비, 파손 위험을 담보하는 보험료, 그리고 까다로운 통관 절차라는 물리적 장벽을 넘어야 한다.

또한, 진품 여부를 증명하기 위해 수많은 서류가 오가야 하며, 환전 수수료 또한 만만치 않다. 그러나 블록체인 기술은 이 모든 물리적 장벽을 디지털 코드로 무력화하며, K-Art 거래의 국경을 허무는 혁신적인 인프라로 기능한다.

블록체인 네트워크 위에서 예술품 거래는 '신뢰의 프로토콜'에 의해 이루어진다. 스마트 컨트랙트는 구매자가 입금하는 즉시 소유권 증명(NFT)을 전송하고, 이 거래 내역을 전 세계 누구나 볼 수 있는 장부에 기록한다.

이중섭 미술품 NFT, 20.75이더리움에 낙찰

런던에 있는 구매자는 서울에 있는 갤러리를 방문하지 않고도, 블록체인에 기록된 작가의 서명과 이전 거래 내역을 통해 작품의 진본성을 100% 확신할 수 있다.

더욱 혁신적인 것은 '결제의 통일성'이다. 달러, 유로, 원화의 환율 계산이나 복잡한 해외 송금 절차 없이, 암호화폐(이더리움, USDC 등)를 통해 단 몇 초 만에 수십억 원의 결제가 완료된다.

이는 한국의 신진 작가들이 좁은 내수 시장을 벗어나, 전 세계 80억 인구의 잠재적 고객과 직접 만날 수 있는 '24시간 열린 창구'가 열렸음을 의미한다. 결과적으로 블록체인은 K-Art를 '한국에 와야만 살 수 있는 기념품'에서 '전 세계 어디서나 거래 가능한 유동성 높은 자산'으로 변모 시키는 것이다.

2.2. 예술품 수출 vs 블록체인 기반 글로벌 거래

구분	전통적 예술품 수출 (Analog Export)	블록체인 기반 글로벌 거래 (Digital Trade)
물리적 이동	필수(운송, 포장, 보험료 발생)	선택(소유권만 우선 이전 가능)
거래 속도	수일 ~ 수주 소요(송금 및 서류 확인)	수초 ~ 수분(즉시 결제 및 소유권 이전)
중개인	현지 에이전트, 갤러리, 관세사 등 다수	플랫폼(P2P 직거래에 가까움)
진품 확인	종이 보증서(위조 가능성, 검증 비용)	온체인 데이터(위조 불가, 즉시 검증)
시장 접근성	물리적 아트페어 개최지 중심	전 세계 인터넷 접속 지역 전체

2.3. '블록체인이 K-아트 거래의 국경을 없앤다'와 가상사례

가상 사례 1 달항아리 장인 C의 '보관형 NFT' 판매

한국 예술가가 사랑한 달항아리, 뉴욕에서 60억 원에 낙찰되다 [https://bidpiece.com]

[상황 설정]

한국의 전통 달항아리를 굽는 도예가 C는 작품의 부피와 파손 위험 때문에 해외 판매에 어려움을 겪어왔다. 배송비가 작품 가격의 30%를 차지했기 때문이다.

C는 블록체인 스타트업과 협력하여 실제 달항아리는 한국의 수장고(웅습 및 온도가 관리되는 창고)에 안전하게 보관하고, 그 소유권과 인출권을 담은 NFT를 발행하여 글로벌 마켓에 내놓았다.

[전개 및 결과]

두바이의 호텔 체인 오너가 이 달항아리의 단아한 곡선미에 반해 NFT를 구매했다. 그는 당장 물건을 두바이로 가져가는 대신, 디지털 쇼룸에 달항아리 NFT를 전시하여 소유권을 과시했다. 물리적 이동이 없었기에 배송비와 파손 위험은 '0'이었다.

1년 뒤, 이 오너는 NFT 마켓플레이스에서 홍콩의 다른 컬렉터에게 이 작품의 소유권을 더 높은 가격에 매도했다. 소유권(NFT)만 두바이에서 홍콩으로 순식간에 이동했고, 실물 달항아리는 여전히 한국의 수장고에서 최적의 상태로 관리되고 있었다.
나중에 홍콩 컬렉터가 "실물을 받고 싶다"고 요청(Redeem)했을 때 비로소 배송이 이루어졌다. 이는 블록체인이 예술품을 '금(Gold)'처럼 보관증 형태로 거래하게 만들어 유통의 혁명을 일으킨 사례이다.

가상 사례 2 미디어 아티스트 D의 '서울의 밤' 시리즈와 스마트 컨트랙트

[상황 설정]

대학생 미디어 아티스트 D는 서울의 야경과 네온사인을 사이버펑크 스타일로 표현한 디지털 아트 시리즈를 제작했다. 그는 국내 갤러리를 뚫는 대신, 세계 최대 NFT 거래소인 '오픈씨(OpenSea)'에 작품을 업로드하고 가격을 이더리움으로 책정했다.

[전개 및 결과]

업로드 3시간 만에 뉴욕, 베를린, 도쿄의 컬렉터들이 D의 작품을 연이어 구매했다. D는 잠고 있던 사이 약 1,000만 원 상당의 암호화폐가 지갑에 들어온 것을 확인했다. 별도의 에이전트 계약이나 해외 계좌 개설은 필요 없었다.

사이버펑크 스타일 간략 소개 "미술 양식 연구[https://tips.clip-studio.com]

특히, D는 스마트 컨트랙트에 '재판매 시 로열티 10%' 조항을 넣어두었다. 며칠 뒤 베를린의 구매자가 런던의 구매자에게 작품을 2배 가격에 되팔았는데, 이 과정에서 발생한 차익의 10%가 즉시 D의 지갑으로 자동 입금되었다.

D는 "내 작품이 세계를 돌고 있다"는 것을 블록체인 거래 내역으로 실시간 확인하며, 한국에 앉아서 글로벌 아티스트로서의 경제적 기반을 다지게 되었다.

◈ 국경 없는 K-Art 거래가 가져올 변화

주체	변화 양상	비고
작가(Artist)	내수 시장의 한계 탈피, 글로벌 팬덤 직접 구축	수익 채널의 다변화
컬렉터(Collector)	전 세계의 유망한 아트를 안방에서 쇼핑	포트폴리오의 글로벌화
갤러리(Gallery)	물리적 공간의 제약 없이 온라인 분점 운영 효과	고객 데이터의 디지털화
국가(Nation)	K-컬처의 문화 영토 확장 및 수출 증대 효과	소프트 파워 강화

3

'블록체인이 위작 K-아트의 문제를 해결한다'와 가상사례

3.1. 가짜 없는 세상, 디지털 프로비넌스(Provenance, 소장 이력)의 혁명

블록체인 기술은 작품의 탄생부터 현재까지의 모든 이동 경로를 기록하는 '디지털 프로비넌스(Provenance, 소장 이력)'를 통해 이 불투명한 고리를 끊어낸다.

미술 시장이 호황을 누릴 때마다 필연적으로 따라오는 그림자가 있다. 바로 '위작(Forgery)' 논란이다. 이우환, 천경자 등 한국 거장들의 작품이 위작 시비에 휘말려 법정 공방으로 이어지는 모습은 K-Art의 신뢰도를 갉아먹는 치명적인 리스크로 작용한다. 전통적인 미술 시장에서 진품 확인은 전문가의 '안목'이나 쉽게 위조 가능한 '종이 보증서'에 의존해 왔다.

블록체인을 활용한 위작 방지 시스템의 핵심은 '디지털 트윈(Digital Twin)'과 '불변의 기록'이다

가상공간 속의 진짜 세상! '디지털 트윈' 기술은 무엇이며, 어떻게 활용하는 것이 좋을까?
[https://www.aitimes.kr]

이 장부는 특정 갤러리가 독점하는 것이 아니라 네트워크 참여자 모두에게 분산 저장되므로, 누군가 중간에 기록을 조작하거나 가짜 보증서를 끼워 넣는 것이 원천적으로 불가능하다.

블록체인을 활용한 위작 방지 시스템의 핵심은 '디지털 트윈(Digital Twin)'과 '불변의 기록'이다. 작가가 작품을 완성하는 순간, 캔버스 뒷면이나 조형물 내부에 미세한 NFC 칩 또는 특수 패턴을 심고 이를 블록체인상의 NFT와 연동시킨다.

이 순간부터 작품은 고유한 '디지털 주민등록번호'를 갖게 된다. 작품

이 갤러리를 거쳐 수집가 A, 그리고 수집가 B에게 넘어가는 모든 손 바뀜의 역사는 블록체인 장부에 실시간으로 박제된다.

이 장부는 특정 갤러리가 독점하는 것이 아니라 네트워크 참여자 모두에게 분산 저장되므로, 누군가 중간에 기록을 조작하거나 가짜 보증서를 끼워 넣는 것이 원천적으로 불가능하다.

만약 시장에 똑같이 생긴 그림이 두 점 나타난다면, 블록체인 조회 한 번으로 어느 것이 '족보'가 있는 진품인지, 어느 것이 근본 없는 가짜인지 즉시 판별된다. 결국 블록체인은 K-Art가 글로벌 명품으로 대우받기 위해 반드시 갖춰야 할 '디지털 정품 인증 인프라'가 되는 것이다.

3.2. 전통적 위작 판별 방식 vs 블록체인 기반 진품 인증 비교

구분	전통적 위작 판별 (Analog Authentication)	블록체인 기반 진품 인증 (Blockchain Verification)
의존 대상	전문가의 육안 감정, 종이 보증서	암호화된 데이터, 스마트 컨트랙트 기록
이력 관리	갤러리 내부 자료(유실/조작 가능)	공공 거래 장부(영구 보존/조작 불가)
검증 속도	감정 의뢰 시 수주~수개월 소요	QR/NFC 태그 시 즉시(Real-time) 확인
비용	고액의 감정료 및 컨설팅 비용 발생	초기 등록비 외 검증 비용 거의 없음
신뢰도	감정 위원의 주관 개입 가능성	수학적 알고리즘에 의한 객관적 증명

3.3. 블록체인이 위작 K-아트와 가상사례

가상 사례 1 단색화 거장 'M'의 미공개 유작, 진품 미스터리를 풀다

[상황 설정]

한국 단색화의 거장 M 화백이 작고한 후, 그의 작업실 창고에서 미공개 작품 한 점이 발견되었다. 유족들은 이를 경매에 내놓았으나, 일각

에서는 "화백의 화풍과 미묘하게 다르다"며 위작 의혹을 제기했다. 과거였다면 지루한 진실 공방 끝에 작품 가격이 폭락했을 것이다.

[전개 및 결과]

다행히 M 화백은 생전에 자신의 모든 작품 캔버스 뒷면에 특수 잉크로 고유 코드를 인쇄하고, 이를 블록체인에 등록해 두었다. 경매사는 현장에서 특수 스캐너를 작품에 갖다 대었다. 그 즉시 대형 스크린에는 블록체인 네트워크에서 불러온 데이터가 떴다. "작품명: 침묵의 선, 제작일: 2023.11.15, 제작자: M 화백, 상태: 진본(Verified)."

이 데이터에는 M 화백이 붓을 놓던 순간의 작업실 위치 정보(GPS)와 타임스탬프까지 포함되어 있었다. 의혹은 순식간에 사라졌고, 이 작품은 '블록체인이 증명한 마지막 유작'이라는 프리미엄까지 붙어 한국 미술 경매 사상 최고가를 경신했다. 기술이 거장의 명예를 지키고 유족의 자산을 보호한 사례이다.

가상 사례 2 신진 조각가 'L'의 작품 바꿔치기 사기 미수 사건

[상황 설정]

촉망받는 젊은 조각가 L은 독특한 금속 조형물을 해외의 한 아트페어에 출품했다. 작품은 고가에 팔려 배송 업체에 인계되었다. 그러나 배송 과정에서 악의적인 브로커가 정교하게 만든 가짜(짝퉁) 조형물로 원본을 바꿔치 기하려는 시도가 있었다.

[전개 및 결과]

브로커는 외형을 완벽하게 베꼈지만, 작품 내부에 심어진 암호화 칩까지 복제할 수는 없었다. 작품을 수령한 해외 구매자는 스마트폰을 조형물 하단에 태그했다. 그러나 앱에서는 "인증되지 않은 물품입니다

(Warning: Unverified Item)"라는 붉은 경고창이 떴다.

구매자는 즉시 거래를 중단하고 신고했다. 추적 결과, 블록체인상에 기록된 원본의 위치 정보가 항만 창고에서 멈춰 있음이 확인되었다. 브로커 일당은 검거되었고, 진품은 안전하게 회수되어 구매자에게 전달되었다. 이 사건은 K-Art가 해외로 나갈 때 블록체인이 단순한 인증서를 넘어, 물류 보안의 핵심 장치(Digital Lock)로 작동함을 보여주었다.

◈ 블록체인 도입에 따른 K-Art 시장의 신뢰 프로세스

단계	활동 내용	비고
1. 등록(Minting)	작가가 작품 완성 시 실물 정보와 NFT를 매핑	디지털 출생신고
2. 거래(Transfer)	작품 매매 시 소유권 토큰도 함께 전송	등기 권리증 이전
3. 검증(Verify)	구매자나 관람객이 언제든 진품 여부 조회	투명성 확보
4. 추적(Tracking)	작품의 현재 위치 및 소유자 현황 파악	도난 방지
5. 가치(Value)	투명한 이력이 작품의 프리미엄 요소로 작용	K-Art 브랜드 강화

4

'블록체인기반 K-아트의 작가 이력과 작품 데이터의 축적'과 가상사례

4.1. 작가의 모든 발자취를 '온체인(On-chain) 아카이브'로 구축하여 K-Art의 역사를 디지털로 영구 보존한다.

"호랑이는 죽어서 가죽을 남기고, 예술가는 죽어서 이름을 남긴다."라는 옛말이 있다. 미술 시장에서 이 '이름'의 무게를 결정하는 것은 바로 작가의 이력(CV)과 작품에 얽힌 데이터이다.

어느 미술관에서 전시했는지, 어떤 평론가의 비평을 받았는지, 누구의 손을 거쳐 소장되었는지에 대한 기록은 작품 가격을 형성하는 결정적인 근거가 된다. 그러나 지금까지 이러한 데이터는 갤러리의 낡은 서류철에 갇혀 있거나, 구전으로 전해지다 유실되는 경우가 허다했다.

블록체인은 이러한 아날로그적 한계를 넘어, 작가의 모든 발자취를 '온체인(On-chain) 아카이브'로 구축하여 K-Art의 역사를 디지털로 영구 보존한다.

블록체인상의 작가 이력 시스템은 '위조 불가능한 디지털 이력서'와 같다. 작가가 신작을 발표하는 순간, 작품의 이미지 뿐만 아니라 제작 의도, 재료, 기법 등의 메타데이터(Meta-data)가 블록체인에 기록된다.

이후 전시회가 열릴 때마다 전시 정보가 추가되고, 공모전 수상 내역이나 비평가의 리뷰가 토큰에 꼬리표처럼 붙는다. 이 과정은 누군가 임의로 삭제하거나 수정할 수 없기에, 무명 시절의 습작부터 거장이 된 이후의 대작까지 작가의 성장 서사가 투명하게 축적된다.

용어설명

온체인(On-chain) 데이터와 오프체인(Off-chain) 데이터

온체인 데이터는 블록체인 위(네트워크 내부)에 기록되어 투명하고 변경 불가능한 거래 기록이며, 오프체인 데이터는 블록체인 외부(네트워크 외부)에서 처리되는 데이터로 확장성과 효율성을 높이지만, 데이터 투명성은 상대적으로 낮습니다. 온체인은 모든 참여자가 검증 가능하지만 느리고 비쌀 수 있고, 오프체인은 빠르고 저렴하지만 별도 검증이나 신뢰할 수 있는 중개자가 필요합니다.

1. 온체인(On-chain) 데이터

- 정의: 블록체인 네트워크 자체에 직접 기록되고 저장되는 모든 거래 및 활동 내역.
- 특징:
  - ㅁ 투명성/보안: 모든 참여자가 볼 수 있고, 변경이 불가능하여 매우 안전하고 투명함.
  - ㅁ 단점: 거래량이 많아지면 처리 속도가 느려지고(확장성 문제), 데이터 저장 공간과 비용이 많이 듦.
- 예시: 비트코인, 이더리움 등 메인넷에서 발생하는 모든 입출금 기록.

2. 오프체인(Off-chain) 데이터

- 정의: 블록체인 네트워크 외부의 별도 시스템이나 공간에서 처리되는 데이터 및 거래.
- 특징:
  - ㅁ 효율성: 블록체인 부담을 줄여 더 빠르고 저렴하게 대용량 데이터 처리 가능.
  - ㅁ 단점: 데이터의 투명성이 온체인보다 낮고, 신뢰할 수 있는 외부 중개자나 별도 프로그램이 필요.
- 예시:
  - ㅁ 라이트닝 네트워크(Lightning Network): 비트코인 거래를 외부에서 처리 후 최종 결과만 체인에 기록.
  - ㅁ IPFS: 대용량 파일 저장 후, 파일의 해시값(식별자)만 온체인에 기록.
  - ㅁ 사이드체인(Sidechain): 메인체인과 연동되는 독립적인 체인에서 거래 처리.

◈ 핵심 차이점 요약

구분	온체인(On-chain)	오프체인(Off-chain)
저장 위치	블록체인 네트워크 위(내부)	블록체인 네트워크 외부(외부)
처리 속도	상대적으로 느림	빠름
비용	상대적으로 높음	상대적으로 저렴
투명성	매우 높음(모두 공개)	낮음(별도 확인 필요)
주요 목적	신뢰성, 불변성, 투명성	확장성, 효율성, 저비용
활용 예시	코인 전송, 스마트 계약 실행	대용량 데이터, 소액 빈번 거래, 게임 아이템

결론적으로, 온체인과 오프체인은 서로 배척하는 관계가 아니라 상호 보완적으로 활용되어 블록체인의 확장성과 실용성을 높이는 중요한 기술적 접근 방식입니다.
[https://www.google.com]

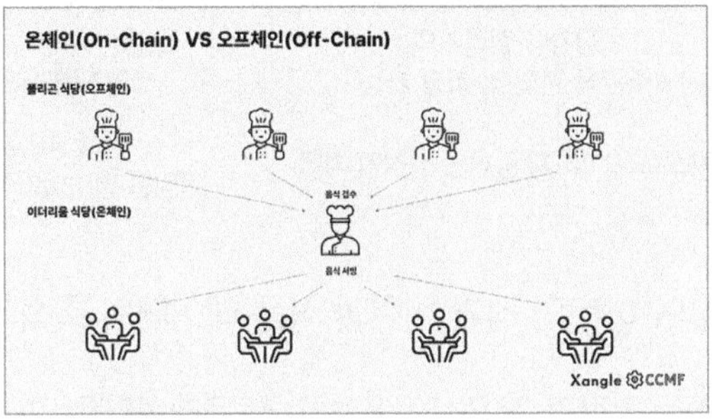

온체인이란? 오프체인이란? [https://xangle.io]

데이터의 축적은 한국 미술의 고질적인 문제인 '저평가(Korea Discount)'를 해소하는 열쇠가 된다

이러한 데이터의 축적은 한국 미술의 고질적인 문제인 '저평가(Korea Discount)'를 해소하는 열쇠가 된다. 해외 컬렉터들이 K-Art 구매를 주저하는 이유 중 하나는 작가에 대한 검증된 영문 자료가 부족하기 때문이다.

블록체인에 기록된 표준화된 데이터는 언어의 장벽을 넘어 전 세계 어디서나 즉시 조회 가능하며, 이는 한국 작가들의 객관적인 시장 가치를 증명하는 '신용장' 역할을 수행하게 된다. 결국 데이터의 축적은 단순한 기록 보관을 넘어, K-Art의 서사를 세계 미술사의 주류로 편입시키는 전략적 자산이 되는 것이다.

4.2. 전통적 작가 이력 관리 vs 블록체인 기반 데이터 축적 비교

구분	전통적 이력 관리 (Analog Archive)	블록체인 데이터 축적 (Digital Archive)
기록 방식	도록(책자), 팸플릿, 갤러리 내부 문서	분산 원장(Distributed Ledger), NFT 메타데이터
보존성	분실, 훼손, 화재 등으로 소실 위험 큼	서버가 존재하는 한 영구적으로 보존
접근성	자료를 소유한 특정인만 열람 가능	인터넷을 통해 전 세계 누구나 열람 가능

신뢰성	작가나 갤러리의 주관적 편집 및 과장 가능	생성 시점과 내용이 타임스탬프로 증명됨
확장성	텍스트와 이미지 중심의 정적인 기록	영상, AR, VR 등 다양한 멀티미디어 결합 가능

4.3. '블록체인K-아트의 작가 이력과 작품 데이터의 축적'과 가상사례

가상 사례 1 무명작가 'H'의 10년 기록, AI 큐레이터를 만나다

[상황 설정]

지방의 작은 작업실에서 묵묵히 그림을 그리던 무명작가 H는 전시 기회를 잡기 어려웠다. 하지만 그는 자신의 모든 습작과 작업 과정을 매일 블록체인 포트폴리오 플랫폼에 기록했다. 작품의 탄생 배경, 사용한 붓 터치 기법, 당일의 날씨와 감정까지 세세하게 블록체인에 '일기' 처럼 남겨두었다.

[전개 및 결과]

10년 후, 글로벌 아트 플랫폼의 'AI 큐레이터 알고리즘'이 전 세계의 블록체인 데이터를 분석하던 중 H의 데이터를 발견했다. AI는 H의 작품이 가진 일관된 화풍과 성실한 작업 데이터, 그리고 독특한 철학적

AI 알고리즘이 취향 분석, '콘텐츠 큐레이션' 시대! [https://www.edujin.co.kr]

깊이를 포착했다. 이 데이터는 뉴욕의 대형 갤러리 디렉터에게 추천되었다.

디렉터는 H의 그림 자체도 좋았지만, 블록체인에 기록된 10년간의 치열한 예술적 고뇌와 성실함(데이터)에 감동했다. "이 작가의 데이터는 거짓말을 하지 않는다"는 확신을 가진 디렉터는 H를 초대하여 기획전을 열었다. H의 작품은 '데이터가 증명한 진정성'이라는 스토리텔링과 함께 완판 되었고, H는 데이터 덕분에 세상의 빛을 보게 되었다.

가상 사례 2 설치미술가 'S'의 전시 이력 검증과 가치 급등

[상황 설정]

설치미술가 S는 베니스 비엔날레와 카셀 도큐멘타 같은 세계적인 행사에 초청받아 전시를 진행했다. 하지만 설치 미술의 특성상 전시가 끝나면 작품은 해체되고, 현장의 감동은 사진 몇 장으로만 남았다.

S는 이를 극복하기 위해 전시 당시의 공간 데이터와 관람객 반응, 평론가의 리뷰를 모두 NFT에 포함(Update)시켰다.

[전개 및 결과]

몇 년 뒤, S의 초기 작품이 경매 시장에 나왔다. 구매 희망자들은 이 작품이 과거 얼마나 중요한 전시에 참여했는지 확인하고 싶어 했다. S의 작품과 연결된 QR코드를 스캔하자, 베니스 비엔날레 전시 당시의 3D 스캔 영상과 당시 심사위원의 호평이 블록체인 기록으로 생생하게 나타났다.

단순히 "유명한 전시에 나갔었다"라는 한 줄의 글보다, 위변조 불가능한 블록체인 데이터로 증명된 화려한 전시 이력은 컬렉터들에게 강력한 구매 동기를 부여했다. 결국 이 작품은 예상가보다 3배 높은 가격

2025 베니스 건축 비엔날레 한국관이 특별한 이유[https://www.elle.co.kr]

에 낙찰되었다. 이는 블록체인에 축적된 '전시(Display)의 역사'가 곧 작품의 '몸값(Price)'으로 치환된 사례이다.

◈ **작가 및 작품 데이터의 종류와 가치 창출 효과**

데이터 종류	세부 내용	가치 창출 효과
창작 데이터	제작 연도, 재료, 크기, 기법, 제작 의도(노트)	작품의 진정성 및 학술적 연구 가치 제고
전시 데이터	전시명, 장소, 기간, 큐레이터, 현장 사진/영상	작가의 명성(Reputation) 객관화 및 입증
거래 데이터	소유자 변경 이력, 낙찰 가격 추이	투명한 시장 가격 형성 및 투자 지표 제공
비평 데이터	평론가 리뷰, 언론 보도, 수상 내역	예술적 가치에 대한 사회적 합의 증명

5

'블록체인기반 K-아트의 미술 유통구조 혁신방안'과 가상사례

5.1. 갤러리의 벽을 넘어, 투명한 직거래의 시대로

블록체인 기술은 전근대적인 유통 구조를 '스마트 컨트랙트(Smart Contract)' 기반의 자동화된 시스템으로 혁신한다.

미술 시장은 오랫동안 '정보의 비대칭성'과 '고비용 유통 구조'가 지배해 온 영역이다. 작가가 혼신의 힘을 다해 작품을 만들어도, 갤러리나 아트 딜러를 거치지 않고 서는 판매 경로를 찾기 어렵다.

이 과정에서 작가는 통상 판매가의 50%에 달하는 높은 수수료를 갤러리에 지불해야 한다. 또한, 작품이 수집가(컬렉터)의 손을 떠나 2차, 3차 시장에서 가격이 폭등하며 거래되더라도, 원작자인 작가는 그 추가 수익에서 철저히 배제되어 왔다.

블록체인 유통 구조의 핵심은 '탈중앙화된 직거래(D2C, Direct to Consumer)'와 '이익의 자동 분배'이다. 작가는 오픈씨(OpenSea)나 파운데이션(Foundation) 같은 NFT 마켓플레이스를 통해 전 세계 컬렉터와 직접 만난다.

[새로운 물결, D2C①] '플랫폼 권력화'에 저항하다 [https://www.econovill.com]

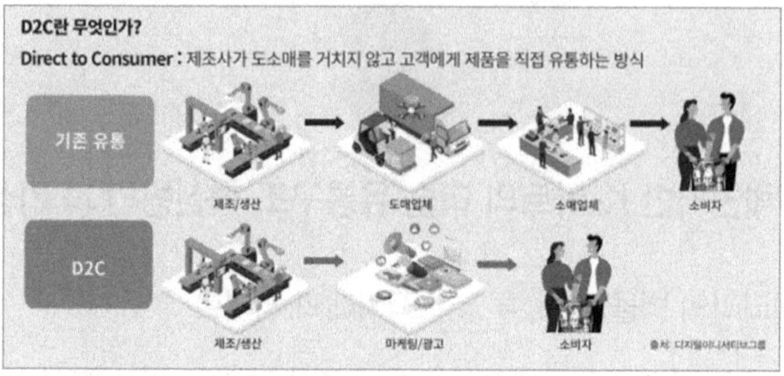

[새로운 물결, D2C①] '플랫폼 권력화'에 저항하다 [https://www.econovill.com]

이 과정에서 플랫폼 수수료는 약 2.5%~10% 수준으로 대폭 낮아지며, 나머지 수익은 온전히 작가에게 귀속된다. 갤러리의 선택을 받지 못한 신진 작가들도 자신의 포트폴리오를 블록체인에 올려 대중의 평가를 직접 받을 수 있는 기회의 장이 열리는 것이다.

더욱 혁신적인 변화는 '추급권(Resale Right)의 기술적 구현'이다. 기존 유통망에서는 불가능했던 '재판매 로열티'가 블록체인에서는 기본값이 된다. 작품이 손바꿈 될 때마다 거래액의 일정 비율(예: 10%)이 작가의 지갑으로 자동 전송되도록 코딩할 수 있다.

이는 유통 구조를 '한 번 팔면 끝'인 일회성 관계에서, 작품이 유통될수록 작가도 함께 부유해지는 '지속 가능한 상생 구조'로 재편하는 것이다.

5.2. 기존 미술 유통 구조 vs 블록체인 기반 유통 구조 비교

구분	기존 미술 유통 구조 (Gallery Centric)	블록체인 기반 유통 구조 (Artist Centric)
핵심 중개자	갤러리, 옥션, 아트 딜러	NFT 마켓플레이스, 스마트 컨트랙트
수수료 구조	판매가의 약 40% ~ 50%(고비용)	판매가의 약 2.5% ~ 10%(저비용)
수익 배분	1차 판매 시에만 작가 수익 발생	N차 재판매(Resale)될 때마다 로열티 발생

시장 진입	갤러리 전속 계약 등 높은 문턱	누구나 작품 등록 및 판매 가능 (Open Market)
거래 투명성	가격 및 구매자 비공개 관행	모든 거래 내역 및 가격 온체인 공개

5.3. 블록체인기반 K-아트의 미술 유통구조 가상사례

가상 사례 1 미대생 'P'의 졸업 작품, 갤러리 없이 완판하다

[상황 설정]

한국의 미대 졸업반인 P는 독창적인 화풍을 가졌으나, 유명 갤러리의 전속 작가가 되기에는 인맥과 경력이 부족했다. 갤러리들은 "신진 작가는 안 팔린다"며 거절하거나, 작품 값의 60%를 떼어가는 불공정한 계약을 요구했다. 이에 P는 졸업 전시회 작품 20점을 고해상도 디지털 파일로 변환하여 블록체인 마켓에 직접 올리기로 결심했다.

[전개 및 결과]

P는 작품마다 제작 과정이 담긴 타임랩스 영상을 포함시켜 스토리텔링을 더했다. 그리고 스마트 컨트랙트에 '재판매 로열티 10%'를 설정했다. 글로벌 컬렉터들은 P의 신선한 감각에 반응했고, 작품 20점은 3일 만에 모두 팔렸다.

중개 수수료 50%를 떼이지 않았기에 P는 갤러리를 통했을 때보다 2배 가까운 수익을 손에 쥐었다. 더욱 놀라운 일은 한 달 뒤에 일어났다. P의 작품 가치가 상승하여 2차 시장에서 활발히 거래되기 시작하자, P가 자고 있는 사이에도 스마트폰 알림이 울리며 로열티가 입금된 것이다. P는 "유통의 주도권을 내가 쥐는 순간, 예술은 노동이 아니라 자산이 되었다"라고 회고했다.

가상 사례 2 중견 갤러리 'Y'의 하이브리드(Hybrid) 유통 전략

[상황 설정]

서울 인사동의 전통 있는 갤러리 'Y'는 고민에 빠졌다. 오프라인 관람객은 줄어들고, 젊은 컬렉터들은 온라인 경매로 빠져나갔기 때문이다. 갤러리 대표는 블록체인을 적으로 돌리는 대신, 이를 수용하여 유통망을 혁신하기로 했다. 실물 그림을 사면 NFT 보증서를 주고, NFT만 따로 구매할 수도 있는 '하이브리드 갤러리'로 변신한 것이다.

[전개 및 결과]

갤러리 'Y'는 소속 작가들의 작품을 블록체인에 등록하여 전 세계 어디서든 구매 버튼 한 번으로 결제할 수 있게 만들었다. 복잡한 국제 배송이나 송금 절차 때문에 구매를 망설이던 해외 고객들이 유입되기 시작했다.

또한, 갤러리는 블록체인의 투명성을 활용해 '가격 정찰제'를 도입했다. "그림 가격은 며느리도 모른다"는 불투명한 관행을 깨고, 과거 거래 가격 추이를 투명하게 공개하자 MZ세대 투자자들의 신뢰를 얻었다.

결과적으로 갤러리 'Y'는 오프라인 공간의 한계를 넘어 전 세계 24시간 열려 있는 유통 허브로 거듭났으며, 매출은 전년 대비 300% 성장했다. 이는 기존 유통 강자가 기술을 받아들여 생존하고 진화한 사례이다.

◈ 유통 구조 혁신이 가져올 K-Art 시장의 선순환 효과

단계	혁신 내용	효과
생산 (Creation)	창작자의 수익 보장(로열티)	창작 의욕 고취 및 전업 작가 증가
유통 (Distribution)	중개 단계 축소 및 직거래 활성화	작품 가격 거품 제거 및 접근성 확대
소비 (Consumption)	투명한 가격 정보 및 진품 보증	신규 컬렉터 유입 및 시장 파이 확대
재투자 (Re-investment)	수익의 공정한 분배	차기작 활동을 위한 안정적 자본 형성

제10장

미술계를 흔든 NFT 아트: K-아트와 디지털 캔버스

1

'한국 디지털 아티스트들의 글로벌 NFT(대체 불가능 토큰) 마켓 진출기'와 가상사례

1.1. NFT기술의 등장은 '디지털 파일'에 '자산적 가치'를 부여하며 한국 작가들에게 국경 없는 기회의 문을 열었다

한국은 세계적인 수준의 디지털 아트 기술을 보유하고 있다. 웹툰 작가들의 드로잉 실력, 게임 디자이너들의 3D 모델링 능력, 그리고 모션 그래픽 디자이너들의 영상 감각은 이미 글로벌 탑티어(Top-tier) 수준이다.

그러나 그동안 이들의 재능은 '외주 작업(Outsourcing)'이나 '하청' 구조 속에 갇혀 저평가되어 왔다. 아무리 뛰어난 그림을 그려도 그것은 파일(jpg, mp4)로 존재했기에 쉽게 복제되었고, 원본의 가치를 인정받기 어려웠다.

그러나 NFT(대체 불가능 토큰) 기술의 등장은 이 '디지털 파일'에 '자산적 가치'를 부여하며 한국 작가들에게 국경 없는 기회의 문을 열었다.

이제 한국의 디지털 아티스트들은 오픈씨(OpenSea), 파운데이션(Foundation), 슈퍼레어(SuperRare)와 같은 글로벌 NFT 마켓플레이스로 직행한다.

오픈씨, 아즈키(Azuki) '미즈키 숏츠'에 애니메코인(ANIME) 결제 지원 [https://www.blockmedia.co.kr]

이곳에서는 언어의 장벽이나 학연, 지연이 통하지 않는다. 오직 작품의 '시각적 매력'과 '독창성'만이 평가의 기준이 된다. 특히 한국 작가 특유의 섬세한 묘사력, 사이버펑크와 전통을 결합한 'K-바이브(Vibe)', 그리고 성실한 커뮤니티 소통 능력은 글로벌 컬렉터들의 취향을 정확히 저격하고 있다.

지금은 자신의 방에서 클릭 한 번으로 작품을 '민팅(Minting, 발행)'하고, 트위터(X)나 디스코드에서 전 세계 팬들과 실시간으로 소통하며 작품을 세일즈한다.

과거에는 작가가 해외 진출을 하려면 해외 갤러리와 계약하고, 비싼 배송비를 들여 그림을 보내야 했다. 하지만 지금은 자신의 방에서 클릭

삼성전자, 美 NFT 예술 플랫폼 '슈퍼레어'에 투자 - 뉴스웨이 [https://www.newsway.co.kr]

한 번으로 작품을 '민팅(Minting, 발행)'하고, 트위터(X)나 디스코드에서 전 세계 팬들과 실시간으로 소통하며 작품을 세일즈한다. 이는 한국의 창작자들이 '하청업자'에서 '글로벌 1인 기업'으로 변모하는 거대한 패러다임의 전환을 의미하는 것이다.

1.2. 한국 디지털 아티스트의 활동 반경 변화

구분	기존 활동 반경(Web 2.0)	NFT 마켓 진출 후(Web 3.0)
주 수익 원	기업 외주, 커미션(소액 제작), 월급	작품 직접 판매(ETH 등), 2차 로열티
주요 고객	국내 기업, 국내 소수 팬	전 세계 크립토 컬렉터, 글로벌 DAO
작품 형태	상업적 요구에 맞춘 디자인	작가의 철학이 담긴 순수 예술(Art)
저작권	클라이언트에게 귀속되는 경우 많음	작가가 소유권 및 판권 주도
마케팅	포트폴리오 사이트 게시 (수동적)	SNS 및 커뮤니티 기반 직접 홍보 (능동적)

1.3. 아티스트들의 글로벌 NFT마켓 진출기 가상사례

가상 사례 1 일러스트레이터 'K'의 '네오-조선(Neo-Joseon)' 시리즈 대박

[상황 설정]

게임 회사 원화가로 일하던 K는 매일 반복되는 갑옷과 무기 디자인에 지쳐 있었다. 그는 퇴근 후, 자신이 진짜 그리고 싶었던 그림을 그리기 시작했다. 바로 한국의 전통 갓과 한복에 미래적인 기계 장치를 결합한 '네오-조선' 사이버펑크 일러스트였다. K는 이를 NFT로 발행해 글로벌 마켓인 '파운데이션'에 올렸다.

[전개 및 결과]

처음에는 반응이 없었으나, K는 트위터를 통해 해외 컬렉터들에게 자

네오 조선 사이버펑크 - 웹소설 | 카카오페이지 [https://page.kakao.com]

신의 작품 세계관을 영어로 꾸준히 설명했다. "한국의 전통 미(美)와 미래 기술의 결합"이라는 독특한 콘셉트는 서구권 컬렉터들에게 신선한 충격을 주었다. 유명한 NFT 인플루언서가 K의 작품을 리트윗하자 입찰 전쟁이 벌어졌다.

결국 K의 첫 작품 시리즈는 총 50 이더리움(당시 약 1억 5천만 원)에 완판되었다. 구매자들은 K의 작품을 트위터 프로필 사진(PFP)으로 걸며 팬을 자처했다.

K는 회사를 그만두고 전업 NFT 아티스트로 전향했으며, 이후 넷플릭스와의 협업 제안까지 받게 되었다. 이는 한국적 소재가 가장 글로벌한 경쟁력이 될 수 있음을 증명한 사례이다.

가상 사례 2 모션 그래픽 디자이너 'J'의 무한 반복되는 멍 때리기 예술

[상황 설정]

프리랜서 디자이너 J는 기업 홍보 영상의 자막을 만드는 일로 생계를 유지했다. 창의적인 영상을 만들고 싶었던 J는 틈틈이 '불멍(불을 보며 멍 때리기)'이나 '물멍'을 주제로 한 초현실적인 3D 루프(Loop, 무한 반복) 영상을 제작했다. 아름답고 몽환적인 이 영상들을 NFT 아트 플랫폼 '슈퍼레어'에 지원하여 심사를 통과했다.

[전개 및 결과]

J의 영상은 바쁜 현대인들에게 시각적 휴식을 주는 '디지털 힐링 아트'로 주목받았다. 특히 J가 구현한 물의 질감과 빛의 반사는 기술적으로 압도적이었다. 이탈리아의 한 디지털 아트 뮤지엄이 J의 작품을 소장(Collection)하겠다고 나섰다.

J의 작품은 NFT로 거래되어 이탈리아 갤러리의 대형 스크린에 전시되었고, J는 서울의 방 안에서 그 과정을 실시간으로 지켜보았다. 작품이 재 판매될 때마다 10%의 로열티가 J의 지갑으로 들어왔다.

J는 "내 영상이 단순한 파일이 아니라, 누군가의 소장품이 되어 미술관에 걸렸다"는 사실에 전율을 느꼈다. 이는 기술력이 뛰어난 한국 디자이너들이 순수 예술가로 인정받는 새로운 경로를 보여준다.

◈ 글로벌 NFT 마켓 진출을 위한 한국 아티스트의 전략

전략 키워드	세부 내용	기대 효과
K-오리지널리티	한국적 요소(한글, 단청, 서울 야경 등)의 현대적 재해석	글로벌 시장에서의 차별화 및 희소성 확보
스토리텔링	작품의 시각적 요소뿐만 아니라 세계관(Universe) 구축	팬덤 형성 및 작품의 자산 가치 상승
커뮤니티	트위터, 디스코드 등에서 영어 기반의 적극적 소통	초기 컬렉터 확보 및 '완판' 분위기 조성
유틸리티	NFT 구매자에게 고화질 원본 제공, 굿즈 증정 등 혜택	구매 만족도 제고 및 재구매 유도

2

'조각 투자, 피카소 그림을 1000원이면 산다'와 가상사례

2.1. 소유의 독점을 깨고 누구나 소유할 수 있게 만드는 '조각 투자(Fractional Investment)' 시대를 열었다.

인류 역사상 예술품은 언제나 왕족, 귀족, 그리고 현대의 슈퍼 리치(Super Rich)들만이 향유하는 전유물이었다. 수십억 원을 호가하는 파블로 피카소나 앤디 워홀의 작품을 일반 대학생이나 직장인이 소유한다는 것은 불가능에 가까운 일이었다.

그러나 블록체인 기술은 이 견고한 진입 장벽을 무너뜨리고, 고가의 실물 자산을 디지털 지분으로 잘게 쪼개어 누구나 소유할 수 있게 만드는 '조각 투자(Fractional Investment)' 시대를 열었다.

이 방식의 핵심 원리는 자산의 토큰화(Tokenization)이다. 예를 들어, 100억 원짜리 명화 한 점을 1,000만 개의 토큰으로 발행한다고 가정해 보자. 이때 토큰 1개의 가격은 1,000원이 된다. 투자자는 자신의 예산에 맞춰 1개를 사든 100개를 사든 자유롭게 투자할 수 있다.

피카소 1/40000 조각, 이우환 1/300 조각‥‥그림 공동 소유하는 2030 [https://www.chosun.com]

이렇게 모인 자금으로 그림을 매입하고, 그 소유권은 블록체인 분산 원장에 투명하게 기록된다.

이것은 주식 시장의 원리를 미술 시장에 도입한 것과 같다. 내가 애플(Apple) 회사를 통째로 살 수는 없어도 애플 주식을 사서 주주가 되는 것과 같은 이치이다. 조각 투자를 통해 미술품은 감상의 대상을 넘어, 누구나 포트폴리오에 담을 수 있는 대중적인 투자 자산으로 변모한다.

실물 그림은 전문 수장고에 안전하게 보관되고, 투자자는 스마트폰 앱을 통해 자신의 지분 가치 변동을 실시간으로 확인하며, 필요시 언제든 토큰을 팔아 현금화할 수 있다. 바야흐로 '소유의 민주화'가 실현되는 것이다.

2.2. 전통적 미술품 소유 vs 블록체인 기반 조각 투자 비교

구분	전통적 미술품 소유 (Traditional Ownership)	블록체인 기반 조각 투자 (Fractional Investment)
최소 투자 금액	수천만 원 ~ 수백억 원 (진입 장벽 높음)	1,000원 ~ 1만 원 (소액 투자 가능)
소유 형태	실물 작품의 단독 소유	소유권 지분의 분할 소유(공동 소유)
보관 및 관리	개인이 직접 보관 (파손/도난 위험, 보험료 부담)	전문 수장고 위탁 관리 (안전성 확보)
환금성(유동성)	구매자를 찾기 어려워 현금화에 수개월 소요	플랫폼에서 토큰 매매를 통해 즉시 현금화 가능
수익 실현	작품 매각 시세 차익 100% 독점	지분 비율에 따른 시세 차익 및 전시 수익 배당

2.3. 조각 투자 가상사례

가상 사례 1 대학생 'K'의 커피값으로 시작한 김환기 작품 투자

[상황 설정]

평범한 대학생 K는 한국 추상미술의 거장 김환기 화백의 그림을 좋아했지만, 작품 가격이 50억 원에 달해 도록으로만 감상해 왔다. 그러던 중 K-Art 조각 투자 플랫폼에서 김환기의 대표작 〈우주〉를 기초 자산으로 하는 투자 상품을 공모한다는 소식을 접했다.

[전개 및 결과]

K는 일주일 치 커피값인 3만 원을 아껴, 개당 1,000원인 조각 투자 토큰 30개를 구매했다. K의 전자 지갑에는 "김환기 〈우주〉 소유 지분: 0.000006%"라는 인증서가 들어왔다. 비록 작은 지분이지만, K는 자신이 한국 미술사의 한 페이지를 소유했다는 사실에 큰 자부심을 느꼈다.

1년 뒤, 한국 미술 시장의 호황으로 해당 작품의 가치는 70억 원으로 재평가되었다. 플랫폼은 투표를 통해 작품 매각을 결정했고, K는 원금 대비 40%의 수익률을 올리며 4만 2천 원을 정산 받았다.

큰 돈은 아니었지만, K는 미술품이 '부자들의 사치품'이 아니라 '나의

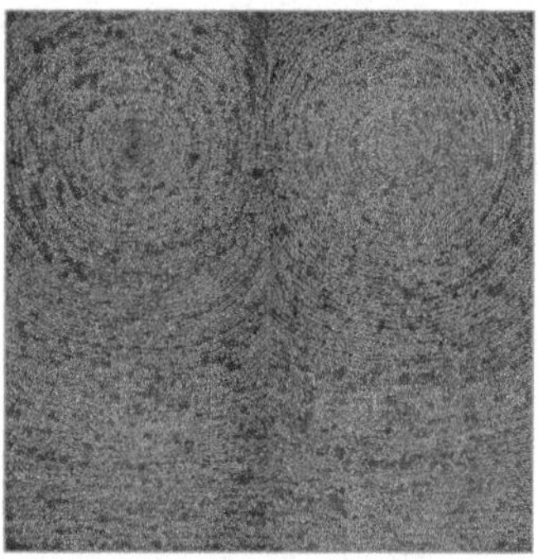

132억원 기록 김환기 '우주' 그림 5월 전시에 나온다 [https://www.joongang.co.kr]

자산 증식 수단'이 될 수 있음을 경험했고, 이후 안목을 키워 다양한 신진 작가들의 조각 투자에 참여하게 되었다.

가상 사례 2 직장인 'P'의 분산 투자 포트폴리오(피카소, 앤디 워홀, 쿠사마 야요이)

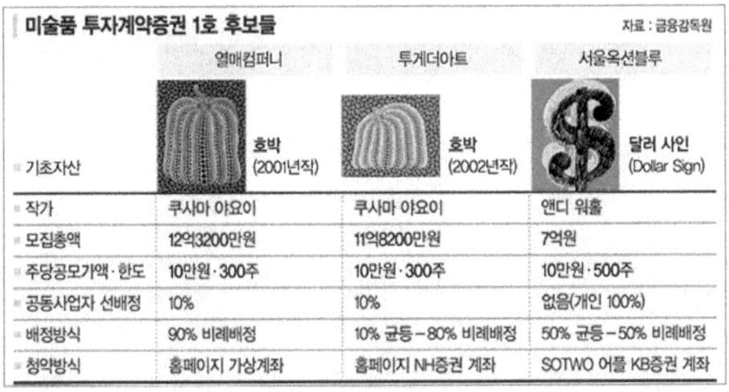

미술품 투자계약증권 1호 후보들

자료 : 금융감독원

	열매컴퍼니	투게더아트	서울옥션블루
기초자산	호박 (2001년작)	호박 (2002년작)	달러 사인 (Dollar Sign)
작가	쿠사마 야요이	쿠사마 야요이	앤디 워홀
모집총액	12억3200만원	11억8200만원	7억원
주당공모가액·한도	10만원·300주	10만원·300주	10만원·500주
공동사업자 선배정	10%	10%	없음(개인 100%)
배정방식	90% 비례배정	10% 균등－80% 비례배정	50% 균등－50% 비례배정
청약방식	홈페이지 가상계좌	홈페이지 NH증권 계좌	SOTWO 어플 KB증권 계좌

미술품 조각투자 1호, 쿠사마 야요이 vs 앤디 워홀 [https://www.fnnews.com]

[상황 설정]

금융권에 종사하는 직장인 P는 주식 시장의 변동성에 피로감을 느끼고 대체 투자처를 찾고 있었다. 그는 미술품이 주식 시장과 상관관계가 낮아 '안전 자산' 역할을 한다는 점에 주목했다. P는 1,000만 원의 여유 자금으로 나만의 '디지털 미술관'을 꾸미기로 했다.

[전개 및 결과]

P는 블록체인 아트 플랫폼을 통해 자산을 배분했다. 파블로 피카소의 작품에 300만 원, 앤디 워홀의 판화에 300만 원, 그리고 최근 급부상하는 쿠사마 야요이의 작품에 400만 원을 나누어 조각 투자했다.

몇 달 뒤, 쿠사마 야요이의 대형 전시가 열리며 작품 가격이 급등했다. P가 보유한 쿠사마 야요이 토큰의 가치도 2배로 뛰었다. 또한, 앤디 워홀의 작품은 한 유명 백화점에 대여 전시되어, P는 매달 짭짤한 '전시 저작권료'를 배당금으로 받았다.

P는 친구들에게 스마트폰 앱을 보여주며 "내 자산 목록에 피카소와 워홀이 있다"고 자랑했다. 이는 조각 투자가 단순한 돈벌이를 넘어, 문화적 만족감과 포트폴리오 다각화를 동시에 제공하는 사례이다.

◈ 조각 투자가 K-컬처 생태계에 미치는 긍정적 영향

구분	영향 및 효과
시장 유동성 공급	고가의 작품도 쉽게 현금화가 가능해져 미술 시장 전체의 자금 회전율이 빨라짐
대중의 관심 증대	'내 돈'이 들어가면 관심이 생긴다. 대중이 미술을 공부하고 전시장을 찾게 됨
K-Art의 세계화	한국 작가의 작품을 전 세계 투자자들이 소액으로 쉽게 구매하며 글로벌 인지도 상승
데이터 투명성	조각 투자 플랫폼의 공시 의무로 인해, 깜깜이 거래 관행이 사라지고 투명한 가격 형성

3

'NFT 아트 투자 열풍: 투기인가, 새로운 자산 모으기 인가?'와 가상사례

3.1. 거품이 꺼진 자리에서 발견한 진정한 가치

2021년, 디지털 아티스트 비플(Beeple)의 작품이 785억 원에 낙찰되면서 전 세계는 충격에 빠졌다. 이후 '디지털 원숭이' 그림 하나가 강남 아파트 가격에 거래되는 현상을 목격하며, 대중은 NFT를 일확천금을 위한 투기 수단으로 인식하기 시작했다.

그러나 시장의 과열이 식고 가격 조정기가 찾아온 지금, 우리는 냉철

PG 파일 하나가 7백85억 원? 비플의 작품이 NFT 경매 사상 최고 금액을 기록했다 [https://hypebeast.kr]

한 질문을 던져야 한다. NFT는 21세기의 '튤립 버블'인가, 아니면 디지털 네이티브 세대를 위한 '새로운 금(Gold)'인가? 결론부터 말하자면, NFT는 투기의 대상이 될 수도 있고, 훌륭한 자산이 될 수도 있다. 그 차이는 '기술'이 아니라 '투자자의 태도'에서 비롯된다.

초기 NFT 시장은 '더 비싼 가격에 사줄 다음 바보(Greater Fool)'를 찾는 폭탄 돌리기 식 투기가 성행했다. 작품의 예술성이나 로드맵보다는 "내일 10배 오른다"는 선동이 가격을 지배했다.

그러나 거품이 걷히자 옥석이 가려졌다. 살아남은 NFT 프로젝트들은 커뮤니티의 결속력, 실물 연계 혜택, 그리고 독창적인 예술성을 증명한 것들이다.

이제 NFT 아트 투자는 단순한 시세 차익을 노리는 '단타 매매'에서, 작가의 철학을 공유하고 그 성장 과정을 함께하는 '가치 투자'로 패러다임이 전환되고 있다. 미술품이 상류층의 자산 포트폴리오였듯, NFT는 디지털 공간에서 시간을 보내는 현대인들에게 자신의 정체성을 표현하고 자산을 증식하는 필수적인 '디지털 등기 권리증'으로 자리 잡을 것이다.

즉, NFT는 사라질 유행이 아니라, 디지털 자산의 소유권을 증명하는 '표준 규격'이 되는 것이다.

3.2. NFT 시장에서의 '투기적 접근' vs '투자적 접근' 비교

구분	투기적 접근(Speculation)	투자적 접근(Asset Collection)
매수 동기	FOMO(소외 공포) 및 단기 시세 차익	작품의 예술적 가치 및 로드맵 공감
정보 출처	불특정 다수의 선동(오픈방, 트위터)	백서(Whitepaper), 작가 이력, 커뮤니티 분석
보유 기간	초단기(몇 시간 ~ 며칠)	중장기(작가의 성장과 함께 보유)
리스크	'러그 풀(먹튀)' 위험 매우 높음	시장 변동성은 있으나 자산 가치 보존 가능
결과	디지털 쓰레기 보유 (가치 '0' 수렴)	디지털 자산 축적 및 멤버십 혜택 향유

3.3. NFT 아트 투자 열풍 가상사례

가상 사례 1 유행만 쫓던 대학생 'A'의 뼈아픈 실패(FOMO의 함정)

[상황 설정]

대학생 A는 친구가 NFT로 큰돈을 벌었다는 소리를 듣고 마음이 급 해졌다. 그는 NFT에 대한 공부 없이, 커뮤니티에서 "제2의 지루한 원숭이(BAYC)가 될 것"이라고 홍보하는 신생 PFP(프로필 사진) 프로젝트 '크레이지 캣'에 아르바이트로 모은 200만 원을 투자했다.

[전개 및 결과]

프로젝트 운영진은 "유명 연예인이 참여한다", "게임으로 만들 것이다"라는 화려한 공약을 내세웠지만, 구체적인 개발 계획은 없었다. 민팅(발행) 당일 가격이 잠시 오르는 듯했으나, 며칠 뒤 운영진은 트위터 계정을 삭제하고 잠적해 버렸다(러그 풀).

A가 산 '크레이지 캣' NFT는 순식간에 거래량이 '0'이 되었고, 아무도 사지 않는 디지털 이미지가 되어버렸다. A는 "그림이 귀여워서", "남

들이 사라고 해서"라는 이유만으로 투기판에 뛰어든 대가를 혹독하게 치러야 했다. 이는 NFT의 기술적 가치가 아니라, 인간의 탐욕을 이용한 사기 행각에 당한 전형적인 투기 실패 사례이다.

가상 사례 2 직장인 'B'의 K-미디어 아트 장기 투자(안목의 승리)

[상황 설정]

직장인 B는 평소 한국의 전통 문양을 현대적으로 해석하는 미디어 아티스트 'L'의 팬이었다. 작가 L이 자신의 작품 세계를 메타버스로 확장하기 위해 NFT를 발행한다고 하자,

B는 백서(사업계획서)를 꼼꼼히 읽어보았다. NFT 보유자에게는 향후 열릴 전시회의 평생 무료 입장권과 한정판 굿즈를 준다는 실질적 혜택(Utility)이 있었다.

[전개 및 결과]

B는 시세 차익보다는 작가를 후원하는 마음으로 100만 원을 투자해 NFT를 구매했다. 2년 뒤, 작가 L은 세계적인 디자인 어워드에서 수상하며 글로벌 스타가 되었다. 자연스럽게 그의 초기작인 NFT의 가치도 10배 이상 상승했다.

전통문양에서 찾는 한국美의 재해석 - 김제희 | 까치공방 대표 수석 디자이너 [https://www.epeopletoday.com]

하지만 B는 이를 팔지 않았다. 이 NFT가 있으면 작가와의 비공개 팬 미팅에 참여할 수 있고, 작가가 발행하는 신작을 우선 구매할 수 있는 권리가 주어졌기 때문이다. B에게 이 NFT는 단순한 돈이 아니라, 자신이 문화 예술을 향유하는 사람임을 증명하는 '디지털 신분증'이자 '우량 자산'이 되었다. 이것이 바로 올바른 NFT 아트 투자의 정석이다.

◈ 건전한 NFT 아트 자산 형성을 위한 3가지 원칙

원칙	설명	비고
1. DYOR(Do Your Own Research)	남의 말을 믿지 말고 스스로 작가와 프로젝트를 연구하라.	필수 생존 전략
2. 커뮤니티의 건강성 확인	가격 이야기만 하는 곳보다, 작품과 비전을 논하는 곳을 선택하라.	장기 지속 가능성
3. 유틸리티(Utility) 점검	단순 소장을 넘어, 실생활이나 가상 공간에서 어떤 혜택을 주는가?	내재 가치 판단

4

'전통 회화의 재해석, NFT로 다시 태어난 수묵화'와 가상사례

4.1. 정지된 화선지를 넘어 영원한 디지털 빛으로

이러한 전통 회화가 블록체인과 디지털 기술을 만나 'NFT 아트'로 변환되는 순간, 수묵화는 물리적 한계를 벗어나 생동하는 현대 예술로 재탄생한다.

수묵화는 '먹'의 농담과 '여백'의 미를 통해 정신세계를 표현하는 한국의 대표적인 예술이다. 그러나 종이와 먹이라는 재료의 특성상 보존이 까다롭고, 정적(Static)인 특성 때문에 자극적인 영상 매체에 익숙한 현대인들에게는 지루한 옛 것으로 치부되기도 한다.

이러한 전통 회화가 블록체인과 디지털 기술을 만나 'NFT 아트'로 변환되는 순간, 수묵화는 물리적 한계를 벗어나 생동하는 현대 예술로 재탄생한다.

이 융합의 핵심은 '확장성'과 '영속성'이다. 작가들은 캔버스 대신 태블릿에 디지털 먹을 갈고, 멈춰 있던 산수화에 움직임(Motion)과 사운드를 입힌다.

폭포수가 흐르고, 새가 날아다니며, 사계절이 바뀌는 '무빙 수묵화'는 NFT로 발행되어 블록체인상에 영구히 기록된다. 종이는 천 년을 가기 힘들지만, 블록체인에 새겨진 디지털 수묵화는 서버가 존재하는 한 영원히 그 빛을 잃지 않는다.

또한, NFT는 전통 예술의 향유 방식을 '소유'의 차원으로 끌어올린다. 박물관 유리 장 너머로만 보던 국보급 회화를 내 스마트폰 전자 지갑에 소장하고, 메타버스 공간에 전시하여 전 세계 친구들을 초대할 수 있게 된다.

이는 전통 예술을 박제된 유물이 아니라, 현재를 살아가는 디지털 세대의 '힙(Hip)한 아이템'으로 변환시키는 문화적 연금술이다.

4.2. 전통 수묵화 vs NFT 디지털 수묵화 비교

구분	전통 수묵화(Analog)	NFT 디지털 수묵화(Digital)
재료 및 매체	화선지, 먹, 붓(물리적)	디지털 캔버스, 스타일러스 펜, 픽셀(디지털)
표현 방식	정지된 2차원 평면 이미지	움직임(Motion), 사운드, 3D 입체 효과 결합

보존성	습기, 빛에 의한 변색 및 훼손 취약	디지털 원본성 유지(변색 및 훼손 없음)
감상 공간	미술관, 갤러리(물리적 제약)	온라인 마켓, 메타버스, 디지털 액자(시공간 초월)
소유권 증명	낙관(도장), 감정서	스마트 컨트랙트, 토큰 ID(위변조 불가)

4.3. NFT로 다시 태어난 수묵화 가상사례

가상 사례 1 겸재 정선의 〈인왕제색도〉, 메타버스에서 비가 내리다

[상황 설정]

국립박물관과 신진 미디어 아티스트 그룹이 협업하여, 국보인 겸재 정선의 〈인왕제색도〉를 모티브로 한 NFT 프로젝트를 기획했다. 원작의 묵직한 바위 질감은 살리되, 비 온 뒤 갰다는 그림의 설정(제색)에 착안하여 실제 비가 내리고 안개가 걷히는 과정을 1분짜리 루프(Loop) 영상으로 제작했다.

[전개 및 결과]

이 작품은 '살아있는 인왕산(Living Inwangsan)'이라는 제목의 NFT로 100개 한정 발행되었다. 2030 세대 컬렉터들은 정적인 원작보다, 빗

겸재 정선의 인왕제색도 [https://www.hankyung.com]

소리가 들리고 구름이 움직이는 이 디지털 버전에 열광했다. 발매 1분 만에 완판되었으며, 구매자들은 이를 자신의 메타버스 갤러리에 걸어 두고 감상했다.

특히 이 NFT에는 '날씨 연동 기능'이 포함되어 있었다. 서울에 실제로 비가 오면 메타버스 속 그림에도 비가 내리고, 날이 개면 그림 속 안개가 걷히는 인터랙티브(Interactive) 기술이 적용되었다. 이로 인해 고리타분하게만 느껴졌던 진경산수화는 디지털 세대에게 가장 트렌디하고 소통 가능한 예술 작품으로 재인식되었다.

가상 사례 2 생성형 AI가 그린 '무한의 사군자(Four Gracious Plants)'

AI가 머릿속을 읽고 그린 그림… 우리의 상상은 '작품'이 됩니다 [https://www.chosun.com]

[상황 설정]

전통 서예가 출신의 디지털 아티스트 Q는 붓질의 획(Stroke) 데이터를 AI에게 학습시켰다. 그리고 매난국죽(매화, 난초, 국화, 대나무)을 주제로, 코드가 실행될 때마다 매번 다른 모양의 사군자가 피어나는 '제너레이티브 아트(Generative Art)' NFT 프로젝트를 런칭했다.

[전개 및 결과]

컬렉터가 NFT를 구매(Minting)하는 순간, AI 알고리즘이 붓의 농담과

사군자 매화/난초/국화/대나무 [https://www.acza.co.kr]

여백을 무작위로 조합하여 세상에 단 하나 뿐인 난초 그림을 생성했다. 어떤 난초는 흑백이고, 어떤 난초는 네온 컬러가 섞여 있었다. 총 1만 개의 서로 다른 사군자가 탄생했고, 이는 블록체인에 기록되어 고유성을 인정받았다.

재미있는 점은 이 난초가 주인의 가상자산 지갑 잔고나 활동량에 따라 꽃망울을 터트리거나 시들기도 하는 '성장형 NFT'였다는 것이다. 젊은 층은 이를 '디지털 반려 식물'처럼 여기며 애착을 가졌고, 해외 커뮤니티에서는 동양의 선비 정신과 최첨단 블록체인 기술이 결합한 독창적인 미학이라며 찬사를 보냈다.

◈ **전통 회화의 NFT화가 가져올 문화적 가치**

가치 요소	설명	비고
대중화(Popularization)	엄숙주의 탈피, 젊은 세대의 흥미 유발	전통의 현대적 계승
세계화(Globalization)	동양화의 미학을 디지털 언어로 번역하여 송출	K-Art 수출의 교두보
영속화(Permanence)	훼손되기 쉬운 지류(종이) 유물을 디지털로 영구 보존	디지털 문화유산 구축
수익화(Monetization)	전통 예술가들의 새로운 수익 모델 창출	예술 생태계 활성화

5

'전통 미술관과 NFT 갤러리의 공존 가능성'과 가상사례

5.1. 화이트 큐브와 메타버스의 아름다운 동행

미술계에는 오랫동안 '화이트 큐브(White Cube)'라 불리는 하얀 벽면의 전시 공간이 권위의 상징으로 여겨져 왔다. 관람객은 엄숙한 분위기 속에서 물리적 작품이 뿜어내는 '아우라(Aura)'를 감상한다.

반면, 새롭게 등장한 NFT 갤러리는 모니터와 가상 공간(메타버스)을 무대로 하며, 클릭 몇 번으로 소유권을 거래하는 신속함과 개방성을 특징으로 한다. 언뜻 보기에 이질적인 두 세계는 충돌하는 듯 보이지만, 실상은 서로의 한계를 보완하며 필연적인 '공존(Coexistence)'의 길로 나아가고 있다.

전통 미술관은 '공간의 제약'과 '접근성'이라는 한계를 지닌다. 루브르 박물관의 모나리자를 보기 위해서는 파리까지 가야 하고, 긴 줄을 서야 한다.

그러나 NFT 기술을 접목한 미술관은 이 물리적 벽을 허문다. 미술관은 소장품의 '디지털 트윈(Digital Twin)'을 NFT로 발행하여 전 세계 안방에 전시하고 판매할 수 있다. 이는 미술관의 재정 자립도를 높이고, 젊은 세대를 유입시키는 강력한 유인책이 된다.

반대로 NFT 갤러리는 '물리적 실체 부재'라는 약점을 전통 미술관을 통해 극복한다. 디지털 파일로만 존재하는 작품은 때로 가볍게 느껴질 수 있다. 이때 NFT 작품을 대형 스크린이나 홀로그램을 통해 오프라인 미술관에 전시함으로써, 관람객에게 압도적인 시각적 경험과 실재감을 부여한다.

결국 미래의 미술관은 물리적 원화와 디지털 NFT가 한 공간에서 어우러지는 '하이브리드(Hybrid) 전시 공간'으로 진화하게 될 것이다. 이는 과거를 부정하는 것이 아니라, 기술을 통해 과거를 현재로 확장하는 문화적 융합이다.

5.2. 전통 미술관과 NFT 갤러리의 특성 및 융합 모델

구분	전통 미술관 (Physical Museum)	NFT 갤러리 (Digital Gallery)	하이브리드 융합 모델 (Phygital)
핵심 가치	원본의 아우라, 현장감	접근성, 소유의 편의성, 확장성	현장의 감동 + 디지털 소유의 결합
전시 형태	액자, 조각 등 실물 전시	모니터, 메타버스 내 디스플레이	실물 작품 옆에 디지털 NFT 스크린 배치
관람객	지역적 한계 존재	전 세계 인터넷 사용자	오프라인 관람 후 NFT 기념품(POAP) 수령
수익 모델	입장료, 아트숍 굿즈 판매	NFT 거래 수수료, 로열티	입장권의 NFT화, 디지털 에디션 판매

서울 담은 NFT 작품, 메타버스에 전시…관람 이벤트 진행 [https://mediahub.seoul.go.kr]

5.3. 전통 미술관과 NFT 갤러리의 공존 가상사례

가상 사례 1 국립현대미술관의 '도슨트 없는 도슨트' 전시와 NFT 티켓

[상황 설정]

한국의 국립현대미술관은 MZ세대의 관람 유도를 위해 블록체인 기업과 협업하여 특별한 기획전을 열었다. 관람객이 입장할 때 종이 티켓 대신, 스마트폰으로 '전시 기념 NFT 티켓'을 에어드롭(무료 전송) 받는다. 이 NFT는 단순한 입장권이 아니다.

[전개 및 결과]

관람객이 미술관 내에서 작품 앞에 서면, 스마트폰의 NFT 티켓이 비콘(Beacon)과 연동되어 해당 작가의 인터뷰 영상과 작품 해설을 증강현실(AR)로 띄워준다. 별도의 인간 도슨트가 없어도 깊이 있는 감상이 가능하다.

전시가 끝난 후, 관람객은 미술관 아트숍에서 엽서를 사는 대신, 자신이 가장 감명 깊게 본 작품의 '디지털 조각 NFT'를 구매한다. 이 수익금은 미술관의 운영비와 신진 작가 후원금으로 쓰인다.

관람객 A는 "미술관에서의 경험이 집으로 돌아와서도 내 전자 지갑 속에 영원히 남아있다"며 만족감을 표했다. 이는 전통 미술관이 공간 경험을 디지털 자산으로 확장한 사례이다.

가상 사례 2 NFT 아트 플랫폼 '블록아트'의 성수동 팝업 갤러리

[상황 설정]

온라인에서만 활동하던 NFT 아트 플랫폼 '블록아트'는 컬렉터들에게 신뢰감을 주기 위해 서울 성수동의 폐공장을 개조하여 오프라인 팝업 갤러리를 열었다. 이곳에는 캔버스가 없다. 대신 수십 개의 초고화질

8K 삼성 더 프레임 TV와 프로젝터가 설치되었다.

[전개 및 결과]

관람객들은 어두운 공간 속에서 빛으로 쏘아진 화려한 디지털 아트에 압도되었다. 마음에 드는 작품이 있으면 작품 옆의 QR코드를 스캔하여 그 자리에서 암호화폐로 구매했다. 구매 즉시 전시된 스크린에는 "Sold Out(판매됨) - Owner: Hong Gil Dong"이라는 문구가 떠, 구매자의 소유욕을 극대화했다.

또한, 이 갤러리는 NFT를 구매한 고객에게 실물 보증서와 함께, 해당 디지털 아트를 고품질로 인쇄한 '실물 판화'를 선물로 증정했다. 디지털의 가벼움을 실물 굿즈로 보완한 것이다.

이 전시는 "NFT는 모니터 속 데이터 쪼가리"라는 편견을 깨고, 디지털 아트도 충분히 숭고하고 아름다운 감상 대상이 될 수 있음을 증명했다.

◈ 공존을 위한 미술관과 NFT 갤러리의 역할 분담

주체	역할 및 전략	기대 효과
전통 미술관	디지털 아트 전시관 신설, 소장품의 NFT화	노후화된 이미지 탈피 및 젊은 관객층 흡수
NFT 갤러리	오프라인 쇼룸 운영, 실물 연계 혜택 제공	디지털 자산의 신뢰도 확보 및 대중성 강화
관람객	온-오프라인을 오가는 '크로스오버' 감상	다채로운 예술 경험 및 자산 가치 획득

6

'한국 미술계의 블록체인 도입 전략과 과제'와 가상사례

6.1. 디지털 르네상스를 위한 성장통과 해법

한국 미술계는 현재 거대한 전환점에 서 있다. IT 강국이라는 인프라와 K-컬처의 글로벌 열풍이라는 호재 속에, 블록체인은 선택이 아닌 생존을 위한 필수 도구로 인식되고 있다.

그러나 현장에서는 기술에 대한 이해 부족, 저작권 법규의 모호함, 그리고 신구 미술 세대 간의 괴리감이 도입을 가로막는 장애물로 작용한다.

따라서 한국 미술계가 블록체인이라는 날개를 달고 비상하기 위해서는 단순한 기술 도입을 넘어선, 체계적인 '인프라 구축 전략'과 '법적 가이드라인'이 선행되어야 한다.

가장 시급한 과제는 '신뢰할 수 있는 데이터 표준화'이다. 현재 여러 플랫폼이 난립하며 각기 다른 기준으로 작품 정보를 블록체인에 기록하고 있다. 이를 해결하기 위해 한국 미술계는 정부나 공신력 있는 협회 주도로 'K-Art 통합 디지털 표준(Standard)'을 제정해야 한다.

작가명, 재료, 크기, 프로비넌스(소장 이력) 등의 메타데이터 입력 양식을 통일하여, 어떤 플랫폼에서 거래되더라도 데이터의 호환성과 신뢰성을 보장해야 한다.

용어설명

K-Art 통합 디지털 표준(Standard)

'K-Art 통합 디지털 표준(Standard)'은 현재 공식적으로 정의된 단일한 국가 표준은 아닙니다. 이는 K-Art(한국 미술) 분야에서 디지털 전환이 활발해짐에 따라 디지털 콘텐츠의 제작, 유통, 관리 및 활용을 위한 표준화 필요성이 대두되는 현상을 반영하는 용어로 보입니다.

1. 배경: K-Pop, K-Drama 등 K-컬처 전반의 인기에 힘입어 한국 미술에 대한 국제적 관심이 높아지고 있으며, 예술 작품의 IP(지식재산권)를 디지털 방식으로 재창조하고, 온라인 플랫폼을 통한 유통이 활성화되는 등 급격한 디지털 전환이 이루어지고 있습니다.
2. 표준화 필요성: 이러한 변화 속에서 효율적인 콘텐츠 관리, 유통 구조 혁신, 지식재산권 보호 등을 위해 관련 업계와 기관에서는 데이터 표준 정립의 필요성을 인식하고 있습니다.
3. 개별 노력:
- 콘텐츠 식별: 국립중앙도서관은 온라인 K-콘텐츠의 유통과 관리를 위해 UCI(범용 콘텐츠 식별자) 등록 시스템 연계 필요성을 강조합니다.
- 위변조 방지: 한국조폐공사는 미술품 위변조 방지를 위해 디지털 워터마크 기술을 개발하여 적용하고 있습니다.
- 아카이브 관리: 국립현대미술관 등에서는 예술 자료 관리를 위한 자체적인 아카이브 관리 시스템(AMS)을 운용하고 있지만, 민간과의 표준 공유에는 제한이 있습니다.
4. 목표: 궁극적으로 'K-Art 통합 디지털 표준'은 AI 기반 생성 영상 콘텐츠, NFT 등 새로운 형태의 디지털 아트 시장 확대에 발맞춰, 한국 미술 및 문화유산 정보의 국제적 활용을 높이고 K-뮤지엄의 위상을 강화하는 것을 목표로 합니다.

결론적으로, 'K-Art 통합 디지털 표준'은 특정 기관이 확립한 고정된 표준이라기보다는 디지털 시대에 K-Art 생태계 전반의 효율성과 투명성을 높이기 위한 업계와 정부의 지속적인 표준화 노력과 논의를 통칭하는 개념으로 이해할 수 있습니다.

[https://www.google.com]

K-아트 '디지털 방식'으로 IP를 재창조하다 [https://www.esgre100.com]

또한, '창작자 중심의 교육 및 법률 지원'이 필수적이다. 붓을 든 작가들에게 '스마트 컨트랙트'나 '가스비' 같은 용어는 외계어와 같다. 원로 작가나 디지털 소외 계층이 기술 장벽 때문에 시장에서 배제되지 않도록, 작품의 디지털화(Digitization)와 NFT 발행을 지원하는 '테크니컬 에이전시(Technical Agency)' 육성이 시급하다.

더불어 NFT가 원본 저작권과 분리된 소유권임을 명확히 하는 법적 제도를 정비하여, 무분별한 발행으로 인한 저작권 침해 분쟁을 예방해야 한다.

결국 한국 미술계의 블록체인 도입은 '기술의 문제'가 아니라 '문화와 제도의 문제'이다. 이 성장통을 슬기롭게 극복할 때, K-Art는 내수용 시장이라는 꼬리표를 떼고 명실상부한 글로벌 디지털 아트의 허브(Hub)로 도약할 것이다.

6.2. 한국 미술계의 블록체인 도입 SWOT 분석

구분	내용	분석 및 전략
강점 (Strength)	세계 최고 수준의 IT 인프라, K-콘텐츠의 글로벌 브랜드 파워	기술과 콘텐츠의 결합으로 시장 선점
약점 (Weakness)	미술 시장의 폐쇄성, 블록체인 관련 법/세무 제도의 미비	규제 샌드박스 도입 및 투명성 제고

기회 (Opportunity)	MZ세대의 미술 투자 유입, 글로벌 NFT 시장의 성장	조각 투자 및 소액 투자 상품 개발
위협 (Threat)	암호화폐 시장의 변동성, 해외 거대 플랫폼의 시장 잠식	한국형 특화 플랫폼(K-Art Platform) 구축

6.3. 한국 미술계의 블록체인 도입 전략과 과제'와 가상사례

가상 사례 1 원로 화가 'O' 화백의 디지털 전환과 '아트 테크니션'의 협업

[상황 설정]

평생 캔버스 작업만 해온 70대 원로 화가 O 화백은 자신의 작품을 NFT로 만들고 싶었지만, 컴퓨터를 다룰 줄 몰라 포기 상태였다. 일부 브로커들이 접근해 "대신 발행해 주겠다"며 불공정한 계약을 요구하기도 했다.

[전개 및 결과]

한국미술협회와 정부가 지원하는 'K-Art 디지털 전환 지원 센터'가 O 화백을 도왔다. 센터는 전문 '아트 테크니션'을 파견하여 O 화백의 작품을 초고화질로 스캔하고, 작가의 육성 인터뷰를 녹음하여 디지털 파일에 결합했다. 복잡한 지갑 생성과 스마트 컨트랙트 설정은 테크니션이 대행하되, 소유권과 수익 권한은 O 화백의 명의로 철저히 귀속시켰다.

작가는 늘지만 안팔리는 디지털 아트 … 정부가 판로 연다 – 매일경제 [https://www.mk.co.kr]

이렇게 발행된 NFT는 O 화백의 붓 터치를 완벽하게 디지털로 재현했다는 평을 받으며 완판 되었다. O 화백은 "기술을 몰라도 내 예술을 디지털 세상에 남길 수 있는 길이 열렸다"며 안도했다. 이는 기술적 장벽을 제도적 지원으로 해결하여 신구 조화를 이룬 모범 사례이다.

가상 사례 2 저작권 분쟁을 해결한 '클린 NFT 인증제' 도입

[상황 설정]

한 신생 NFT 갤러리가 유명 작가 P의 그림을 무단으로 도용하여 NFT로 판매하다 적발되었다. 작가 P는 자신의 허락 없이 작품이 디지털화되어 팔렸다는 사실에 분노했고, 구매자들은 가짜 NFT를 샀다는 사실에 혼란에 빠졌다. 이 사건으로 미술계 전반에 NFT에 대한 불신이 퍼졌다.

[전개 및 결과]

이 사태를 계기로 국내 주요 미술 플랫폼들은 연합하여 '클린 NFT 인증제'를 도입했다. 작가가 본인임을 인증(KYC)하고, 오프라인 원작에 대한 저작권을 증명하는 서류를 블록체인에 등록해야만 NFT 발행이 승인되도록 시스템을 강화했다.

이중섭-김환기 작품도 '디지털 진품 증명서' NFT에 담는다 [https://www.donga.com]

또한, 구매자가 NFT를 살 때 '저작권 이용 허락 범위(상업적 이용 가능 여부 등)'가 스마트 컨트랙트에 명시된 팝업창을 띄워 확인하게 했다. 제도 도입 후 무단 도용 사례는 90% 이상 급감했고, 컬렉터들은 '인증 마크'가 붙은 NFT만 안심하고 거래하게 되었다. 이는 혼탁한 시장 질서를 업계의 자정 노력과 시스템으로 바로잡은 사례이다.

◈ 성공적인 블록체인 도입을 위한 단계별 전략 로드맵

단계	전략 목표	주요 실행 과제	비고
1단계 (기반 조성)	기술 장벽 해소 및 인식 개선	창작자 대상 블록체인 교육, 디지털 전환 지원 센터 설립	정부/협회 주도
2단계 (표준화)	데이터 신뢰성 및 호환성 확보	작품 메타데이터 표준 양식 제정, 저작권 가이드라인 배포	업계 컨소시엄
3단계 (생태계 확장)	글로벌 시장 진출 및 수익 모델 다각화	글로벌 플랫폼 연동, 2차 저작물 (굿즈/메타버스) 사업 활성화	민간 플랫폼
4단계 (제도 정착)	법적 안정성 및 투자자 보호	미술품 조각 투자(STO) 법제화, 세무/회계 기준 확립	입법/금융당국

제11장 웹툰·웹소설의 블록체인 전환

1

'토큰 이코노미 기반 웹툰 플랫폼의 등장'과 가상사례

1.1. 독자가 주인이 되는 '웹툰 3.0'의 서막

한국의 웹툰은 전 세계가 주목하는 콘텐츠의 보물창고이다. 그러나 화려한 성장 이면에는 거대 플랫폼의 높은 수수료 정책, 신인 작가들의 불공정한 수익 배분, 그리고 독자들의 수동적인 소비 형태라는 한계가 존재한다.

이러한 문제의 대안으로 등장한 것이 바로 블록체인 기반의 '토큰 이코노미(Token Economy) 웹툰 플랫폼'이다. 이는 플랫폼이 독식하던 이익을 생태계 참여자인 작가와 독자에게 암호화폐(토큰) 형태로 재분배하는 새로운 경제 모델을 의미한다.

기존 웹툰 생태계(Web 2.0)에서 독자는 단순히 돈을 내고 콘텐츠를 소비하는 객체에 불과했다. 하지만 토큰 이코노미(Web 3.0) 안에서 독자는 '기여하는 참여자(Contributor)'로 격상된다.

독자가 웹툰을 읽고, 댓글을 달고, 별점을 매기는 모든 행위는 플랫폼 활성화에 대한 기여로 인정받아 토큰으로 보상받는다. 이를 'R2E(Read to Earn)'라고 한다. 획득한 토큰은 다시 유료 회차를 결제하거나, 좋아하는

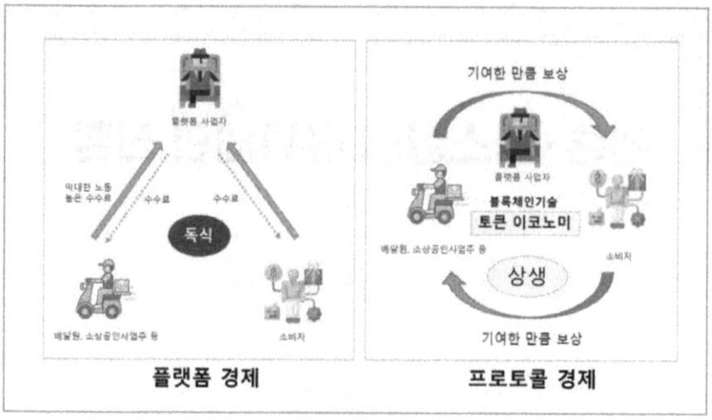

프로토콜 경제와 KOK PLAY 이젠 알 것 같아요 [https://www.google.com]

작가에게 후원하는 데 사용되는 선순환 구조를 형성한다.

작가 입장에서도 혁신적이다. 중개 수수료가 30~40%에 달하는 기존 플랫폼과 달리, 블록체인 플랫폼은 스마트 컨트랙트를 통해 수수료를 최소화하고 정산 과정을 투명하게 공개한다.

또한, 작품의 지분을 NFT로 발행하여 독자들에게 판매함으로써 초기 연재 자금을 조달할 수 있다. 결과적으로 토큰 이코노미는 웹툰 산업을 '대기업 중심의 유통'에서 '커뮤니티 중심의 자율 생태계'로 전환하며, K-웹툰의 지속 가능한 성장을 견인하는 핵심 동력이 될 것이다.

용어설명

R2E(Read to Earn)는 읽으면서 돈을 번다

이는 X2E(X to Earn)라는 블록체인 기반 보상 모델의 한 종류로, 사용자가 특정 콘텐츠(뉴스 기사, 전자책 등)를 읽는 활동에 대해 암호화폐나 NFT와 같은 디지털 자산으로 보상을 지급하는 서비스를 의미합니다.

주요 특징은 다음과 같습니다.

- 블록체인 기반: 보상 시스템에 블록체인 기술이 적용되어, 투명하고 공정한 보상 지급이 가능합니다.

• 사용자 참여 유도: 단순히 콘텐츠를 소비하는 것을 넘어, 사용자의 적극적인 참여(읽기)에 대한 금전적 인센티브를 제공합니다.
• 다양한 적용 분야: 뉴스 미디어, 전자책 플랫폼 등 다양한 콘텐츠 분야에서 R2E 모델을 도입하여 독자 확보 및 새로운 수익 구조를 모색하고 있습니다.

이와 유사한 모델로는 게임을 하며 돈을 버는 P2E(Play to Earn), 움직이면서 돈을 버는 M2E(Move to Earn), 학습을 통해 돈을 버는 L2E(Learn to Earn) 등이 있습니다 [https://www.google.com]

P2E 암호화폐 가이드: 유망 플레이투언 코인은? [https://99bitcoins.com]

1.2. 기존 웹툰 플랫폼 vs 토큰 이코노미 기반 웹툰 플랫폼 비교

구분	기존 웹툰 플랫폼 (Web 2.0)	토큰 이코노미 플랫폼 (Web 3.0)
운영 주체	중앙화된 기업(네이버, 카카오 등)	탈중앙화된 커뮤니티 및 DAO
수익 배분	플랫폼이 수수료(30~50%) 선취	중개 수수료 최소화, 작가 수익 극대화
독자의 역할	단순 소비자(결제 및 감상)	프로슈머(감상, 홍보, 투자 및 보상 획득)
보상 체계	없음(이벤트성 쿠키/캐시 제외)	활동량에 따른 토큰 보상 (Read to Earn)
저작권	플랫폼이 포괄적 권리 요구하는 경우 많음	작가가 온전한 IP 소유 및 NFT화 가능

1.3. '토큰 이코노미 기반 웹툰 플랫폼의 등장'과 가상사례

가상 사례 1 웹툰 마니아 대학생 'H'의 'R2E(Read to Earn)' 생활

[상황 설정]

웹툰을 보는 것이 유일한 취미인 대학생 H는 기존 플랫폼에서 매달 5만 원씩 결제하며 '헤비 유저'로 활동했지만, 돌아오는 혜택은 없었다. 그러다 친구의 소개로 블록체인 웹툰 플랫폼 '툰체인(ToonChain)'에 가입하게 되었다.

[전개 및 결과]

H는 평소처럼 신작 웹툰을 읽고, 작품 분석이 담긴 정성스러운 베스트 댓글을 남겼다. 그러자 H의 전자 지갑에 플랫폼 자체 토큰인 'TOON'이 입금되었다. H가 발굴하여 응원 댓글을 남긴 무명 작가의 작품이 인기 순위 1위에 오르자, H는 '초기 발굴 기여자'로 선정되어 추가 토큰 보너스까지 받았다.

H는 이렇게 모은 토큰으로 다른 유료 웹툰을 무료로 감상하거나, 거래소에서 현금화하여 용돈으로 사용했다. H에게 웹툰 감상은 더 이상 소비가 아니라, '수익을 창출하는 생산 활동'이 되었다. H는 자발적으로 SNS에 플랫폼을 홍보하며 충성도 높은 유저이자 마케터로 활동하게 되었다.

미국선 웹예능, 중국선 애니…'K웹툰' 저변 확대 어디까지: 네이트 연예 [https://news.nate.com]

가상 사례 2 신인 작가 'W'의 스토리 결정 투표(Voting)와 NFT 펀딩

[상황 설정]

독창적인 스릴러 웹툰을 기획한 신인 작가 W는 대형 플랫폼의 공모전에서 "대중적이지 않다"는 이유로 번번이 탈락했다. W는 자신의 작품을 알아봐 줄 독자를 직접 찾기 위해 토큰 이코노미 플랫폼에 연재를 시작했다.

[전개 및 결과]

W는 연재 초반, 제작비 마련을 위해 작품의 캐릭터를 NFT로 발행했다. W의 시나리오에 매료된 독자들이 토큰으로 NFT를 구매해 펀딩에 참여했다. 또한, W는 스토리의 결말을 짓지 못해 고민하던 중, 토큰을 보유한 독자들을 대상으로 '전개 방향 투표'를 진행했다.

독자들은 자신의 토큰을 사용하여 "주인공이 복수하는 결말"에 압도적인 표를 던졌다. 독자들이 직접 선택한 사이다 결말이 연재되자 반응은 폭발적이었고, 해당 회차의 조회수는 역대 최고를 기록했다.

W는 플랫폼 수수료를 거의 떼이지 않고 수익을 정산 받았으며, 투표에 참여한 독자들에게는 감사의 의미로 한정판 외전(Side Story) 열람 권한을 제공했다. 이는 작가와 독자가 함께 작품을 만들어가는 '쌍방향 창작 생태계'가 구현된 사례이다.

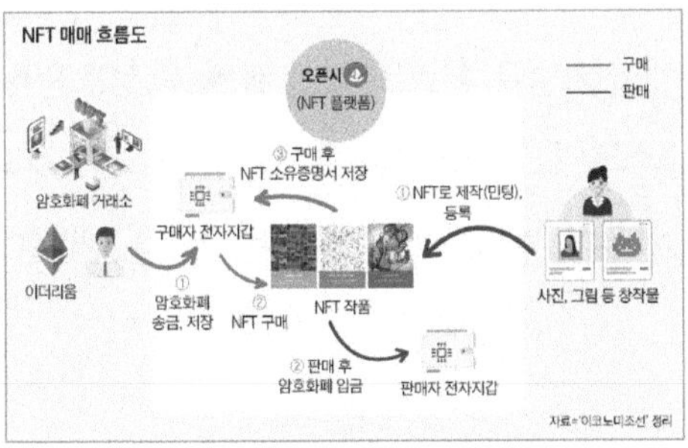

디지털 공간에 나만의 컬렉션 만들 수 있어 [https://biz.chosun.com]

◈ 토큰 이코노미가 웹툰 생태계 참여자에게 주는 가치

참여자	제공 가치 및 혜택	비고
작가(Creator)	높은 수익률, 창작의 자유, 충성 팬덤 확보	경제적 자립
독자(Reader)	활동에 대한 금전적 보상, 작품 제작 참여 권한	소속감 및 효능감
플랫폼(Platform)	유저들의 자발적 홍보로 마케팅 비용 절감	네트워크 효과
투자자(Investor)	유망 IP 발굴 및 토큰 가치 상승에 따른 차익	대체 투자처

2

'스토리의 토큰화: 독자 참여형 스토리 개발과 수익 공유 모델'과 가상사례

2.1. 스토리의 토큰화(Tokenization of Story): 내가 결정한 결말이 돈이 되는 세상

K-콘텐츠의 원천이라 할 수 있는 웹소설, 시나리오, 웹툰의 스토리는 그동안 작가의 고유 영역이었다. 독자는 완성된 이야기를 수동적으로 소비하거나, 댓글로 소극적인 의견을 낼 뿐이었다.

그러나 블록체인 기술은 이 일방적인 관계를 '상호작용하는 투자 관계'로 재정의한다. 스토리를 구성하는 세계관, 캐릭터, 그리고 플롯(Plot)이 잘게 쪼개져 토큰으로 발행되는 '스토리의 토큰화(Tokenization of Story)'가 그것이다.

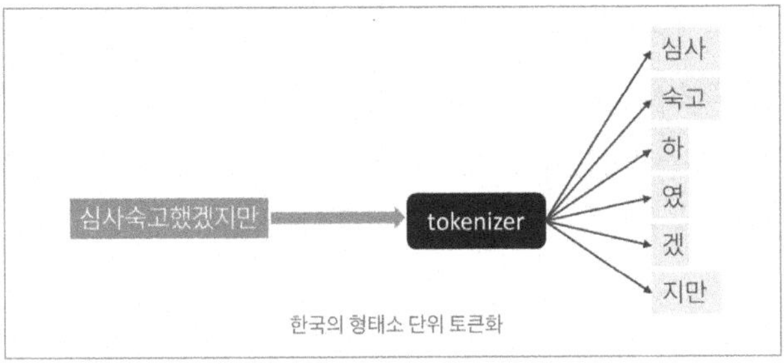

토큰(Token): AI의 언어 레고 블럭 [https://brunch.co.kr]

이 모델에서 독자는 단순한 소비자가 아니다. 그들은 토큰을 구매함으로써 해당 스토리 IP(지식재산권)의 '공동 소유자'이자 '보팅(Voting) 권한을 가진 기획자'가 된다.

작가는 이야기의 중요한 분기점마다 토큰 보유자들에게 투표를 부친다. "주인공을 살릴 것인가, 죽일 것인가?", "범인은 누구로 할 것인가?"와 같은 결정적인 전개가 독자들의 투표(거버넌스)에 의해 결정된다.

이러한 참여는 단순한 재미로 끝나지 않는다. 독자들의 참여로 완성된 스토리가 웹툰으로 그려지거나, 드라마 판권으로 팔려 수익이 발생하면, 그 이익은 스마트 컨트랙트에 의해 토큰 보유량에 비례하여 독자들에게 자동 배분된다.

[시사용어] 도대체, 그게 뭐지…토큰화(Tokenization)-디지틀조선일보 [https://digitalchosun.dizzo.com]

즉, 스토리가 재미있어질수록 토큰의 가치도 상승한다. 이는 독자들이 자발적으로 작품을 홍보하고 스토리를 풍성하게 만드는 강력한 동기부여가 되며, '팬덤'을 '비즈니스 파트너'로 격상시키는 콘텐츠 산업의 혁명적인 변화라 할 수 있다.

2.2. 기존 스토리 창작 방식 vs 토큰 기반 참여형 창작 방식 비교

구분	기존 창작 방식 (Traditional)	토큰 기반 창작 방식 (Tokenized)
창작 주체	작가 1인 또는 소수의 창작 팀	작가 + 토큰을 보유한 독자 집단(DAO)
스토리 전개	작가가 정한 결말을 독자가 수용	중요 분기점마다 투표를 통해 전개 방향 결정
독자의 지위	소비자(책/이용권 구매)	투자자이자 기획자(IP 지분 소유)
수익 구조	작가와 플랫폼이 수익 독점	성공 시 IP 수익을 독자와 작가가 공유 (Share)
충성도	작품의 완성도에 따라 변동	내가 만든 작품이라는 주인의식으로 인해 매우 높음

2.3. 스토리의 토큰화 가상사례

가상 사례 1 미스터리 스릴러 웹소설 '범인은 당신이 정해' 프로젝트

[상황 설정]

신인 작가 S는 독특한 미스터리 소설을 기획했다. 살인 사건의 용의자는 5명. 하지만 작가는 범인을 정해두지 않았다. 대신 '탐정 토큰'을 발행하여 독자들에게 판매했다.

이 토큰을 가진 독자만이 매 챕터 끝에 공개되는 단서를 조합하여 용의자를 지목하는 투표에 참여할 수 있다.

[전개 및 결과]

매주 연재가 진행될 때마다 커뮤니티에서는 치열한 토론이 벌어졌다. 독자들은 자신의 추리가 맞다는 것을 증명하기 위해 더 많은 토큰을 구매하여 투표권을 행사했다. 투표 결과에 따라 범인은 A가 되기도 하고 C가 되기도 하는 '멀티 엔딩 구조'로 전개되었다.

이 실험적인 소설은 입소문을 타고 대박이 났다. 결국 이 소설은 넷플릭스 오리지널 드라마 계약을 맺게 되었다. 작가 S는 드라마 판권료의 30%를 '탐정 토큰' 보유자들에게 배당금으로 지급했다.

초기에 1,000원에 토큰을 샀던 독자들은 드라마화 확정 소식과 함께 토큰 가격이 5만 원으로 뛰는 수익을 얻었고, "이 드라마의 엔딩은 내가 만들었다"는 자부심을 가지게 되었다.

가상 사례 2 집단지성으로 만드는 판타지 세계관 '킹덤 오브 DAO'

[상황 설정]

게임 회사 G는 차기작 게임의 시나리오를 내부 작가에게 맡기는 대신, '세계관 설정 토큰'을 발행하여 유저들에게 시나리오 권한을 넘겼다. "우리 게임의 역사와 영웅은 유저가 직접 만든다"는 슬로건을 내걸었다.

[전개 및 결과]

유저들은 토큰 투표를 통해 게임 속 왕국의 이름을 정하고, 전설적인 무기의 능력을 설정했으며, 적대 세력의 기원을 창작했다. 한 유저가 제안한 "용을 타고 다니는 해적"이라는 독창적인 설정이 투표를 통해 채택되자, 해당 유저에게는 막대한 양의 기여 보상 토큰이 지급되었다.

이렇게 만들어진 탄탄한 세계관을 바탕으로 게임이 출시되자, 시나리오 제작에 참여했던 수만 명의 유저들이 충성도 높은 초기 플레이어가 되었다.

게임 아이템 판매 수익의 일부는 '세계관 기금'으로 적립되어, 시나리오 토큰 보유자들에게 지속적으로 분배되었다. 이는 소비자가 직접 만든 세계관이 가장 강력한 몰입도를 가진다는 것을 증명한 사례이다.

◈ **스토리 토큰화가 가져올 K-콘텐츠 시장의 파급 효과**

효과 구분	세부 내용	기대 효과
리스크 감소	독자가 원하는 방향으로 전개됨	흥행 실패 확률의 획기적 감소
슈퍼 IP 확보	집단지성을 통한 방대한 세계관 구축	웹툰, 게임, 영화로의 무한 확장(OSMU) 용이
마케팅 혁신	투자한 독자들이 자발적 영업사원이 됨	별도의 홍보 비용 없이 바이럴 효과 극대화
창작자 지원	초기 토큰 판매로 창작 지원금 확보	생계 걱정 없는 안정적인 창작 환경 조성

3

'한국 웹툰의 글로벌 확산과 블록체인 유통 인프라'와 가상사례

3.1. 불법 복제의 사슬을 끊고, 언어의 장벽을 넘다

'나 혼자만 레벨업', '지옥', '지금 우리 학교는' 등 세계를 강타한 K-드라마의 원천 IP는 대부분 웹툰이다. 한국 웹툰은 이제 아시아를 넘어 북미, 유럽으로 뻗어가고 있다. 그러나 빛이 밝을수록 그림자도 짙다.

웹툰 시장이 커질수록 정식 연재분보다 불법 복제본이 먼저 유통되어 작가의 수익을 갉아먹는 문제가 심각하다. 또한, 폭발적인 글로벌 수요를

화제의 드라마 '선재 업고 튀어!' 원작은 K콘텐츠의 핵심 IP '웹소설'이라고? [https://blog.naver.com]

따라가지 못하는 더딘 번역 프로세스는 '골든타임'을 놓치게 만든다. 블록체인 유통 인프라는 이 두 가지 난제를 해결하는 '디지털 방패'이자 '초고속 번역 네트워크'로 기능한다.

먼저, 블록체인은 불법 복제를 원천 차단하거나 추적하는 데 결정적인 역할을 한다. 웹툰 이미지 파일에 블록체인 기반의 '보이지 않는 워터마크(Invisible Watermark)'를 삽입하여, 유출자가 누구인지 즉각 식별할 수 있다.

또한, 웹툰의 소유권과 열람 권한을 NFT화하면, 정당한 토큰을 지불하지 않은 불법 사이트에서의 접근을 기술적으로 차단하는 것이 가능하다. 이는 "창과 방패의 싸움"에서 창작자에게 강력한 방패를 쥐여주는 것이다.

더 나아가 블록체인은 '집단지성 번역 DAO(Translation DAO)'를 통해 언어 장벽을 허문다. 기존에는 정식 번역판이 나오기까지 수개월이 걸려, 그사이 해외 팬들이 불법 번역본을 보는 경우가 많았다.

그러나 블록체인 플랫폼에서는 전 세계 이중언어 사용자들이 토큰 보상을 받고 실시간으로 번역에 참여한다. 번역의 퀄리티는 커뮤니티 투표(검수)를 통해 보장되며, 수익은 번역가와 원작자가 스마트 컨트랙트를 통해 즉시 분배 받는다.

이를 통해 K-웹툰은 전 세계 100개국에 동시 연재되는 진정한 글로벌 콘텐츠로 거듭나게 된다.

3.2. 전통적 웹툰 유통 vs 블록체인 기반 글로벌 유통 비교

구분	전통적 웹툰 유통 (Centralized)	블록체인 기반 유통 (Decentralized)
불법 유출 대응	사후 모니터링 및 법적 대응 (한계 명확)	NFT 접근 제어 및 유출자 실시간 추적
번역 프로세스	에이전시 계약 → 번역 → 검수(수개월 소요)	팬덤 번역 DAO 참여 → 실시간 검수(동시 연재)
해외 정산	국가별 복잡한 정산 거쳐 수개월 후 입금	전 세계 단일 토큰으로 실시간 자동 정산
글로벌 확장성	현지 플랫폼 계약 여부에 종속됨	오픈 웹(Open Web)을 통해 전 세계 직접 접속
데이터 주권	거대 플랫폼이 독점	작가와 독자가 데이터 주권 공유

3.3. '한국 웹툰의 글로벌 확산과 블록체인 유통 인프라'와 가상사례

가상 사례 1 불법 공유 사이트를 박멸한 '쉐도우 헌터(Shadow Hunter)' 시스템

[상황 설정]

인기 액션 웹툰 '검의 전설'은 유료 회차가 공개되자마자 1시간 만에 불법 사이트에 무료로 풀리는 문제로 골머리를 앓고 있었다. 작가의 매출은 30% 급감했고, 법적 대응을 해도 서버를 해외에 둔 불법 사이트를 잡을 수 없었다. 이에 작가는 블록체인 보안 솔루션 '쉐도우 헌터'를 도입했다.

[전개 및 결과]

이 솔루션은 독자 A가 웹툰을 열람할 때마다, A의 고유 식별 정보(ID)가 암호화된 '보이지 않는 점' 형태로 웹툰 컷 곳곳에 실시간으로 박히

'좀비'처럼 살아나는 불법 웹툰 사이트, 단속하면 근절될까? [https://news.nate.com]

는 기술이다. 어느 날 불법 사이트에 '검의 전설' 최신화가 올라왔다. 솔루션은 즉시 해당 이미지의 블록체인 코드를 스캔했다.

그 결과, 이 유출본이 'User_ID: 9934'라는 특정 계정에서 캡처된 것임이 1분 만에 밝혀졌다. 시스템은 즉시 해당 계정의 접속을 영구 차단하고, 블록체인 블랙리스트에 등록하여 다른 웹툰 플랫폼 이용까지 막아버렸다. 유출자가 잡힌다는 소문이 퍼지자 불법 공유는 사라졌고, 정당한 결제 수익이 회복되었다. 기술이 작가의 생존권을 지켜낸 것이다.

가상 사례 2 스페인어권 팬덤이 직접 키운 로맨스 웹툰 '달빛 연가'

[상황 설정]

한국의 로맨스 웹툰 '달빛 연가'는 한국보다 남미에서 반응이 더 뜨거웠다. 하지만 공식 스페인어 번역 연재는 한국보다 6개월이나 늦었다. 기다리다 지친 남미 팬들은 불법 번역본을 찾기 시작했다. 이에 작가는 '번역 DAO' 기능을 지원하는 블록체인 플랫폼으로 연재처를 옮겼다.

[전개 및 결과]

한국어와 스페인어에 능통한 팬들이 '번역 기여자'로 등록했다. 한국에서 최신화가 올라오자마자 이들은 컷을 나누어 번역을 시작했고, 다른 팬들은 번역이 매끄러운지 투표했다. 가장 많은 표를 받은 번역이 최종 채택되었고, 번역에 참여한 팬들에게는 웹툰 코인(토큰)이 즉시 지급되었다.

결과적으로 '달빛 연가'는 한국 연재 후 단 3시간 만에 고퀄리티 스페인어 버전이 정식으로 서비스되었다. 기다림이 사라지자 남미 독자들의 유료 결제율이 폭증했고, 작가는 한국 수익보다 남미 수익이 더 커지는 역전 현상을 경험했다. 팬들이 직접 언어의 장벽을 허물고 작가와 수익을 나눈 성공적인 '참여형 유통' 사례가 되었다.

◈ 블록체인 유통 인프라 도입의 기대 효과

주체	기대 효과	핵심 키워드
작가 (Author)	불법 복제 피해 최소화 및 글로벌 수익 다각화	저작권 보호, 수익 증대
해외 독자 (Global Fan)	언어 장벽 없이 최신 콘텐츠를 실시간 향유	동시성, 접근성
번역가 (Translator)	플랫폼을 거치지 않고 능력에 따른 즉각 보상	기여 보상, 긱 이코노미
산업 (Industry)	투명한 유통 데이터 확보 및 K-콘텐츠 영토 확장	글로벌 스탠다드

4

'국경 없는 만화방, 번역과 유통의 탈중앙화'와 가상사례

4.1. 전 세계가 동시에 즐기는 실시간 웹툰 네트워크

어린 시절 동네 만화방은 학교가 끝나면 달려가던 설렘의 공간이었다.

그러나 이제 그 만화방은 인터넷 속으로 들어갔고, 국경이라는 물리적 한계마저 허물어지고 있다.

블록체인 기술이 만드는 '국경 없는 만화방'은 한국에서 웹툰이 업로드되는 그 순간, 지구 반대편의 독자들도 자국어로 동시에 즐길 수 있는 '탈중앙화된 번역 및 유통 시스템'을 의미한다.

기존의 웹툰 수출 방식은 매우 비효율적이었다. 한국 플랫폼이 현지 에이전시와 계약하고, 번역가를 고용하고, 검수를 거쳐 현지 플랫폼에 업로드하기까지 짧게는 수개월에서 길게는 1년이 소요되었다.

이 '시간의 공백'을 파고든 것이 바로 불법 번역 사이트들이다. 해외 팬들은 정식 버전을 기다리지 못해 조악한 품질의 불법 복제물을 소비했고, 이는 작가의 수익 감소로 직결되었다.

블록체인은 이 문제를 '번역 DAO(Translation DAO)'를 통해 해결한다. 특정 언어 능력을 갖춘 팬들이 블록체인 네트워크상에서 번역가로 등록하고, 최신 회차가 올라오면 실시간으로 번역에 참여한다.

여러 명이 집단지성으로 번역하고 상호 검수(Cross-check)하는 과정은 투명하게 기록되며, 번역이 채택되면 스마트 컨트랙트에 의해 즉시 코인(토큰)으로 보상이 지급된다.

이 시스템은 거대 중개인이 독점하던 유통 권한을 전 세계 팬들에게 분산시킨다. 독자는 소비자인 동시에 번역가이자 유통업자가 되며, 작가는 전 세계 80억 인구에게 동시다발적으로 자신의 작품을 선보일 수 있게 된다.

이것은 단순한 기술적 진보가 아니라, 언어의 장벽에 갇혀 있던 K-웹툰의 잠재력을 무한대로 해방시키는 문화적 혁명이다.

4.2. 중앙화된 웹툰 수출 vs 탈중앙화된 블록체인 유통 비교

구분	중앙화된 웹툰 수출(Traditional)	탈중앙화된 블록체인 유통(Blockchain)
번역 주체	고용된 소수의 전문 번역가	검증된 다수의 팬덤 번역가(DAO)
공개 시점	한국 연재 후 수개월~1년 지연	한국 연재와 거의 동시(실시간)
유통 경로	국가별 현지 플랫폼 계약 필수	전 세계 단일 플랫폼으로 직접 접속
번역 품질	표준적이나 문화적 뉘앙스 부족 가능	팬심에 기반한 깊은 이해도와 문화적 초월 번역
수익 정산	복잡한 단계를 거쳐 오랜 시간 소요	기여도에 따라 실시간 토큰 자동 정산

4.3. 번역과 유통의 탈중앙화 가상사례

가상 사례 1 프랑스어권 팬덤이 30분 만에 만든 'K-로판'의 기적

[상황 설정]

한국의 로맨스 판타지(로판) 웹툰 '황녀의 검'은 화려한 작화로 유명하지만, 대사가 많고 복잡하여 해외 수출이 지연되고 있었다.

프랑스의 열성 팬들은 기다림에 지쳐 불법 사이트를 이용하려 했으나, 작가는 블록체인 기반의 글로벌 웹툰 플랫폼 '코믹체인'에 작품을 등록하고 '프랑스어 번역 퀘스트'를 생성했다.

[전개 및 결과]

한국 시각 밤 11시, 최신화가 업로드 되자마자 프랑스어 번역 자격을 가진 팬 10명이 동시에 접속했다. A는 대사를 번역하고, B는 효과음을 식생자(글자 수정) 작업했다. C와 D는 번역된 문장이 프랑스 귀족 어투에 맞는지 검수했다.

이 모든 과정은 블록체인상에서 실시간으로 협업 이루어졌고, 불과 30분 만에 고퀄리티 프랑스어 버전이 완성되었다. 독자들의 투표로 최종

승인되자, 해당 회차의 유료 결제 수익 중 15%가 번역에 참여한 팬들의 지갑으로 즉시 입금되었다.
불법 사이트 운영자가 복제본을 퍼 나르기도 전에 정식 버전이 나왔기에 불법 수요는 자연스럽게 소멸했다.

가상 사례 2 소수 언어권(베트남, 태국)의 숨은 명작 발굴

[상황 설정]
한국의 스릴러 웹툰 '심연의 눈'은 내용이 난해하고 대중적이지 않다는 이유로 대형 플랫폼의 해외 진출 리스트에서 제외되었다. 하지만 베트남과 태국에는 마니아층이 존재했다. 이들은 자신들의 언어로 이 작품을 보고 싶었지만, 공식 루트가 없었다.
[전개 및 결과]
베트남과 태국의 팬 클럽이 주축이 되어 '심연의 눈 번역 풀(Pool)'을 조직했다. 이들은 자체적으로 토큰을 모금(Staking)하여 작가에게 번역 권한을 요청했다. 작가가 이를 승인하자, 팬들은 자발적으로 번역 작업을 수행하여 플랫폼에 업로드했다.
대형 유통사가 "돈이 안 된다"며 외면했던 시장이었지만, 블록체인 플랫폼을 통해 열린 직거래 장터에서는 충분한 수익이 발생했다. 작가는 별도의 마케팅 비용 없이 동남아시아 시장을 확보했고, 현지 독자들은 자신들의 언어로 번역된 작품을 즐기며 문화적 소외감을 해소했다.
이는 블록체인이 '돈이 되는 언어'만 편식하는 기존 시장의 불균형을 바로잡은 사례이다.

◈ 탈중앙화 번역 시스템이 가져올 변화와 기대효과

주체	변화 양상	기대 효과
작가 (Creator)	전 세계 동시 연재 가능, 번역 비용 절감	글로벌 슈퍼 IP로의 빠른 성장
독자 (Reader)	언어 장벽 없는 콘텐츠 접근, 번역 참여 수익	능동적 프로슈머(Prosumer)로 진화
산업 (Industry)	불법 복제 시장의 자연스러운 도태	건강하고 투명한 콘텐츠 생태계 조성
문화 (Culture)	한국적 정서(K-Vibe)의 정확한 현지 전달	문화적 오역 감소 및 공감대 확산

5

'캐릭터 유니버스, 내 웹툰 캐릭터가 게임 아이템으로'와 가상사례

5.1. 하나의 캐릭터가 웹툰, 게임, 메타버스를 자유롭게 넘나드는 진정한 '캐릭터 유니버스(Character Universe)'를 구축한다.

우리는 흔히 인기 웹툰이 영화나 게임으로 만들어지는 것을 본다. 그러나 지금까지의 방식은 각기 다른 회사와 플랫폼이 판권 계약을 맺고 별도로 제작하는 '단절된 확장'이었다. 내가 웹툰 앱에서 주인공의 한정판 스킨을 샀다고 해서, 그것을 게임에서 쓸 수는 없었다. 데이터가 서로 다른 서버에 갇혀 있었기 때문이다.

그러나 블록체인 기술은 이 벽을 허물고, 하나의 캐릭터가 웹툰, 게임, 메타버스를 자유롭게 넘나드는 진정한 '캐릭터 유니버스(Character Universe)'를 구축한다.

오늘 저장할 15 Steven Universe 아이디어 | 스티븐 유니버스 [https://kr.pinterest.com]

이 기술적 혁신의 핵심은 'NFT의 상호운용성(Interoperability)'이다. 웹툰 캐릭터를 NFT로 발행하면, 이 캐릭터는 특정 플랫폼의 서버가 아닌 블록체인상에 존재하게 된다. 마치 우리가 여권 하나로 여러 나라를 여행하듯, NFT화된 캐릭터는 '디지털 여권'을 가지고 A라는 웹툰 앱, B라는 RPG 게임, C라는 메타버스 공간을 자유롭게 이동할 수 있다.

이것이 실현되면 독자가 구매한 웹툰 속 '전설의 검' 아이템은 단순히 눈으로 보는 그림이 아니다. 이 아이템은 연동된 게임에 접속하는 순간 실제 공격력을 가진 무기로 변환(Rendering)되어 내 인벤토리에 들어온다.

또한, 캐릭터의 레벨이나 외형이 게임에서의 활동에 따라 웹툰 뷰어 내에서도 실시간으로 변화하는 양방향 소통이 가능해진다.

결국 블록체인은 콘텐츠 간의 경계를 지우고, 캐릭터에게 영속적인 생명력을 부여하여 사용자가 직접 세계관을 확장해 나가는 '초연결 콘텐츠 생태계'를 완성하는 것이다.

5.2. 기존 OSMU 방식 vs 블록체인 기반 캐릭터 유니버스 비교

구분	기존 OSMU 방식(Web 2.0)	블록체인 캐릭터 유니버스(Web 3.0)
데이터 위치	각 플랫폼(웹툰사, 게임사) 서버에 격리	공용 블록체인 네트워크에 저장 (개방형)
자산의 성격	서비스 종료 시 사라지는 대여형 아이템	플랫폼이 사라져도 남는 영구적 소유 자산
사용 범위	구매한 해당 앱/게임 내에서만 사용 가능	웹툰, 게임, SNS, 메타버스 등 멀티 플랫폼 사용
가치 연결	웹툰의 인기가 게임 아이템 가치에 간접 영향	웹툰과 게임 아이템이 동일한 NFT로 시세 연동
경험의 확장	보는 것(웹툰)과 하는 것(게임)의 분리	보고, 플레이하고, 소유하는 경험의 통합

5.3. 캐릭터 유니버스 가상사례

가상 사례 1 웹툰 '마수 사냥꾼'의 펫(Pet) 육성 시스템

[상황 설정]

인기 판타지 웹툰 '마수 사냥꾼'은 독자들에게 주인공이 데리고 다니는 펫(Pet)인 '슬라임'을 NFT로 판매했다. 단순한 디지털 굿즈처럼 보였지만, 이 NFT에는 '성장형 코드'가 심어져 있었다.

[전개 및 결과]

독자 K는 '슬라임 NFT'를 구매한 후, 이 웹툰 IP를 기반으로 제작된 모바일 게임에 지갑을 연동했다. 그러자 게임 속에 내 슬라임이 펫으로 소환되었다.

K가 게임에서 몬스터를 사냥하고 경험치를 쌓자 슬라임은 '레벨 1'에서 '레벨 10'으로 진화했고, 외형도 화려하게 변했다.

놀라운 점은 그 다음이었다. K가 게임을 끄고 다시 웹툰 앱을 켜자, 내 보관함에 있는 슬라임의 모습이 게임에서 진화한 모습 그대로 바뀌어 있었다.

심지어 레벨 10을 달성한 독자에게만 웹툰의 '히든 에피소드(Hidden Episode)'가 해금(Unlock)되었다. K에게 웹툰과 게임은 더 이상 별개의 콘텐츠가 아니라, 내 캐릭터를 키우기 위해 연결된 하나의 거대한 세계였다.

가상 사례 2 패션 웹툰 '런웨이'의 의상, 메타버스 룩북(Look-book) 되다

[상황 설정]

패션을 주제로 한 웹툰 '런웨이'에서 주인공이 입고 나온 '오로라 드레스'가 큰 인기를 끌었다. 작가는 이 드레스를 500벌 한정판 NFT로 발행했다.

이 NFT는 단순한 그림 파일이 아니라, 3D 모델링 데이터가 포함된 자산이었다.

[전개 및 결과]

대학생 L은 이 드레스 NFT를 구매했다. 그리고 친구들과 만나는 메타버스 플랫폼 '제페토(Zepeto)' 스타일의 가상 공간에 접속했다. L이 지갑을 연동하자 아바타가 웹툰 속 주인공과 똑같은 '오로라 드레스'를 입게 되었다.

L은 이 옷을 입고 가상공간의 파티에 참석해 패션 감각을 뽐냈다. 다른 유저들이 "그 옷 어디서 났냐"고 물으면, L은 웹툰 '런웨이'의 한정판임을 자랑했다.

나아가 이 NFT 보유자에게는 현실 세계의 의류 브랜드 팝업 스토어에서 실물 드레스를 20% 할인 받을 수 있는 쿠폰 기능까지 제공되었다.

3D보다 2D 아바타가 더 좋아"…日 홀린 제페토 매출 40%↑ [https://www.mt.co.kr]

웹툰의 2D 그림이 메타버스의 3D 의상이 되고, 다시 현실의 혜택으로 이어지는 완벽한 '피지털(Phygital) 유니버스'가 실현된 사례이다.

◈ 캐릭터 유니버스가 가져올 콘텐츠 소비의 변화

단계	변화 양상	비고
1. 소유(Own)	캐릭터를 단순히 보는 대상이 아닌 '내 것'으로 소장	수집 욕구 충족
2. 이동(Transfer)	하나의 캐릭터로 다양한 플랫폼(게임, SNS 등)을 여행	플랫폼 종속성 탈피
3. 성장(Grow)	사용자의 활동(게임 플레이 등)에 따라 가치와 외형이 성장	애착 관계 형성
4. 경제(Economy)	잘 키운 캐릭터나 희귀 아이템을 타인에게 판매하여 수익 창출	Play to Earn(P2E)

제12장 K-무비와 드라마에 대한 블록체인 투자 모델

1

'K-무비·드라마 산업의 수익구조 분석'과 가상사례

1.1. 글로벌 흥행 뒤에 드리운 플랫폼 독점의 그림자

'기생충'이 오스카를 거머쥐고 '오징어 게임'이 전 세계를 강타했지만, 정작 그 콘텐츠를 만든 제작사와 창작자들이 정당한 부를 축적하고 있는가에 대해서는 회의적인 시각이 지배적이다.

K-무비와 드라마 산업은 외형적으로는 급성장했으나, 내부적으로는 '거대 자본의 하청 기지화'라는 위기에 직면해 있다. 이를 이해하기 위해서는 영화관 중심의 기존 배급 구조와 OTT 중심의 새로운 스트리밍 구조가 가진 한계를 명확히 직시해야 한다.

전통적인 영화 산업은 극장과 배급사가 절대적인 '갑'의 위치를 점한다. 영화 티켓 매출의 약 50%는 극장이 가져가고, 남은 50%에서 배급 수수료, 홍보 마케팅비(P&A), 투자 원금을 제하고 나서야 비로소 제작사가 수익을 정산 받는다. 이 과정에서 제작사는 흥행 실패 시 막대한 빚을 떠안는 리스크를 지지만, 성공 시 가져가는 몫은 전체 파이의 10~20% 수준에 불과하다.

다양한 소재·독창적 연출의 'K콘텐츠'…OTT타고 세계인 홀렸다[https://www.sedaily.com]

새롭게 부상한 OTT(넷플릭스 등) 드라마 산업은 '매절 계약(Flat fee)'이 표준이다. 글로벌 플랫폼은 제작비의 110~120%를 선지급하여 제작사의 손실 리스크를 없애 주는 대신, 저작권(IP)과 해외 판권 등 모든 권리를 독점한다.

드라마가 전 세계적으로 대박이 터져도 제작사는 약속된 제작비 외에 추가 수익(인센티브)을 거의 가져가지 못한다.

결국 '재주는 곰(한국 창작자)이 부리고 돈은 왕서방(글로벌 플랫폼)이 버는' 구조가 고착화되고 있는 것이다.

블록체인은 이러한 중앙화된 자본 종속 구조를 타파하고, 창작자가 IP를 보유하며 투자자와 직접 수익을 나누는 새로운 생태계의 필요조건이 된다.

용어설명

OTT(Over the Top) 드라마 산업에서 '매절 계약(Flat fee)'

OTT(Over the Top) 드라마 산업에서 '매절 계약(Flat fee)'은 플랫폼 사업자가 제작사에 일정 금액의 제작비를 일괄 지급하는 대신, 해당 콘텐츠의 지식재산권(IP) 및 모든 부가 수익 권리를 독점적으로 확보하는 계약 방식입니다.

OTT(Over the Top) 드라마 산업에서 '매절 계약(Flat fee)'은 플랫폼 사업자가 제작사에 일정 금액의 제작비를 일괄 지급하는 대신, 해당 콘텐츠의 지식재산권(IP) 및 모든 부가 수익 권리를 독점적으로 확보하는 계약 방식입니다.

1. 주요 내용 및 특징

- 정의: 작품의 실제 흥행 수익과 관계없이 초기 계약 시 결정된 일정 금액(Flat fee)으로 판권을 포함한 모든 권리를 플랫폼이 가져가는 방식입니다.
- IP 독점: 넷플릭스 등 글로벌 OTT는 이 계약을 통해 제작된 콘텐츠의 저작권과 2차적 저작물 제작 권한 등 모든 IP를 소유하게 됩니다.
- 수익 배분 부재: 제작사나 창작자는 초기 제작비(또는 약간의 프로덕션 피) 외에 드라마가 전 세계적으로 큰 성공을 거두더라도 추가적인 수익 배분을 받지 못합니다.

2. 장점

- 안정적인 제작비 확보: 제작사는 초기 투자 리스크 없이 안정적으로 충분한 제작비를 확보하여 콘텐츠 제작에 집중할 수 있습니다.
- 글로벌 유통망: 넷플릭스와 같은 거대 플랫폼을 통해 제작된 콘텐츠는 기획 단계부터 전 세계 시청자에게 공개될 기회를 얻습니다.

3. 문제점 및 논란:

- 불공정 수익 배분: '오징어 게임'이 넷플릭스에 막대한 수익(추정 약 1조 원)을 안겨줬음에도, 제작사는 초기 계약금 외 추가 수익이 없어 불공정 계약 논란이 끊이지 않습니다.
- 창작자 권리 침해: 원작자나 시나리오 작가 등 창작자들이 자신의 저작물로 인한 정당한 보상을 받지 못하고 권리를 일방적으로 양도하게 되는 문제가 발생합니다.
- 국내 제작사 하청화 우려: 국내 제작사가 글로벌 OTT의 하청 업체로 전락할 수 있다는 우려가 제기됩니다.

이러한 문제로 인해 한국콘텐츠진흥원 등 관련 기관과 창작자 조합에서는 창작자에게 정당한 보상이 이루어지고 저작권을 보호할 수 있는 상생 방안 마련을 촉구하고 있습니다. [https://www.google.com]

1.2. 전통적 영화/드라마 수익 구조 vs 블록체인 도입 시 기대 구조

구분	전통적 극장/배급 구조 (Traditional)	글로벌 OTT 매절 구조 (Streaming)	블록체인 기반 구조 (Token Economy)
자금 조달	대기업 투자배급사 의존	글로벌 플랫폼 자본 의존	DAO 및 개인 투자자 크라우드 펀딩
IP 소유권	투자사/배급사가 주도권 보유	플랫폼이 100% 독점 (All Rights)	제작사와 참여 투자자(팬)가 공유
수익 정산	극장/배급료 차감 후 잔액 정산	제작비+α 지급 후 추가 수익 없음	매출 발생 즉시 스마트 컨트랙트 배분
데이터	극장 통합전산망 (일부 제한적)	플랫폼 독점 (비공개 원칙)	블록체인상 투명한 시청 데이터 공개

1.3. 'K-무비·드라마 산업의 수익구조 분석'과 가상사례

가상 사례 1 천만 영화 감독 'C'의 텅 빈 통장과 차기 작 난항

[상황 설정]

유능한 영화감독 C는 3년의 고생 끝에 제작한 영화가 관객 수 1,000만 명을 돌파하는 대성공을 거두었다. 티켓 매출만 1,000억 원에 달했다. 대중들은 C 감독과 제작사가 엄청난 돈을 벌었을 것이라 부러워했다.

[전개 및 분석]

그러나 정산서를 받아본 C 감독은 허탈함에 빠졌다. 매출의 절반인 500억 원은 극장이 가져갔고, 배급 수수료 100억 원, 막대하게 쓴 마케팅 비용 150억 원, 그리고 투자 원금과 이자를 갚고 나니 남는 순이익은 50억 원 남짓이었다. 이를 투자자와 제작사가 6:4로 나누니 제작사 몫은 20억 원이었다.

3년 동안 스태프 월급과 사무실 유지비를 빚으로 충당했던 제작사는 이 20억 원으로 빚잔치를 하고 나니 남는 게 거의 없었다. C 감독은

"천만 감독"이라는 명예는 얻었지만, 차기 작을 만들 자본이 없어 다시 대기업 투자 심사역 앞에서 고개를 숙여야 했다.
이는 흥행 수익이 창작 생태계로 재투자되지 못하고 유통망으로만 흡수되는 기형적 구조를 보여준다.

가상 사례 2 글로벌 1위 드라마 제작사 'D'의 IP 분쟁

남 좋은 일 이제 그만…IP 전쟁은 시작됐다 [김소연의 엔터비즈] [https://www.hankyung.com]

[상황 설정]
중소 제작사 D는 독창적인 SF 드라마 기획안을 들고 국내 방송사를 찾았으나 거절당했다. 결국 글로벌 OTT 플랫폼인 '플릭스'와 계약했다. '플릭스'는 제작비 200억 원 전액과 수익 보장금 20억 원을 주었지만, 조건으로 "드라마와 관련된 모든 IP는 '플릭스' 소유"라는 조항을 걸었다.
[전개 및 분석]
드라마는 공개되자마자 전 세계 1위를 기록하며 '플릭스'의 신규 가입자를 500만 명이나 늘려주었다. 또한, 드라마 속 캐릭터가 게임, 굿즈, 웹툰으로 제작되어 수천억 원의 부가 수익이 발생했다. 하지만 제작사 D는 계약된 20억 원 외에 단 1원도 추가로 받지 못했다.

심지어 D사가 시즌 2를 만들고 싶어도, IP 권한이 없기에 '플릭스'가 승인하지 않거나 다른 제작사에 맡겨버리면 아무런 힘을 쓸 수 없었다. D사 대표는 "우리는 하청 업체에 불과했다"고 한탄했다. 만약 블록체인 펀딩을 통해 제작비를 조달하고 IP를 지켰다면, D사는 한국의 디즈니가 될 수도 있었을 것이다.

◈ 현행 K-무비·드라마 산업 수익 구조의 3대 리스크

리스크 요인	상세 내용	결과
블랙박스 정산	마케팅비 등 비용 산정이 불투명하고 OTT 시청 데이터가 비공개됨	창작자의 정당한 수익 검증 불가
IP 종속	자본을 대는 플랫폼이 저작권과 사업권을 모두 가져가는 불공정 계약	콘텐츠 기업의 지속 가능한 성장 저해
높은 진입장벽	소수의 대형 투자배급사/플랫폼의 결정 없이는 작품 제작 불가능	다양한 장르와 실험적 작품의 실종

2

'K-무비·드라마 산업의 창작자와 유통 플랫폼 간 불균형 구조'와 가상사례

2.1. 곰은 재주를 부리고, 데이터는 플랫폼이 갖는다.

K-콘텐츠가 세계적인 위상을 떨치고 있지만, 그 화려한 성공의 이면에는 창작자와 유통 플랫폼 간의 심각한 '힘의 불균형(Power Imbalance)'이 존재한다. 과거에는 영화관이나 방송사가 갑(甲)이었다면, 지금은 거대 자본과 전 세계 유통망을 쥔 글로벌 OTT(Over-The-Top) 플랫폼이 슈퍼갑으로 군림하고 있다.

이젠 K-콘텐츠다, 한국의 넷플릭스 키워라 [https://ceoscoredaily.com]

이 새로운 권력 구조 속에서 창작자는 콘텐츠를 납품하는 하청업자로 전락할 위기에 처해 있으며, 이는 장기적으로 한국 콘텐츠 산업의 자생력을 훼손하는 핵심 요인이 된다.

이 불균형의 가장 큰 원인은 '데이터의 비대칭성'과 'IP(지식재산권) 매절 계약'에 있다. 넷플릭스나 디즈니플러스 같은 플랫폼은 가입자의 시청 패턴, 이탈 지점, 선호 장르 등 방대한 데이터를 독점한다.

창작자는 자신의 작품을 누가, 어디서, 얼마나 봤는지 알 수 없다. 데이터가 없으니 자신의 가치를 객관적으로 증명하기 어렵고, 차기 작 협상에서 플랫폼이 제시하는 조건에 끌려 다닐 수밖에 없다.

또한, 플랫폼은 '제작비 전액 지원'이라는 달콤한 제안과 함께 IP의 모든 권리를 가져가는 매절 계약을 요구한다. 창작자는 당장의 제작비 걱정은 덜 수 있지만, 작품이 대성공을 거두어도 추가적인 수익이나 2차 저작물 사업권(게임, 굿즈 등)을 행사할 수 없다.

이는 창작자가 흥행 경험을 자산으로 축적하지 못하게 해, 영원히 플랫폼의 자본에 의존하게 만드는 '종속의 굴레'를 형성한다. 결국 블록체인 기술이 필요한 이유는 단순한 수익 분배를 넘어, 투명한 데이터 공유와 IP 주권 회복을 통해 이 기울어진 운동장을 바로잡기 위함이다.

2.2. 창작자와 유통 플랫폼 간의 권력 및 자원 불균형 비교

비교 항목	창작자 (제작사/작가)	유통 플랫폼 (OTT/배급사)	불균형의 결과
IP 소유권	대부분 양도(권리 없음)	전 세계 독점적 소유	창작자의 프랜차이즈 사업 기회 상실
데이터 접근성	접근 불가(Black Box)	모든 시청 데이터 독점	협상력 저하 및 마케팅 전략 수립 불가
리스크/수익	Low Risk, Low Return	High Risk, High Return	대박이 나도 창작자는 '기본급'만 수령
의사 결정권	플랫폼의 편성 결정에 종속	제작, 편성, 마케팅 전권 행사	창작의 자율성 침해 및 다양성 훼손

2.3. '창작자와 유통 플랫폼 간 불균형 구조'와 가상사례

가상 사례 1 흥행의 맛을 보지 못한 중소 제작사 'M'의 비극

[상황 설정]

중소 드라마 제작사 M은 독창적인 좀비 물을 기획했다. 국내 투자가 어렵 자 글로벌 OTT 플랫폼 G사와 계약을 맺었다.

G사는 제작비 300억 원에 10%의 관리 수익을 얹어 330억 원을 지급하는 대신, 저작권, 판권, 2차적 저작물 작성권 등 모든 권리를 가져갔다.

[전개 및 결과]

드라마는 공개되자마자 전 세계 1위를 기록하며 신드롬을 일으켰다. G사는 신규 가입자 유치와 주가 상승으로 약 5조 원의 가치를 창출한 것으로 추산되었다. 또한, 드라마 속 트레이닝복과 가면이 날개 돋친 듯 팔려 나갔다.

하지만 제작사 M의 통장에 찍힌 돈은 처음에 받은 330억 원이 전부였다. M사는 직원들에게 보너스를 줄 여력도 없었다. 심지어 M사가 시즌 2를 기획하려 했으나, G사는 "IP는 우리 것이니 우리가 지정한 다른 제작사와 만들겠다"라고 통보했다.

M사는 자신이 낳은 자식을 빼앗긴 채, 다시 다른 플랫폼의 문을 두드리는 처지가 되었다. 이는 'IP 없는 성공'이 얼마나 허무한지를 보여준다.

가상 사례 2 데이터가 없어 투자를 못 받는 천재 감독 'K'

[상황 설정]

천재 감독 K는 자신의 SF 영화가 OTT에서 큰 성공을 거두었다고 확신했다. SNS 반응이 뜨거웠고, 주변에서도 안 본 사람이 없었기 때문이다. K 감독은 이 반응을 바탕으로 차기 작 투자를 받기 위해 벤처캐피털(VC)을 만났다.

[전개 및 결과]

투자자들은 "구체적인 시청 지표를 보여달라"고 요구했다. "어느 국가, 어떤 연령대가 감독님 영화를 끝까지 봤습니까? 재시청률은 얼마입니까?" K 감독은 OTT 플랫폼에 데이터를 요청했지만, 플랫폼 측은 "내부 정책상 공개 불가"라며 거절했다.

K 감독은 결국 자신의 영화가 얼마나 성공했는지 객관적인 수치로 증명할 방법이 없어 투자 유치에 실패했다. 반면, 모든 데이터를 가진 플랫폼은 K 감독에게 "데이터를 보니 당신은 B급 코미디가 맞다"며 원치 않는 장르의 제작을 강요했다.

이는 '데이터 독점'이 어떻게 창작자의 자율성을 억압하고 성장을 가로막는지 보여주는 사례이다.

◈ 블록체인 도입 시 해소 가능한 불균형 요소

불균형 요소	블록체인 솔루션 (To-Be)	기대 효과
데이터 비대칭	온체인(On-chain) 데이터 투명 공개	누구나 시청률과 트래픽을 확인하여 공정한 협상 가능
IP 독점	IP의 NFT화 및 조각 소유	창작자가 IP 지분을 보유하고 팬들과 공동 소유 가능
자본 종속	DAO 기반 크라우드 펀딩	거대 플랫폼 없이도 제작비 조달 및 독립적 배급 가능

3

'토큰 기반 K-무비·드라마 클라우드 투자구조'과 가상사례

3.1. 관객이 곧 제작자가 되는 엔터테인먼트 금융 혁명

영화나 드라마 투자는 오랫동안 벤처캐피털(VC)이나 대기업 투자배급사 등 소위 '큰손'들의 전유물이었다. 일반 대중은 영화가 천만 관객을 돌파해도 티켓 값만 지불할 뿐, 그 흥행 수익을 공유할 방법이 없었다.

그러나 블록체인 기술은 이 폐쇄적인 투자 시장의 문을 활짝 연다. 작품의 수익권을 수만, 수십만 개의 토큰으로 쪼개어 발행하는 '토큰 기반 클라우드 펀딩(Token-based Crowd Funding)' 방식을 통해서이다.

이 구조의 핵심은 '소액 투자'와 '자동 정산'이다. 제작사는 시나리오 기획 단계에서 프로젝트 토큰(혹은 STO: 토큰 증권)을 발행하여 제작비를 모금한다. 대학생이나 직장인은 커피 몇 잔 값으로 이 토큰을 구매하여 프로젝트의 주주가 된다.

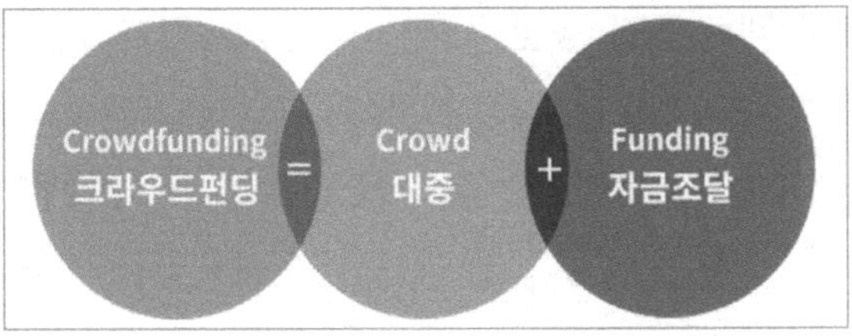

크라우드펀딩 방식의 P2P란? [https://brunch.co.kr]

이후 영화가 개봉하고 극장 매출이나 OTT 판권 수익이 발생하면, 블록체인의 스마트 컨트랙트가 이를 감지하여 투자 지분만큼의 배당금을 투자자의 전자 지갑으로 실시간 입금한다.

이러한 방식은 산업적으로도 큰 의미를 갖는다. 기존에는 투자사의 입김에 의해 작품의 방향이 좌지우지되는 경우가 많았으나, 다수의 대중에게 투자를 받으면 창작의 자율성을 확보할 수 있다.

또한, 토큰을 구매한 투자자들은 자신의 수익을 극대화하기 위해 자발적으로 SNS에 영화를 홍보하는 '충성스러운 마케터'가 된다.

즉, 토큰 기반 투자는 단순한 자금 조달을 넘어, 제작-홍보-소비-수익 분배가 하나의 커뮤니티 안에서 이루어지는 완벽한 '선순환 엔터테인먼트 생태계'를 구축하는 것이다.

나도 영화에 투자할 수 있다? '크라우드 펀딩' [https://www.youtube.com]

3.2. 전통적 콘텐츠 투자 vs 토큰 기반 클라우드 투자 비교

구분	전통적 콘텐츠 투자 (Traditional)	토큰 기반 크라우드 투자 (Tokenized)
투자 주체	소수의 벤처캐피털(VC), 대기업, 모태펀드	다수의 일반 대중(Fan-vestor)
최소 투자금	수억 원 이상(진입 장벽 높음)	1만 원 단위 소액 가능(진입 장벽 없음)
수익 정산	복잡한 회계 감사를 거쳐 수개월 후 지급	매출 발생 시 스마트 컨트랙트로 즉시 자동 분배
마케팅 효과	배급사가 막대한 비용을 들여 홍보	투자자(팬)들이 '내 돈 내산' 마인드로 자발적 홍보
리스크	흥행 실패 시 소수 투자자가 독박	수천 명이 리스크를 분산(N분의 1)하여 충격 완화

3.3. K-무비·드라마 클라우드 투자구조와 가상사례

가상 사례 1 독립영화 '새벽의 추격자', 블록체인 펀딩으로 1,000% 수익 달성

[상황 설정]

신인 감독 E는 독특한 스릴러 영화 '새벽의 추격자' 시나리오를 썼지만, "상업성이 부족하다"는 이유로 모든 투자사에서 거절당했다. E 감독은 최후의 수단으로 블록체인 플랫폼에서 대본의 앞부분을 공개하고 일반인 대상 토큰 펀딩을 진행했다.

[전개 및 결과]

시나리오의 몰입감에 반한 스릴러 마니아 5,000명이 평균 10만 원씩 투자하여 제작비 5억 원이 순식간에 모였다. 투자자들은 '제작 위원회'라는 DAO(탈중앙화 자율조직) 커뮤니티에 초대되어 포스터 시안 투표 등에 참여했다.

영화는 저 예산으로 제작되었지만, 5,000명의 투자자가 개봉 전부터

크라우드펀딩 x 블록체인: 스타트업의 자금 조달을 바꾸는 새로운 방식
[https://technowinsights.tistory.com]

커뮤니티와 SNS를 뜨겁게 달군 덕분에 입소문을 탔다. 결과적으로 300만 관객을 동원하는 이변을 일으켰다. 극장 수익과 해외 판권 수익이 정산되자, 초기 10만 원을 투자했던 대학생들은 100만 원(수익률 1,000%) 상당의 토큰을 배당 받았다. 이는 대자본이 외면한 흙속의 진주를 대중의 안목과 자본으로 발굴해 낸 쾌거였다.

가상 사례 2 대작 드라마 '킹덤 오브 조선', 배우 캐스팅권을 토큰에 담다

[상황 설정]

제작비 500억 원 규모의 대작 사극 드라마 '킹덤 오브 조선'은 제작비의 30%를 토큰 판매로 조달하기로 했다. 이 프로젝트는 특별한 혜택(Utility)을 내걸었다. 100만 원 이상 토큰을 구매한 고액 투자자들에게 '조연 배우 오디션 투표권'과 '촬영장 방문권'을 부여한 것이다.

[전개 및 결과]

자신이 응원하는 신인 배우를 드라마에 출연시키고 싶은 팬덤이 대거 투자에 참여했다. 투표권은 투명한 블록체인 투표 시스템을 통해 행사되었고, 팬들이 뽑은 실력파 신인 배우가 조연으로 캐스팅되었다.

드라마는 방영 내내 높은 시청률을 기록했다. 투자자들은 드라마를 보며 "저 배우는 내가 뽑았다"는 자부심을 느꼈고, 드라마가 넷플릭스에 고가로 판매되면서 짭짤한 투자 수익까지 챙겼다. 이 사례는 투자가 단순한 돈놀이가 아니라, 팬심을 실현하고 콘텐츠 제작에 직접 관여하는 '참여형 문화 활동'으로 진화했음을 보여준다.

◈ 토큰 기반 투자가 K-콘텐츠 시장에 미치는 긍정적 효과

효과 구분	세부 내용
다양성 확보	상업적 공식에 얽매이지 않는 실험적이고 다양한 장르의 작품 제작 활성화
팬덤의 결속	단순 소비자를 넘어 '이익 공동체'로 묶임으로써 팬덤의 결속력과 충성도 강화
자금의 선순환	흥행 수익이 소수 대기업이 아닌 다수의 대중에게 분배되어 재투자로 이어짐
데이터 투명성	투자금 사용 내역과 매출 데이터가 블록체인에 기록되어 회계 부정 방지

4

'K-무비·드라마 흥행 성과와 수익 분배 자동화 시스템'과 가상사례

4.1. 정산의 투명성을 위한 스마트 컨트랙트(Smart Contract) 혁명

영화계에는 "개봉은 축제지만, 정산은 전쟁이다"라는 말이 있다. 영화 한 편이 상영되고 나면 극장, 배급사, 투자사, 제작사 등 수많은 이해관계자가 수익을 나누어야 하는데, 이 과정이 매우 복잡하고 느리게 진행되기 때문이다.

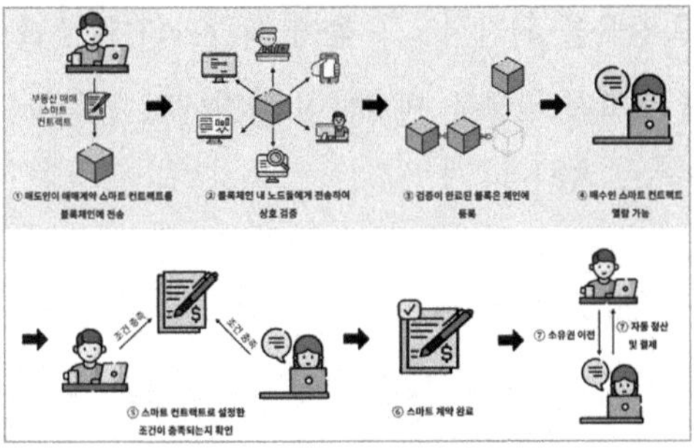

스마트 컨트랙트 작동 원리 - 업비트 투자자보호센터 [https://m.upbitcare.com]

보통 영화가 극장에서 내려간 뒤에도 최종 정산금을 받기까지는 짧게는 6개월, 길게는 수년이 걸리기도 한다. 또한, 수기로 작성되는 정산 내역은 조작의 의혹을 낳아 법적 분쟁의 불씨가 된다.

그러나 블록체인의 '스마트 컨트랙트(Smart Contract)' 기술은 이 복잡한 정산 과정을 '실시간 자동화 시스템'으로 혁신한다.

스마트 컨트랙트는 계약 조건을 코드로 구현하여 블록체인에 저장하는 기술이다. 예를 들어 "극장 매출이 100원 발생하면, 자동으로 50원은 극장 지갑으로, 10원은 배급사로, 40원은 제작사로 즉시 이체한다"는 조건을 입력해 두는 것이다.

이 시스템이 도입되면 사람의 개입 없이, '매출 발생(Input)'과 동시에 '수익 분배(Output)'가 이루어진다.

영화진흥위원회의 통합전산망(KOBIS)이나 OTT 플랫폼의 시청 데이터가 블록체인 네트워크와 연결(Oracle)되는 순간, 흥행 성과는 더 이상 비밀 장부에 갇히지 않는다.

관객이 티켓을 결제하는 순간, 그 돈은 스마트 컨트랙트를 타고 0.1초 만에 감독, 작가, 배우, 그리고 투자한 대중들의 전자 지갑으로 쪼개져 들어간다.

이는 자금 회전율을 획기적으로 높여 제작사의 현금 흐름을 개선하고, 불신으로 인한 사회적 비용을 제거하여 창작에만 집중할 수 있는 투명한 생태계를 완성하는 것이다.

4.2. 아날로그 정산 시스템 vs 스마트 컨트랙트 자동 정산 시스템

구분	아날로그 정산 시스템 (Current)	스마트 컨트랙트 정산 시스템 (Future)
정산 주기	분기별 또는 반기별(평균 3~6개월 지연)	실시간(Real-time) 또는 일일 정산
처리 방식	사람이 엑셀 등으로 수기 계산 및 송금	코드가 조건 충족 시 자동 실행 및 이체
투명성	중개자만 원장 보유(블랙박스)	모든 이해관계자가 원장 공유(화이트박스)
인건비	회계 및 정산 인력 비용 과다 발생	자동화로 인한 행정 비용 '0'에 수렴
오류 가능성	휴먼 에러 및 고의적 누락 가능성 존재	위변조 불가능한 코드에 의해 정확한 집행

4.3. 'K-무비·드라마 흥행 성과와 수익 분배 자동화 시스템'과 가상사례

가상 사례 1 흥행 스코어와 연동된 '실시간 보너스'의 기적

[상황 설정]

액션 영화 '리미트리스'의 제작사는 스태프들의 사기를 높이기 위해 새로운 계약 방식을 도입했다. 기본급 외에 "관객 1명이 늘어날 때마다 10원씩 전 스태프에게 즉시 분배한다"는 조건이 담긴 스마트 컨트랙트를 체결한 것이다.

[전개 및 결과]

영화 개봉 첫날, 조명 감독 A의 스마트폰 알림이 쉴 새 없이 울렸다. [입금: 5,000원 - 관객 500명 돌파], [입금: 10,000원 - 관객 1,000명 돌파]. 전국 극장에서 티켓이 발권될 때마다, 그 데이터가 블록체인으로 전송

국가별 온라인 스트리밍 서비스 사업자에 대한 규제 추진 현황

국가	내용
한국	자국 내 매출 1% 이내 금액을 방송통신발전기금으로 징수하는 내용의 법안 제출
캐나다	자국 내 매출 5% 기금으로 부과해 방송 시스템 지원 등에 사용하는 '온라인 스트리밍법'
이탈리아	지난 3월 자국 내 매출 16%를 유럽 제작에 투자해야 하는 법안이 내각에서 승인
스위스	2022년 5월 스트리밍 사업자의 매출 4%를 영화 및 TV프로그램 제작에 투자하는 '렉스 넷플릭스' 법 국민투표로 통과

그래픽 이진경 아시아경제

"글로벌OTT도 분담금 내야" 법안 제출…유럽처럼 의무화될까 [https://cm.asiae.co.kr]

되어 A의 지갑에 실시간으로 보너스가 꽂혔다.

주말이 지나고 관객 수가 100만 명을 돌파하자, A를 포함한 막내 스태프들까지 두둑한 보너스를 챙겼다. 과거에는 영화가 대박이 나도 제작사가 "아직 정산이 안 됐다"며 보너스 지급을 미루기 일쑤였지만, 이제는 관객의 입장이 곧 내 통장의 입금이 되는 직관적인 경험을 하게 되었다. 이는 스태프들에게 "내 영화"라는 강력한 주인의식을 심어주는 계기가 되었다.

가상 사례 2 글로벌 OTT 드라마, 50개국 통화(Currency)의 자동 환전 및 정산

[상황 설정]

한국 드라마 '블루 문'은 전 세계 50개국에 동시 방영되었다. 과거 같으면 미국, 일본, 브라질 등 각국에서 발생한 수익을 집계하고, 환전하고, 송금받는 데만 1년이 걸렸을 것이다. 제작사는 이를 해결하기 위해 '스테이블 코인(Stable Coin)' 기반의 정산 시스템을 도입했다.

[전개 및 결과]

브라질의 시청자가 유료 결제를 하는 순간, 그 금액은 달러 가치에 연동된 스테이블 코인(USDC 등)으로 자동 변환되어 스마트 컨트랙트 금

고에 모였다. 그리고 매일 자정, 계약된 비율에 따라 한국의 제작사, 미국의 작가, 일본의 원작자에게 자동으로 분배되었다.

복잡한 국제은행간통신협정(SWIFT)망을 거치지 않았기에 해외 송금 수수료는 거의 들지 않았고, 환율 변동 리스크도 최소화되었다. 제작사 대표는 "지구 반대편에서 발생한 매출이 24시간 안에 내 지갑으로 들어오는 것을 보고, 비로소 콘텐츠 산업이 디지털 금융과 결합했음을 실감했다"고 말했다.

◈ 자동화 시스템 도입이 가져올 K-콘텐츠 산업의 효율성 증대

효과 영역	세부 내용	기대 효과
자금 유동성 (Cash Flow)	정산 대기 자금의 즉각적인 현금화	차기작 제작을 위한 재투자 여력 확보
신뢰 비용 절감 (Trust)	"정산서가 맞느냐"는 소모적인 논쟁 제거	법적 분쟁 감소 및 파트너십 강화
글로벌 확장 (Global)	국가별 복잡한 정산/송금 장벽 제거	소규모 제작사의 해외 직진출 용이
투자 활성화 (Investment)	투명한 회수 구조 확인	외부 자본 및 개인 투자자의 유입 가속화

5

'K-무비·드라마 박스오피스 조작 의혹, 블록체인은 거짓말을 하지 않는다'와 가상사례

5.1. '유령 관객'이 사라진 투명한 데이터의 세상

영화계에는 심야 시간에 매진된 상영관에 관객이 한 명도 없는 기이한

관객수 '뻥튀기' 영화 323편…"전석 매진 이상하다 했더니" [오늘 이슈] [https://news.kbs.co.kr]

현상, 이른바 '유령 상영(Ghost Screening)' 논란이 주기적으로 발생한다. 이는 배급사나 제작사가 자사 영화의 예매율을 높여 박스오피스 순위를 조작하기 위해 티켓을 대량으로 사들이는 '사재기' 행태이다.

OTT 드라마 역시 매크로 프로그램을 이용해 조회수를 부풀리는 '어뷰징(Abusing)' 의혹에서 자유롭지 못하다. 이러한 데이터 조작은 관객의 알 권리를 침해할 뿐만 아니라, 공정한 경쟁을 저해하여 K-콘텐츠 생태계를 병들게 하는 치명적인 독소이다.

현재의 집계 시스템은 중앙 화된 서버(영화관입장권통합전산망 등)에 의존하고 있어, 내부자가 데이터를 수정하거나 특정 데이터를 누락시킬 경우 외부에서 이를 검증하기가 매우 어렵다.

그러나 블록체인 기술이 도입되면 이 모든 기록은 '유리 지갑'처럼 투명 해진다. 티켓 발권부터 상영관 입장(검표)까지의 모든 과정이 블록체인 분산 원장에 실시간으로 기록되기 때문이다.

블록체인 시스템에서는 티켓 하나하나가 고유한 식별 값을 가진다. 만약 특정 IP에서 비정상적으로 많은 티켓이 구매되거나, 구매된 티켓이 실제 상영관 입장 시 스캔(QR 인증)되지 않는다면, 블록체인은 이를 즉시 '이상 거래'로 감지하여 기록한다.

한 번 기록된 블록체인 데이터는 해킹이나 수정이 불가능하므로, 그 누구도 흥행 성적을 부풀릴 수 없다. 결국 블록체인은 K-콘텐츠의 성적표를 조작 없는 '팩트(Fact)'로 만들어, 투자자와 관객의 신뢰를 회복시키는 '디지털 공증인' 역할을 수행하게 될 것이다.

5.2. 기존 박스오피스 집계 vs 블록체인 기반 투명 집계 비교

구분	기존 박스오피스 집계 (Centralized)	블록체인 기반 투명 집계 (Decentralized)
데이터 저장	중앙 서버 단독 저장(수정 가능성 존재)	네트워크 참여자 분산 저장(수정 불가)
검증 방식	사후 감사 외에는 실시간 검증 어려움	스마트 컨트랙트에 의한 실시간 자동 검증
사재기 식별	발권 수치만으로는 실제 관람 여부 확인 불가	발권(Tx)과 입장(Scan) 데이터의 불일치 즉시 적발
신뢰도	조작 의혹 발생 시 해명에 사회적 비용 소모	데이터 자체의 무결성으로 인해 의혹 원천 차단
접근성	제한된 관계자만 세부 데이터 열람	누구나 온체인 데이터를 통해 트래픽 확인 가능

5.3. '유령 관객'이 사라진 투명한 데이터의 세상과 가상사례

가상 사례 1 심야의 유령 관객을 잡아낸 '클린 티켓 프로토콜'

[상황 설정]

신작 영화 A는 개봉 첫 주, 새벽 2시 상영 회차가 전석 매진되는 기염을 토하며 박스오피스 1위에 올랐다. 경쟁사들은 사재기 의혹을 제기했지만, 배급사는 "팬덤의 단체 관람"이라며 데이터를 공개하지 않았다. 하지만 이 영화관은 블록체인 기반의 '클린 티켓 프로토콜'을 시범 도입한 상태였다.

[전개 및 결과]

블록체인 감사 시스템이 가동되었다. 원장(Ledger)을 분석한 결과, 새벽 2시 회차의 티켓 200장은 모두 판매(Tx 생성)되었으나, 상영관 입구에서 스마트폰으로 태그(검표)된 기록은 '0건'임이 드러났다. 즉, 표만 사고 아무도 들어가지 않은 것이다.

이 데이터는 위변조가 불가능한 블록체인에 박제되어 있었기에 배급사는 변명의 여지가 없었다. 영화진흥위원회는 해당 데이터를 근거로 영화 A의 순위 집계를 무효화했다. 이 사건 이후, 영화계에서는 "블록체인 앞에서는 꼼수가 통하지 않는다"는 인식이 퍼지며 사재기 관행이 사라지게 되었다.

가상 사례 2 스트리밍 봇(Bot)을 무력화한 '시청 증명(Proof of View)' 드라마

[상황 설정]

신생 OTT 플랫폼은 자사 오리지널 드라마의 조회수를 늘리기 위해 중국의 '클릭 농장(Click Farm)' 업체를 통해 수만 대의 스마트폰으로 기계적인 조회를 발생시켰다. 드라마는 단숨에 '글로벌 인기 순위 1위'라는 타이틀을 달았다.

[전개 및 결과]

하지만 광고주들은 이 수치를 의심했고, 플랫폼에 '블록체인 시청 증명(Proof of View)' 데이터 제출을 요구했다. 이 기술은 시청자가 실제로 영상을 볼 때 발생하는 생체 반응(터치, 스크롤, 동공 인식 등)이나 랜덤한 인증 퀴즈를 통과해야만 블록체인에 '유효 시청'으로 기록하는 방식이었다.

데이터 분석 결과, 봇이 돌린 수백만 건의 조회수는 블록체인에 기록되지 않았거나 '유효하지 않은 트랜잭션(Fail)'으로 분류되어 있었다. 실제 사람에 의한 유효 시청은 발표된 수치의 10%에 불과했다. 거품이 걷히고 진짜 성적표가 공개되자, 투자자들은 정확한 데이터에 근거해 투자를 결정할 수 있게 되었고, 플랫폼은 신뢰 회복을 위해 시스템을 전면 개편했다.

◈ **데이터 투명성이 K-콘텐츠 산업에 미치는 긍정적 영향**

대상	혜택 및 영향	비고
관객(Audience)	조작된 순위에 속지 않고 양질의 콘텐츠 선택	알 권리 보장
독립/예술 영화	거대 자본의 물량 공세(스크린 독과점 등) 감시	공정 경쟁 기회 확대
투자자(Investor)	객관적인 흥행 지표를 바탕으로 합리적 투자	리스크 감소
산업(Industry)	'사재기 공화국' 오명 탈피 및 글로벌 신뢰도 제고	K-콘텐츠 브랜드 강화

6

'OTT 시대의 K- 무비·드라마 블록체인 콘텐츠 유통 전략'과 가상사례

6.1. 플랫폼 독점을 깨는 '탈중앙화 스트리밍(dOTT)'의 혁명

바야흐로 OTT(Over-The-Top)의 시대이다. 우리는 매달 넷플릭스, 디즈니플러스, 티빙 등 여러 플랫폼에 '구독료'라는 이름의 통행세를 지불한다. 그러나 이 중앙화된 스트리밍 방식은 막대한 서버 유지 비용(망 사용료)을 발생시키며, 이 부담은 고스란히 구독료 인상으로 이어진다.

또한, 국가별 라이선스 문제로 인해 한국에서는 볼 수 있는 드라마가 미국에서는 재생되지 않는 '지역 락(Region Lock)'의 한계도 존재한다. 이에 대한 대안으로 등장한 '블록체인 기반 탈중앙화 콘텐츠 유통(dCDN)' 전략은 사용자의 잉여 자원을 활용하여 이 비효율을 혁파한다.

용어설명

탈중앙화 스트리밍(Decentralized Over-The-Top, dOTT)

탈중앙화 스트리밍(Decentralized Over-The-Top, dOTT)은 블록체인 기술과 P2P(Peer-to-Peer) 네트워크를 활용하여 콘텐츠 전송 및 유통을 위한 중앙 집중식 서버와 중개자를 없앤 새로운 방식의 스트리밍 서비스입니다.

1. 작동 방식

기존의 중앙 집중식 OTT 플랫폼(예: 넷플릭스, 유튜브)은 대규모 중앙 서버를 통해 사용자에게 콘텐츠를 제공합니다. 반면, dOTT는 다음과 같은 방식으로 작동합니다.

- P2P 콘텐츠 배포: 콘텐츠는 단일 서버에 저장되지 않고, 네트워크 참여자(노드)들의 분산된 기기에 저장되거나 공유됩니다. 사용자는 콘텐츠를 시청하는 동시에 다른 사용자에게 콘텐츠 데이터를 전송하는 데 기여합니다.
- 블록체인 및 스마트 계약: 블록체인은 모든 거래 및 상호 작용을 투명하게 기록하며, 스마트 계약은 콘텐츠 라이선스, 저작권료 지급 등을 자동화하고 중개자 없이 공정하게 처리합니다.
- 토큰 보상 시스템: 네트워크에 컴퓨팅 리소스(저장 공간, 대역폭)를 제공하는 참여자들은 자체 암호화폐(토큰)로 보상을 받습니다.

2. 주요 특징 및 장점

- 검열 저항 및 투명성: 중앙 기관이 콘텐츠 게시 여부를 통제하지 못하므로 검열 위험이 줄어들고, 모든 기록이 블록체인에 투명하게 공개됩니다.
- 콘텐츠 제작자에게 공정한 보상: 중개자가 없어 수익이 콘텐츠 제작자에게 더 직접적이고 투명하게 분배됩니다.
- 비용 효율성 및 확장성: 중앙 서버 유지 비용이 절감되어 사용자나 제작자에게 더 낮은 비용으로 서비스 제공이 가능하며, 참여자가 많아질수록 네트워크 효율이 높아지는 구조입니다.

• 단일 실패 지점 제거: 중앙 서버가 없으므로 시스템 장애나 해킹 위험이 분산됩니다.

3. 예시 플랫폼

• 쎄타(Theta): 기존 콘텐츠 전송 네트워크(CDN)의 비효율성을 개선하기 위해 P2P 방식을 도입한 대표적인 탈중앙 스트리밍 네트워크입니다.
• 디튜브(Dtube): 블록체인 기반의 탈중앙화된 비디오 공유 플랫폼을 목표로 합니다.

dOTT는 중앙 집중식 플랫폼의 대안으로 떠오르며, 웹 3.0 시대의 핵심 기술 중 하나로 주목받고 있습니다. [https://www.google.com]

탈중앙화 비디오 스트리밍 네트워크 '쎄타'(THETA) 집중 분석 [https://kr.beincrypto.com]

이 전략의 핵심은 'P2P(Peer-to-Peer) 네트워크 공유'이다. 거대한 중앙 데이터센터에서 영상을 쏘아주는 대신, 전 세계 수천만 명의 사용자(Node)들이 서로의 컴퓨터나 스마트폰에 남는 저장 공간과 대역폭을 공유하여 영상을 전송한다.

A라는 사용자가 드라마를 다운로드하여 시청하는 동안, 동시에 주변의 B, C 사용자에게 해당 데이터를 전송해 주는 '중계소' 역할을 수행하는 것이다.

이 과정에서 기여에 대한 보상으로 토큰(Token)이 지급된다. 즉, 사용자는 단순히 콘텐츠를 소비하는 것을 넘어, 콘텐츠 유통망의 일부가 되어 '스트림 투 언(Stream to Earn)'을 실현한다.

제작사 입장에서는 천문학적인 서버 비용과 망 사용료를 절감할 수 있어, 이를 콘텐츠 제작비로 재투자하거나 구독료를 낮추는 데 활용할 수 있다. 이는 거대 자본이 구축한 독점적 유통 고속도로를 우회하여, 전 세계 사용자들이 연결된 '디지털 오솔길'을 통해 K-무비와 드라마를 가장 빠르고 저렴하게 배달하는 게릴라 전략이 될 것이다.

대상그룹 DAESANG 디튜브 - YouTube

6.2. 중앙화 OTT(Web 2.0) vs 탈중앙화 블록체인 OTT(Web 3.0) 유통 구조

구분	중앙화 OTT (Centralized)	탈중앙화 블록체인 OTT (Decentralized)
전송 방식	중앙 데이터센터(CDN)에서 일방 전송	사용자 간 P2P 분산 전송 (Mesh Network)
비용 구조	막대한 서버 비용 및 망 사용료 발생	유휴 자원 활용으로 서버 비용 획기적 절감
사용자 역할	월 구독료를 지불하는 수동적 소비자	자원을 제공하고 토큰을 버는 능동적 참여자
서비스 지역	국가별 라이선스 계약에 따라 제한(Geo-blocking)	전 세계 어디서나 접속 가능한 국경 없는 서비스
화질/속도	동시 접속자 폭주 시 서버 과부하로 저하	사용자가 많을수록 노드가 늘어나 속도/화질 향상

6.3. '탈중앙화 스트리밍(dOTT)'의 혁명 가상사례

가상 사례 1 자취생 'H'의 '노는 컴퓨터'가 벌어주는 월세

[상황 설정]

대학생 H는 고사양 게이밍 PC를 가지고 있지만, 학교에 가 있는 동안에는 컴퓨터가 꺼져 있다. H는 블록체인 기반 K-콘텐츠 스트리밍 플랫폼 'K-Stream'을 알게 되었고, 자신의 PC를 플랫폼의 '노드(Node)'로 등록했다.

[전개 및 결과]

H가 학교에 간 사이, 켜져 있는 그의 PC는 인근 지역의 사용자들에게 인기 드라마 '킹덤 오브 서울'의 고화질 데이터를 전송해 주는 역할을 수행했다. H의 PC 유휴 자원(저장공간, 대역폭)이 일종의 '미니 서버'가 된 것이다.

H가 집에 돌아와 확인해 보니, 하루 동안 100GB의 데이터를 전송한 대가로 5,000원 상당의 '스트림 코인'이 적립되어 있었다. 한 달이면 15만 원, 즉 월세의 일부를 컴퓨터가 벌어준 셈이다.

H는 이 코인으로 자신이 보고 싶은 영화를 결제하거나 거래소에서 현금화했다. 이는 넷플릭스에 돈을 내기만 하던 소비자가, 블록체인 인프라 제공자가 되어 수익을 창출한 사례이다.

가상 사례 2 독립영화 감독 'J'의 전 세계 동시 개봉 작전

[상황 설정]

독립영화 감독 J는 신작을 넷플릭스에 팔고 싶었지만, 너무 낮은 가격을 제시 받아 거절했다. 그렇다고 독자적인 서버를 구축하여 전 세계

에 송출하기에는 비용이 감당 되지 않았다. J는 대안으로 탈중앙화 분산 스토리지(IPFS) 기반의 영화 개봉을 선택했다.

[전개 및 결과]

J는 영화 파일을 블록체인 네트워크에 분산 저장하고, 영화 관람권인 NFT를 발행했다. 전 세계 팬들이 NFT를 구매하자, 그들의 컴퓨터가 서로 연결되어 영화 데이터를 주고받기 시작했다.

한국, 브라질, 프랑스의 팬들이 동시에 접속했지만 서버는 다운되지 않았다. 사용자가 늘어날수록 전송 속도가 더 빨라지는 P2P 네트워크의 특성 때문이었다.

중간 플랫폼 수수료가 없고 서버 비용도 들지 않았기에, J는 티켓 가격을 넷플릭스 월 구독료의 10분의 1 수준으로 책정하고도 더 많은 수익을 남겼다. 또한 '지역 락'이 없어 이란이나 쿠바 같은 국가의 팬들도 자유롭게 영화를 감상했다. 이는 블록체인이 자본 없는 창작자에게 '글로벌 방송국'을 선물한 것이다.

◈ 블록체인 콘텐츠 유통 전략의 핵심 기대 효과

전략 키워드	세부 내용	효과
Cost Zero	인프라 비용의 외부화 (사용자 전가 보상 모델)	플랫폼 운영비 절감 및 구독료 인하 유도
Border-less	검열이나 국경 제한 없는 자유로운 유통	K-콘텐츠의 미개척 시장(제3세계 등) 침투
Incentive	기여에 따른 보상 체계 구축	불법 다운로더를 합법적 유통 참여자로 전환
Permanence	중앙 서버 폐쇄 시에도 네트워크에 영구 보존	고전 영화 및 희귀 자료의 디지털 아카이빙

7

'넷플릭스 이후, K- 무비·드라마의 탈중앙화 스트리밍 플랫폼의 가능성'과 가상사례

7.1. 알고리즘의 지배를 넘어, 커뮤니티가 큐레이션하는 세상

지난 10년간 넷플릭스는 전 세계 미디어 시장의 패권자였다. 그러나 '오징어 게임'의 수익 독식 논란과 계정 공유 금지, 구독료 인상 등의 이슈는 중앙화된 거대 플랫폼의 한계를 여실히 드러냈다.

이제 시장은 '포스트 넷플릭스(Post-Netflix)' 시대를 준비하고 있으며, 그 해답은 블록체인 기반의 '탈중앙화 스트리밍 플랫폼(dStreaming)'에 있다. 이는 플랫폼이 모든 것을 결정하는 '알고리즘 독재'에서 벗어나, 생태계 참여자인 시청자와 창작자가 주인이 되는 '웹 3.0 미디어 혁명'이다.

탈중앙화 스트리밍의 가장 큰 특징은 '투명한 수익 분배'와 '거버넌스(Governance)'이다. 기존 OTT에서는 내가 낸 구독료가 내가 보지도 않은 헐리우드 영화 제작비로 쓰이는 구조였다.

그러나 블록체인 플랫폼에서는 '스트림 투 페이(Stream-to-Pay)' 모델이 적용된다. 시청자가 K-드라마를 1분 시청하면, 스마트 컨트랙트를 통해 그 1분치에 해당하는 요금만이 정확히 계산되어 해당 드라마 제작진에게 즉시 전달된다. 중간 수수료를 떼어가는 거대 중개자가 사라지기 때문에 구독료는 낮아지고 창작자의 수익은 늘어난다.

더 나아가, 어떤 작품을 제작하고 시즌 2를 방영할지 결정하는 권한이 플랫폼 임원진이 아닌 'DAO(탈중앙화 자율조직)'에게 넘겨진다. 시청자들은 토큰 투표를 통해 “우리는 막장 드라마보다 웰메이드 사극을 원한다”는 의사를 직접 반영할 수 있다.

이는 자본의 논리에 의해 획일화되던 콘텐츠 시장에 다양성을 불어넣고, K-콘텐츠가 특정 플랫폼의 하청 기지가 아닌, 자생적인 생태계로 진화할 수 있는 강력한 토대가 될 것이다.

용어설명

스트림 투 페이(Stream-to-Pay) 또는 조달-지급 프로세스(Procure-to-Pay, P2P)

‘스트림 투 페이(Stream-to-Pay)’는 '조달-지급 프로세스(Procure-to-Pay, P2P)'를 의미하는 용어로 보입니다. 즉, 물품이나 서비스를 구매하는 조직 내부의 전체적인 구매 및 대금 지급 과정을 간소화하고 통합하는 일련의 과정을 뜻합니다.

이 용어는 일반적으로 다음과 같은 의미로 사용됩니다.

- 정의: 조직이 공급업체로부터 상품이나 서비스를 조달(Procure)하는 시점부터 해당 상품/서비스에 대한 대금을 지급(Pay)하는 시점까지의 모든 내부 프로세스.
- 목적: 구매 요청, 승인, 주문서 발행, 물품/서비스 수령 확인, 청구서 처리, 대금 지급 등의 과정을 자동화 및 통합하여 효율성을 높이고 비용을 절감하는 것입니다.
- 기술적 측면: 주로 전사적 자원 관리(ERP), 전자 조달 시스템 등의 소프트웨어를 활용하여 이 프로세스를 관리하고 최적화합니다.

혹시 찾으시는 정보가 이와 관련이 없다면, 예를 들어 새로운 핀테크 결제 방식이나 특정 회사의 서비스 이름일 경우, 더 자세한 문맥이나 정보를 제공해주시면 다시 검색해 보겠습니다. 참고로 사우디아라비아에는 ‘Stream Pay’라는 결제 서비스 회사가 있습니다. [https://www.google.com]

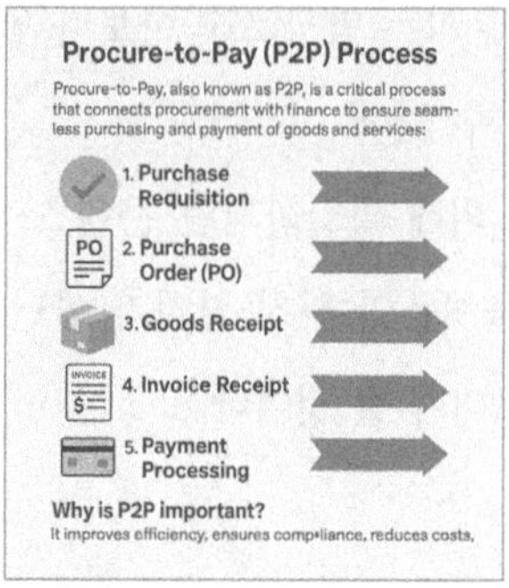

Understanding the Procure-to-Pay Process: P2P Lifecycle[https://www.linkedin.com]

7.2. 넷플릭스형(Web 2.0) vs 탈중앙화형(Web 3.0) 스트리밍 플랫폼 비교

비교 항목	넷플릭스형 (Centralized OTT)	탈중앙화형 (Decentralized OTT)
운영 주체	단일 기업(주주 이익 극대화)	커뮤니티 DAO(참여자 이익 극대화)
콘텐츠 선정	내부 데이터 기반의 탑다운(Top-down) 결정	토큰 홀더 투표에 의한 바텀업 (Bottom-up) 결정
수익 구조	월 정액제(시청 여부 무관)	종량제 또는 토큰 결제 (본 만큼 지불/받음)
데이터 소유	기업이 사용자 데이터 독점 및 판매	사용자가 데이터 주권 보유 (제공 시 보상)
검열 저항성	국가/플랫폼 정책에 따라 콘텐츠 삭제 가능	블록체인 분산 저장으로 삭제 및 열 불가능

7.3. K- 무비·드라마의 탈중앙화 스트리밍 플랫폼

가상 사례 1 시청자가 살려낸 조기 종영 드라마 '경성 느와르'

[상황 설정]

수백억 원이 투입된 대작 드라마 '경성 느와르'는 시청률 저조를 이유로 방송사와 OTT 플랫폼에서 시즌 1만에 조기 종영(Cancel)이 결정되었다. 하지만 소수의 마니아층은 이 작품의 작품성을 높이 평가하며 종영을 안타까워했다.

[전개 및 결과]

팬들은 탈중앙화 스트리밍 플랫폼 'K-DAO'로 모여들었다. 이들은 '시즌 2 제작 청원 거버넌스 투표'를 상정하고, 제작비 펀딩을 위한 토큰 모금을 시작했다. 전 세계의 숨은 팬들이 지갑을 열어 제작비가 모였고, 투표가 가결되자 스마트 컨트랙트에 묶여 있던 자금이 제작사로 전달되었다.

기존 방송사에서는 "광고가 안 팔린다"며 버려진 작품이었지만, 탈중앙화 플랫폼에서는 충성도 높은 팬들의 직접 후원으로 시즌 2가 제작되었다. 완성된 작품은 'K-DAO'에서 독점 공개되었고, 후원자들은 수익 배당 뿐만 아니라 엔딩 크레딧에 이름을 올리는 영예를 안았다. 이는 시청률이라는 획일적 잣대 대신, 커뮤니티의 힘으로 문화 다양성을 지켜낸 사례이다.

가상 사례 2 검열 없는 다큐멘터리, 전 세계에 진실을 알리다

[상황 설정]

다큐멘터리 감독 P는 특정 국가의 환경 오염 실태를 고발하는 충격적인 K-다큐멘터리를 제작했다. 그러나 해당 국가의 로비와 압력으로 인해 넷플릭스 등 글로벌 OTT들은 방영을 거부하거나, 민감한 부분을 편집할 것을 요구했다.

[전개 및 결과]

감독 P는 타협하는 대신 검열 저항성(Censorship Resistance)을 가진 블록체인 스트리밍 플랫폼에 원본 영상을 업로드했다. 이 영상은

IPFS(분산 파일 시스템)를 통해 전 세계 수만 개의 노드에 쪼개져 저장되었기에, 특정 정부나 기업이 강제로 삭제할 수 없었다.

영상을 본 시청자들은 P 감독에게 감동하여 '좋아요' 대신 '토큰'을 기부했다. P 감독은 어떠한 중개자나 검열 기관의 간섭 없이 전 세계 시청자와 직접 소통하며 진실을 알릴 수 있었다. 이 다큐멘터리는 블록체인상에 영구히 보존되어, 후대에도 위 변조되지 않은 역사의 기록으로 남게 되었다.

◈ 탈중앙화 스트리밍이 K-콘텐츠에 주는 미래 가치

가치 영역	세부 내용
문화 주권(Sovereignty)	자본이나 정치 논리에 휘둘리지 않는 창작의 자유 확보
경제적 정의(Fairness)	창작자에게 더 많은 수익, 시청자에게 더 낮은 비용 제공
영구 보존(Archiving)	플랫폼 서비스 종료와 무관하게 콘텐츠의 영구적 생존 보장
글로벌 연대(Solidarity)	국경을 초월한 팬덤이 직접 콘텐츠 제작과 유통에 관여

제13장

K-패션과 뷰티: 가상 세계의 런웨이

1

'짝퉁의 종말, 블록체인이 보증하는 K-패션과 뷰티 정품'과 가상사례

1.1. 홀로그램 스티커를 넘어선 '디지털 불변의 보증서'

동대문에서 시작된 스트릿 패션과 천연 성분을 앞세운 K-뷰티가 파리와 뉴욕을 사로잡고 있다. 그러나 K-브랜드의 위상이 높아질수록, 이를 교묘하게 베낀 '짝퉁(Counterfeit)' 시장도 기승을 부린다.

조악한 가품은 브랜드의 이미지를 실추시킬 뿐만 아니라, 성분이 검증되지 않은 가짜 화장품은 소비자의 피부 건강까지 위협한다. 기존에는 홀로그램 스티커나 종이 보증서로 정품임을 증명하려 했으나, 이 마저도 쉽게 위조되는 것이 현실이다.

이에 대한 완벽한 대안으로, 제품의 탄생부터 폐기까지 모든 경로를 기록하는 '블록체인 정품 인증 시스템'이 도입되고 있다. 이 시스템의 핵심은 '디지털 트윈(Digital Twin)' 기술이다. 옷이나 화장품 용기에 눈에 보이지 않는 미세한 NFC 칩이나 QR 코드를 심고, 이를 블록체인상의 NFT(대체 불가능 토큰)와 1:1로 매칭시킨다.

[K뷰티, 지구촌 매혹하다②] 일본서 큰 성공 거둔 한국 화장품... [https://www.hankookilbo.com]

소비자가 스마트폰을 제품에 갖다 대면, 제조 공장, 출고 일시, 유통 경로, 그리고 현재 소유자가 누구인지 투명하게 기록된 '디지털 족보'가 화면에 뜬다.

이 기록은 블록체인에 저장되기에 위 변조가 불가능하다. 만약 누군가 가짜 제품에 복제된 QR 코드를 붙이더라도, 블록체인상에 기록된 고유 위치 정보나 유통 경로와 일치하지 않으면 즉시 '가품 경고(Fake Alert)'가 뜬다.

이제 K-패션과 뷰티는 단순한 물건이 아니라, 블록체인이 보증하는 '신뢰라는 프리미엄'을 입고 전 세계 소비자와 만나게 되는 것이다. 이는 짝퉁 공화국의 오명을 벗고, 'Made in Korea'가 곧 'Genuine(진품)'임을 기술적으로 증명하는 표준이 될 것이다.

1.2. 기존 정품 인증 방식 vs 블록체인 기반 인증 방식 비교

구분	기존 인증 방식(Analog)	블록체인 기반 인증(Digital)
인증 수단	홀로그램 스티커, 종이 보증서	NFC/QR 코드와 연동된 NFT(토큰)
보안성	스티커 자체의 위조 및 복제 용이	데이터 위변조 불가능(해킹 불가)

정보 제공	단순한 정품 여부 확인(O/X)	제조일, 성분, 유통 경로 등 상세 이력 확인
재거래(리셀)	보증서 분실 시 가치 증명 어려움	소유권 이전 기록을 통해 영구적 가치 보존
고객 관리	판매 후 고객 데이터 확보 어려움	인증 고객 대상 멤버십 및 혜택 제공 용이

1.3. 블록체인이 보증하는 K-패션과 뷰티 정품'과 가상사례

가상 사례 1 한정판 K-스트릿 브랜드 점퍼, 중고 거래의 불안을 없애다

[상황 설정]

전 세계적으로 품절 대란을 일으킨 한국의 스트릿 패션 브랜드 'S'의 한정판 패딩 점퍼는 정가 50만 원이지만, 리셀 시장에서는 100만 원에 거래된다. 대학생 A는 중고 거래 앱에서 이 점퍼를 구매하려 했지만, 정교한 'S급 짝퉁'이 많다는 소문에 망설여졌다.

[전개 및 결과]

판매자는 "이 제품은 블록체인 개런티 카드가 있다"며 안심시켰다. A가 판매자를 만나 스마트폰으로 점퍼 소매 끝에 내장된 태그를 스캔했다. 그러자 앱 화면에 '[정품 인증 완료: Serial No. 0542/소유자: Kim(판매자 ID)]'라는 정보가 떴다.

A가 송금을 완료하자, 판매자는 앱에서 '소유권 이전' 버튼을 눌렀고, 블록체인상의 소유권이 즉시 A에게로 넘어왔다. 이제 이 점퍼의 주인은 전산상으로 완벽하게 A임이 증명되었다. A는 나중에 이 옷을 다시 팔 때도 "내가 보증한다"는 말 대신 블록체인 기록을 보여주면 되기에, 가품 걱정 없이 안전하게 패션을 향유하게 되었다.

가상 사례 2 베트남 소비자가 확인한 K-뷰티 에센스의 여행 경로

[상황 설정]

베트남의 대학생 B는 피부 트러블 때문에 한국의 고기능성 에센스를 즐겨 쓴다. 하지만 현지 시장에는 겉포장만 똑같고 내용물은 물 섞인 가짜가 판을 치고 있었다. B는 믿을 수 있는 제품을 찾다가 '블록체인 안심 배송' 마크가 붙은 한국 화장품을 주문했다.

[전개 및 결과]

제품이 도착하자마자 B는 화장품 박스의 QR코드를 찍었다. 화면에는 구글 지도와 함께 이 제품의 여정이 나타났다. [202X.10.01 한국 인천 공장 생산] → [10.05 부산항 선적] → [10.15 베트남 하이퐁항 통관 완료] → [10.20 하노이 물류센터 입고].

특히 온도에 민감한 화장품 특성상, 운송 과정의 컨테이너 평균 온도가 25도로 일정하게 유지되었다는 '콜드체인(Cold-Chain)' 데이터까지 블록체인에 기록되어 있었다. B는 이 제품이 한국에서 온 '진짜'일 뿐만 아니라, 변질되지 않은 '신선한' 제품임을 확신하고 안심하고 사용할 수 있었다. 이는 블록체인이 국경을 넘는 K-뷰티의 품질 보증수표가 된 사례이다.

외국인 관광 필수코스…K뷰티 열풍의 산파 올리브영 [https://cm.asiae.co.kr]

◈ 블록체인 도입이 K-패션/뷰티 산업에 주는 이점

이해관계자	주요 이점	비고
브랜드 (Brand)	가품으로 인한 매출 손실 방지 및 브랜드 이미지 보호	브랜드 가치 제고
소비자 (Consumer)	가품 구매 피해 예방 및 리셀 시 제값 받기 가능	소비자 권익 보호
유통사 (Distributor)	투명한 유통망 관리로 재고 및 물류 효율화	SCM 최적화
정부 (Government)	K-브랜드 수출 신뢰도 상승 및 국가 경쟁력 강화	수출 증대 효과

2

'웨어러블 NFT, 입고 다니는 예술 작품'과 가상사례

2.1. 옷장의 한계를 넘어선 디지털 쿠튀르의 혁명

우리는 매일 아침 "오늘 뭐 입지?"를 고민한다. 옷은 단순히 추위를 막는 도구가 아니라, 나를 표현하는 가장 강력한 수단이기 때문이다. 그러나 인류의 활동 무대가 현실 세계에서 디지털 공간(메타버스, SNS)으로 확장되면서, 패션의 정의 또한 물리적 섬유에서 디지털 코드로 진화하고 있다.

'웨어러블 NFT'는 바로 이 지점에서 탄생한, 입을 수 있는 디지털 자산이다. 이것은 현실의 물리적 제약(중력, 소재, 내구도)을 받지 않는, 상상력 그 자체로 만들어진 예술 작품이다.

웨어러블 NFT는 크게 두 가지 방식으로 소비된다. 첫째는 '메타버스 아바타'를 위한 스킨이다. 사용자는 NFT로 된 명품 재킷이나 한정판 스니커즈를 구매하여 가상 세계 속 자신의 분신에게 입힌다.

패션의 NFT: 웨어러블의 미래를 열다 - Block Game Daily News - P2E [https://www.p2e.game]

둘째는 '증강현실(AR) 필터'를 통한 착용이다. 스마트폰 카메라로 내 모습을 비추면, 실제로는 입고 있지 않은 화려한 디지털 드레스가 내 몸에 완벽하게 피팅(Fitting)되어 화면에 나타난다. 이를 SNS에 공유함으로써 사용자는 현실의 옷을 사지 않고도 새로운 스타일을 뽐낼 수 있다.

이러한 변화는 패션 산업의 고질적인 문제인 '환경 오염'을 해결하는 열쇠가 된다. 한 철 입고 버려지는 '패스트 패션(Fast Fashion)'과 달리, 웨어러블 NFT는 생산 과정에서 탄소를 배출하지 않으며 물을 소비하지도 않는다.

또한, 낡거나 해지지 않아 영구적인 소장이 가능하다. 결국 웨어러블 NFT는 패션을 '소모품'에서 '수집 가능한 예술품'으로 격상시키며, K-패션이 글로벌 디지털 런웨이를 선점할 수 있는 강력한 무기가 될 것이다.

[AI넷] [메타버스] AR(증강현실) 의상 시착이 가까이 다가왔다 [https://www.ainet.link]

2.2. 물리적 패션(Physical Fashion) vs 웨어러블 NFT 패션(Digital Fashion)

구분	물리적 패션(Traditional)	웨어러블 NFT 패션(Futuristic)
소재	섬유, 가죽, 플라스틱(물리적 실체)	픽셀, 3D 폴리곤, 알고리즘 (디지털 데이터)
제약 조건	중력, 인체 구조, 원단 특성에 종속	물리 법칙 무시 가능 (불, 물, 빛으로 제작 가능)
환경 영향	대량 생산 및 폐기 시 환경 오염 심각	디지털 생산으로 탄소 발자국 및 폐기물 'Zero'
착용 공간	현실 세계(Offline)	메타버스, SNS, 화상 회의(Online)
가치 보존	시간 경과 시 마모 및 변색으로 가치 하락	블록체인 영구 보존으로 가치 유지 및 희소성 증대

2.3. '웨어러블 NFT와 가상사례

가상 사례 1 불타오르는 드레스, AR로 현실을 압도하다

[상황 설정]

패션 디자인을 전공하는 대학생 C는 졸업 작품으로 물리적으로는 구현 불가능한 옷을 만들고 싶었다. 그는 실제 천 대신 3D 그래픽 툴을 이용해, 치맛자락이 이글거리는 불꽃으로 이루어진 '피닉스 드레스'를 디자인하고 이를 NFT로 발행했다.

[전개 및 결과]

이 드레스는 실물이 없지만, 전용 AR 앱을 통해 착용할 수 있었다. 유명 K-Pop 아이돌이 인스타그램에 이 드레스를 입은 사진을 올리자 폭발적인 반응이 일어났다. 사진 속 아이돌은 평범한 티셔츠를 입고 있었지만, AR 필터가 덧입혀져 마치 불길에 휩싸인 여신처럼 보였다.

전 세계 팬들은 이 '피닉스 드레스 NFT'를 구매하여 자신의 SNS 사진에 합성하기 시작했다. C는 원단 값 하나 들이지 않고 전 세계에 수천

벌의 드레스를 판매했다. 구매자들은 "한 번 입고 버릴 파티복을 사는 것보다, 평생 인스타그램에 남을 이 특별한 디지털 드레스가 훨씬 경제적이고 힙하다"고 반응했다.

가상 사례 2 메타버스 간의 장벽을 뚫은 한정판 'K-갓(Gat)'

[상황 설정]

한국의 전통 모자 '갓'을 현대적으로 재해석한 브랜드가 메타버스용 아이템으로 '네온 갓(Neon Gat)' 100개를 한정판 NFT로 출시했다. 이 아이템은 특정 게임에서만 쓸 수 있는 것이 아니라, '상호운용성 표준'을 따르는 모든 메타버스에서 착용 가능하도록 코딩되었다.

[전개 및 결과]

게이머 D는 이 '네온 갓'을 구매했다. D가 A라는 RPG 게임에 접속하면 '네온 갓'은 방어력을 올려주는 투구 아이템으로 변환되었고, B라는 소셜 메타버스(제페토 등)에 접속하면 패션 아이템으로 변환되어 아바타의 머리 위에 씌워졌다.

희소성이 높은 이 아이템을 쓰고 다니는 것만으로도 D는 가상 세계에서 '핵인싸(Insider)' 취급을 받았다. 시간이 지나 이 아이템의 가치가

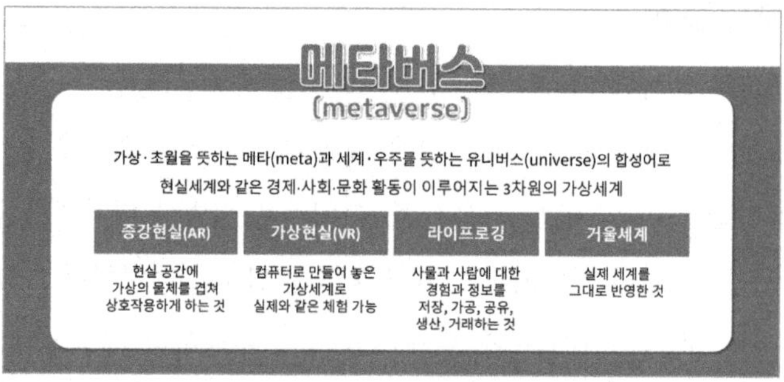

메타버스에 탑승한 NFT - 업비트 투자자보호센터

오르자, D는 NFT 마켓플레이스에서 구매가보다 5배 비싼 가격에 되팔았다.

D에게 이 모자는 단순한 게임 아이템이 아니라, 입고 다니는 투자 자산이자 자신의 디지털 신분을 증명하는 수단이었다.

◈ 웨어러블 NFT가 가져올 새로운 라이프스타일

변화 키워드	세부 내용
디지털 아이덴티티	현실의 외모보다 아바타의 스타일링이 나를 더 잘 표현하는 시대 도래
지속 가능한 패션	옷을 사지 않고 데이터를 소비함으로써 환경 보호 실천
경험의 확장	현실에서는 시도하기 힘든 과감한 스타일을 가상 공간에서 실험
크리에이터 경제	누구나 디자이너가 되어 전 세계에 옷을 팔고 수익을 창출(D2C)

3

'개인 맞춤형 뷰티, 블록체인 기반 데이터 주권의 회복'과 가상사례

3.1. 내 피부 데이터가 돈이 되는 '뷰티 3.0'의 시대

K-뷰티는 전 세계적인 사랑을 받고 있지만, 소비자의 경험은 여전히 '대량 생산' 시스템에 머물러 있다. 우리는 내 피부 상태를 정확히 모른 채, 광고나 인플루언서의 추천에 의존하여 화장품을 구매하고, 맞지 않으면 버리는 시행착오를 반복한다.

진정한 맞춤형 뷰티를 위해서는 개인의 피부 유전체(DNA), 생활 습

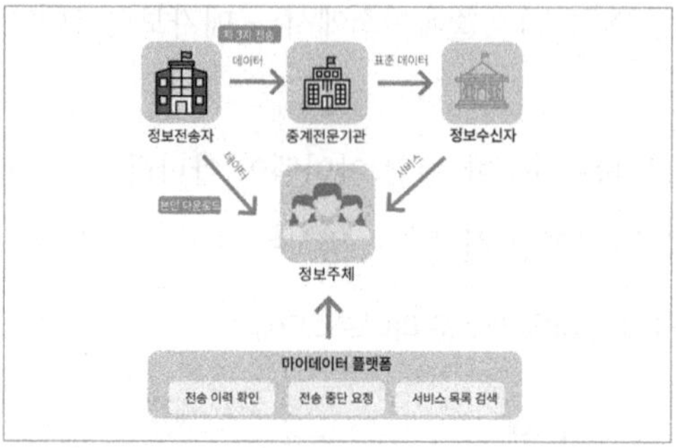

전분야 마이데이터 제도 설명회 톺아보기! : 네이버 블로그

관, 현재 피부 상태 등 방대한 데이터가 필요하다. 그러나 이러한 민감한 생체 데이터를 특정 기업 서버에 맡기는 것은 개인정보 유출의 위험이 따른다.

여기서 블록체인은 개인의 데이터를 안전하게 암호화하여 저장하고, 그 소유권을 온전히 개인에게 돌려주는 '데이터 주권 회복'의 핵심 도구가 된다.

블록체인 기반 뷰티 플랫폼에서 사용자는 자신의 피부 데이터를 '마이데이터(My Data)' 형태로 지갑에 소유한다. 기업이 데이터를 마음대로 가져다 쓰는 것이 아니라, 사용자가 "내 건성 피부 데이터를 연구용으로 제공하겠다"고 승인할 때만 기업이 접근할 수 있다.

그리고 이 데이터 제공의 대가로 사용자는 코인(토큰)으로 보상을 받는다. 즉, 소비자는 수동적인 구매자가 아니라, 데이터 판매자 이자 생태계의 주인이 되는 것이다.

이렇게 수집된 고품질의 신뢰할 수 있는 데이터는 AI와 결합하여 '초개인화 화장품' 제조에 쓰인다. 공장에서 찍어낸 기성품이 아니라, 오직 나의 유전자와 피부 상태에 최적화된 레시피로 만들어진 화장품이 집으로 배송된다. 결과적으로 블록체인은 기업 중심의 일방적 마케팅 시장을 소비자 중심의 데이터 거래 시장으로 전환하며, K-뷰티를 단순 제조업에서 '데이터 테크 산업'으로 도약시키는 발판이 될 것이다.

3.2. 기존 뷰티 산업 vs 블록체인 기반 맞춤형 뷰티 산업 비교

구분	기존 뷰티 산업(Beauty 2.0)	블록체인 뷰티 산업(Beauty 3.0)
데이터 소유	기업이 독점 및 중앙 서버 저장	개인이 소유(블록체인 분산 저장)
소비자 역할	제품 구매자(Passive Consumer)	데이터 제공자 및 보상 수령자 (Prosumer)
제품 형태	대량 생산된 기성품(One size fits all)	개인별 맞춤형 조제 (Hyper-personalized)
정보 신뢰성	광고 및 가짜 리뷰에 의존	위변조 불가능한 데이터 기반 처방
보상 체계	포인트 적립(소멸 가능)	암호화폐/토큰 보상(자산화 가능)

3.3. 개인 맞춤형 뷰티 가상사례

가상 사례 1 여드름 고민 대학생 'K', 실패 없는 '인생템'을 만나다

[상황 설정]

민감성 여드름 피부를 가진 대학생 K는 좋다는 화장품을 다 써봤지만 트러블만 심해졌다. 유튜브 광고를 보고 산 비싼 크림도 효과가 없었다. K는 블록체인 뷰티 플랫폼 '스킨체인'에 가입하고, 스마트폰 카메라와 전용 기기로 피부를 스캔한 뒤 유전자 검사 키트 결과를 업로드했다.

[전개 및 결과]

K의 데이터는 암호화되어 블록체인에 저장되었다. AI는 K의 유전자 정보와 현재 피부 상태를 분석하여, 시중의 제품 중 트러블을 유발하는 성분(EWG 등급 기준)을 완벽히 배제한 '맞춤형 레시피'를 생성했다.

K는 이 데이터를 바탕으로 플랫폼 내의 제조사에 주문을 넣었고, 3일 뒤 오직 K만을 위해 조제된 세럼이 도착했다. 2주 사용 후 피부가 눈에 띄게 호전되었고, 이 변화 과정(Before & After)을 다시 데이터로 업로드하자 K의 지갑에는 1만 원 상당의 '뷰티 토큰'이 보상으로 들어왔다. K는 더 이상 광고에 속지 않고, 내 데이터가 증명하는 제품만을 쓰게 되었다.

가상 사례 2 40대 주부 'L', 내 피부 데이터로 화장품 개발에 참여하고 돈 벌기

[상황 설정]

40대 주부 L은 평소 기미와 주름 관리에 관심이 많았다. 어느 날 뷰티 플랫폼에서 "40대 아시아 여성의 건성 피부 데이터를 구합니다"라는 연구소의 제안(Smart Contract)을 보게 되었다.

[전개 및 결과]

L은 자신의 피부 측정 데이터를 익명으로 해당 연구소에 제공하는 것에 동의했다. 기존에는 설문조사에 참여해도 샘플 화장품 정도만 받았지만, 이번에는 달랐다. 연구소는 L을 포함한 1만 명의 데이터를 바탕으로 획기적인 안티에이징 크림을 개발했다.

이 크림이 출시되어 대박이 나자, 스마트 컨트랙트에 의해 매출의 1%가 데이터 제공자들에게 자동으로 배당되었다. L은 자신의 피부 데이터를 빌려준 대가로 매달 짭짤한 토큰 수익을 올리게 되었다. L에게 피부 관리는 단순한 지출이 아니라, 데이터를 축적하여 수익을 창출하는 '데이터 재테크'가 되었다.

◈ 데이터 주권 기반 뷰티 생태계의 선순환 구조

단계	활동 내용	참여자 혜택
1. 측정(Scan)	개인의 피부/유전자 데이터 측정 및 블록체인 기록	나의 피부 상태 정확한 인지
2. 공유(Share)	연구소나 기업에 데이터 제공(선택적 동의)	토큰 보상 획득(Earn)
3. 처방(Solution)	AI 분석을 통한 맞춤형 성분 및 제품 추천	시행착오 없는 최적의 제품 사용
4. 피드백(Feedback)	사용 후 변화 데이터를 다시 기록하여 정밀도 향상	추가 보상 및 서비스 고도화 기여

4

'친환경 패션, 블록체인 기반 공급망의 투명성 확보'와 가상사례

4.1. '그린워싱'을 끝내고 진실을 입다

패스트 패션(Fast Fashion)이 환경 오염의 주범으로 지목되면서, 전 세계적으로 '지속 가능한 패션'에 대한 요구가 거세지고 있다. 그러나 기업들이 내세우는 "친환경 소재 사용", "공정 무역 준수"라는 슬로건을 소비자가 검증할 방법은 사실상 전무했다.

단순히 녹색 태그가 붙어 있다는 이유만으로 비싼 값을 지불해야 하는 정보의 비대칭성, 이것이 패션 산업의 딜레마였다. 블록체인은 이 불신을 해결하기 위해 원재료의 생산부터 폐기까지 모든 과정을 투명하게 기록하는 '디지털 여권(Digital Passport)' 시스템을 제공한다.

블록체인 공급망 관리(SCM) 시스템에서는 목화 솜을 재배하는 농장, 실을 뽑는 방직 공장, 옷을 만드는 봉제 공장, 그리고 최종 판매처에 이르기까지 모든 단계의 데이터가 블록체인 원장(Ledger)에 실시간으로 기록된다.

이 데이터는 수정이나 삭제가 불가능하므로, 기업은 더 이상 원산지를 속이거나 노동 착취 사실을 은폐할 수 없다. 소비자는 옷에 부착된 QR코드를 스캔하는 것만으로 이 옷이 얼마나 윤리적으로 만들어졌는지, 탄소 발자국은 얼마나 발생했는지 1초 만에 확인할 수 있다.

이러한 투명성은 K-패션이 글로벌 명품으로 도약하기 위한 필수 조건이다. 디자인의 우수성을 넘어, '도덕적 결벽성'을 기술적으로 증명함으로써, 가치 소비를 지향하는 전 세계 MZ세대에게 깊은 신뢰를 심어줄 수 있기 때문이다.

결국 블록체인은 패션 산업에서 '거짓말'을 퇴출 시키고, 진정성 있는 브랜드만이 살아남는 새로운 생태계를 조성하는 것이다.

4.2. 전통적 의류 공급망 vs 블록체인 기반 투명 공급망 비교

구분	전통적 의류 공급망 (Opaque)	블록체인 기반 투명 공급망 (Transparent)
정보의 흐름	단계별 단절 및 종이 서류 의존 (위조 가능)	전 단계 실시간 디지털 기록 및 공유 (위조 불가)
소비자 확인	브랜드의 일방적 마케팅 문구 신뢰	QR 코드로 원재료~완제품 전체 이력 조회
친환경 검증	인증 마크 확인 외 검증 불가 (그린워싱 위험)	탄소 배출량, 재활용 소재 비율 데이터 확인
리콜/대응	문제 발생 시 원인 규명 및 회수에 장시간 소요	문제 발생 지점 즉시 추적 및 신속한 핀셋 리콜
가치	디자인, 가격 중심	윤리, 환경, 신뢰 중심(Premium)

4.3. 친환경 패션 가상사례

가상 사례 1 업사이클링 브랜드 'R', 페트병의 재탄생을 증명하다

[상황 설정]

폐 페트병을 재활용해 가방을 만드는 K-패션 브랜드 'R'은 "정말로 쓰레기로 만든 게 맞냐, 혹시 새 원단을 쓰고 거짓말하는 게 아니냐"는 의심을 받았다. 실제로 일부 기업이 일반 원단을 친환경 원단으로 속여 파는 사례가 뉴스에 나왔기 때문이다.

[전개 및 결과]

브랜드 'R'은 모든 공정에 블록체인 추적 시스템을 도입했다. 소비자가 가방의 QR코드를 찍으면 [수거: 제주도 해안가] → [분쇄: A 리사이클링 공장] → [원사 추출: B 섬유 기업] → [제작: C 공방]으로 이어지는 타임라인이 사진과 함께 떴다.

특히, 수거된 페트병의 중량과 생산된 가방의 수량이 블록체인상에서 정확히 매칭됨을 보여주어 데이터 조작 가능성을 차단했다. "쓰레기가 명품이 되는 과정"을 눈으로 확인한 소비자들은 열광했고, 브랜드 'R'은 신뢰도 1위의 친환경 브랜드로 자리 잡았다.

패션·뷰티 업계에 불어온 '친환경' 바람…"착한 소비해보세요" [https://digitalchosun.dizzo.com]

가상 사례 2 공정무역을 실천하는 디자이너 브랜드 'Fair K'

[상황 설정]

신진 디자이너 브랜드 'Fair K'는 동남아시아의 장인들과 협업하여 수공예 의류를 만든다. 브랜드는 "수익의 30%를 장인에게 돌려준다"고 홍보했지만, 소비자들은 "정말 그 돈이 장인에게 가는지 어떻게 믿느냐"고 반문했다.

[전개 및 결과]

'Fair K'는 스마트 컨트랙트를 이용한 '투명 임금 지급 시스템'을 공개했다. 소비자가 옷을 구매하면, 결제 대금 중 약속된 비율(30%)이 중개 은행을 거치지 않고 베트남 현지 장인의 전자 지갑으로 즉시 송금되도록 코딩한 것이다.

소비자는 QR코드 스캔을 통해 자신이 산 옷을 만든 장인의 이름과 얼굴, 그리고 [장인에게 지급된 금액: 50,000원(Tx Hash)]이라는 송금 영수증을 블록체인상에서 확인할 수 있었다. 내 소비가 누군가의 삶을 개선했음을 확실히 알게 된 소비자들은 자발적으로 브랜드를 홍보했고, 이는 착한 소비 챌린지로 이어졌다.

◈ 블록체인 기반 공급망이 가져올 소비 문화의 변화

변화 키워드	세부 내용
신뢰 비용 절감	인증 기관이나 중개인 없이도 제품의 품질과 윤리성 신뢰
책임 소비	아동 노동 착취나 환경 파괴 기업 제품에 대한 불매 운동 용이
프리미엄화	투명한 이력이 증명된 제품에 더 높은 가격을 지불하는 문화 형성
순환 경제	제품의 수명 주기 데이터를 통해 중고 거래 및 재활용 활성화

제14장 게임 산업과 블록체인의 완벽한 만남

1

'P2E(Play-to-Earn) 게임의 등장과 게임 패러다임의 전환'과 가상사례

1.1. P2E는 블록체인 기술을 통해 게임 내 자산(아이템, 캐릭터, 재화)을 'NFT(대체 불가능 토큰)'와 '암호화폐(토큰)'로 변환한다.

인류는 유희하는 인간, 즉 '호모 루덴스(Homo Ludens)'라고 불린다. 그러나 지금까지의 게임 산업에서 유희는 철저한 소비 행위였다. 게이머는 게임을 즐기기 위해 패키지를 구매하거나, 더 강해지기 위해 아이템을 현금으로 결제했다.

게임 속에서 아무리 비싼 '전설의 검'을 획득해도, 서비스가 종료되면 그 데이터는 허공으로 사라졌다. 아이템의 소유권이 게이머가 아닌 게임 회사에 있었기 때문이다. 이러한 불합리한 구조를 깨뜨리고 등장한 것이 바로 'P2E(Play-to-Earn)' 모델이다.

P2E는 블록체인 기술을 통해 게임 내 자산(아이템, 캐릭터, 재화)을 'NFT(대체 불가능 토큰)'와 '암호화폐(토큰)'로 변환한다. 이제 게이머가 획득한 아이템은 회사의 중앙 서버가 아닌, 개인의 전자 지갑에 저장된다.

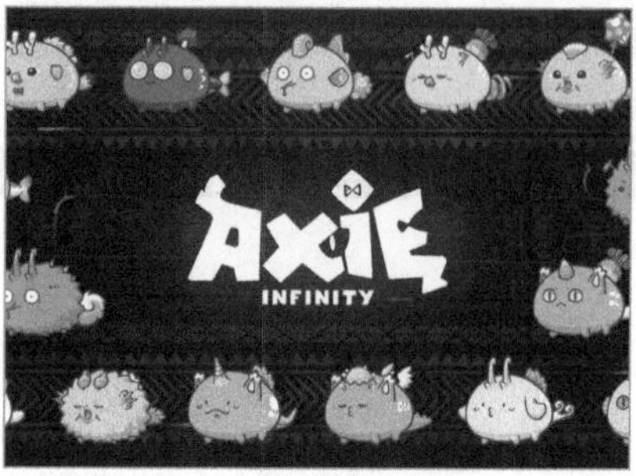

Play To Earn(P2E) - 업비트 투자자보호센터

이것은 게임 회사의 통제를 벗어나 시장에서 자유롭게 사고팔 수 있는 '사유 재산'이 된다는 것을 의미한다. 게임을 플레이하는 시간과 노력(Labor)이 블록체인을 통해 가치(Value)로 환산되어, 현실 세계의 화폐로 보상받는 구조가 완성된 것이다.

특히 한국은 '리니지'로 대표되는 MMORPG(다중접속역할수행게임)의 종주국이다. 캐릭터를 육성하고 아이템을 파밍(Farming)하는 한국형 게임 문법은 P2E 모델과 가장 완벽한 궁합을 자랑한다.

이 새로운 패러다임 속에서 게이머는 단순한 소비자를 넘어, 게임 생태계의 가치를 키우고 수익을 나누는 '투자자이자 생산자(Prosumer)'로 진화한다. 이는 게임이 '시간 낭비'라는 사회적 인식을 뒤집고, 디지털 경제의 핵심 노동 현장이 되는 거대한 인식의 전환을 예고한다.

1.2. 전통적 게임(Web 2.0) vs P2E 게임(Web 3.0) 패러다임 비교

구분	전통적 게임 (Pay to Win/Play for Fun)	P2E 게임 (Play to Earn)
자산 소유권	게임 회사가 100% 소유 (서비스 종료 시 소멸)	게이머가 NFT로 영구 소유 (회사 통제 불가)
경제 흐름	일방향 (게이머 → 회사로 현금 유입)	쌍방향 (게임 내 가치 ↔ 현실 화폐 환전 가능)

아이템 거래	음성적인 현금 거래(약관 위반 위험)	공식적인 NFT 마켓플레이스 거래 (투명성 확보)
게이머 역할	소비자(콘텐츠 소비 및 비용 지출)	생산자(생태계 기여 및 수익 창출)
상호 운용성	해당 게임 내에서만 사용 가능(폐쇄적)	타 게임이나 메타버스로 아이템 이동 가능(개방적)

1.3. P2E(Play-to-Earn) 게임 가상사례

가상 사례 1 등록금을 게임으로 번 대학생 'S'의 '드래곤 슬레이어' 생활

[상황 설정]

대학생 S는 편의점 아르바이트 대신, 최근 출시된 K-판타지 P2E 게임 '미르의 전설: 더 넥스트'를 시작했다. 이 게임은 몬스터를 사냥하면 '흑철'이라는 광물을 주는데, 이것을 제련하면 게임 코인인 '드래코'로 바꿀 수 있다.

[전개 및 결과]

S는 공강 시간과 주말을 이용해 하루 4시간씩 성실하게 던전에서 사냥을 했다. 단순한 반복 플레이였지만, 노동의 대가가 즉시 코인으로 지갑에 쌓이는 것을 보며 지루함을 느끼지 않았다. S는 획득한 코인을 글로벌 코인 거래소로 보내 현금화했다.

한 달 뒤, S가 정산해 보니 약 150만 원의 수익이 발생했다. S는 "예전에는 게임을 하면 어머니께 등짝을 맞았지만, 지금은 용돈을 드린다"고 말했다. S에게 게임은 더 이상 현실 도피처가 아니라, 현실의 경제적 문제를 해결해 주는 '디지털 직장'이 되었다.

가상 사례 2 전설급 활을 NFT로 수출한 직장인 'M'

[상황 설정]

직장인 M은 어릴 적부터 아이템 강화(Enchant)에 남다른 감각이 있었다. 그는 P2E 게임에서 획득한 평범한 활 아이템에 자신이 모은 재료를 투자해 강화에 도전했다. 수차례의 시도 끝에 서버에 단 하나뿐인 '+15 강철의 활'을 만드는 데 성공했다.

[전개 및 결과]

과거였다면 이 활은 게임 내에서만 자랑거리였겠 지만, 지금은 달랐다. M은 이 활을 NFT로 변환(Minting)하여 글로벌 NFT 마켓에 올렸다. 며칠 뒤, 브라질의 한 열성 게이머가 이 활의 가치를 알아보고 암호화폐 '이더리움'으로 구매했다. 가격은 무려 500만 원이었다.

거래는 스마트 컨트랙트를 통해 즉시 이루어졌고, 활의 소유권은 브라질 게이머에게 넘어갔다. M은 게임 속 대장장이 활동으로 현실의 연봉을 높이는 부수입을 올렸다. 이는 K-게임의 아이템이 '디지털 수출 상품'이 되어 국경을 넘어 개인 간에 거래된 사례이다.

◈ P2E 게임이 가져올 사회·경제적 변화

변화 키워드	세부 내용
GameFi(게임+금융)	게임과 금융이 결합하여, 예금 이자처럼 게임 토큰 스테이킹 수익 발생
길드(Guild)의 기업화	게임 아이템을 대여해주고 수익을 나누는 전문 기업형 길드 등장
디지털 양극화 해소	개발도상국 등 저소득 국가 유저들에게 새로운 소득원 제공
수명 주기 연장	유저가 자산을 소유하므로, 게임에 대한 충성도와 수명이 길어짐

2

'게임 아이템의 진정한 소유: NFT 기반 디지털 자산'과 가상사례

2.1. NFT 기반 디지털 자산 - 대여(Rental)의 시대를 끝내고 소유(Ownership)의 시대로

지금까지 우리가 즐겨온 온라인 게임에서, 게이머는 아이템의 진정한 주인이 아니었다. 수백만 원을 들여 뽑은 '전설의 검'도, 수천 시간을 들여 키운 '레벨 99 캐릭터'도 법적으로는 게임 회사의 소유물이다.

게이머는 단지 회사의 서버에 접속해 그 데이터를 이용할 수 있는 '접속 권한(License)'을 빌린 것에 불과하다. 따라서 게임 서비스가 종료되거나 계정이 정지되면, 게이머의 모든 노력과 자산은 디지털 먼지처럼 허무하게 사라진다. 이러한 '디지털 세입자'의 설움을 끝내는 기술이 바로 'NFT(대체 불가능 토큰)'이다.

NFT 기술을 적용하면 게임 아이템은 회사의 중앙 서버가 아닌, 전 세계에 분산된 블록체인 네트워크에 기록된다. 이는 게임사가 망해도 내 아

NFT·블록체인을 활용한 디지털자산(지식재산)의 가치창출 - 대학지성 In&Out
[https://www.unipress.co.kr]

이템의 데이터는 내 전자 지갑 속에 온전하게 남아있다는 것을 의미한다.

마치 현실에서 명품 가방을 사면 백화점이 문을 닫아도 가방은 내 장롱에 남아있는 것과 같은 이치이다. 즉, 아이템이 '게임사 종속 데이터'에서 '독립적인 디지털 자산'으로 격상되는 것이다.

이 변화는 게임 아이템에 '영속성(Permanence)'과 '이동성(Portability)'을 부여한다. NFT화 된 아이템은 게임의 경계를 넘어 자유롭게 거래될 수 있으며, 이론적으로는 A 게임에서 쓰던 검을 B 게임으로 가져가 사용하는 것도 가능하다(상호운용성).

결국 NFT는 게이머에게 디지털 자산에 대한 '등기 권리증'을 쥐여 줌으로써, 가상 세계의 경제 시스템을 현실 세계와 동등한 수준의 신뢰 기반 위에 올려놓는 핵심 인프라가 된다.

2.2. 기존 중앙 서버형 아이템 vs NFT 기반 아이템 비교

구분	중앙 서버형 아이템(Traditional)	NFT 기반 아이템(Blockchain)
데이터 저장소	게임 회사 중앙 데이터베이스	퍼블릭 블록체인(분산 원장)
소유권 주체	게임 회사(게이머는 이용권만 보유)	게이머(개인 지갑에 영구 보관)
서비스 종료 시	데이터 삭제 및 가치 소멸(0원)	데이터 보존 및 가치 유지 (수집품/거래 가능)
거래 방식	아이템 매니아 등 외부 사이트 (사기 위험)	오픈씨(OpenSea) 등 NFT 마켓 (스마트 컨트랙트)
가치 평가	게임 내 밸런스에 따라 회사 맘대로 조정	시장의 수요와 공급에 의해 투명하게 결정

2.3. NFT 기반 디지털 자산

가상 사례 1 서비스 종료된 게임의 '한정판 갑옷', 박물관에 전시되다

[상황 설정]

202X년, 대형 MMORPG '킹덤 크로니클'이 수익성 악화로 서비스 종료를 공지했다. 일반적인 상황이라면 유저들은 게시판에 항의 글을 올리는 것 외에는 할 수 있는 게 없었을 것이다. 하지만 이 게임의 모든 아이템은 NFT로 발행되어 있었다.

[전개 및 결과]

게임 서버는 닫혔지만, 유저들의 전자 지갑 속에는 '킹덤 크로니클'의 전설 등급 갑옷 NFT가 그대로 남아있었다. 이 게임은 역사 속으로 사라졌지만, 그 희귀성을 인정한 디지털 컬렉터들이 NFT 마켓에서 이 갑옷을 고가에 거래하기 시작했다.

심지어 한 메타버스 박물관에서는 "전설적인 고전 게임의 유물"이라며 이 갑옷 NFT를 대여해 전시했다. 갑옷을 소유한 게이머 T는 게임이 망했음에도 불구하고, 자신의 아이템을 대여해 주고 매달 임대료 수익을 얻었다. 이는 게임의 수명과 아이템의 가치가 분리되어, 아이템이 ' 디지털 골동품'으로서 독자적인 생명력을 갖게 된 사례이다.

가상 사례 2 '게임 A'의 용가죽 방패, '게임 B'에서 인테리어 소품으로

[상황 설정]

게임 마니아 J는 하드코어 액션 게임 '다크 소울즈'에서 보스를 잡고 희귀한 '용가죽 방패 NFT'를 얻었다. 하지만 J는 액션 게임에 흥미를 잃고, 소셜 커뮤니티 게임인 '마이 타운'으로 주 무대를 옮겼다. 과거 같으면 이 방패는 창고에 버려졌을 것이다.

[전개 및 결과]

하지만 두 게임 모두 '표준 NFT 규격'을 지원하고 있었다. J는 자신의 지갑을 '마이 타운'에 연동했다. 그러자 액션 게임에서 쓰던 거대하고 무시무시한 '용가죽 방패'가 '마이 타운' 속 J의 집 거실 벽에 걸리는 멋진 '헌팅 트로피(장식품)'로 변환되어 나타났다.

'마이 타운'의 친구들이 집에 놀러 와 "와, 저 방패 뭐야? 저 어려운 보스를 잡았어?"라며 감탄했다. J는 게임을 옮겨 다녀도 자신의 업적(Achievement)이 단절되지 않고 이어지는 경험을 했다.

이는 NFT가 서로 다른 가상 세계를 연결하는 '디지털 여권'이자 '전리품' 역할을 수행함을 보여준다.

◈ **NFT 아이템이 게이머에게 주는 심리적/경제적 효용**

효용 구분	세부 내용
심리적 안정감	언제든 현금화가 가능한 '내 자산'이라는 인식으로 과금에 대한 저항감 감소
성취감의 증명	게임 밖에서도 나의 노력과 실력을 증명하는 인증서 역할 수행
투자 가치	시간이 지날수록 가치가 오르는 희소 아이템을 통한 시세 차익 기대
자유로운 이동	특정 게임에 묶이지 않고 내 자산을 가지고 여러 메타버스를 유랑

3

'한국 게임사들의 블록체인 게임 개발 현황'과 가상사례

3.1. 게임 강국'에서 '블록체인 게임 허브'로의 대전환

대한민국은 '바람의 나라', '리니지'를 통해 세계 최초로 그래픽 MMORPG(다중접속역할수행게임) 시대를 연 게임 강국이다. 이제 한국 게임사들은 그 축적된 노하우를 바탕으로 '블록체인 게임(Web 3.0 Game)'이라는 새로운 영토 확장에 나서고 있다.

위메이드, 넷마블, 컴투스, 넥슨 등 주요 게임사들은 단순한 P2E(Play to Earn)를 넘어, 게임의 본질인 '재미'와 블록체인의 '경제'를 결합한 'P&E(Play and Earn)' 모델로 글로벌 시장을 선점하고 있다.

한국 게임사들의 핵심 전략은 '검증된 슈퍼 IP(지식재산권)의 토큰화'이다. 맨땅에서 새로운 게임을 만드는 대신, '미르의 전설', '메이플스토리', '서머너즈 워'와 같이 이미 전 세계 수억 명의 팬덤을 보유한 대작 게임에 블록체인 경제 시스템을 이식하는 방식이다.

이는 초기 유저 확보가 어려운 블록체인 게임의 약점을 극복하고, 충

바람의 나라'가 돌아왔다, 스마트폰으로 [https://www.chosun.com]

성도 높은 유저들을 Web 3.0 생태계로 자연스럽게 유입시키는 가장 효율적인 전략으로 평가받는다.

또한, 이들은 단순히 게임 하나를 만드는 것이 아니라, 독자적인 '블록체인 플랫폼(Mainnet)'을 구축하고 있다. 위메이드의 '위믹스', 넷마블의 '마브렉스', 컴투스의 '엑스플라' 등이 대표적이다. 이 플랫폼 위에서 자사의 게임뿐만 아니라 인디 게임, 웹툰, 영화 등 다양한 콘텐츠가 동일한 기축 통화(토큰)로 연결되는 거대한 '디지털 경제 공동체'를 형성하는 것이 최종 목표이다. 비록 국내법상 P2E 게임 서비스가 제한되어 있어 해외 시장을 먼저 공략하고 있지만, 기술력과 기획력만큼은 한국이 전 세계 블록체인 게임의 표준(Standard)을 주도하고 있다.

3.2. 주요 한국 게임사의 블록체인 프로젝트 현황 및 전략

게임사	블록체인 플랫폼	대표 타이틀	핵심 전략(Key Strategy)
위메이드 (Wemade)	위믹스 (WEMIX)	미르4 글로벌, 나이트 크로우	플랫폼의 오픈화: 어떤 게임이든 위믹스 생태계에 입점시키는 '게임계의 스팀' 지향
넷마블 (Netmarble)	마브렉스 (MARBLEX)	제2의 나라, A3: 스틸얼라이브	AAA급 퀄리티: 고품질 그래픽과 게임성을 앞세워 P2E에 대한 부정적 인식 타파
컴투스 (Com2uS)	엑스플라 (XPLA)	서머너즈 워: 크로니클	문화 콘텐츠 융합: 게임뿐만 아니라 K-Pop, 웹툰 등 종합 콘텐츠 메인넷 구축
넥슨 (Nexon)	메이플스토리 유니버스	메이플스토리 N	NFT 중심 설계: 아이템 발행 수량을 통제하여 희소성을 극대화한 '디지털 명품화'

3.3. '한국 게임사들의 블록체인 게임 개발 현황'과 가상사례

가상 사례 1 고전 명작의 화려한 부활, '윈드 킹덤: 리본(Reborn)'

[상황 설정]

20년 된 장수 MMORPG '윈드 킹덤'은 유저 감소로 서비스 종료 위기에 처했다. 개발사 K는 최후의 수단으로 이 게임을 블록체인 버전인 '윈드 킹덤: 리본'으로 리메이크하여 글로벌 출시했다.

[전개 및 결과]

기존에는 사냥해서 얻은 '금화'가 게임 안에서만 쓰였지만, '리본' 버전에서는 이를 코인으로 환전할 수 있게 되었다. 그러자 동남아시아와 남미의 생계형 게이머들이 몰려들었고, 동시에 과거의 향수를 기억하는 한국의 3040 유저들이 아이템 가치 보존을 기대하며 복귀했다.

특히 게임 내 성(Castle)을 점령한 길드에게 세금으로 코인을 지급하는 시스템이 도입되자, 전 세계 길드 간의 치열한 공성전이 벌어졌다. 죽어가던 게임은 동시 접속자 100만 명을 돌파하며 '역주행 신화'를 썼고, K사는 단순한 게임 매출을 넘어 코인 거래 수수료라는 새로운 수익원을 창출하게 되었다.

가상 사례 2 퍼즐 게임으로 번 돈으로 RPG 칼을 사다, 'K-유니버스' 플랫폼

[상황 설정]

게임사 N은 자사의 모든 게임을 하나의 블록체인 플랫폼 'K-유니버스'로 통합했다. 대학생 J는 복잡한 RPG는 싫어하고 단순한 퍼즐 게임 '캔디 팡팡'만 즐기는 라이트 유저다.

[전개 및 결과]

J는 지하철 출퇴근길에 '캔디 팡팡'을 플레이하여 '캔디 토큰'을 모았

다. 보통의 퍼즐 게임이라면 아이템을 사고 끝났겠 지만, J는 이 토큰을 플랫폼 기축 통화로 환전한 뒤, 같은 회사의 하드코어 RPG '다크 워리어'를 즐기는 친구에게 선물했다.

친구는 J가 준 토큰으로 '다크 워리어'에서 강력한 무기 NFT를 구매했다. J는 퍼즐만 풀었지만 결과적으로 친구의 RPG 캐릭터 성장을 도운 셈이다. 이처럼 장르가 다른 게임 간에 화폐와 가치가 자유롭게 이동(Inter-game Economy)하게 되면서, N사의 게임들은 서로가 서로의 유저를 끌어주는 강력한 '낙수 효과'를 누리게 되었다.

◈ 한국형 블록체인 게임의 글로벌 경쟁력 분석(SWOT)

구분	내용	분석
강점 (Strength)	세계 최고 수준의 MMORPG 개발력과 경제 밸런싱 노하우	재미와 수익의 균형 유지 가능
약점 (Weakness)	P2E에 대한 국내 규제(사행성 이슈)로 인한 내수 시장 부재	글로벌 시장 의존도 심화
기회 (Opportunity)	전 세계적인 Web 3.0 전환 흐름과 K-콘텐츠 선호도 상승	K-게임의 신시장 개척
위협 (Threat)	코인 시장의 변동성 및 초기 진입 장벽(지갑 생성 등)	토큰 가치 폭락 시 유저 이탈 위험

4

'게임 내 경제 시스템과 토큰 이코노미 설계'와 가상사례

4.1. 디지털 국가의 중앙은행장이 된 게임 기획자

초기 P2E 게임들이 실패한 주된 원인은 '재미'가 없어서이기도 했지만,

근본적으로는 '경제 시스템의 붕괴' 때문이었다. 누구나 게임을 해서 코인을 벌 수 있다면(채굴), 시장에 코인이 넘쳐나게 되고 가격은 폭락한다(인플레이션).

이 문제를 해결하기 위해 블록체인 게임은 단순한 보상 지급을 넘어, 화폐의 생산(Faucet)과 소비(Sink)를 정교하게 조절하는 '토큰 이코노미(Token Economy)' 설계를 핵심 과제로 삼는다. 이제 게임 기획자는 퀘스트를 만드는 스토리텔러이자, 통화량을 조절하는 '디지털 국가의 중앙은행장'이 되어야 한다.

건강한 토큰 이코노미의 핵심은 '소각처(Sink)의 확보'이다. 게이머가 몬스터를 잡아 획득한 토큰을 즉시 거래소에 내다 파는 것이 아니라, 게임 내에서 다시 쓰게 만들어야 한다. 예를 들어, 더 좋은 아이템을 만들기 위해 토큰을 지불하게 하거나(강화), 캐릭터의 피로도를 회복하거나(수리), 길드 전용 던전에 입장하기 위해 입장료를 내게 하는 방식이다. 이렇게 회수된 토큰은 시스템상에서 영구히 삭제(Burning)되거나 재분배되어, 시장의 유통량을 줄이고 토큰 가치를 방어한다.

최근에는 경제 안정성을 위해 '듀얼 토큰 시스템(Dual Token System)'이 표준으로 자리 잡고 있다. 게임 플레이 보상으로 지급되는 '유틸리티 토큰(Utility Token)'과 게임의 의사결정에 참여하고 수익을 배당 받는 '거버넌스 토큰(Governance Token)'을 분리하는 방식이다.

유틸리티 토큰은 인플레이션을 어느 정도 허용하되 소비를 유도하고, 거버넌스 토큰은 발행 량을 엄격히 제한하여 가치 저장을 유도한다. 결국 성공적인 토큰 이코노미는 "돈을 벌기 위해 게임을 하는 것"이 아니라, "게임이 너무 재미있어서 번 돈을 다시 게임에 쓰게 만드는 것", 즉 '재미와 경제의 선순환'을 완성하는 것이다.

4.2. 지속 가능한 게임 경제를 위한 토큰 흐름 설계

구분	개념(Concept)	기능 및 역할(Function)	비고
수도꼭지 (Faucet)	토큰이 생성되어 풀리는 공급처	사냥 보상, 일일 퀘스트 완료, PVP 랭킹 보상 등	공급 과잉 시 인플레이션 발생
배수구 (Sink)	토큰이 소비되어 사라지는 소각처	아이템 강화/수리, 캐릭터 합성, 거래 수수료 등	공급량 조절 및 가치 방어 핵심
스테이킹 (Staking)	토큰을 일정 기간 예치하는 행위	토큰을 팔지 않고 묶어두면 이자나 아이템 보상 지급	시장 매도 압력 완화
거버넌스 (Governance)	게임 운영에 대한 투표권 행사	주요 업데이트 방향성 결정 등 주주로서의 권리 행사	장기 투자 유도

4.3. '게임 내 경제 시스템과 토큰 이코노미 설계'와 가상사례

가상 사례 1 인플레이션으로 멸망한 왕국 '골드 러시(Gold Rush)'의 교훈

[상황 설정]

신규 P2E 게임 '골드 러시'는 "접속만 해도 돈을 준다"는 공격적인 마케팅으로 100만 명의 유저를 모았다. 이 게임의 구조는 단순했다. 몬스터를 잡으면 '골드 코인'이 쏟아졌고, 유저들은 이를 거래소에서 현금화했다.

[전개 및 결과]

게임 내에는 골드를 쓸 곳(Sink)이 마땅치 않았다. 아이템은 쉽게 얻을 수 있었고, 강화 확률도 너무 높았다. 모든 유저가 골드를 벌기만 하고 쓰지는 않자, 하루에 1억 개의 코인이 시장에 쏟아졌다. 코인 가격은 1,000원에서 한 달 만에 1원으로 폭락했다.

뒤늦게 들어온 유저들은 전기세도 나오지 않자 게임을 떠났고, 남은 것은 가치 없는 디지털 데이터 뿐이었다. 이는 공급과 수요의 균형을 무시하고 '퍼주기식 보상'에만 집중한 토큰 이코노미가 얼마나 빠르게 붕괴하는지를 보여주는 대표적인 실패 사례가 되었다.

가상 사례 2 소비가 즐거운 우주 전쟁 게임 '갤럭시 커맨더'

[상황 설정]

전략 시뮬레이션 게임 '갤럭시 커맨더'는 정교한 듀얼 토큰 시스템을 도입했다. 게임을 하면 '미네랄 토큰'을 얻지만, 상위 등급의 우주선을 만들려면 이 토큰을 대량으로 소비(소각)해야 했다. 또한, 우주선이 파괴되면 수리하는 데도 토큰이 필요했다.

[전개 및 결과]

유저들은 게임 내에서 더 강력한 우주 제독이 되기 위해, 벌어들인 토큰을 팔지 않고 다시 우주선 업그레이드에 쏟아부었다. 심지어 전쟁에서 이기기 위해 거래소에서 토큰을 추가로 구매하는 '과금 유저'들도 생겨났다.

토큰의 소비량이 생산량을 앞지르자 코인 가격은 꾸준히 우상향했다. 유저들은 "돈을 벌려고 시작했지만, 게임이 재미있어서 내 우주선에 투자하게 된다"고 말했다. 이 게임은 출시 3년이 지나도 안정적인 경제 시스템을 유지하며, P2E 게임도 '지속 가능성(Sustainability)'을 가질 수 있음을 증명했다.

◈ 성공적인 토큰 이코노미 설계를 위한 3대 원칙

원칙	설명	목표
1. 펀본위제 (Fun-Standard)	코인 가격이 떨어져도 게임 자체가 재미있어 유저가 남아야 한다.	이탈 방지
2. 동적 밸런싱 (Dynamic Balancing)	시장 상황에 따라 드랍률이나 소각 비용을 AI가 자동 조절한다.	시장 안정화
3. 기여 보상 (Proof of Contribution)	단순 반복(매크로)이 아닌, 실력과 커뮤니티 기여도에 따라 차등 보상한다.	공정성 확보

5

'글로벌 게임 시장에서 K게임의 블록체인 전략'과 가상사례

5.1. 콘텐츠 수출을 넘어 '디지털 경제 영토'의 확장으로

대한민국은 '스타크래프트'로 e스포츠를 탄생시키고, '리니지'로 온라인 MMORPG의 문법을 정립한 명실상부한 게임 강국이다. 이제 K-게임은 Web 3.0이라는 새로운 파도를 타고 또 한 번의 도약을 준비하고 있다.

글로벌 게임 시장에서 K-게임의 블록체인 전략은 단순히 '돈 버는 게임(P2E)'을 출시하는 것에 그치지 않는다. 그 핵심은 자사의 독자적인 블록체인 생태계를 구축하여 전 세계 게임과 유저를 하나로 묶는 '인터게임 이코노미(Inter-game Economy)'의 실현에 있다.

기존의 게임 수출이 개별 게임 타이틀을 해외 퍼블리셔에게 파는 '단품 수출'이었다면, 블록체인 시대의 전략은 '플랫폼 수출'이다. 위메이드의 '위믹스', 컴투스의 '엑스플라', 넷마블의 '마브렉스' 등은 게임사가 직접 구축한 블록체인 메인넷이다. 이들은 자사의 인기 IP(지식재산권)뿐만 아니라, 해외의 유망한 게임사들을 자신의 플랫폼에 입점시킨다. 이렇게 되면 장르가 다른 수십 개의 게임이 동일한 기축 통화(토큰)와 NFT를 공유하게 된다.

이는 K-게임이 전 세계 게이머들에게 '디지털 기축통화'를 보급하는 것과 같다. 남미의 유저가 A 게임에서 번 토큰으로 동남아 유저가 올린 B 게임의 아이템을 사는 거대한 경제 공동체가 형성되는 것이다.

베일 벗은 위메이드의 '지-위믹스'...레전드 오브 이미르 글로벌 핵심아이템 [https://www.techm.kr]

또한, K-게임 특유의 정교한 경제 밸런싱 노하우와 커뮤니티 운영 능력은 서구권 게임사들이 쉽게 모방할 수 없는 강력한 경쟁우위이다. 결국 K-게임의 블록체인 전략은 가상의 영토를 넓히고 그 안에서 통용되는 화폐와 규칙을 선점하여, 글로벌 메타버스 시대의 '디지털 경제 주권'을 확보하는 것이다.

5.2. K-게임의 기존 글로벌 전략 vs 블록체인 기반 글로벌 전략

구분	기존 글로벌 전략(Web 2.0)	블록체인 글로벌 전략(Web 3.0)
수출 형태	개별 게임 타이틀 라이선스 수출	독자 플랫폼(메인넷) 및 생태계 수출
운영 방식	국가별 현지 퍼블리셔를 통한 분리 운영	글로벌 원빌드(One-Build) 및 통합 운영
경제 구조	게임별로 독립된 폐쇄적 경제	모든 게임이 연결된 인터게임(Inter-game) 경제
주요 타겟	게임의 재미를 소비하는 게이머	게임 생태계에 기여하고 투자하는 프로슈머
최종 목표	게임 매출 및 점유율 확대	디지털 경제 영토 확장 및 기축통화 선점

5.3. 글로벌 게임 시장에서 K게임의 블록체인 전략'과 가상사례

가상 사례 1 'K-플랫폼'으로 뭉친 글로벌 게임 연합군

[상황 설정]

한국의 대형 게임사 W는 자사의 블록체인 플랫폼을 오픈형으로 개방했다. 그러자 마케팅 자금이 부족했던 인도의 인디 게임 개발사와 브라질의 FPS 게임 개발사가 W사의 플랫폼에 입점(On-boarding)했다.

[전개 및 결과]

W사의 대표작인 MMORPG 유저들이 게임 내 재화인 코인을 획득했다. 유저들은 이 코인을 팔지 않고, 같은 플랫폼에 입점한 브라질 FPS 게임의 한정판 총기 NFT를 구매하는 데 사용했다.

인도의 인디 게임 개발사는 별도의 블록체인 개발비 없이 W사의 토큰 결제 시스템을 연동하여 전 세계 유저를 확보했다. W사는 플랫폼 수수료를 챙기는 동시에, 자사 코인의 사용처가 전 세계 다양한 게임으로 확장되면서 코인 가치가 상승하는 효과를 누렸다. 이는 K-게임사가 '게임계의 구글 플레이'와 같은 거대 플랫폼 사업자로 진화한 사례이다.

가상 사례 2 남미를 휩쓴 K-MMORPG의 '토큰 외교'

[상황 설정]

한국의 게임사 C는 남미 시장을 타겟으로 한 블록체인 골프 게임을 출시했다. 하지만 단순히 게임만 출시한 것이 아니라, 현지 유저들이 게임 운영에 참여할 수 있는 '거버넌스 토큰' 시스템을 적극 활용했다.

[전개 및 결과]

게임 내 대회 상금 규모나 아이템 드랍률 같은 중요 정책을 결정할 때마다, 남미 유저들은 자신들이 보유한 토큰으로 투표권을 행사했다. 유

저들은 "우리가 직접 규칙을 만드는 우리 게임"이라는 인식을 갖게 되었고, 자발적으로 스페인어와 포르투갈어 공략집을 만들어 배포했다. 이 게임은 브라질과 아르헨티나 앱 마켓 매출 1위를 달성했다. 흥미로운 점은 게임 내 토큰이 현지 화폐보다 가치 변동성이 적어, 일부 유저들 사이에서는 이 토큰이 소액 결제 수단으로 쓰이기도 했다는 것이다. 이는 K-게임이 단순한 오락을 넘어, 개발도상국 시장에서 실물 경제에 영향을 미치는 '디지털 화폐'로 자리 잡은 사례이다.

◈ K-게임 블록체인 전략의 기대 효과 및 미래 가치

전략 키워드	세부 내용	미래 가치
플랫폼화 (Platformization)	개별 게임의 흥망성쇠 리스크를 생태계 전체로 분산	지속 가능한 성장 동력 확보
표준 선점 (Standardization)	토큰노믹스와 NFT 규격을 K-게임 기준으로 통일	글로벌 웹 3.0 게임 시장 주도권 장악
커뮤니티화 (Community)	유저를 단순 소비자가 아닌 파트너(DAO)로 격상	강력한 락인(Lock-in) 효과 및 충성도 제고

제15장 K-스포츠와 엔터테인먼트의 토큰화

1

'K-스포츠 팀 토큰과 팬 거버넌스 시스템'과 가상사례

1.1. 관중에서 구단주로, 팬덤의 진화

스포츠 산업의 핵심은 '팬덤'이다. 그러나 지금까지의 팬덤은 구단이 제공하는 경기를 관람하고 유니폼을 구매하는 수동적인 소비자에 머물렀다. 블록체인 기술은 이러한 일방적인 관계를 혁명적으로 변화시킨다. 바로 '팀 토큰(Team Token)'과 '팬 거버넌스(Fan Governance)'를 통해서이다.

팀 토큰은 블록체인 기반의 디지털 자산으로, 이를 보유한 팬은 단순한 지지자를 넘어 구단의 의사결정에 참여할 수 있는 '디지털 주주'와 같은 권한을 갖게 된다. 이것이 바로 팬 거버넌스 시스템이다.

블록체인의 투명성은 투표 과정의 조작 가능성을 차단하며, 팬들의 목소리가 실제 구단 운영에 반영됨을 보증한다.

특히 'K-스포츠'는 세계적으로도 유례를 찾기 힘든 열정적인 응원 문화를 가지고 있다. 이러한 정서적 유대감 위에 블록체인 기술이 결합된다면, K-스포츠는 단순한 엔터테인먼트를 넘어 팬과 구단이 함께 성장하는 거대한 커뮤니티 생태계로 진화하게 될 것이다.

[기획] K-스포츠: 새롭게 부상하는 챔피언 | 문화체육관광부 한국문화원
[https://www.korean-culture.org]

팬들은 자신이 응원하는 팀의 유니폼 디자인을 결정하고, 경기장 내 응원가를 선정하며, 심지어 친선 경기 라인업 구성에 의견을 낼 수도 있다. 이는 팬들에게 강력한 소속감과 효능감을 부여하며, 구단에게는 충성도 높은 고객 확보와 새로운 수익 모델을 제공한다.

1.2. 전통적 팬덤과 블록체인 기반 팬 거버넌스의 비교

구분	전통적 팬덤(Web 2.0)	팬 거버넌스(Web 3.0)
팬의 역할	수동적 소비자(관람, 굿즈 구매)	능동적 참여자(의사결정, 가치 창출)
소통 방식	일방향(구단 → 팬)	양방향(구단 → 팬, 팬 → 팬)
의사결정 권한	구단 프런트 독점	토큰 보유량에 따른 투표권 행사
참여 보상	정서적 만족감	정서적 만족 + 경제적/유형적 보상 (토큰 가치 상승 등)
데이터 소유	플랫폼/구단 소유	블록체인상 팬 개인 소유

결국 K-스포츠 팀 토큰은 '나의 팀'을 '우리의 팀'으로, 더 나아가 '내가 만드는 팀'으로 변화시키는 촉매제가 된다.

1.3. K-스포츠 팀 토큰과 팬 거버넌스 시스템 가상사례

가상 사례 1 프로야구 구단 '서울 타이거즈'의 올드 유니폼 부활 프로젝트

국내 최고의 인기 프로야구 구단인 가상의 '서울 타이거즈'는 창단 40주년을 맞아 특별한 이벤트를 기획했다. 바로 '레전드 유니폼 데이'에 선수들이 착용할 유니폼 디자인을 팬들이 직접 결정하는 것이다.

구단은 자체 발행한 팀 토큰인 '타이거 코인(TIGER)' 보유자들을 대상으로 거버넌스 투표를 실시했다. 후보는 1980년대 우승 당시의 붉은색 유니폼(안 A)과 1990년대의 검은색 원정 유니폼(안 B), 그리고 2000년대 초반의 스트라이프 유니폼(안 C)이었다.

[진행 과정 및 결과]

- **투표권 부여:** TIGER 토큰을 1개 이상 보유한 팬들에게 스마트 컨트랙트를 통해 투표권이 부여되었다. 많이 보유할수록 가중치가 부여되나, 소액 주주의 의견 보호를 위해 최대 행사 한도는 제한되었다.
- **치열한 논쟁:** 팬 커뮤니티에서는 각 시대별 향수와 디자인적 미학을 두고 토론이 벌어졌고, 이는 자연스럽게 토큰 구매 수요로 이어져 토큰 가격이 일시 상승하기도 했다.

타이거즈 원조유니폼, 10년만에 부활 [https://www.chosun.com]

- **결과 반영:** 블록체인에 기록된 투명한 투표 결과, 45%의 득표율로 1990년대 검은색 유니폼(안 B)이 최종 선정되었다.
- **실제 경기:** 선수들은 팬들이 뽑은 유니폼을 입고 경기에 나섰고, 해당 경기의 티켓은 전석 매진되었다. 투표에 참여한 팬들에게는 해당 유니폼 구매 시 할인 혜택과 NFT 인증서가 에어드랍(무상 지급) 되었다.

이 사례는 팬들이 구단의 역사(Heritage)를 직접 소환하고 결정했다는 점에서 엄청난 호응을 얻었으며, 팀 토큰이 단순한 투자 수단이 아닌 '팬심의 표현 수단'임을 증명한 사례가 되었다.

가상 사례 2 e스포츠 팀 '사이버 워리어스'의 MVP 인터뷰어 선정 및 스킨 제작

세계적인 리그 오브 레전드(LoL) 프로게임단인 가상의 '사이버 워리어스(Cyber Warriors)'는 전 세계에 분포한 팬들을 하나로 묶기 위해 블록체인 시스템을 도입했다. 이들은 디지털 환경에 익숙한 MZ세대가 주축인 만큼, 더욱 과감한 거버넌스 시스템을 실험했다.

[진행 과정 및 결과]

- **시즌 MVP 스킨 제작 참여:** 사이버 워리어스가 월드 챔피언십에서 우승하자, 게임 내 캐릭터 스킨(의상) 제작 컨셉을 정하는 권한을 팀 토큰 '워리어(WAR)' 보유자들에게 위임했다. 팬들은 투표를 통해 '미래지향적 사이버 펑크' 컨셉 대신, 한국의 전통미를 살린 '도깨비 무사' 컨셉을 선택했다.
- **팬 인터뷰어 선정:** 정규 시즌 중 팬 미팅 행사에서 선수들을 인터뷰할 질문지를 토큰 보유자들이 직접 작성하고 투표로 선정했다. 또한, 고액 토큰 보유자 중 추첨을 통해 직접 무대에서 선수에게 질문할 수 있는 '일일 팬 기자' 자격을 부여했다.

- **글로벌 팬덤의 결집**: 한국 팬뿐만 아니라 북미, 유럽, 중국의 팬들이 블록체인 지갑을 통해 국경 없이 투표에 참여했다. '도깨비 무사' 스킨은 전 세계적으로 기록적인 판매고를 올렸고, 스킨 판매 수익의 일부는 구단 운영비와 토큰 소각(가치 부양)에 사용되어 토큰 보유자들에게 경제적 이익으로 환원되었다.

이 사례는 e스포츠가 가진 '디지털 네이티브' 특성이 블록체인과 결합했을 때, 시공간의 제약을 넘어 글로벌 팬덤이 구단 운영에 직접적인 영향력을 행사할 수 있음을 보여준다. K-컬처의 콘텐츠 파워(전통미)가 팬들의 집단지성(거버넌스)을 통해 글로벌 상품으로 재탄생한 것이다.

2

'K-리그와 프로야구의 블록체인 도입 가능성'과 가상사례

2.1. 암표 없는 경기장과 영원히 소유하는 명 장면

블록체인 기술의 도입은 이러한 물리적, 제도적 한계를 극복하고 한국 스포츠 산업을 '신뢰'와 '소유' 기반의 디지털 경제로 확장하는 열쇠가 된다.

대한민국의 주말을 책임지는 K-리그와 K-프로야구는 수백만 관중의 환호 속에 존재한다. 그러나 화려한 열기 이면에는 고질적인 암표 문제, 위조 굿즈 유통, 그리고 경기장이 아니면 휘발되어 버리는 팬 경험의 한계가 존재한다.

블록체인 기술의 도입은 이러한 물리적, 제도적 한계를 극복하고 한국 스포츠 산업을 '신뢰'와 '소유' 기반의 디지털 경제로 확장하는 열쇠가 된다.

The Future of NFT Ticketing: Benefits and Challlenges, [https://queue-fair.com]

가장 시급하고 실효성 있는 변화는 'NFT 티켓팅(NFT Ticketing)'이다. 한국시리즈나 빅 매치 때마다 기승을 부리는 암표 문제는 블록체인 티켓으로 해결된다.

NFT 티켓은 프로그래밍을 통해 재판매 가격 상한선을 설정하거나, 아예 재판매를 불가능하게 할 수 있다. 또한, 종이 티켓은 버려지지만 NFT 티켓은 '디지털 티켓 북'에 영구히 저장되어, 팬이 직관한 경기의 기록(스코어, 선수 기록)과 결합된 '나만의 역사'가 된다.

더 나아가 '판타지 스포츠와 기록의 자산화'가 가능하다. 야구는 '기록의 스포츠'라 불릴 만큼 데이터가 방대하다. 블록체인은 이 데이터를 위변조 불가능한 상태로 기록한다.

팬들은 실시간으로 업데이트되는 선수들의 데이터를 기반으로 블록체인 판타지 게임을 즐기고, 특정 선수의 기록 달성 순간이 담긴 영상 NFT를 수집하여 '디지털 컬렉터'가 될 수 있다. 이는 구단에게 중계권료나 입장 수입을 넘어서는 새로운 지식재산권(IP) 수익 모델을 제시한다.

2.2. K-스포츠의 블록체인 도입 전후 비교 및 기대 효과

구분	도입 전(현재의 한계)	도입 후(미래의 변화)
티켓팅	암표 성행, 매크로 조작, 위조 티켓 위험	투명한 거래 기록, 재판매 가격 통제 (스마트 컨트랙트)
팬 경험	경기 종료 후 경험 단절, 종이 티켓 폐기	경기 기록이 담긴 '나만의 NFT' 평생 소장
굿즈/수집	실물 카드 훼손 우려, 진품 여부 불확실	디지털 하이라이트 소장, 블록체인 진품 인증
선수 후원	유니폼 구매 등 간접적 후원	유망주 육성 펀드(STO) 참여 및 성장에 따른 보상
데이터 활용	포털 사이트의 단순 기록 열람	데이터를 활용한 P2E(Play to Earn) 게임 및 예측 시장

결국 K-스포츠에 블록체인이 도입된다는 것은, 팬들이 단순한 관람객에서 '스포츠 역사의 기록자이자 공유자'로 격상됨을 의미한다.

2.3. 'K-리그와 프로야구의 블록체인 도입 가능성'과 가상사례

가상 사례 1 프로야구 - '다이내믹 NFT 티켓'과 한국시리즈의 전설

가상의 프로야구 구단 '코리아 자이언츠'는 202X년 한국시리즈 진출을 기념하여, 관중들에게 기존의 모바일 티켓 대신 '다이내믹 NFT 티켓'

K프로야구, KBO 덮칠 시속 150㎞ 신인 군단-국민일보 [https://www.kmib.co.kr]

을 발급했다. 이 티켓은 경기 결과와 선수의 활약상에 따라 티켓의 이미지가 실시간으로 변하는 기술이 적용되었다.

[진행 과정 및 결과]

- **경기 전**: 티켓은 평범한 구단 엠블럼 이미지였다.
- **경기 중(9회 말 역전 홈런)**: 9회 말 2아웃, 팀의 간판 타자가 역전 끝내기 만루 홈런을 쳤다. 경기 종료와 동시에 블록체인 네트워크는 이 데이터를 수신했고, 현장에 있던 관중들의 NFT 티켓 이미지가 '만루 홈런을 치는 타자의 일러스트'로 화려하게 변했다.
- **가치 상승**: 이 티켓은 단순한 입장권이 아니었다. 역사적인 순간을 현장에서 목격했다는 '디지털 보증서'가 되었다. 특히 홈런볼을 줍지 못한 수만 명의 팬들도, 자신의 티켓이 '홈런 에디션'으로 변하는 경험을 공유하며 엄청난 소속감을 느꼈다.
- **2차 시장**: 이 '만루 홈런 에디션 티켓'은 컬렉터들 사이에서 고가에 거래되었으며, 거래될 때마다 수수료의 일부가 구단과 해당 선수에게 로열티로 지급되었다.

이 사례는 버려지던 티켓에 '스토리'와 '기술'을 입혀 영구적인 자산으로 탈바꿈시킨 혁신적인 시도로 평가받는다.

가상 사례 2 K-리그 - 시민 구단의 '유망주 육성 다오(DAO)' 프로젝트

재정적으로 넉넉지 않은 가상의 도민 구단 '강원 FC 유나이티드'는 우수한 유소년 선수를 발굴하고 지키기 위해 블록체인 기반의 '유망주 육성 DAO(탈중앙화 자율 조직)'를 결성했다.

[진행 과정 및 결과]

- **토큰 발행과 펀딩**: 구단은 '미래의 손흥민'을 키우기 위해 육성 토큰

강원FC [https://gangwon-fc.com]

을 발행했다. 팬들은 소액으로 이 토큰을 구매하여 유소년 시스템 운영 자금을 후원했다.

- **팬 스카우터 활동:** 토큰 보유자들은 유소년 경기의 영상을 보고, 어떤 선수에게 장학금을 줄지, 누구를 1군으로 콜업(Call-up) 할지에 대한 투표권을 행사했다. 팬들은 단순한 후원자가 아니라 '팬 스카우터'로서 활동했다.
- **성공과 보상:** 팬들의 투표로 집중 육성된 18세 선수 '김미래'가 성인 무대 데뷔 후 맹활약하여 유럽 명문 리그로 이적하게 되었다. 구단은 이적료 수익의 일부를 스마트 컨트랙트에 따라 토큰 보유자들에게 '경기장 평생 할인권', '유럽 원정 응원 지원금', '한정판 굿즈' 등의 형태로 환원했다.

이 사례는 자본이 부족한 K-리그 시민 구단이 블록체인을 통해 팬들과 운명 공동체가 되어 재정적 한계를 극복하고, 팬들에게는 '내 선수를 내가 키웠다'는 강력한 자부심을 심어준 계기가 되었다.

3

'블록체인을 활용한 e스포츠 대회의 투명한 상금 분배와 기록 관리'와 가상사례

3.1. '먹튀' 없는 대회와 위조 불가능한 '신의 손'

e스포츠 20년 역사 돌아보니…스타에서 시작 '롤'이 개화 [https://www.mk.co.kr]

한국은 'e스포츠의 종주국'이다. PC방에서 시작된 풀뿌리 게임 문화는 세계적인 프로 리그로 성장했다.

그러나 빛이 밝을수록 그림자도 짙다. 아마추어 대회에서 빈번하게 발생하는 주최 측의 상금 미지급(일명 '먹튀'), 프로 리그에서의 승부 조작 의혹, 그리고 대리 게임 논란은 e스포츠의 공정성을 위협하는 암적인 존재다. 블록체인 기술은 바로 이 지점에서 '신뢰의 관리자'로 등판한다.

핵심은 '스마트 컨트랙트(Smart Contract)'와 '분산 원장' 기술이다. 기존의 대회는 경기가 끝나고 주최 측이 수동으로 상금을 입금할 때까지 선수들은 기다려야만 했다.

그러나 블록체인 기반의 대회에서는 경기 종료 신호(Nexus 파괴 등)가 블록체인에 입력되는 즉시, 미리 예치된 상금이 자동으로 승자의 전자 지갑으

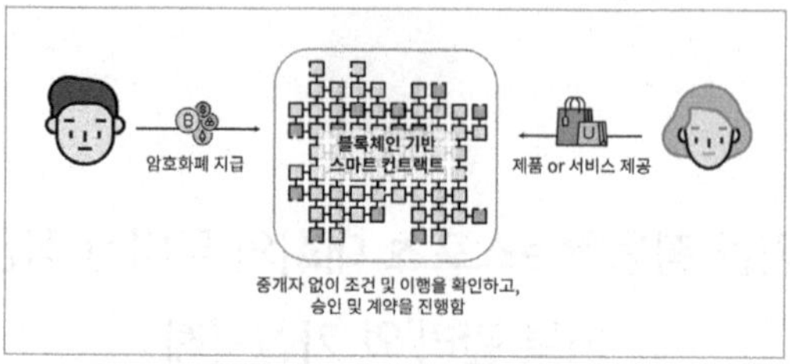

스마트 컨트랙트란 무엇인가? - 업비트 투자자보호센터 [https://m.upbitcare.com]

로 전송된다. 사람의 개입이 불가능하므로 지급 사고가 원천 차단된다.

또한, 선수의 모든 플레이 로그(Log)가 블록체인에 박제된다. 마우스의 반응 속도, 스킬 적중률, 이동 경로 등이 위변조 불가능한 데이터로 저장된다. 이는 핵(Hack) 프로그램 사용 여부를 판독하는 절대적인 기준이 되며, 선수의 커리어 자체가 '디지털 여권'처럼 증명된다.

3.2. 전통적 e스포츠 대회와 블록체인 기반 대회의 운영 비교

구분	전통적 대회 운영(중앙 집중형)	블록체인 기반 대회(탈중앙형)
상금 지급	대회 종료 후 주최 측이 수동 이체 (지연/미지급 위험 존재)	스마트 컨트랙트에 의해 경기 종료 즉시 자동 분배
경기 데이터	게임사 서버에 저장 (해킹 및 조작 가능성)	블록체인 분산 원장에 기록 (위변조 불가능, 영구 보존)
선수 인증	단순 ID/PW 로그인(대리 게임 취약)	생체인증/DID(분산신원증명) 연동 (본인 인증 강화)
수익 구조	플랫폼과 주최사가 수익 독점	중계, 데이터 제공 등 기여도에 따라 참여자에게 토큰 보상
공정성 검증	심판의 주관적 판단 개입 가능	데이터 기반의 알고리즘 판정 및 커뮤니티 검증

결국 블록체인은 e스포츠를 단순한 오락에서 '가장 공정하고 투명한 디지털 스포츠'로 승격시키는 인프라가 된다.

3.3. 블록체인을 활용한 e스포츠 대회 가상사례

가상 사례 1 아마추어 대학 리그 'K-유니버시티 배틀'의 스마트 컨트랙트 혁명

전국 대학생들이 참여하는 가상의 e스포츠 대회 'K-유니버시티 배틀'은 과거 스폰서의 자금난으로 인해 우승 상금을 6개월이나 늦게 지급하여 비판을 받은 바 있다. 명예 회복을 위해 주최 측은 이번 시즌부터 이더리움 기반의 스마트 컨트랙트 시스템을 전격 도입했다.

[진행 과정 및 결과]

- **상금 예치(Escrow)**: 대회가 시작되기 전, 스폰서들은 상금 총액에 해당하는 암호화폐(스테이블 코인)를 스마트 컨트랙트 주소에 미리 입금했다. 이 자금은 누구도 임의로 인출할 수 없도록 잠금(Lock-up) 설정되었다.
- **자동 분배**: 결승전 5세트, A대학 팀이 상대의 본진을 파괴하는 순간 게임 API가 블록체인에 신호를 보냈다. 그 즉시 스마트 컨트랙트가 발동되어 우승 상금 5,000만 원 상당의 코인이 A대학 팀원 5명의 개별 지갑으로 정확히 1,000만 원씩 자동 분할 전송되었다. 소요 시간은 단 15초였다.
- **투명한 공개**: 모든 과정은 블록체인 탐색기(Explorer)를 통해 실시간으로 중계되었으며, "상금이 확실히 있다"는 신뢰가 생기자 전년 대비 참가 팀이 3배로 폭증했다.

이 사례는 블록체인이 어떻게 '신뢰 비용'을 0으로 만들고, 아마추어 리그의 생태계를 활성화할 수 있는지를 보여주는 교과서적인 모델이 되었다.

가상 사례 2 FPS 프로게이머 '쉐도우'의 핵 사용 누명과 데이터 무결성 증명

가상의 1인칭 슈팅 게임(FPS) 프로리그에서 신인왕 후보인 '쉐도우' 선수는 기적에 가까운 조준 실력으로 인해 "불법 조준 보정 프로그램(핵)을 쓴 것이 아니냐"는 의혹에 휩싸였다. 과거라면 지루한 진실 공방 끝에 이미지 타격을 입었겠 지만, 블록체인 시스템은 달랐다.

[진행 과정 및 결과]

- **데이터의 블록 저장:** 해당 리그는 모든 선수의 마우스 입력 값과 반응 속도, 인게임 좌표 데이터를 0.1초 단위로 해시(Hash)값으로 변환하여 블록체인에 실시간 기록하고 있었다.
- **무결성 검증:** 의혹이 제기되자 리그 위원회와 외부 감사 기관은 블록체인에 저장된 '쉐도우' 선수의 해당 경기 해시값을 대조했다. 분석 결과, 외부 프로그램의 개입 흔적(비정상적인 데이터 패턴)은 전혀 발견되지 않았으며, 순수한 인간의 반응 속도임이 수학적으로 증명되었다.
- **NFT 인증서 발급:** 혐의를 벗은 '쉐도우'의 해당 경기 플레이 데이터는 '신의 컨트롤'이라는 이름의 NFT로 발행되었다. 팬들은 핵으로 오해받을 만큼 완벽했던 그 플레이 영상을 소장하기 위해 NFT 경매에 참여했고, 수익금은 전액 e스포츠 공정 위원회 기금으로 기부되었다.

이 사례는 블록체인이 억울한 선수를 보호하는 '디지털 블랙박스' 역할을 수행하며, 동시에 검증된 명플레이를 자산화하여 팬들에게 새로운 즐거움을 줄 수 있음을 증명한다.

4

'블록체인 선수 카드 NFT와 스포츠 수집품 시장의 진화'와 가상사례

4.1. 'NFT(대체 불가능 토큰) 선수 카드'는 위조가 불가능한 '디지털 등기 권리증'이자, 전 세계 어디서든 거래 가능한 '자산'이다.

어린 시절, 좋아하는 선수의 사진이 인쇄된 카드를 앨범에 끼워 넣으며 느꼈던 뿌듯함을 기억하는가? 이제 그 종이 앨범이 스마트폰 속 '디지털 지갑'으로 옮겨가고 있다.

블록체인 기술이 만든 'NFT(대체 불가능 토큰) 선수 카드'는 단순한 이미지 파일이 아니다. 그것은 위조가 불가능한 '디지털 등기 권리증'이자, 전 세계 어디서든 거래 가능한 '자산'이다.

기존의 종이 카드는 시간이 지나면 색이 바래거나 찢어질 우려가 있었고, 무엇보다 이것이 진짜인지 가짜인지 증명하기 위해 복잡한 감정 절차를 거쳐야 했다. 그러나 블록체인 선수 카드는 영원히 훼손되지 않으며, 발행 시점부터 현재 소유자까지의 모든 거래 내역이 블록체인에 투명하게 기록된다. 이는 수집품 시장의 가장 큰 리스크인 '위조품' 문제를 원천적으로 해결한다.

더욱 혁신적인 점은 카드의 '진화'다. 종이 카드의 스탯(Stat, 기록)은 인쇄된 순간 고정되지만, 블록체인 카드는 선수의 실시간 경기 데이터와 연동될 수 있다. 내가 보유한 신인 선수의 카드가, 그 선수의 성장에 맞춰 능력치가 오르고 카드의 디자인이 화려하게 변하는 '다이내믹(Dynamic)

NFT' 기술이 적용되는 것이다. 이제 팬들은 수집을 넘어, 선수의 성장을 함께하는 '육성'의 즐거움까지 누리게 된다.

4.2. 실물 스포츠 카드 vs 블록체인 NFT 카드 비교

구분	실물 스포츠 카드(Physical)	블록체인 NFT 카드(Digital)
보관성	습기, 햇빛, 물리적 충격에 의한 훼손 위험	영구적 보존, 분실 위험 없음 (지갑 키 관리 전제)
진위 검증	전문가의 육안 감정 필요(비용/시간 소요)	블록체인 기록으로 즉시, 무료 검증 가능
유동성	택배 거래, 오프라인 샵 등 거래가 제한적	전 세계 어디서나 24시간 즉시 거래 가능
데이터	인쇄된 시점의 과거 데이터로 고정	실시간 성적 반영하여 정보 자동 업데이트 가능
활용성	관상용 수집에 그침	판타지 게임 아이템, 멤버십 인증 등 유틸리티(Utility) 확장

결국 블록체인 선수 카드는 단순한 굿즈(Goods)를 넘어, 팬 활동을 증명하는 신분증이자 미래 가치에 투자하는 금융 상품으로 수집품 시장의 패러다임을 완전히 바꾸어 놓을 것이다.

4.3. 블록체인 선수 카드 NFT 가상사례

가상 사례 1 K-농구의 혁명, '슬램덩크 코리아'의 판타지 리그 연동

한국 프로농구(KBL)를 모티브로 한 가상의 NFT 플랫폼 '슬램덩크 코리아'는 단순히 카드를 수집하는 것을 넘어, 이를 게임에 직접 활용하는 기능을 도입했다.

[진행 과정 및 결과]

- **카드 수집과 덱 구성:** 농구 팬인 대학생 A는 자신이 응원하는 팀의 포인트 가드 선수 NFT 카드를 구매했다. 이 카드는 단순한 소장품

이 아니라, 플랫폼 내 '판타지 리그' 게임에서 실제로 사용할 수 있는 '선수 말' 역할을 한다.

- **실제 경기와의 연동:** 실제 프로농구 경기에서 해당 포인트 가드가 3점 슛을 성공시키거나 어시스트를 기록하면, A가 게임에 등록해 둔 NFT 카드의 포인트가 실시간으로 상승한다.
- **보상 획득(P2E):** A의 덱에 있는 선수들이 실제 경기에서 맹활약한 덕분에 A는 주간 랭킹 1위를 차지했고, 구단이 제공하는 토큰 보상과 한정판 유니폼 NFT를 획득했다.

이 사례는 '보는 스포츠'에서 '함께 뛰는 스포츠'로의 전환을 의미한다. 팬은 구단주의 마음으로 선수를 영입(카드 구매)하고, 선수의 실제 활약이 나의 경제적 이익으로 연결되는 짜릿한 일체감을 경험하게 된다.

가상 사례 2 **은퇴 선수의 헌정, '레전드 타임라인' 카드와 영구 결번**

한국 축구의 전설적인 공격수가 은퇴를 선언했다. 가상의 플랫폼 'K-레전드'는 그의 20년 선수 생활을 기리기 위해, 시간이 지남에 따라 이미지가 변하는 '타임라인 NFT'를 발행했다.

[진행 과정 및 결과]

- **다이내믹 NFT 발행:** 이 카드는 처음 구매 시에는 선수의 '데뷔 시절 앳된 모습'을 보여준다.
- **시간에 따른 진화:** 구매자가 카드를 팔지 않고 1년을 보유(HODL)하면 카드는 '전성기 시절 국가대표 유니폼을 입은 모습'으로 변하고, 3년을 보유하면 '은퇴식에서 눈물을 흘리는 모습'으로 최종 진화한다.
- **최종 혜택:** 최종 단계까지 진화시킨 보유자에게는 해당 선수의 은퇴 기념 갈라 디너쇼 초대권이 NFT 형태로 에어드랍(무상 지급) 되었

다. 이 초대권은 2차 시장에서 수백만 원에 거래되었다.

이 사례는 NFT가 단순한 투기 수단이 아니라, 팬이 선수의 역사(History)를 진득하게 소유하고 기억하는 방식이 될 수 있음을 보여준다. '시간'이라는 요소를 블록체인 프로그래밍에 결합하여 수집의 가치를 극대화한 것이다.

5

'블록체인 기반 K-스포츠 티켓팅 혁신: 암표 근절과 2차 거래 수익 환원'과 가상사례

5.1. 암표 근절과 2차 거래 수익 환원

K-스포츠의 열기가 뜨거워질수록 팬들의 티켓 확보 전쟁은 치열해진다. 매크로(자동 입력 프로그램)를 이용한 암표상들이 표를 싹쓸이하고, 중고 거래 사이트에서는 정가의 10배가 넘는 가격으로 티켓이 불법 유통된다.

이 과정에서 정작 표를 팔아야 할 구단은 추가 수익을 얻지 못하고, 팬들은 비싼 값을 지불하거나 사기를 당하는 이중고를 겪는다. 블록체인 기술, 구체적으로 'NFT 티켓팅'은 이 기형적인 구조를 정상화할 강력한 대안이 된다.

1.5.1.1. 'NFT 티켓팅'의 핵심은 티켓에 '스마트 컨트랙트(Smart Contract, 조건부 자동계약)' 코드를 심는 것이다. 종이 티켓이나 일반 모바일 티켓은 발권되는 순간 통제권이 사라지지만, 블록체인 티켓은 프로그래밍 된 규칙에 따라 움직인다. 예를 들어, "이 티켓은 정가의 10% 이상 가

암표 단속보다 '기술 혁신'이 해법"…규제 역설에 갇힌 'K-컬처 티켓' 시장 [https://zdnet.co.kr]

격으로 재 판매할 수 없다"라는 코드를 입력하면, 시스템상에서 웃돈을 얹은 거래 자체가 불가능 해진다. 암표상이 설 자리가 기술적으로 사라지는 것이다.

또한, '로열티(수수료) 환원 시스템'이 작동한다. 기존에는 암표상이 챙기던 막대한 시세 차익이 음성적 수익이었다면, 블록체인상에서는 티켓이 팬과 팬 사이에서 2차 거래될 때마다 거래액의 일정 비율(예: 5~10%)이 자동으로 원작자인 구단이나 주최 측에 '로열티'로 입금된다.

즉, 티켓이 거래될수록 구단의 수익이 늘어나고, 이 수익은 다시 경기장 시설 투자나 팬 서비스 강화로 이어지는 선순환 구조가 형성된다.

5.2. 기존 티켓 시장 vs 블록체인 NFT 티켓 시장 비교

구분	기존 티켓 시장 (Black Market)	블록체인 티켓 시장 (Transparent Market)
암표/매크로	봇(Bot)이 싹쓸이 후 고가 재판매	1인 1지갑 인증 및 재판매 가격 상한선(Price Cap) 강제
위조/사기	화면 캡처, 위조 티켓 유통 빈번	블록체인 고유값으로 위변조 불가능, 소유권 투명 확인
2차 거래 수익	암표상 및 중개 업자가 독식	스마트 컨트랙트를 통해 구단에 로열티 자동 환원

데이터	누가 최종 관람했는지 파악 불가	최종 소유자(실관람객) 데이터 확보 및 마케팅 활용
티켓의 가치	경기 후 폐기되는 일회성 소모품	경기 영상/기록이 담긴 디지털 굿즈(Assets)로 전환

결국 블록체인 티켓팅은 '공정성'이라는 사회적 가치를 기술로 구현하는 것이며, K-스포츠 산업의 투명도를 글로벌 표준 이상으로 끌어올리는 기폭제가 될 것이다.

5.3. 암표 근절과 2차 거래 수익 환원 가상사례

가상 사례 1 한국시리즈의 '클린 티켓' 프로젝트와 암표상의 몰락

매년 한국시리즈마다 되풀이되던 암표 논란을 잠재우기 위해, KBO(한국야구위원회)가 가상의 블록체인 티켓 플랫폼 'K-패스'를 도입했다.

[진행 과정 및 결과]

- **가격 상한제 적용:** 한국시리즈 결승전 티켓은 NFT로 발행되었으며, 스마트 컨트랙트에 의해 '2차 거래 시 판매가는 정가의 110%를 초과할 수 없다'는 조건이 걸렸다. 암표상들은 10배의 폭리를 취할 수 없게 되자 티켓 매집을 포기했다.
- **QR 코드의 동적 변화:** 티켓의 QR 코드는 블록체인 네트워크와 연동되어 1초마다 변경되었다. 단순 캡처본으로는 입장이 불가능해지자 중고나라 등의 사기 거래가 99% 감소했다.
- **취소표의 공정한 재분배:** 피치 못할 사정으로 경기를 못 보게 된 팬이 티켓을 플랫폼에 내놓자, 대기 순번에 있던 다음 팬에게 정가로 즉시 양도되었다. 이 과정에서 발생한 소액의 수수료는 구단의 유소년 야구 발전 기금으로 자동 적립되었다.

이 사례는 기술이 어떻게 시장의 '탐욕'을 제어하고, 진짜 팬들에게 관람의 기회를 공정하게 돌려줄 수 있는지를 증명한다.

가상 사례 2 축구 국가대표 A매치의 'N차 거래'와 수익 공유 모델

상암 월드컵 경기장에서 열린 세계 최강 브라질과의 친선 경기는 전석 매진되었다. 이번 경기는 티켓의 2차 거래를 양성화하되, 그 수익을 팬과 협회가 나누는 실험적인 모델이 적용되었다.

[진행 과정 및 결과]

- **합법적 리셀(Resell) 허용**: 주최 측은 티켓의 2차 거래를 공식적으로 허용하되, 거래가 발생할 때마다 판매 금액의 10%가 대한축구협회의 지갑으로 자동 전송되도록 설계했다.
- **팬들의 수익 창출**: 일찍 표를 예매했던 대학생 B는 급한 사정으로 티켓을 팔아야 했다. 프리미엄이 붙은 가격에 팔았지만, 불법 암표가 아닌 정당한 거래였기에 B는 차익을 얻었고, 협회 또한 10%의 추가 로열티 수익을 올렸다. 구매자 C는 위조 걱정 없이 안전하게 표를 구했다.
- **디지털 기념품**: 경기가 끝난 후, 이 NFT 티켓은 '손흥민 선수의 골 장면'이 담긴 하이라이트 영상 카드로 자동 변환되었다. 구매자 C는 이 티켓을 소장용 NFT 시장에 다시 판매하여, 관람료 이상의 수익을 거두기도 했다.

이 사례는 무조건적인 규제보다는, 블록체인을 통해 거래를 투명하게 양성화(Legalization)함으로써 판매자, 구매자, 주최자 모두가 경제적 이익을 얻는 '윈-윈(Win-Win)' 생태계를 보여준다.

6

'K-스포츠 데이터의 블록체인 기록과 활용 전략'과 가상사례

6.1. 땀방울이 디지털 자산이 되는 세상

"야구는 기록의 스포츠다"라는 말처럼, 스포츠의 본질은 데이터에 있다. 타율, 방어율, 골 득실, 패스 성공률 등 수많은 숫자가 모여 선수의 가치를 증명한다.

그러나 웹 2.0 시대인 지금까지 이 데이터들은 포털 사이트나 협회의 서버에 갇혀 단순한 '정보'로만 소비되었다. 블록체인(Web 3.0) 기술은 이 스포츠 데이터를 위변조가 불가능한 '디지털 자산'으로 격상시킨다.

블록체인을 활용한 데이터 전략의 핵심은 '무결성(Integrity)'과 '데이터 주권(Sovereignty)'이다.

선수의 경기 기록뿐만 아니라, 웨어러블 기기를 통해 수집된 심박수, 활동량, 부상 이력 등의 바이오 데이터가 블록체인에 암호화되어 기록된다. 이 기록은 누구도 조작할 수 없기에 스카우트 시장에서 절대적인 신뢰 지표로 활용된다.

더 나아가 '데이터 마켓플레이스'가 형성된다. 과거에는 내 개인 운동 기록이 헬스장 앱이나 스마트워치 제조사 서버에 잠들어 있었다. 하지만 블록체인 환경에서는 개인이 자신의 운동 데이터를 암호화하여 기업(보험사, 헬스케어 기업, 게임사)에 직접 판매할 수 있다.

K-스포츠 산업은 이제 관람료와 중계권료를 넘어, 방대한 한국인의 신체 데이터를 안전하게 거래하는 '바이오 데이터 허브'로 진화하게 될 것이다.

아래 표는 기존 중앙 집중형 데이터 관리 방식과 블록체인 분산 데이터 관리 방식의 차이를 비교한 것이다.

6.2. 스포츠 데이터 관리의 패러다임 변화: Web 2.0 vs Web 3.0

구분	기존 방식(Web 2.0)	블록체인 방식(Web 3.0)
데이터 저장	특정 기업/협회의 중앙 서버 (해킹/유실 위험)	분산 원장(Distributed Ledger) (영구 보존/보안 강력)
데이터 소유	플랫폼 기업(네이버, 카카오, 구단 등)	데이터 생산자(선수, 동호인 개인)
신뢰성	관리자의 수정 가능성 존재(불투명)	위변조 불가능(Immutable), 투명한 이력 추적
활용 범위	단순 열람 및 통계 분석용	스카우트, 보험 연계, P2E 게임, 금융 상품화
수익 분배	플랫폼이 독점	데이터 제공자(개인)에게 토큰으로 보상

결국 블록체인 기반의 데이터 전략은 엘리트 선수들에게는 '공정한 평가'를, 일반 대중에게는 '건강 활동의 수익화'를 제공하여 K-스포츠 생태계의 파이 자체를 키우는 혁신적인 도구가 된다.

6.3. 'K-스포츠 데이터의 블록체인 기록과 활용 전략'과 가상사례

가상 사례 1 K-리그 2군 선수의 '블록체인 이력서'와 AI 스카우팅

가상의 K-리그 2부 리그 소속인 무명 선수 '박노력'은 경기 출전 시간이 적어 자신의 진가를 보여줄 기회가 없었다. 하지만 그는 블록체인 기반의 데이터 플랫폼 'K-스카우트'를 통해 자신의 훈련 데이터를 꾸준히 기록해 왔다.

[진행 과정 및 결과]

- **데이터의 자산화:** 박노력 선수는 훈련 때마다 GPS 조끼를 착용했고,

그의 순간 최고 속도, 활동량, 회복 속도 등의 데이터가 블록체인에 실시간으로 저장되었다. 이 데이터는 '조작되지 않았음'을 기계적으로 보증받았다.

- **스마트 컨트랙트 매칭:** 유럽의 한 중소 구단 스카우터가 '저평가된 아시아 선수'를 찾기 위해 플랫폼에 접속했다. 그들은 '경기 출전 수는 적지만, 회복 속도가 빠르고 후반 10분 활동량이 높은 선수'라는 조건으로 데이터를 검색했다.
- **데이터 판매와 이적:** 박노력의 데이터가 조건에 부합했다. 구단은 소액의 토큰을 지불하고 박노력의 상세 바이오 데이터 열람권을 구매했다. 이 토큰 수익은 박노력 선수에게 직접 전달되었다. 데이터 분석 결과 잠재력을 인정받은 그는 유럽 리그 입단 테스트 제의를 받게 되었고, 결국 이적에 성공했다.

이 사례는 인맥이나 눈대중이 아닌, '신뢰할 수 있는 데이터'가 무명 선수의 운명을 바꾸고, 글로벌 이적 시장의 효율성을 극대화하는 과정을 보여준다.

가상 사례 2 대국민 걷기 프로젝트 'K-워킹'과 의료비 절감

대한민국 정부와 헬스케어 스타트 업이 협력하여 블록체인 기반의 국민 건강 증진 프로젝트인 'K-워킹' 앱을 출시했다. 일반인 누구나 참여할 수 있는 M2E(Move to Earn) 모델이다.

[진행 과정 및 결과]

- **운동의 증명:** 평범한 직장인 C 씨는 매일 출퇴근길에 1만 보를 걷는다. 그의 걸음 수와 칼로리 소모량은 블록체인 원장에 기록되어 '건강 활동 인증서'(NFT)로 발행된다.

- **데이터 거래**: C 씨는 자신의 걷기 데이터를 익명으로 처리하여 '데이터 마켓'에 올렸다. 신약 개발을 위해 한국인의 활동 데이터가 필요했던 제약회사와, 리스크 관리가 필요한 보험사가 C 씨의 데이터를 구매했다.
- **토큰 보상과 보험료 할인**: C 씨는 데이터 판매 대가로 '헬스 토큰'을 받아 편의점에서 생수를 사 마셨다. 또한, 꾸준한 운동 기록이 블록체인으로 증명되자 보험사는 스마트 컨트랙트에 따라 C 씨의 다음 달 실손 보험료를 자동으로 10% 할인해 주었다.

이 사례는 "내 건강 데이터는 나의 것"이라는 데이터 주권(Data Sovereignty)을 실현함과 동시에, 개인의 건강 관리가 국가적 의료비 절감과 기업의 마케팅으로 연결되는 거대한 데이터 경제의 순환을 보여준다.

참고문헌

제1부: 왜 지금, 블록체인과 K-컬처의 결합인가?

제1장: 블록체인의 가치는 인터넷에 견줄만한 혁명적 기술

1. Nakamoto, S. (2008). Bitcoin: A Peer-to-Peer Electronic Cash System. Decentralized Business Review.
2. Buterin, V. (2014). A Next-Generation Smart Contract and Decentralized Application Platform. Ethereum White Paper.
3. Tapscott, D., & Tapscott, A. (2016). Blockchain Revolution: How the Technology Behind Bitcoin Is Changing Money, Business, and the World. Penguin Portfolio.
4. Yli-Huumo, J., Ko, D., Choi, S., Park, S., & Smolander, K. (2016). Where Is Current Research on Blockchain Technology? —A Systematic Review. PLoS ONE.

제2장: 블록체인은 왜 K-컬처와 만나는가?

5. Swan, M. (2015). Blockchain: Blueprint for a New Economy. O'Reilly Media.
6. Casey, M. J., & Vigna, P. (2018). The Truth Machine: The Blockchain and the Future of Everything. St. Martin's Press.
7. Crosby, M., Pattanayak, P., Verma, S., & Kalyanaraman, V. (2016). Blockchain Technology: Beyond Bitcoin. Applied Innovation.
8. Jin, D. Y. (2016). New Korean Wave: Transnational Cultural Power in the Age of Social Media. University of Illinois Press.

제3장: 블록체인은 K-컬처의 무엇을 어떻게 바꾸는가?

9. Catalini, C., & Gans, J. S. (2016). Some Simple Economics of the Blockchain. National Bureau of Economic Research (NBER).
10. Underwood, S. (2016). Blockchain Beyond Bitcoin. Communications of the ACM.
11. Chen, Y. (2018). Blockchain Tokens and the Potential Democratization of Entrepreneurship and Innovation. Business Horizons.

제4장: 창작자 경제와 탈중앙화 플랫폼

12. De Filippi, P., & Wright, A. (2018). Blockchain and the Law: The Rule of Code. Harvard University Press.
13. Hileman, G., & Rauchs, M. (2017). Global Blockchain Benchmarking Study. Cambridge Centre for Alternative Finance.
14. Mougayar, W. (2016). The Business Blockchain: Promise, Practice, and Application of the Next Internet Technology. Wiley.

제5장: 팬덤 경제와 토큰 화된 참여 방식

15. Chohan, U. W. (2017). The Decentralized Autonomous Organization (DAO): A Thematic Analysis. SSRN Electronic Journal.
16. Hsieh, Y. Y., Vergne, J. P., Anderson, P., Lakhani, K., & Reitzig, M. (2018). Bitcoin and the Rise of Decentralized Autonomous Organizations. Journal of Organization Design.
17. Duffett, R. G. (2017). Influence of Social Media Marketing Communications on Young Consumers' Attitudes. Young Consumers.

제2부: K-콘텐츠 산업 별 블록체인과 결합 전략

제7장: K-POP 산업의 블록체인 혁명

18. O'Dair, M. (2019). Distributed Creativity: How Blockchain Technology Will Transform the Creative Economy. Palgrave Macmillan.

19. Silver, J. (2022). The Future of the Music Business: How to Succeed with New Digital Technologies. Routledge.
20. Situdio, T. (2019). Blockchain Technology in the Music Industry. International Journal of Engineering and Advanced Technology.
21. Kim, Y. (2018). The Soft Power of the Korean Wave: Parasite, BTS and Drama. Routledge.

제8장: K-POP과 NFT(대체 불가능 토큰): 듣는 음악에서 소유하는 음악으로

22. Chalmers, D., Fisch, C., Matthews, R., Quinn, W., & Recker, J. (2022). Beyond the Hype: On the Value of Non-Fungible Tokens (NFTs). Business Horizons.
23. Wilson, K. B., Karg, A., & Ghaderi, H. (2021). Prospecting Non-Fungible Tokens in the Digital Economy: Stakeholders and Ecosystem, Risk and Opportunity. Business Horizons.
24. Regner, F., Schweizer, A., & Urbach, N. (2019). NFTs in Practice – Non-Fungible Tokens as Core Component of a Blockchain-based Event Ticketing Application. ICIS Proceedings.

제9장: K-아트와 글로벌 미술 시장의 연결

25. Whitaker, A. (2019). Art and Blockchain: Primer, History, and Taxonomy of Blockchain Use Cases in the Arts. Artivate: A Journal of Entrepreneurship in the Arts.
26. Zeilinger, M. (2018). Digital Art as 'Monetised Graphics': Enforcing Intellectual Property on the Blockchain. Philosophy & Technology.
27. Sidorova, E. (2019). The Cyber Art Market: The Essence of Blockchain for Art Trade. International Journal of Arts Management.

제10장: 미술계를 흔든 NFT 아트: K-아트와 디지털 캔버스

28. Franceschet, M., Colavizza, G., Smith, T., & Finocchiaro, D. (2021). Crypto Art: A Decentralized View. Leonardo.

29. Nadini, M., Alessandretti, L., Di Giacinto, F., Martino, M., Aiello, L. M., & Baronchelli, A. (2021). Mapping the NFT Revolution: Market Trends, Trade Networks, and Visual Features. Scientific Reports (Nature Portfolio).

30. Bao, H., & Roubaud, D. (2022). Non-Fungible Tokens (NFTs) and Crypto Art: A Review of the Current Landscape. FinTech.

제11장: 웹툰·웹소설의 블록체인 전환

31. Li, J., & Wang, Y. (2019). Blockchain-based Digital Rights Management for E-book Systems. IEEE Access.

32. Waldfogel, J. (2017). Digital Renaissance: What Data and Economics Tell Us about the Future of Popular Culture. Princeton University Press.

33. Savelyev, A. (2018). Copyright in the Blockchain Era: Promises and Challenges. Computer Law & Security Review.

제12장: K-무비와 드라마에 대한 블록체인 투자 모델

34. Murali, S., & Seema, S. (2019). Blockchain Based Copyright Protection for Digital Movies. International Journal of Recent Technology and Engineering.

35. Gwartney, J. (2019). The Impact of Blockchain on the Film Industry. Creative Industries Journal.

36. Cunningham, S., & Craig, D. (2019). Social Media Entertainment: The New Intersection of Hollywood and Silicon Valley. NYU Press.

제13장: K-패션과 뷰티: 가상 세계의 런웨이

37. Choi, T. M. (2019). Blockchain-Technology-Supported Platforms for the Fashion Industry Supply Chain. Transportation Research Part E: Logistics and Transportation Review.

38. Joy, A., & Eaghton, J. (2022). Digital Fashion and the Metaverse: The Role of NFTs. Journal of Global Fashion Marketing.

39. Agrawal, T. K., Kumar, V., Pal, R., Wang, L., & Chen, Y. (2021). Blockchain-based Framework for Supply Chain Traceability: A Case Example of Textile and Clothing Industry. Computers & Industrial Engineering.

제14장: 게임 산업과 블록체인의 완벽한 만남

40. Scholten, O. J., Hughes, N., & Deterding, S. (2019). Ethereum Crypto-Games: Mechanics, Prevalence, and Gambling Similarities. CHI Play Proceedings.
41. Dowling, M. (2022). Fertile LAND: Pricing Non-Fungible Tokens in Virtual Worlds. Finance Research Letters.
42. Castronova, E. (2005). Synthetic Worlds: The Business and Culture of Online Games. University of Chicago Press.
43. Fairfield, J. A. T. (2005). Virtual Property. Boston University Law Review.

제15장: K-스포츠와 엔터테인먼트의 토큰화

44. Miah, A. (2017). Sport 2.0: Transforming Sports for a Digital World. MIT Press.
45. Abeza, G., O'Reilly, N., & Seguin, B. (2019). Social Media in Relationship Marketing: The Perspective of Professional Sport Teams in the NBA, NFL, and MLB. Communication & Sport.
46. Raya, J. M. (2021). Fan Tokens in Sports: The New Revenue Stream. International Journal of Sport Finance.
47. Naraine, M. L., & Wanless, L. (2020). Going All in on AI and Blockchain: The Future of Sport Consumerism. Sport Innovation Journal.

【저자 약력】

원지영

저자는 서울대 음대 작곡과를 졸업하고 미국 FDU에서 교육학 석사학위를 받았다. 귀국 후 한양대 경영대학에서 예술경영 및 문화예술 마케팅을 연구하여 박사학위를 받았다. 그동안 인하대 경영학과에서 전임강사로 외국인 학생을 상대로 경영과 마케팅분야의 영어강의를 했다. 현재는 아주대 국제대학원과 경영대에서 디지털 마케팅, 콘텐츠마케팅, K-Culture and Arts Management, Music Business, 기업가정신과 경영등을 강의해오고 있다. 저서로는 '디지털마케팅 들어가 보니'(교보문고), '빅데이터가 이렇게 쓸모 있을 줄이야'(교보문고), '삶 속에 들어온 생성형 AI 음악'(피앤씨미디어)이 있다.

K-컬처와 블록체인이 연결한 문화경제의 생태계

초판 인쇄 2026년 1월 15일
초판 발행 2026년 1월 20일

지은이 원지영
펴낸이 박노일

총괄기획 최준규
편 집 이상민

펴낸곳 pnc publishing and culture 피앤씨 미디어
경기도 고양시 일산동구 강송로 153, 310-1501
등록 제396-2012-000203호
전 화 070)7550-3758 팩 스 02)6280-3758
홈페이지 www.pncmedia.co.kr 이메일 pnc@pncmedia.co.kr
ISBN 979-11-7401-072-8 03300

정 가 25,000원